REVOLUCIONÁRIO
& GAY

JAMES N. GREEN

REVOLUCIONÁRIO & GAY

A VIDA EXTRAORDINÁRIA DE HERBERT DANIEL

Tradução de
Marília Sette Câmara

2ª edição
Revista e ampliada

CIVILIZAÇÃO BRASILEIRA

Rio de Janeiro
2025

Copyright © James N. Green, 2018
Copyright da tradução © Editora Civilização Brasileira, 2018

Título original: *Exile Within Exiles: Herbert Daniel, Gay Brazilian Revolutionary*

Todos os esforços foram feitos para localizar os fotógrafos das imagens e os autores dos textos reproduzidos neste livro. A editora compromete-se a dar os devidos créditos em uma próxima edição, caso os autores as reconheçam e possam provar sua autoria. Nossa intenção é divulgar o material iconográfico e musical, de maneira a ilustrar as ideias aqui publicadas, sem qualquer intuito de violar direitos de terceiros.

CIP-BRASIL. CATALOGAÇÃO NA PUBLICAÇÃO
SINDICATO NACIONAL DOS EDITORES DE LIVROS, RJ

G83r
2. ed.

Green, James N., 1951-
   Revolucionário e gay : a extraordinária vida de Herbert Daniel - pioneiro na luta pela democracia, liberdade e inclusão / James N. Green ; tradução Marília Sette Câmara. - 2. ed. rev. e ampl. - Rio de Janeiro : Civilização Brasileira, 2025.

   Tradução de: Exile within exiles: Herbert Daniel, gay brazilian revolutionary
   ISBN 978-65-5802-196-4

   1. Daniel, Herbert, 1946-1992. 2. Homossexuais - Brasil - Biografia. 3. Revolucionários - Brasil - Biografia. I. Sette Câmara, Marília. II. Título.

25-98244.0
CDD: 920.932242
CDU: 929.323.22

Carla Rosa Martins Gonçalves - Bibliotecária - CRB-7/4782

Direitos de tradução da obra em língua portuguesa no Brasil adquiridos pela EDITORA CIVILIZAÇÃO BRASILEIRA. Todos os direitos reservados. Nenhuma parte desta obra pode ser apropriada e estocada em sistema de bancos de dados ou processo similar, em qualquer forma ou meio, seja eletrônico, de fotocópia, gravação etc., sem a permissão do detentor do copyright.

EDITORA CIVILIZAÇÃO BRASILEIRA
Um selo da
EDITORA JOSÉ OLYMPIO LTDA.
Rua Argentina, 171 – Rio de Janeiro, RJ – 20921-380 – Tel.: (21) 2585-2000.

Seja um leitor preferencial Record.
Cadastre-se em www.record.com.br e receba
informações sobre nossos lançamentos e nossas promoções.

Atendimento e venda direta ao leitor:
sac@record.com.br

Texto revisado segundo o novo Acordo Ortográfico da Língua Portuguesa de 1990.

Impresso no Brasil
2025

*Para Moshe Sluhovsky, Sonya Krahulik Allee
e Marycarolyn G. France*

"A hora ainda não chegou de autobiografias; preparemos hipóteses para autocríticas. Sobretudo evitar escrever memórias artificiais onde se prova, mesmo sem querer, que se tinha razão. Não quero ter razão."

Herbert Daniel
Passagem para o próximo sonho, 1982

Lista de siglas

AA – Acervo do autor
Abia – Associação Brasileira Interdisciplinar de Aids
ACT UP – Aids Coalition to Unleash Power
AEL – Arquivo Edgard Leuenroth, Universidade Estadual de Campinas
Aesi/UFMG – Assessoria Especial de Segurança e Informação/Universidade Federal de Minas Gerais
AI-5 – Ato Institucional n. 5
ALN – Ação Libertadora Nacional
AN – Arquivo Nacional
AP – Ação Popular
Aperj – Arquivo Público do Estado do Rio de Janeiro
Apesp/Deops – Departamento Estadual de Ordem Política e Social, Arquivo Público do Estado de São Paulo
APM – Arquivo Público Mineiro
Arena – Aliança Renovadora Nacional
BDIC – La Bibliothèque de Documentation Internationale Contemporaine, l'Université de Paris Nanterre
BNM – Coleção Brasil Nunca Mais
CBA – Comitê Brasileiro pela Anistia
CEM – Centro de Estudos de Medicina
CIA – Central Intelligence Agency (Agência Central de Inteligência Norte-Americana)
Colina – Comandos de Libertação Nacional
DCE – Diretório Central dos Estudantes
DDD – Dissidência da Dissidência da Guanabara
DVP – Dissidência da VAR-Palmares

FHAR – Front Homosexuel d'Action Révolutionnaire (Frente Homossexual de Ação Revolucionária)
Gapa – Grupo de Apoio à Prevenção da Aids
GGB – Grupo Gay da Bahia
GLH-P&Q – Groupe de Libération Homosexuel - Politique & Quotidien (Grupo de Liberação Homossexual - Política & Cotidiano)
GPV – Grupo Pela VIDDA (Valorização, Integração e Dignidade do Doente de Aids)
Ibase – Instituto Brasileiro de Análises Sociais e Econômicas
MAI – Ministério da Administração Interna, Torre de Tombo, Lisboa
MDB – Movimento Democrático Brasileiro
MFA – Movimento das Forças Armadas
MFPA – Movimento Feminino pela Anistia
MNR – Movimento Nacional Revolucionário
MR-8 – Movimento Revolucionário 8 de Outubro
MRP – Movimento de Resistência Popular
MRT – Movimento Revolucionário Tiradentes
PC – Partido Comunista
PCB – Partido Comunista Brasileiro
PCBR – Partido Comunista Brasileiro Revolucionário
PCdoB – Partido Comunista do Brasil
PCUS – Partido Comunista da União Soviética
PDS – Partido Democrático Social
PDT – Partido Democrático Trabalhista
PMDB – Partido do Movimento Democrático Brasileiro
Polop – Organização Revolucionária Marxista – Política Operária
PSB – Partido Socialista Brasileiro
PT – Partido dos Trabalhadores
PTB – Partido Trabalhista Brasileiro
PUC Minas – Pontifícia Universidade Católica de Minas Gerais
PM – Polícia Militar
PV – Partido Verde
Rede – Resistência Democrática
Somos – Grupo Somos de Afirmação Homossexual
TRT – Tribunal Regional do Trabalho

UEE – União Estadual dos Estudantes
UFMG – Universidade Federal de Minas Gerais
UNE – União Nacional dos Estudantes
VAR-P – Vanguarda Armada Revolucionária – Palmares
VPR – Vanguarda Popular Revolucionária

Sumário

Prefácio à segunda edição (2025), por Renan Quinalha — 15
Prefácio à primeira edição (2018), por Jean Wyllys — 21

Introdução — 25
1. Ousar lutar, ousar vencer (1992) — 33
2. Ele adorava ler (1946-1964) — 36
3. Faculdade de medicina (1965-1967) — 52
4. "O." (1967-1968) — 69
5. Ângelo (1968) — 87
6. Clandestino (1969) — 103
7. União e separação (1969) — 121
8. Para o campo! (1970) — 139
9. 40 + 70 = 110 (1970-1971) — 158
10. Caindo aos pedaços (1971) — 176
11. Cláudio (1972-1974) — 190
12. Cravos vermelhos (1974-1975) — 209
13. Marginália (1976-1979) — 229
14. De volta ao Rio (1981-1982) — 248
15. Palavras, palavras, palavras (1983-1985) — 268
16. A política do prazer (1986-1988) — 288
17. Quarenta segundos (1989-1992) — 310

Epílogo: O que sobrou — 333
Posfácio — 339
Agradecimentos — 345
Cronologia — 349
Bibliografia — 355
Índice remissivo — 375

Sumário

Prefácio à segunda edição (2025)

Renan Quinalha*

No ano de 2017, pouco antes da primeira edição deste livro ser publicada, James N. Green ficou conhecido como o suposto "namorado gringo" da então presidenta Dilma Rousseff. À época, tal suposição foi amplamente noticiada por diversos veículos brasileiros durante a visita que Rousseff fez a diversas universidades da prestigiosa Ivy League, nos Estados Unidos, para denunciar a ilegalidade do *impeachment* do qual era alvo.

No entanto, as especulações amorosas não passaram de desinformação produzida por um jornalismo ansioso por cliques. Mesmo antes desse "namoro", Green já era um brasilianista bastante reconhecido, com inúmeras publicações sobre história latino-americana. Professor na Universidade de Brown por quase duas décadas, Green aposentou-se em 2024. Por todos esses anos de pesquisa, ele se dedicou aos estudos sobre sexualidade e às ditaduras civis e militares que, no contexto da Guerra Fria, assolaram o Cone Sul.

Estadunidense, o autor viveu no Brasil entre 1976 e 1981, anos pulsantes da reorganização da nossa sociedade civil, especialmente dos

---

* Renan Quinalha é paulistano, escritor, advogado e professor de direito da Universidade Federal de São Paulo (Unifesp), onde também coordena o Núcleo TransUnifesp. Entre outros, é autor dos livros *Justiça de transição: contornos do conceito* (2013), *Contra a moral e os bons costumes: a ditadura e a repressão contra a comunidade LGBT* (2021) e *Movimento LGBTI+: uma breve história do século XIX aos nossos dias* (2022), que foi vencedor do Prêmio Cidadania e Diversidade da Parada LGBT de São Paulo, além de ter sido um dos cinco finalistas do Prêmio Jabuti em 2023. Em junho de 2024, lançou *Direitos LGBTI+ no Brasil: novos rumos da proteção jurídica*. É editor e colunista da seção Livros e Livres, dedicada à Literatura LGBTI+ na revista *Quatro Cinco Um* e é presidente do Grupo de Trabalho de Memória e Verdade LGBTQIA+ do Ministério de Direitos Humanos e Cidadania.

diversos movimentos sociais que se articularam na luta pelas liberdades democráticas e pela superação da ditadura civil-militar de 1964.

Antes de desembarcar em nosso país, Green já tinha em sua conta as mobilizações nos Estados Unidos contra a Guerra do Vietnã e os atos que denunciavam internacionalmente as violências das ditaduras sul-americanas. A situação bastante crítica da política brasileira no fim dos anos 1970 forneceu a ele um momento privilegiado para se afirmar enquanto ativista. Seu engajamento, tanto como militante da Convergência Socialista, um agrupamento de esquerda, quanto do Somos, grupo pioneiro do então nascente movimento homossexual brasileiro (MHB), é um dado fundamental para compreender as motivações que levaram Green, autor de obras consagradas em história social, a estrear no gênero das biografias justamente contando a história de Herbert Daniel.

Não seria exagero afirmar, assim, que *Revolucionário e gay* é produto da complexa experiência intelectual e política que impulsionou diferentes fases da vida de seu autor, sobretudo na sua profunda relação com o Brasil, além de representar o esforço de Green em mediar por meio da escrita suas múltiplas identidades enquanto historiador, gay e ativista de esquerda.

A verdade é que este livro se insere em um conjunto muito mais amplo de iniciativas e projetos de cooperação que James N. Green construiu com o Brasil ao longo das últimas cinco décadas. Profundamente envolvido com a intelectualidade e com os movimentos sociais de nosso país, desde que pisou pela primeira vez no Brasil, Green só tem feito intensificar suas contribuições e parcerias.

Prova disso é seu papel de relevo no estímulo a novos trabalhos acadêmicos e sociais, na articulação internacional de redes de solidariedade a diversas causas, no intercâmbio de estudantes e na formação de pesquisadores de diferentes gerações brasileiras.

Suas duas áreas de interesse, quais sejam, ditadura e sexualidade, cruzam-se de modo singular na obra que o leitor tem em mãos. Este livro, lançado simultaneamente no Brasil e nos Estados Unidos em 2018, é fruto de uma pesquisa rigorosa de mais de dez anos. Green reconstitui a trajetória de vida e as lutas de Herbert Daniel, que, assim como o autor, encarnou singularmente duas identidades à primeira vista inconciliáveis: a de gay e a de militante político.

PREFÁCIO À SEGUNDA EDIÇÃO (2025)

Ainda pouco conhecido de um público mais amplo, Herbert Daniel foi um quadro importante na luta armada contra a ditadura de 1964 e no processo de redemocratização do Brasil. Mineiro, estudante de medicina na Universidade Federal de Minas Gerais, companheiro de militância e amigo de Dilma Rousseff (aqui, sim, um verdadeiro ponto de conexão entre James e Dilma), Daniel se engajou ativamente em grupos guerrilheiros ainda no final da década de 1960. Participou, na linha de frente, de ações de assalto a bancos e do sequestro de diplomatas estrangeiros que garantiram a soltura de mais de uma centena de presos políticos que corriam risco de morte.

Foi nesse contexto de militância clandestina que Herbert descobriu e assumiu sua homossexualidade. De um lado, ele se encontrava acossado pela violência de uma ditadura moralizante e LGBTfóbica que prendia de maneira arbitrária, torturava, executava sumariamente e desaparecia com os corpos de opositores políticos; de outro, ele também sofria com a falta de aceitação por parte dos seus companheiros de guerrilha.

Para muitos setores das esquerdas naquele momento, a homossexualidade era vista como um "desvio pequeno-burguês", uma "degeneração", uma "fraqueza moral", um "desbunde" por parte de "minorias improdutivas"; em suma, um "pequeno drama da humanidade" que dividiria a "luta maior", expressões todas que o próprio Hebert Daniel utilizou em seu livro de memórias, *Passagem para o próximo sonho*.

Herbert Daniel teve então de "esquecer sua homossexualidade" para "fazer a revolução". Tanto se dedicou à causa que seu rosto chegou a ser estampado nos cartazes dos "subversivos" mais procurados pelo regime autoritário. No entanto, mesmo com o cerco crescente e o extermínio físico da luta armada, ele conseguiu escapar da prisão e das torturas, exilando-se, em 1974, em Portugal e, depois, na França. Retornou ao Brasil como o último dos anistiados e se tornou, mais tarde em 1987, um ativista fundamental pelos direitos das pessoas vivendo com HIV e aids.

Herbert Daniel, assim, foi um revolucionário gay que desafiou tanto a ditadura de direita quanto setores de esquerda que reproduziam a heterocisnormatividade. Ele foi, do início ao fim, um ativista comprometido tanto com a liberdade política quanto com a diversidade sexual. Algo raro naqueles dias e ainda raro hoje. Passou pelo Partido dos Trabalhadores e fundou o Partido Verde, sempre levantando bandeiras inovadoras pelos direitos dos homossexuais, pela ecologia, pelas lutas das mulheres e do movimento negro e, em suma, pela justiça social.

Para dar conta de uma biografia à altura dessa vida tão agitada, na linha de outros trabalhos anteriores de James N. Green como o clássico *Além do carnaval*, a diversidade dos arquivos e a precisão no tratamento das fontes pesquisadas são ambas virtudes marcantes do livro. Vale destacar que o autor trabalha com tipos muito distintos de documentação.

Com efeito, a biografia escrita por Green é fruto de pesquisa acurada e paciente, de viagens dentro e fora do Brasil, entrevistas, consulta a acervos pessoais, garimpo de arquivos públicos e revisão bibliográfica com o objetivo de reconstituir os rastros da trajetória pessoal, política e profissional de Herbert Daniel. Trata-se de uma "vida extraordinária", na feliz expressão que Green utiliza já no título de seu trabalho, em que todas essas dimensões se desdobram e se revelam.

Pelas mãos de Green, a vida de Hebert Daniel torna-se um ponto de observação privilegiado para diversos acontecimentos históricos e diversas lutas sociais que marcaram o Brasil na segunda metade do século XX. O historiador reconstitui os passos do biografado desde a infância, passando pelos tempos de estudante de medicina e pelo engajamento nos grupos de resistência armada à ditadura de 1964. Os primeiros amores e encontros homoeróticos, o reconhecimento da sua própria homossexualidade e a vivência na clandestinidade imposta pela ditadura são bem explorados pelo texto cativante de Green.

As sucessivas derrotas na luta contra a ditadura, a necessidade de esconder-se para fugir da repressão e, no limite, de exilar-se no estrangeiro junto com aquele que seria seu companheiro de vida, Cláudio Mesquita, também despontam com grande destaque no livro.

Nessa breve descrição, é possível notar a riqueza e a complexidade da trajetória de um indivíduo que, em realidade, encarnou de modo excepcional, *com* e *em* seu próprio corpo, causas e experiências coletivas de toda uma época. E James Green, que nunca conheceu Herbert Daniel pessoalmente, logrou mediar um difícil equilíbrio entre, de um lado, a dimensão privada e subjetiva de uma vida com suas dores, realizações pessoais, amores e decepções e, de outro, a dimensão pública e política de uma figura singular.

Em vez de fazer leituras contrapostas dessas duas dimensões, o biógrafo conseguiu mostrar como elas se integram e se potencializam em uma vida tão interessante como a do seu biografado. Herbert Daniel morreu em 1992, mas suas lutas seguem ecoando até hoje. Em 2024, seu legado deu origem a uma peça musical, *Codinome Daniel*, inspirada nesta biografia, produzida pelo Núcleo Experimental de Teatro, em São Paulo. Em breve, teremos notícias também da produção de um documentário e um filme longa-metragem que contará essa história inacreditável a um público ainda maior.

Portanto, é uma alegria que este livro venha a público, agora, em nova edição, tornando cada vez mais conhecida e lembrada a história de um homem que desafiou os preconceitos, a ditadura e a caretice de setores progressistas. Em tempos de conservadorismo moral crescente no Brasil e no mundo, é fundamental ler e conhecer Herbert e James.

Prefácio à primeira edição (2018)
O laço que nos une
Jean Wyllys*

"Você é herdeiro político de Herbert Daniel", disse-me o brasilianista James Green, professor de História Latino-Americana na Brown University, quando nos conhecemos pessoalmente. Participávamos de um seminário que abordava como a comunidade sexo-diversa (principalmente homossexuais e travestis) fora tratada nos anos ainda "mal-ditos" da ditadura civil-militar que vigorou no Brasil de 1964 a 1985 e de cujos frutos podres ainda não nos livramos por completo.

A afirmação de Green é mais do que um elogio e uma constatação de que dou prosseguimento à luta pelos direitos de gays, lésbicas, travestis, transexuais e bissexuais – combinada à defesa intransigente da democracia e da justiça social –, que foi travada pelo mineiro Herbert Daniel naqueles anos. É também uma síntese importante das histórias do Brasil e da homossexualidade no Brasil por parte de quem as conhece não só como observador neutro, mas como ativista que fundou o Somos: Grupo de Afirmação Homossexual, pioneiro dos movimentos LGBTQIAPN+ que conhecemos.

---

* Jean Wyllys (Alagoinhas/BA, 1974) é jornalista, escritor e artista visual. Mestre em letras e linguística, pesquisador da Open Society Foundation e professor-visitante na Universidade de Harvard, é doutorando em ciências políticas na Universidade de Barcelona. Autor de seis livros – ente os quais *O que não se pode dizer: experiências do exílio* (com Marcia Tiburi, Civilização Brasileira, 2022) e *Falsolatria* (Nós e Edições Sesc, 2024) –, é ativista de direitos humanos com prestígio internacional, em especial na área dos direitos da comunidade LGBTQIAPN+. Ganhou prêmios internacionais por sua atuação intelectual e política e figurou entre as cinquenta pessoas que mais defendem a diversidade no mundo, em lista feita pela revista *The Economist*.

Esta biografia de Herbert Daniel escrita por Green é o desdobramento dessa afirmação e, portanto, um recorte dessas histórias. Ao somar às narrativas sobre a ditadura militar no Brasil a história de vida e a produção literária do escritor e ativista que faleceu no Rio de Janeiro em março de 1992, Green permite uma compreensão mais profunda da complexidade daquele período, reconstruindo, por meio de depoimentos e documentos históricos, a mentalidade e os valores morais que norteavam indivíduos e instituições com os quais Herbert Daniel conviveu. E também nos leva à interrogação sobre as homofobias social e institucional que, até a publicação deste livro, empurraram para a sombra a enorme contribuição de Herbert para o processo de redemocratização do país, para a literatura, para o jornalismo, para o ativismo político e para a saúde pública.

Se a memória é uma construção social, o fato de Herbert Daniel não ser conhecido entre as novas gerações, até mesmo de gays e travestis beneficiados por todas as conquistas pelas quais lutou em relação às políticas públicas de prevenção ao HIV e ao tratamento das pessoas que vivem com HIV/aids, esse fato expõe o quanto nossa sociedade é homofóbica e refratária à visibilidade de personalidades que dignificam a homossexualidade.

Ao declarar minha herança política desse ativista gay e de esquerda, que integrou algumas das mais importantes organizações que fizeram guerrilhas de resistência contra as torturas, execuções sumárias, censuras e repressões perpetradas pela ditadura militar (Polop, Colina, VAR-Palmares e VPR), Green também nos lembra de que a batalha por igualdade de direitos ainda não acabou, pelo menos enquanto LGBTQIAPN+s passem da vergonha imposta ao orgulho de ser.

O relativo apagamento de Herbert Daniel da história recente do Brasil, ao qual esta emocionante biografia se opõe, demonstra que dessa homofobia não escapam nem mesmo os movimentos sociais e partidos de esquerda, que teriam a obrigação moral de contar às gerações futuras os feitos de Daniel. Aliás, James Green mostra que os conflitos de Daniel com sua homossexualidade são frutos diretos não só dos valores morais da tradicional e católica sociedade mineira, mas também da homofobia que vigorava nas organizações de esquerda em que militou, a ponto de sublimar seus desejos sexuais para que seus companheiros não os descobrissem e o

PREFÁCIO À PRIMEIRA EDIÇÃO (2018)

expulsassem dos grupos. Green vai fundo nessas contradições da esquerda brasileira, que, ao fim e ao cabo, se refletiram nas contradições – não sem sofrimento – do próprio Daniel.

A história de vida do escritor – que se interessou pelo movimento estudantil quando ingressou no curso de Medicina da Universidade Federal de Minas Gerais e que mudou sua relação com a existência de um movimento social pelos direitos específicos de LGBTQIAPN+s a partir da emergência da epidemia de aids na década de 1980 – mostra que nós somos indivíduos como os outros, exceto pelo fato de que não temos as mesmas práticas sexuais. A experiência com diferentes expressões da homofobia desde a infância é algo que funda um laço profundo entre nós, que nos constitui como comunidade que continua no tempo, mesmo que alguns – talvez muitos – de nós tentem a vida inteira desfazer ou esconder esse laço.

Escrita de modo magistral por James Green, que não esconde, em seu texto, a enorme paixão pelo Brasil, esta biografia do admirável Herbert Daniel, de quem, de fato e com orgulho sou herdeiro político, é a confirmação mesma de que as ideias são à prova de bala e imunes às doenças e, portanto, atravessam o tempo. Essas ideias podem imortalizar os que lhes encarnaram, desde que haja quem se lembre e quem esteja disposto a contar.

Obrigado, James Green! Herbert Daniel presente!

Introdução

> "Eu tenho orgulho da minha geração, de a gente ter lutado e participado de um sonho de construir um Brasil melhor. Acho que aprendemos muito. Fizemos muita bobagem, mas não é isso o que nos caracteriza. O que nos caracteriza é ter ousado querer um país melhor."
>
> Dilma Rousseff, 2005[1]

Não cheguei a conhecer Herbert Daniel pessoalmente, mas nossos caminhos quase se cruzaram no fim do ano de 1981. Ele havia retornado ao Brasil em outubro, após sete anos em exílio na Europa, e estava vivendo no Rio de Janeiro. Eu me preparava para deixar o país depois de uma visita de seis meses que havia se transformado em uma estada de seis anos. Pensei em viajar de São Paulo, onde morava, para o Rio, para me despedir de amigos. Considerei tentar encontrá-lo. Por algum motivo, essa viagem nunca aconteceu.

A primeira vez que ouvi falar de Herbert Daniel foi um ano e meio antes. Um dos milhares de brasileiros envolvidos na resistência armada à ditadura militar (1964-1985), Herbert foi condenado *in absentia* por violação à Lei de Segurança Nacional e sentenciado a múltiplas prisões perpétuas. Não chegou a ser preso; saiu do país em setembro de 1974, quando se exilou na Europa.

Em outubro de 1979, Daniel escreveu uma carta aberta à esquerda brasileira sobre a Lei da Anistia, aprovada no mês anterior, que concedia perdão à maioria dos prisioneiros políticos e permitia que quase todos os exilados retornassem ao Brasil; contudo, não incluía oposicionistas envolvidos em atos violentos com vítimas fatais. Desafiadoramente, declarou: "Não há nada que a ditadura tenha a me perdoar ou conceder. Ser anistiado não significa se arrepender diante da ditadura, mas permitir que ela reconheça alguns erros. Não somos nós, exilados e presos, que nos autocriticamos diante da ditadura, mas é um movimento popular democrático atual que obriga o governo a remendar alguns dos seus desmandos."[2] Daniel ainda tardou no exterior, tanto pela impossibilidade de obter um passaporte quanto por temer o encarceramento quando – e se – pisasse em território brasileiro.

A atitude intransigente de Daniel com relação ao regime militar não foi o único motivo pelo qual permaneceu isolado. Ao fim de 1979, o fato de ele ser gay era amplamente conhecido entre a esquerda revolucionária brasileira. Nessa época, ele – que fora líder do (então dissolvido) grupo guerrilheiro Vanguarda Popular Revolucionária (VPR) – vivia em Paris abertamente com seu companheiro Cláudio Mesquita. Sua homossexualidade assumida havia gerado ansiedade e reviravolta em parte da esquerda exilada, ao passo que outros aceitavam tranquilamente a sua orientação sexual.

A carta aberta de Daniel representou um apelo às forças antiditatoriais para que apoiassem seu retorno à pátria. No Brasil, o emergente Movimento Homossexual, como era chamado, veio ao auxílio de Daniel. O jornal alternativo *Lampião da Esquina* publicou a carta na íntegra. O tabloide mensal foi lançado em abril de 1978, à medida que o clima político no Brasil se abria e os generais no poder iniciavam uma liberalização gradual. Esse novo espaço político proporcionou oportunidades para a circulação de novas maneiras de pensar. O *Lampião* defendia a causa homossexual, negra, feminista, indígena e a do meio ambiente, o que era bastante inovador no Brasil daquela época.

Aguinaldo Silva, então diretor de redação e membro do conselho editorial do jornal, fez uma nota, revelando que a carta de Daniel não fora lida na reunião nacional do Comitê Brasileiro de Anistia (CBA) no ano anterior porque ele era gay. Lia-se: "Nós, homossexuais do *Lampião*, estamos solidários com ele, como estaríamos – atenção, pessoal do CBA – com qualquer heterossexual na mesma situação."[3] Repreender o movimento de anistia por supostamente ter desconsiderado Herbert Daniel também representava uma crítica significativa à homofobia da esquerda brasileira.

Como eu morava no Brasil naquela época e estava envolvido em ativismo pelos direitos dos gays e das lésbicas, queria conhecer melhor essa figura, que parecia ter tido uma vida semelhante à minha. Achava que

INTRODUÇÃO

conversar com ele poderia ajudar a resolver minhas próprias ambivalências acerca de meu engajamento na esquerda enquanto eu observava e vivenciava a homofobia nesse meio. Embora Herbert Daniel fosse alguns anos mais velho, ambos havíamos nos agarrado à onda revolucionária que varreu a América Latina na década de 1960. E, quase simultaneamente, também nos voltamos contra o preconceito remanescente no movimento marxista internacional em relação à homossexualidade. De maneiras diferentes – e em lugares diferentes –, mas quase ao mesmo tempo, desafiamos sua noção conservadora de moralidade e propriedade.

A história de Herbert Daniel, entretanto, era muito mais dramática do que a minha. Como estudante de medicina em meados da década de 1960, foi um dos membros fundadores dos Comandos de Liberação Nacional (Colina). No início da década de 1970, iniciou-se no treinamento de guerrilha, com Carlos Lamarca, na área rural do Vale do Ribeira (SP), escapando por pouco de ser preso quando milhares de soldados cercaram a região. Alguns meses depois, participou do sequestro do embaixador alemão e, então, ao fim do ano, do sequestro do embaixador suíço, com o objetivo de negociar a libertação de 110 presos políticos que definhavam nas prisões brasileiras. Durante o exílio, no fim da década de 1970, Daniel anunciou publicamente sua homossexualidade e questionou, com obstinação, a relutância da esquerda revolucionária em falar sobre sexualidade e corpo.

Meu currículo revolucionário era muito mais modesto.[4] No fim da década de 1960, ainda na faculdade, eu havia participado ativamente do movimento contra a Guerra do Vietnã. Uma temporada de verão no México, aonde fui para aprender espanhol, levou-me para um caminho inesperado. Estava determinado a entender os levantes revolucionários que tomavam o continente. Por acaso, no início de 1973, envolvi-me em uma campanha contra a tortura no Brasil. Meu pensamento político evoluía depressa, assim como minha vida pessoal, pois foi neste entremeio que me declarei abertamente gay, sentindo-me bastante aliviado por enfim poder aceitar a minha sexualidade.

A derrubada do governo socialista chileno de Salvador Allende, em 11 de setembro de 1973, e a repressão que se seguiu induziram-me, como a muitos outros, ao envolvimento em esforços desmedidos para denunciar o apoio do governo de Nixon à ditadura de Pinochet. Em 1975, no segundo aniversário do golpe, organizei um evento, Solidariedade Gay à Resistência Chilena, com vistas a informar os membros das comunidades gay e lésbica de São Francisco sobre a situação no Chile. No início de 1976, fui ao Brasil, após viajar pela América Central e Colômbia. Ali, afiliei-me a uma organização revolucionária semiclandestina e participava como ativista de esquerda no movimento gay e lésbico emergente.

Como se se tivéssemos combinado, Daniel, em Paris, e eu, em São Paulo, confrontamos a atitude retrógrada da esquerda brasileira diante da homossexualidade, do feminismo e do comportamento de modo geral. Ele se distanciava da esquerda organizada; eu permaneceria na ativa por mais uma década.

Anos depois, após sua morte, Herbert Daniel reapareceu em minha vida quando eu escrevia um artigo sobre homossexualidade e a esquerda revolucionária brasileira.[5] Ao buscar depoimentos em primeira mão, li o livro de memórias de Daniel, *Passagem para o próximo sonho: um possível romance autocrítico*, escrito durante seu exílio na Europa, quando trabalhava em uma sauna gay em Paris. Suas lembranças do tempo de revolucionário, fugitivo e exilado foram publicadas em março de 1982, pouco tempo depois de seu retorno ao Brasil, são e salvo. Os *insights* de Daniel eram autocríticos e perceptivos. Tocaram-me profundamente, pelos aspectos intelectual e emocional.

Eu queria saber mais sobre essa figura complexa. De tempos em tempos, considerava escrever sua biografia. Então, por acaso, a historiadora Denise Rollemberg mencionou que a mãe de Daniel continuava morando em Belo Horizonte. Ela me deu o telefone de dona Geny, e eu lhe telefonei do Rio, dizendo que queria escrever uma biografia de seu filho. Ela, de imediato, concordou em conversar comigo.

Sentados na modesta sala de estar de uma casa bem-arrumada, passamos horas e horas conversando, enquanto ela me oferecia, com generosidade, café e bolos. Saudosa, mostrou-me um álbum com fotografias de Bete – como a família carinhosamente o chamava. Ali, estava Herbert bebê, criança e jovem garoto. Dona Geny também me mostrou recortes de jornais e revistas e alguns cartões-postais que ele lhe enviara de Paris e que ela havia guardado como lembranças de seu amado primogênito.

INTRODUÇÃO

Durante a nossa conversa, Hamilton, o irmão mais novo de Daniel, telefonou para saber como andava a entrevista com este curioso historiador estadunidense. "Qual era o nome da namorada de Bete?", perguntou-lhe a mãe, tentando remexer memórias de um passado distante. "Laís", respondeu Hamilton. A pergunta me surpreendeu, visto que o livro de memórias de Daniel não mencionava nenhuma namorada dos tempos de escola ou da faculdade. Pelo contrário, ele havia escrito sobre seu amor frustrado por um integrante da organização revolucionária clandestina à qual havia se afiliado em 1967.

Quando nos despedimos, pude ver em seus olhos profunda saudade do filho. "Escreva o livro", insistiu. "As pessoas se esqueceram dele. Ele precisa ser lembrado."

Sabendo o nome da namorada de infância de Daniel – Laís Pereira –, foi possível rastrear seu paradeiro. Nós nos encontramos no café de uma livraria. "Eu só concordei encontrar com você porque você mencionou que tinha falado com dona Geny", confessou. Duas horas – e algumas histórias – depois, dei-me conta de que tinha material suficiente para começar a trabalhar em um livro.

Como eu nunca havia escrito uma biografia, fiquei inseguro sobre como proceder. Há poucas biografias de brasileiros em inglês, e aquelas escritas para o público falante de português tendem a se concentrar em pessoas famosas, quando o leitor já tem uma noção da trajetória de vida da pessoa. Historiadores também já produziram biografias de indivíduos obscuros, de origem humilde, cuja história de vida é vista como uma representação emblemática de pessoas de determinada posição social. Um terceiro gênero, a biografia recuperativa, concentra-se em uma pessoa importante que não foi reconhecida como tal, ou nem mesmo conhecida por muitos.

Este é o caso de Herbert Daniel. Hoje em dia, poucos brasileiros ouviram falar dele. Foi praticamente esquecido, exceto por sua família, amigos e antigos companheiros de luta, além daqueles que guardam na memória sua declaração corajosa, de que tinha aids, em 1989. Seu legado literário foi, em grande parte, subestimado, com exceção de alguns poucos acadêmicos que buscam exemplos dos primeiros autores LGBTQIAPN+, ou de alunos de pós-graduação que examinam o trabalho literário de Daniel, na literatura ou no âmbito da aids.[6] Alguns brasileiros o confundem com Herbert de Souza – o Betinho –, outro revolucionário brasileiro, um dos fundadores da Associação Brasileira Interdisciplinar de Aids (Abia), onde Herbert Daniel trabalhou no final dos anos 1980.

O primeiro livro de Daniel, *Passagem para o próximo sonho*, um relato semiautobiográfico de sua vida como revolucionário e exilado, publicado uma década antes de sua morte por aids em 1992, não chegou a alcançar um grande público leitor. Como discutirei nos capítulos a seguir, as memórias escritas por sobreviventes da luta armada são, em grande parte, histórias de feitos heroicos de nobres guerreiros. Por outro lado, a de Daniel é uma meditação sobre a revolução, que oferece uma avaliação crítica da tentativa da esquerda de derrubar a ditadura com técnicas de guerrilha. Na escrita, sua honestidade é tão original quanto seu estilo é experimental. Suas descrições detalhadas de relações sexuais gays e promíscuas em Paris sem dúvida confundem os leitores – e possivelmente distancia muitos deles de seu texto. Por ter escrito a obra meia década antes de os generais brasileiros terem abdicado do poder do Estado, muitas pessoas e eventos foram propositadamente apresentados de maneira nebulosa, de modo a proteger a identidade dos companheiros envolvidos em atividades clandestinas. Suas memórias oferecem muitas dicas sobre detalhes de sua vida, que parecem desejar ser revelados, enquanto envolvem outros em um manto de mistério. Neste trabalho, preenchi algumas lacunas; contudo, outras perguntas sobre a vida de Daniel permanecem sem resposta.

Mas então como contar a história da sua vida? À medida que escavei os detalhes dessa trajetória por dezenas de entrevistas, documentos espalhados por diversos arquivos, inúmeros artigos de jornais e revistas e uma série de vídeos, confrontava-me o tempo todo com incertezas e ambiguidades para reconstruir a vida de Daniel. Viver na clandestinidade por quase seis anos e escapar ao aparato de repressão, criado para desmantelar a esquerda revolucionária, significava revelar o mínimo possível sobre suas atividades. Até o nome de Herbert Daniel é um composto de seu nome de nascença e um suposto patronímico, "Daniel". É um entre mais de uma dezena de nomes de guerra que adotou casualmente e que, mais tarde, com a mesma facilidade, deixou de lado, conforme movia-se

INTRODUÇÃO

pelas sombras dos centros urbanos, esquivando-se da polícia, com plena consciência de sua posição na lista dos mais procurados pelos generais.

Muitas pessoas que compartilharam esses momentos perigosos com ele e sobreviveram àquele tempo simplesmente não sabem ou não se lembram de detalhes da vida de Daniel na clandestinidade. Outros morreram sem deixar cartas, diários ou outros vestígios de suas atividades revolucionárias. Alguns hesitaram em comentar determinados eventos, talvez como um reflexo remanescente contra a revelação de informações que podem, de alguma maneira, prejudicar outros. Após uma longa conversa, uma pessoa confessou que relutara em conceder a entrevista temendo que eu criasse um retrato incompleto e enviesado de sua organização e de suas atividades. Alguns dos entrevistados compartilham das percepções de Daniel quanto às limitações das tentativas da esquerda revolucionária para derrubar a ditadura, e há outros que criticam menos duramente a militância daquele tempo. Poucos se arrependem, no entanto, de sua decisão de adentrar a resistência radical ao regime militar, e isso obviamente se reflete em suas próprias narrativas e naquilo que se lembram de Daniel. Com frequência, não dispus de fontes adicionais para verificar um fato ou uma lembrança, de modo que foi preciso confiar em minha própria intuição e contextualização dos eventos para determinar a veracidade da memória das pessoas. Na tentativa de concluir este livro, vim a conhecer Herbert Eustáquio de Carvalho – seu nome de batismo – gradualmente, aos trancos e barrancos. Aos poucos, ele foi se tornando um ser vivo em minha mente, e tenho plena consciência de que a versão de sua vida que estou criando é inevitavelmente parcial e incompleta.

Como sugeri na breve menção às minhas próprias atividades políticas, identifico-me com o protagonista desta biografia, fato que sem dúvida influencia a maneira como escolhi contar esta história. Tudo indica que, embora tenha sido uma figura excepcional, Daniel decerto não é representativo de sua geração. Contudo, investigar uma pessoa marginalizada, tanto pela sua sexualidade quanto por sua militância radical contra a ditadura e em defesa das pessoas com HIV/aids, proporciona-nos muito aprendizado sobre as complexidades da política, sociedade e cultura brasileiras; sobre a natureza da esquerda brasileira, com suas mudanças ao longo do tempo; e sobre as restrições e opções dos desviantes do comportamento sexual normativo que viveram durante a segunda metade do século XX. Seu confronto com a atitude conservadora da esquerda diante da homossexualidade nos anos 1970 e 1980 ajudou a construir as bases para as interações do movimento LGBTQIAPN+ com os políticos progressistas e o governo do final do século XX e início do século XXI. Suas contribuições inovadoras e criativas para combater a discriminação às pessoas com HIV/aids foram fundamentais para moldar tanto as políticas oficiais quanto o ativismo de base. Sua vida não apenas refletiu as mudanças que ocorriam no Brasil, mas ele próprio foi agente dessas mudanças. A biografia de Daniel, defendo eu, não é apenas uma operação de resgate de uma figura um tanto singular da história do Brasil contemporâneo; é também um veículo para repensar toda a narrativa.[7]

NOTAS

1. Entrevista concedida por Dilma Rousseff a Luiz Maklouf Carvalho. A ex-presidenta da República Dilma Rousseff (2011-2016) e Herbert Daniel foram membros das mesmas organizações revolucionárias.
2. Herbert Daniel, "O que é isso, companheiros?", p. 10.
3. Aguinaldo Silva. [Nota do editor] *Lampião da Esquina* 2, n. 22 (março de 1980), p. 10.
4. James N. Green, "Desire and revolution", pp. 239-67.
5. *Id.*, "Who is the macho who wants to kill me", pp. 437-69.
6. Dário Borim Jr., "Daniel, Herbert", pp. 129-35; Melissa A. Fitch, "Life before death", pp. 103-118; Mário Augusto Medeiros da Silva, *Os escritores da guerrilha urbana*; Rômulo Medeiros Pereira, "Herbert Daniel e suas escrituras de memória"; Antonio Carlos Borges Martins, "Aids, vida e morte", no romance *Alegres e irresponsáveis abacaxis americanos*; Cláudio José Piotrovski Dias, "A trajetória soropositiva de Herbert Daniel".
7. Eu gostaria de agradecer aos leitores anônimos da Duke University Press, assim como a Marycarolyn G. France e Moshé Sluhovsky pela contribuição que me ajudou a reformular a versão final da introdução.

1. Ousar lutar, ousar vencer (1992)

> "Ele foi o primeiro a deixar claro que essa luta
> [pelas pessoas com aids] não era uma questão pessoal,
> mas sim uma questão de direitos humanos."
>
> José Stalin Pedroso, 1992[1]

Ao fim da minha primeira visita à dona Geny, Hamilton veio me conhecer. Ele queria me mostrar um vídeo de família, filmado durante o Natal de 1991, três meses antes de Herbert morrer. Na filmagem caseira, estão todos em torno de uma grande mesa desfrutando de uma ceia preparada por dona Geny. Cláudio, o companheiro de quase vinte anos de Herbert, é claramente um integrante da família – faz piadas com Geraldo, o pai de Herbert, e brinca com seus sobrinhos e sobrinhas. É uma cena tocante. A aids havia tomado conta do corpo de Herbert, que parecia magro e cansado. Em determinado momento, ele se volta para o irmão mais novo, Hélder – o cinegrafista amador –, levanta um copo, sorri para a câmera e exalta: "Eu estou vivo."

No início de 1992, dona Geny passou um mês no Rio de Janeiro cuidando do filho. "Cláudio chegava de tarde e dava banho nele. O Cláudio tinha um carinho com ele. [...] Ele dava o remédio e [Bete] vomitava tudo. [...] Eles tiveram uma amizade de vinte anos; agora, eu te falo mesmo, nenhuma mulher ia tratar o Bete como ele tratou. Esse Cláudio foi um menino de ouro para ele. Se fosse uma mulher casada com ele, não ia cuidar dele desse jeito; não ia, ele foi cuidado como se fosse uma flor", lembra ela.[2] Conforme Herbert se aproximava da morte, Cláudio e a irmã, Magaly, além de amigos próximos que moravam no Rio, cuidavam dele dia e noite. Num domingo à tarde, no fim de março, Válber Vieira, o médico de Daniel, foi chamado ao apartamento. Na companhia apenas do médico e de seu companheiro, Cláudio, Herbert Daniel faleceu.

O velório e o enterro foram organizados rapidamente. Mais de cem pessoas se reuniram no Cemitério São João Batista para prestar suas condolências. Cláudio mal se mantinha em pé. Quando os carregadores finalmente removeram o caixão para que fosse transportado a Belo Horizonte, os presentes rebentaram uma salva de palmas em homenagem ao amigo e camarada.

Cláudio e amigos íntimos acompanharam o corpo no avião. Devido a atrasos imprevistos, o enterro teve de ser adiado até a manhã seguinte. Cerca de sessenta amigos e familiares se reuniram no Cemitério Parque da Colina. Um cortejo fúnebre acompanhou o corpo até a sepultura, e as pessoas levavam faixas nas quais se liam: "Viva a vida" e "Herbert Daniel: liberdade e luta".[3]

A cerimônia foi pincelada de ironias. Embora Herbert tenha se tornado ateu, uma missa foi celebrada em sua memória. Dona Geny não arredou pé da decisão. O nome do cemitério, Colina, era o nome da organização revolucionária à qual Herbert havia se afiliado com tanto entusiasmo 25 anos antes, como estudante de medicina. Uma guarda de honra da Polícia Militar (PM) acompanhou o caixão como ato de solidariedade ao irmão de Herbert, o major Hamilton Brunelli de Carvalho, como se as atividades subversivas de Herbert não mais carregassem um significado controverso.

Geraldo, o pai de Herbert, dona Geny e Cláudio agarravam-se uns aos outros, apoiando-se, à medida que seguiam devagar o caixão. Quando a procissão chegou à sepultura, Helena Greco, fundadora da Coordenadoria de Direitos Humanos e Cidadania da Prefeitura de Belo Horizonte, falou da luta de Daniel contra a ditadura. Apolo Herlinger Lisboa, seu antigo companheiro de luta revolucionária, lembrou sua coragem enquanto vivia na clandestinidade, época em que um pôster anunciava a busca a "terroristas". Cláudio, que não dormia havia três dias, mal podia conter os soluços convulsivos enquanto lia palavras escritas por Herbert: "Tenho aids há muito tempo. Décadas, talvez. Minha principal descoberta, no entanto, é que estou vivo. Tenho estado bem com minha aids e tenho sofrido. É só uma doença. Espero que um dia, quando finalmente a morte me levar, ninguém diga que fui derrotado pela aids."[4]

Conforme o caixão era descido, os condolentes ali repetiam: "É importante a vida antes da morte, e não depois" e "Eu não quero ter razão; eu quero lucidez". A primeira tornara-se o mantra de Daniel no ativismo pela causa da aids; a última era uma frase de seu primeiro livro.

Os canais de televisão local mostraram cenas breves do funeral no jornal do meio-dia e da noite. Eles mencionaram a trajetória revolucionária de Daniel, suas conquistas literárias e sua postura aberta em relação ao fato de viver com HIV/aids. Obituários e outras reportagens jornalísticas também enfatizaram seu passado como guerrilheiro, em particular seu envolvimento no sequestro dos embaixadores alemão e suíço, o exílio na Europa e sua carreira como escritor e ativista pela causa das pessoas com aids depois de retornar ao Brasil. Um jornal descreveu o enterro como um "ato de protesto". Diversos deles mencionaram que Herbert deixou (viúvo) Cláudio, seu companheiro por vinte anos, um fato pessoal sobre um casal do mesmo sexo, o que, na época, era incomum na imprensa.[5]

Recortes de jornais sobre o funeral são cuidadosamente guardados no álbum que dona Geny me mostrou durante minha primeira visita. Em determinado momento durante nossa conversa, ela de repente se levantou e começou a revirar o quarto dos fundos da casa. Após um ou dois minutos, reapareceu segurando firme um vidro de 100 ml do clássico Chanel nº 5. "Bete me trouxe quando ele voltou da França", explicou, com um suspiro. Restava muito pouco da mágica fragrância cor de âmbar no vidro cristalino. "Toda vez que eu quero pensar nele, coloco um pouquinho. Me ajuda a lembrar."[6]

NOTAS

1. *Tribuna da Imprensa*, "Aids mata aos 45 o escritor Herbert Daniel", 31 de março de 1992. José Stalin Pedroso era ativista pela causa das pessoas com aids.
2. Geny Carvalho, entrevista.
3. *O Globo*, "Enterro", 1º de abril de 1992.
4. *Ibid.*
5. *Tribuna da Imprensa*, "Aids mata aos 45 o escritor Herbert Daniel", 31 de março de 1992; *Folha da Tarde*, "Escritor aos 45 anos morre de aids", 31 de março de 1992; *Veja*, "Morre Herbert Eustáquio de Carvalho"; *O Globo*, "Enterro", 1º de abril de 1992; Marcos Barros Pinto, "Morrer com todas as letras", 8 de abril de 1992.
6. Geny Carvalho, conversa com o autor, 3 de junho de 2008, notas.

2. Ele adorava ler (1946-1964)

> "Só estudando, estudando, estudando. Sempre foi o primeiro. Nunca passou em segundo lugar. Sempre foi o primeiro. Ele deu muito prazer para a gente."
> Geny Brunelli de Carvalho, 2008[1]

Aproximando-se dos 90 anos, da última vez que a entrevistei, dona Geny Brunelli de Carvalho parecia tranquila, continuava simples e humilde, ao mesmo tempo em que mostrava ter energia persistente e força interior forjada por uma vida de trabalho ininterrupto. Em nossa primeira conversa, dissera-me que sua própria história pessoal havia influenciado seu primogênito a dedicar a vida à luta política. "Ele herdou de mim, porque eu toda a vida fui batalhadora." Criar uma família com renda limitada e cuidar dos sogros doentes exigiram dela vitalidade e perseverança. Em nossas entrevistas, quase não reclamava das dificuldades. Em parte, sua criação católica era um amparo, explicou, alegando que havia recebido graças de Deus, pois suas preces eram ouvidas.

"Eu nasci em Barbacena [Minas Gerais]", lembrou. "Até os 9 anos, foi a coisa mais maravilhosa do mundo, porque eu tinha um pai – um pai que me adorava, sabe? Minha vida era uma beleza. De repente, meu pai sofreu um acidente e morreu." Dona Geny era a sétima de onze filhos de uma família da segunda geração de imigrantes do sul da Itália. O seu pai, Adolpho Brunelli e Carmelita Delben Brunelli, depois de trabalhar diligentemente para prover a família, acabou por se tornar proprietário de uma das melhores padarias da cidade. Com sua morte repentina, a vida de Carmelita e de seus filhos sofreu um revés. "Todos eram menores. Pois não é que o meu tio vendeu a casa com tudo, deixou minha mãe sem nada? [...] Resultado: todo mundo foi trabalhar." Geny trabalhou com a mãe em casa até os 13 anos, quando, após seu tio lhe arranjar uma permissão de trabalho falsa, foi admitida em uma fábrica de tecidos. Como estava em situação irregular, sem qualquer proteção legal, trabalhava turnos de doze horas. "Somente um mês antes de casar-me é que recebi o salário mínimo."

Sobre o marido, disse que foi amor à primeira vista. "Teve um aniversário no vizinho, [...] Geraldo tocava tamborim; ele estava tocando no baile. A gente ficou flertando, aquela coisa. Depois que a festa terminou, ele falou: 'Eu posso te levar em casa.' [...] Após um ano de namoro, a gente se casou. [...] Ele era muito inteligente, fazia música, desenhava muito bem, completamente diferente dos meus irmãos. Gostei muito dele, tanto que a gente viveu 63 anos juntos. Herbert nasceu quando completamos um ano de casados."

À época do casamento, Geraldo era cabo da Polícia Militar. Era um jovem de aparência distinta, em parte descendente de africanos escravizados. Como sua mãe estava doente e vivia na capital do estado, a jovem esposa e ele se mudaram para Belo Horizonte. Geny cuidaria dela, como se esperava de uma nora. Os recém-casados fixaram residência no Prado, bairro que abrigava o batalhão da PM.

Em 1946, Geraldo foi designado para Bom Despacho, uma pequena cidade a 160 quilômetros da capital mineira, onde seu pai, capitão da PM, também estava alocado. A cidade foi assim nomeada no século XVIII, quando seus habitantes decidiram homenagear Nossa Senhora do Bom Despacho, em honra à benevolência da Virgem Maria em garantir o nascimento sadio de crianças. Dona Geny, então grávida, e a sogra logo foram ao encontro de seus respectivos maridos. Bom Despacho era, nas palavras de dona Geny, "uma cidadezinha muito ruim", com uma única igreja, o quartel e moradias modestas onde vivia a família dos militares. "Lá não tinha médico, lá não tinha hospital. [...] Eu tive o Herbert em casa. Foi difícil demais. Ele nasceu com 5 quilos. Não tinha uma parteira nem remédio, nem anestesia, nem nada."

Nascido em 14 de dezembro de 1946, o menino foi batizado de Herbert Eustáquio de Carvalho. Seu nome do meio deveu-se a uma promessa religiosa. Humberto van Lieshout, conhecido como Padre Eustáquio, foi um padre holandês que havia imigrado ao Brasil em 1925 com a Congregação dos Sagrados Corações. Sem demora, tornou-se conhecido por curar doentes milagrosamente. Ao fim da década de 1940, era uma figura sagrada reconhecida em todo o país, prestes a ser beatificado. "Na época em que me casei, ele estava começando, todo mundo falava dele. [...] Aí, a minha sogra disse: 'Vamos botar uma vela para o Padre Eustáquio'. Se Padre Eustáquio ajudar no nascimento, a gente põe nele o nome de Eustáquio. [...] Só que o meu marido não deixou botar só 'Eustáquio'." Eles chegaram a um acordo: Herbert Eustáquio. O primeiro nome do filho homenageava um amigo próximo de Geraldo, padrinho de seu casamento. Seu nome do meio cumpria a promessa ao padre, cujos poderes, dona Geny estava convencida, haviam lhe garantido um parto bem-sucedido. Segundo ela, Herbert sempre odiou o nome Eustáquio e o colocou de lado em definitivo quando caiu na clandestinidade, anos mais tarde.

Depois de um ano no interior, eles retornaram a Belo Horizonte, de volta ao Prado. Uma variedade de fotografias no álbum da família atesta o fato de que, como primogênito, Herbert recebia atenção considerável. "O Herbert era um menino que, aos 3 anos, não parava de conversar. Ele conversava muito. Quando tinha 6 anos, ao entrar para a escola, uma vizinha nossa se sentava com ele, e ficavam duas ou três horas conversando. Um menino que lia muito. Presente para ele tinha que ser livro."

Viver com o salário de um cabo da PM não era tarefa fácil, mas dona Geny sempre foi boa em improvisar para fechar as contas. "Eu ganhei um caixote de bacalhau, grandão. Forrei todo com papel e fiz uma estante para ele com todos os livros que ele tinha." Herbert era um leitor voraz, aprendera a decifrar as palavras antes dos 6 anos de idade. Devorava tudo que estivesse ao seu alcance: livros religiosos, história de todo tipo, contos fantásticos e histórias infantis de autores brasileiros. "A família era muito pobre, mas não era miserável, não", explica dona Geny. "Toda vez que ele pedia, a gente comprava, ou as minhas irmãs davam de aniversário."

Hamilton Brunelli, o segundo filho de Geraldo e Geny, nasceu dois anos e um mês depois de Herbert; ele e Hamilton eram tão diferentes quanto água e vinho. A vocação precoce de Herbert para a leitura reforçou uma tendência a ser introspectivo, de modo que tinha poucos amigos. Enquanto Hamilton passava horas a fio jogando futebol ou brincando de armas e soldados, Herbert sentava-se em casa, em silêncio, com um livro. "Herbert era um menino manso, quieto", lembrou a mãe. Mais tarde, Herbert faria maratonas de leitura noite adentro, esgueirando-se à cozinha para buscar algo de comer enquanto continuava a ler. "De manhã eu brigava com ele", lembrou dona Geny, que lhe dava broncas por causa das cascas de banana e laranja espalhadas pelo quarto.

O jovem Herbert não gostava de caminhar nem de praticar algum esporte. Raramente fazia qualquer atividade física intensa. Ao mesmo tempo, destacava-se na escola. "Esse menino comia livro, comia livro. E lia, via televisão, ele queria saber de tudo", gabou-se dona Geny para mim.

Hamilton lembrou com afeto as tendências letárgicas de seu irmão mais velho. "Era preguiçoso. Não tinha vontade nenhuma de andar. Eu lembro que a gente era menino; cada dia, alternava quem ia buscar o leite. Um dia era eu, outro dia era o Herbert."[2] Embora a padaria onde comprassem o pão e o leite do café da manhã da família não fosse distante, Herbert sempre arrumava alguma desculpa para não ir. "Não podia, estava estudando. E eu acabava tendo que fazer o serviço dele também. Ele tinha uma preguiça de andar terrível. Não gostava mesmo." A diferença de idade, de dois anos, e de interesses fazia com que eles raramente brincassem juntos, por isso cresceram com círculos de amigos diferentes.

Mapear a constelação das relações familiares, dissecar a personalidade dos pais ou especular acerca do legado cultural e genético talvez possa explicar quem ou o que determinada criança irá se tornar. Mas muitas questões permanecem. Como é possível que Herbert, que odiava caminhar, tenha conseguido suportar o treinamento de guerrilha no difícil terreno montanhoso em uma floresta tropical no início da década de 1970? Se ele foi uma criança tão quieta e reservada, que desprezava atividades físicas desnecessárias, por que escolheu, anos mais tarde, tornar-se um guerrilheiro revolucionário, algo que exige esforço físico? Seria possível apontar o avô, o pai, os tios e o irmão, que escolheram o Exército e a polícia, e encontrar neles a responsabilidade por influenciar uma possível inclinação, alimentada pela tradição familiar, que poderia ter levado à participação de Herbert na luta armada. Porém, desde criança, ele nunca demonstrou interesse em seguir a profissão dos homens da família. As brincadeiras de guerra entre os meninos durante a infância, que poderiam indicar interesse pela violência armada, jamais o interessaram. Tampouco seu pai insistiu que buscasse a carreira militar.

Eram as ideias, e não os atos violentos, que estavam no cerne de seu comprometimento político posterior. Sua decisão de pegar em armas sem dúvida foi incitada pela forte convicção de que era o único caminho para derrubar o regime militar. A política e a dinâmica de participação em uma causa coletiva foram mais fortes do que seu desdém pessoal pelo esforço físico exigido pela profissão desempenhada por muitos homens de sua família. Por outro lado, as questões militares não lhe eram desconhecidas, e deve ter havido algo estranhamente familiar, bem como irônico, em suas atividades posteriores – se é que Herbert parou para ponderar essa questão em meio a assaltos a banco e sequestros de diplomatas.

Sua mãe se recorda que, desde muito jovem, Herbert queria ser médico. Isso exigia trabalho intelectual duro e estudo disciplinado – ambos lhe eram muito naturais. Além do desempenho exemplar na escola, Hamilton lembrou-se que, quando criança, seu irmão também adorava dissecar lagartos e outros animais pequenos. Sua mãe atribuía o desejo de seu filho de se tornar médico a uma predisposição geral para ajudar os outros.

Assim como muitas pessoas da classe média baixa e operária brasileira, os pais de Herbert acreditavam que uma boa educação era o caminho para uma profissão respeitável e uma vida estável de classe média. Embora dona Geny insistisse que seu marido nunca tenha pressionado os filhos a tomar determinada direção profissional, a família certamente buscou oferecer uma boa educação. As escolas públicas brasileiras ofereciam educação adequada, mas as instituições particulares prometiam mais disciplina e atenção aos alunos; assim, a família matriculou Herbert e, em seguida, Hamilton, na Escola Chopin. O avô pagava as mensalidades de Bete, e, mais tarde, Geny e Geraldo se apertaram para garantir que Hamilton pudesse frequentar a modesta escola primária perto de casa. "Havia muita disciplina", lembrava Hamilton. A escola tinha o mesmo tipo de obediência às regras que mais tarde encontraria nos quartéis militares, embora os professores fossem bons. E foi suficiente para que ambos os irmãos fossem aprovados no rigoroso teste de admissão ao Colégio Tiradentes da Polícia Militar de Minas Gerais, que se destinava aos dependentes do pessoal da PM e das Forças Armadas.

Pitágoras dos Santos foi colega de Herbert na Escola Chopin desde a terceira série. Pitágoras relembra a época que passaram juntos na escola primária: "Meninos e meninas na mesma sala. Era uma escola simples, uma casa."[3] A escola funcionava na parte da manhã, com muita repetição, exercícios tediosos e redações que pareciam projetadas para preencher o tempo mais do que para ensinar qualquer coisa, lembrou.

Por volta do meio-dia, os alunos iam para casa almoçar. As tardes eram preenchidas com os deveres de casa ou brincadeiras na vizinhança. "A gente não tinha ajuda dos pais nem de ninguém para estudar, então a gente é que estudava pela gente mesmo." Era uma vida modesta. Pitágoras relembrou: "Nosso sonho de consumo evidentemente era completamente diferente de agora. Às vezes, era uma dificuldade, naquela época, para uma criança conseguir um refrigerante." No entanto, a família de Herbert possuía um item que os diferenciava. Em 1956, o avô de Herbert comprou uma televisão para seu filho e nora, de forma que seus netos não se tornassem "televizinhos", passando todo o seu tempo em casas alheias. Era uma novidade no bairro de classe média baixa onde viviam e, como Herbert lembra em seu livro de memórias, a posse de uma televisão proporcionava muito mais importância social e influência junto aos amigos do que uma bola de futebol.[4]

Tanto Herbert quanto Pitágoras eram crianças tímidas, e a amizade entre eles começou com a partilha de uma borracha e lápis de cor. "Eu e o Herbert estávamos nessa linha dos bonzinhos, que era até um pouco complicado, pois nessa época os bonzinhos eram os 'florzinhas', os 'maricas'. [...] A gente tinha que ter muito cuidado para não cair nessa pecha de 'florzinha' ou 'maricas'." Como os dois rapazes eram quietos, educados e bons alunos, que tiravam boas notas e não causavam rebuliço na sala de aula, corriam o risco de serem provocados pelos colegas. Pitágoras acredita que os dois tinham afinidade porque compartilhavam da mesma sensibilidade com relação à sua situação pessoal. Refletindo sobre sua infância, descreveu sua reação, e a de Herbert, ao clima da sala de aula: "A gente sabia, quer dizer, intuía, que existia alguma coisa diferente daquela vidinha que a gente levava." Para os garotos bem-educados e sensíveis, ir bem na escola era a maneira mais fácil de se virar. No entanto, ficavam na corda bamba entre agradar os professores e tornarem-se objeto de zombaria. A dedicação e as boas notas dos rapazes valeram a pena, pois ambos passaram no exame de admissão do Colégio Tiradentes.

Em 1960, quando Herbert tinha 14 anos, dona Geny engravidou novamente. "Meu marido dizia que podia vir uma menina, mas veio outro menino. Então eu disse: 'Chega.' Eu tinha medo de encher a casa de menino e não dar conta, não é?" Por afinidade à aliteração, dona Geny e Geraldo nomearam o terceiro filho de Hélder Nazareno, de modo a combinar com os nomes dos filhos mais velhos. Seu primeiro nome foi uma homenagem da mãe a dom Hélder Câmara, o carismático arcebispo.[5] Seu nome do meio, Nazareno, homenageava seu avô paterno. Ter um terceiro filho dificultou a vida de dona Geny. Sua sogra, que tinha artrite grave, mal podia andar. "Naquele tempo, eu não podia nem pensar em empregada, nada disso. Eu era a empregada da casa. Três filhos, marido, sogro e sogra... A gente foi morar na casa em frente. Eu tinha que cuidar das duas casas. Eu cozinhava para mim e tinha que levar para ela."

Geraldo era um bom pai e marido, mas dona Geny confessou que a verdadeira paixão dele era o radialismo. "Ele gostava de cantar e contar piadas." Herbert herdou de seu pai o humor, a loquacidade e o talento para escrever. Diferentemente de seu precioso filho, no entanto, Geraldo tinha poucas ambições intelectuais. "Geraldo nunca foi muito de estudar", lembrou dona Geny. "Ele fez os cursos dele, tanto que, quando morreu, era major. Era um cara inteligente também, mas não era muito esforçado para querer vencer, não."

Ao folhear o livro de recortes que dona Geny fez sobre a segunda vocação de seu marido como radialista, fica claro que a paixão de Geraldo pelas apresentações públicas era mais importante para ele do que sua carreira militar. Depois que a família retornou a Belo Horizonte, Geraldo conseguiu uma vaga de cantor em um programa de rádio para artistas amadores e chamou a atenção dos produtores. Depois, interpretou um jornalista em uma série de detetive. Certo dia, enquanto assistia a uma esquete de comédia, perguntou-se se poderia arriscar seus talentos humorísticos, o que acabou por revelar seu talento natural para o estilo bufão e improvisado. Para que não fosse confundido com Geraldo Tavares, outro ator de rádio do mesmo estúdio, foi imediatamente batizado de Gê de Carvalho, nome artístico que o acompanhou até o fim de sua carreira. Nessa época, já era um músico talentoso, que rearranjava músicas de improviso. Assim, a astúcia de Gê de Carvalho e sua agilidade na criação de personagens excêntricos logo consolidou uma audiência leal para os programas de comédia-pastelão no rádio.[6]

Quando Herbert tinha 5 anos e Hamilton era ainda bebê, o pai foi para a Rádio Inconfidência, conhecida como "A voz de Minas para toda a América", onde atuava nesses programas de comédia. Na época, a capital de Minas Gerais tinha aproximadamente 365 mil habitantes e era a quarta maior cidade do país. O rádio era a forma mais acessível e popular de entretenimento em massa. Gê de Carvalho mantinha sua carreira no rádio à noite, enquanto ainda trabalhava durante o dia na PM como artista no departamento de audiovisual. Uma fotografia do álbum de família o mostra de pé, esguio e ereto, ao lado de Herbert, vestido no uniforme branco impecavelmente engomado do Colégio Tiradentes.

Os estudos de Herbert no Tiradentes iam de vento em popa – sobressaía-se em todas as disciplinas, de matemática a ciências e literatura. Então, num dia auspicioso, uma menina entrou na sala de Herbert, e logo os dois se tornaram melhores amigos. Laís Soares Pereira ainda tem memórias vívidas de quando o conheceu. Tinha 15 anos e acabava de entrar no ensino médio. "Sentamos perto e começamos a conversar. Os colegas fizeram uma brincadeira. Eu comecei a cantar. Eles batucaram. Entrou um professor de matemática bravo e falou: 'Cantora e os componentes da banda, para fora da sala – e vocês vão ver na prova!'"[7]

Devido à sua criação rigorosa, Laís se assustou com a ameaça; sentiu-se aliviada quando Herbert a procurou durante o intervalo. "Falou: 'Não fica abatida por isso, eu estudo com você, você vai tirar a maior nota, e ele nunca mais vai te incomodar.'" Dali em diante, os dois se tornaram parceiros fiéis de estudo, e Laís de fato tirou as maiores notas nas provas subsequentes. "Ele ia para a minha casa à tarde ou eu ia para a casa dele. Nós éramos mais ou menos vizinhos." Uma amizade próxima se desenvolveu quase de imediato. "Foi uma coisa meio de irmão", lembrou Laís. "A mãe dele achava que éramos namorados. Eu nunca parei para pensar no que era aquilo. Não tinha nome. Era um amor profundo, um respeito, uma amizade. Eu acho que eu era irmã dele, confidente."

Naqueles anos adolescentes, Laís e Herbert estavam sempre juntos. Aos sábados, Herbert ia à casa de Laís, e os dois se sentavam por horas, conversavam sobre todos os assuntos. "Ele lia um livro e comentava comigo. Se ele achasse que o livro era imperdível, eu tinha que ler um pouco." As tardes de sábado geralmente eram dedicadas a uma matinê no Cine Pathé, o luxuoso cinema da cidade. Em seguida, costumavam caminhar pela praça da Liberdade, passavam em frente ao palácio do governo, relaxavam num banco de praça para trocar ideia, e só então iam para casa. A amizade nunca se transformou em romance – nada de mãos dadas e beijos roubados –, e Laís não parecia se incomodar.

Essas saídas aos sábados eram importantes para Herbert, lembra Laís: "Ele adorava [ver filmes] e [depois] escrevia sobre cinema. Então quando o filme era maravilhoso, ele me levava, eu tinha que ver, a gente comentava, depois ele escrevia sobre o filme, eu às vezes lia o que ele escrevia." Elaine de Mourão Costa Espíndola, uma outra colega, também se lembra de ter lido textos de Herbert sobre filmes, na época da escola. Rememorando os talentos do amigo, Elaine comentou: "Ele usava muito esse humor, fazia trocadilho com nomes de filmes – era um estilo que depois eu percebi no livro dele".[8]

No ensino médio, Herbert cultivou um círculo restrito de amigos. Elaine resume suas impressões a respeito disso: "Ele era assim, tímido, muito, muito inteligente, tinha muito senso de humor e era muito amigo da gente. Mas eu achava ele mais reservado, não achava que ele se abria. Quer dizer, fui perceber isso depois, mas, na época, não. Achava normal, mais caladão."

O grupo fazia festas na casa dos pais para comemorar aniversários ou outras ocasiões especiais. Eram reuniões simples com petiscos, refrigerante, bolo de aniversário e música no toca-discos. "Não era de muita dança", confessa Nilton Espíndola, que, na época, era namorado de Elaine e mais tarde tornou-se seu marido. Preferiam se sentar e conversar. Nilton se lembra de que Herbert e ele gostavam de falar sobre filmes, cultura e livros. "Ele era muito crítico. Satirizava. Gostava de conversar, criticando, falando das coisas. [...] O aspecto, assim, político, era o que menos se falava."[9]

No início dos anos 1960, a juventude de classe média de Belo Horizonte, como no restante do país, ainda seguia as regras rígidas do comportamento moral "adequado", implementado e regulado por pais atentos, sancionado pela influência onipresente da Igreja Católica e reforçado pelos costumes sociais conservadores. Nilton resumiu as restrições impostas sobre eles. Primeiro, esperava-se que os casais passassem longo tempo juntos para se conhecerem bem antes de namorar, o que, com frequência, significava apenas dar as mãos. "Nos nossos encontros, naquela época, para começar a trocar beijinho, tinha que ser namorado oficial. [...] Não podia nem pensar em falar para a família que ia beijar." Nilton e Elaine namoraram por cerca de seis meses a um ano (eles discordam quanto ao período de tempo) antes de trocar o primeiro beijo. Como a expressão física de amor ou atração sexual não era incentivada, ninguém se surpreendia que Herbert e Laís não demonstrassem intimidade. A amizade claramente próxima era suficiente para levar Elaine a presumir seu envolvimento romântico.

A sociedade esperava modéstia e timidez nas interações sociais e cautela nas aberturas ao sexo oposto. Assim, é provável que a ansiedade quanto aos desejos homossexuais latentes, porém crescentes, tenha poupado Herbert, que nunca foi pressionado por Laís a ir além de amizade. Ambos compartilharam uma intimidade intelectual e emocional, bem como a aparência de normalidade heterossexual que lhe protegia do possível escárnio ou ostracismo.

No ensino médio, Herbert ficava longe dos esportes que poderiam incitar provocações. Laís se lembra de que "houve uma aula de educação física, ou natação, e Herbert se recusou a ir. Ele não queria se expor fisicamente". Quatro décadas após as aventuras de Herbert como guerrilheiro, ainda é difícil para Laís imaginá-lo nesse papel. "Ele foi louco. Porque ele não sabia, não corria, ele não tinha fôlego, não nadava, não fazia caminhada, não escalava, não pedalava. O exercício dele era carregar livros e ler." Em suas memórias, Herbert prontamente admite a aversão ao seu corpo. "Minha feiura tomou minha pele – virei gordo, empapuçado, encapuzado, rígido, deselegante, de difícil motricidade, e de uma timidez animal e selvagem, natural e urbana, que não me admitia exposto em público."[10]

Muitos rapazes tímidos ou não atléticos que cresceram no Brasil na década de 1960 e, mais tarde, assumiram uma identidade gay eram rotulados de afeminados ou chamados de "bicha". Herbert escapou desse destino, mesmo com sua natureza tímida e a falta de proeza atlética. Ao longo do ensino médio, evitava as atividades que envolviam as tradicionais exibições físicas de masculinidade. Seus talentos intelectuais excepcionais compensavam essas competências e lhe conferiam tremendo respeito. Até onde qualquer um pode se lembrar, os amigos e colegas de classe de Herbert não acreditavam que seu comportamento indicasse falta de masculinidade ou possível homossexualidade. Embora Elaine tenha perdido contato com Herbert em 1968 – à medida que ele adentrava as atividades políticas clandestinas –, chocou-se ao ler um artigo da revista *Veja*, em 1981, sobre o exílio de Herbert, que anunciava sua homossexualidade.[11] Aos seus olhos, ele nunca fora "suspeito".

Porém, na adolescência, Herbert vivenciou uma turbulência interna com relação ao seu corpo e sua atração sexual por outros homens. Seus amigos próximos podem jamais ter percebido, mas isso lhe causava dor e confusão, pois seus desejos eróticos latentes iam de encontro à imposição absoluta da heterossexualidade compulsória firmemente cravada na cultura brasileira.

No início da década de 1960, em suas perambulações pelas ruas de Belo Horizonte, Herbert viu-se no mundo clandestino das relações com o mesmo sexo e aprendeu a arte de envolver-se com desconhecidos em encontros sexuais furtivos.[12] Em suas experiências eróticas iniciais, evitava atos que poderiam levá-lo a questionar sua própria masculinidade heterossexual. Segundo normas proibitivas, apenas a pessoa passiva de uma relação entre pessoas do mesmo sexo era considerada homossexual. Portanto, se seu papel fosse penetrar o parceiro, ele conseguia se ver como um homem heterossexual "normal". "Não havia relações homossexuais; havia relações *com* homossexuais." Separando-se do "outro" homossexual, as lembranças desses anos de Herbert eram categóricas, embora ele usasse a terceira pessoa ao escrever sobre si mesmo: "Ele nunca admitiu a hipótese de ser 'passivo', de ser atraído pela penetração que confundia, então, com a passividade" – o que significava ser feminino e homossexual.[13]

Os passeios noturnos, desesperados, de Herbert pelas sombras da cidade, por banheiros públicos e parques municipais, compreendiam um aspecto perturbado de sua adolescência, que mais tarde descreveu ironicamente como "metade escuridão, metade promessa".[14] A obscuridade da noite era um desafio, mas oferecia muitas possibilidades. Em seu segundo livro de memórias, *Meu corpo daria um romance: uma narrativa desarmada*, Herbert fornece detalhes vagos sobre esses contatos furtivos:

"Procurava conservar uma meticulosa clandestinidade sexual. Meus pares eram apenas desconhecidos, com quem trocava mentiras ingênuas, nomes de guerra confusos."[15] Não permitir contato anal era a barreira que erigiu a princípio para proteger sua suposta heterossexualidade. Entretanto, Herbert ficou menos defensivo com o tempo, até que, enfim, dobrou-se. Se suas memórias não falham, sua iniciação "homossexual" ocorreu aos 16 anos de idade, no fim do ensino médio. Seu parceiro sexual foi um jovem soldado que conhecera na rua. Os dois foram ao modesto apartamento que o soldado compartilhava com um primo, que também tinha relações com outros homens e que pareceu plenamente à vontade ao se deparar com os dois. Herbert sabia que o encontro agradara ao soldado, que queria repetir a experiência. No entanto, lembra-se de ter entrado em pânico. Num ato que anos mais tarde se tornaria prática comum na clandestinidade revolucionária, Herbert disse um nome falso ao soldado, mentiu sobre a própria idade e seu endereço, e desapareceu na noite.

O escuro o ajudava a manter segredo da família, de seu círculo de amigos e até mesmo de Laís, sua confidente. No entanto, ao menos uma vez sua vida dupla quase foi exposta. Em algum momento de 1967, alguém do movimento estudantil procurou Laís a respeito de Herbert, que se envolvia cada vez mais em atividades semiclandestinas contra o regime. A pessoa disse que tinha visto Herbert saindo do Parque Municipal tarde da noite, algo que considerou "estranho".[16] Encontrá-lo no parque central tão tarde era uma maneira indireta de sugerir que Herbert era *viado* e estava em busca de um parceiro sexual nas sombras detrás dos arbustos. Há décadas, o Parque Municipal de Belo Horizonte era conhecido como o lugar onde homossexuais e michês se reuniam à noite.[17] A referência codificada ficou imediatamente clara.

Laís se lembra de procurar Herbert e perguntar-lhe, de cara, se era verdade. A mente e a língua rápidas o salvaram, e ele de pronto deu uma explicação. Estava participando de um grupo secreto de estudos marxistas, o local havia sido escolhido por ser escondido e discreto. Numa época em que o sigilo acerca de detalhes das atividades políticas prevalecia e evitava-se questionar os encontros, Laís aceitou sua argumentação e eliminou de sua mente a possibilidade de Herbert ser homossexual ou de envolver-se sexualmente com outros homens. É possível que o amor um tanto inocente, platônico, que Laís tinha por Herbert tivesse ajudado a velar seus olhos contra a realidade das inclinações sexuais do amigo. Ela provavelmente não conhecia ninguém que admitia ter atração pelo mesmo sexo. Além disso, Herbert havia construído uma persona para mascarar sua vida sexual até mesmo de sua companheira mais próxima.

De muitas maneiras, esse foi o seu primeiro exílio – não em outro país, mas num mundo interior no qual mantinha seus desejos sexuais em segredo. Foi também a primeira experiência com uma vida clandestina, ao se valer de subterfúgios para ocultar sua sexualidade e ao criar uma imagem pública que oferecia poucos indícios de um aspecto importante de sua vida. A relutância de Daniel em admitir seus desejos homossexuais e a angústia que sentia ao envolver-se em atividades eróticas com o mesmo sexo lhe impediam de escolher outras alternativas. Como Luiz Morando documentou meticulosamente, no início dos anos 1960, um mundo incipiente quase secreto de sociabilidade gay tomou forma em Belo Horizonte.[18] O Edifício Arcângelo Maletta, um complexo residencial que abriga um grande centro comercial no pavimento térreo e no mezanino, incluindo clubes noturnos e bares, foi um dos espaços no centro da cidade apropriado por pessoas "sexualmente invertidas", que se reuniam em alguns desses bares. Ao longo da década, comerciantes, moradores moralistas e a polícia tentaram eliminar os locais "de reunião dos rapazes 'alegres' da cidade",[19] fazendo prisões periódicas sob acusações de violação da moralidade pública. É provável que Herbert conhecesse esses lugares "notórios", pois ficavam próximos a outros locais populares para se comer e beber no Centro e eram frequentados por jovens. Mas ele talvez os evitasse, para esconder de seus colegas qualquer sinal de seus desejos.

Em casa, com certeza, não havia suspeitas quanto às escapadas sexuais secretas. De fato, tudo indica que a vida da família Carvalho correu com tranquilidade no início da década de 1960. Herbert estudava muito para entrar na Faculdade de Medicina; Hamilton conseguia acompanhá-lo nos estudos. O jovem Hélder sobrecarregou ainda mais a mãe, já atarefada com as idas e vindas ao outro lado da rua, desdobrando-se para cuidar dos sogros, manter a casa limpa e organizada, além de assegurar que os filhos crescessem bem nutridos. Era a típica família de classe média baixa, apesar do filho notavelmente talentoso, um pai que adorava atuar no rádio e uma mãe abnegada que mantinha a casa de pé.

A rotina no lar da família Carvalho também não foi perturbada pela turbulência política que fervia em todo o Brasil. Como nota Herbert em suas memórias, seu pai não tinha muito interesse pela política.[20] Em agosto de 1961, o recém-eleito presidente Jânio Quadros, um político errático e excêntrico, renunciou ao governo de forma repentina, após oito meses de mandato, em uma tentativa infeliz de chantagear o Congresso para obter mais poderes executivos. O então vice-presidente, João Goulart, mobilizou com êxito seus apoiadores nacionalistas e populistas do Partido Trabalhista Brasileiro (PTB), bem como os setores das Forças Armadas e os sindicatos, contra uma tentativa de outros líderes militares de o impedirem de assumir o poder. Entretanto, Goulart assumiu a Presidência com poderes reduzidos. Como não dispunha de maioria no Congresso e não conseguiu conter o aumento dramático da inflação nos dois anos e meio que se seguiram, seu apoio popular enfraqueceu-se. Forças militares e civis conservadores, com o apoio da administração estadunidense de John F. Kennedy e Lyndon B. Johnson, empreenderam esforços orquestrados para expulsá-lo do poder.[21]

Em 1964, as Forças Armadas, com apoio civil, derrubaram Goulart, acusando-o de corrupção, radicalismo, incompetência e de estar sob influência comunista. Os militares então instauraram um regime autoritário que se manteve no poder por duas décadas. O golpe civil-militar foi um acontecimento que mudaria a vida de Herbert e teria implicações descomunais para todos os brasileiros. Ainda assim, ele parecia ignorar solenemente o cenário político. Concentrou-se nos estudos, dedicando suas manhãs à preparação para o rigoroso vestibular para a Faculdade de Medicina, e suas tardes, à conclusão do ensino médio. A política não era uma prioridade; tornar-se médico, sim.

Em março de 1965, Herbert entrou na Faculdade de Medicina da Universidade Federal de Minas Gerais (UFMG), onde o antigo presidente Juscelino Kubitschek havia estudado no fim dos anos 1920. Hamilton lembra do orgulho do pai ao ouvir a notícia. "Vai ser médico, um médico na família!", exultou. Geraldo não deixou por menos com Hamilton, de quem ficou igualmente orgulhoso quando foi aprovado no competitivo exame para a Academia de PM. O pai contou a todos do bairro que o seu segundo filho seria da PM. "No dia que cheguei no quartel, ele fez questão que eu usasse a farda dele. O que foi um erro muito grande, porque a farda dele era tudo farda velha. Eu tive que usar", lembra Hamilton.

Laís se juntou a Herbert na Faculdade de Medicina no ano seguinte. Quando começaram as aulas, em 1966, Herbert, como muitos estudantes de sua geração, já havia mergulhado no mundo da política estudantil. Laís seguiu seu amigo com cautela nesse caminho, parando antes de juntar-se à luta armada. Hoje, médica que passa as manhãs trabalhando numa clínica e as tardes atendendo pessoas de baixa renda em um bairro periférico, Laís me confidenciou: "Eu acho que faço este trabalho entre os pobres por causa de Bete."

NOTAS

1. Geny Carvalho, entrevista n. 1. Outras citações referem-se à mesma entrevista, salvo quando indicado.
2. Hamilton Carvalho, entrevista n. 1. Outras citações referem-se à mesma entrevista.
3. Pitágoras dos Santos, entrevista. Outras citações referem-se à mesma entrevista.
4. Herbert Daniel, *Passagem para o próximo sonho*, p. 25.
5. Hélder Carvalho, entrevista.
6. Herminio Prates, "Gê de Carvalho, o talento a serviço da emoção e do riso", *Jornal Minas Gerais*, 17 de novembro de 1987.
7. Laís Soares Pereira, entrevista n. 1. Outras citações referem-se à mesma entrevista, salvo quando indicado.
8. Elaine Espíndola, entrevista. Outras citações referem-se à mesma entrevista.
9. Nilton Espíndola, entrevista.
10. Herbert Daniel, *Meu corpo daria um romance*, p. 124.
11. P. Cavalcanti, "Exilados: Ele vive de bicos". *Veja*, 1º de julho de 1980, p. 26.
12. Herbert Daniel, *Meu corpo daria um romance*, p. 121.
13. *Ibid.*
14. *Ibid.*, p. 119.
15. *Ibid.*, p. 156.

16. Laís Soares Pereira, entrevista n. 2.
17. Luiz Morando, *Paraíso das maravilhas*.
18. Luiz Morando, "Por baixo dos panos", pp. 53-81.
19. *Diário da Tarde*, 14 de setembro de 1964, citado em Luiz Morando, "Por baixo dos panos", p. 57.
20. Herbert Daniel, *Passagem para o próximo sonho*, p. 25.
21. Thomas Skidmore, *Politics in Brazil*; James N. Green, *We cannot remain silent*, capítulo 1.

3. Faculdade de medicina (1965-1967)

> "O Herbert era muito culto, tinha uma crítica de cinema, fazia no rádio e não era fácil achar na Faculdade de Medicina pessoas com um padrão intelectual assim."
>
> Jorge Nahas, 2009[1]

A Faculdade de Medicina era o paraíso para Herbert. De repente, encontrava-se num mundo onde as ideias tinham importância e as pessoas se envolviam em debates sérios. Ele abraçou esse novo ambiente com entusiasmo. A Faculdade de Medicina da UFMG, fundada em 1911, à época já era uma instituição ilustre. Quando Herbert começou a frequentá-la, em 1965, estava instalada desde o início daquela década em uma grande estrutura moderna, de dez andares, localizada próximo ao Hospital das Clínicas, no Centro de Belo Horizonte – e apenas a um quarteirão do Parque Municipal, um dos locais de perambulação noturna. De casa, podia entrar num ônibus e estar na faculdade em vinte minutos. Ele também se beneficiava de uma rede de transporte complexa que cruzava toda a cidade e atendia a população crescente – que até 1965 ultrapassava um milhão de habitantes. Comércio, edifícios do governo, cultura, entretenimento e aventuras sexuais noturnas: tudo se concentrava na mesma região.

A Faculdade de Medicina fica relativamente próxima a outras escolas da UFMG – Direito, Arquitetura, Economia e Engenharia. A Faculdade de Filosofia e Ciências Humanas (Fafich) ficava a uma curta distância dali. A Pontifícia Universidade Católica de Minas Gerais (PUC Minas) também ainda hoje tem *campus* no Centro. Muitos jovens que se mudaram para a capital para frequentar a universidade alugavam camas ou quartos em pensões da região ou dividiam moradias nas repúblicas de estudantes. O refeitório da universidade oferecia refeições a baixo custo e, em grande parte, palatáveis. Contudo, para economizar, ele costumava almoçar em casa.

FACULDADE DE MEDICINA

Nos arredores havia cinemas, teatros e bares. Depois da aula, os alunos se reuniam em pequenos restaurantes e bares de esquina para encontrar os amigos, flertar, conversar sobre o último filme ou a última fofoca e, inevitavelmente, discutir política. A proximidade entre esses lugares de lazer e entretenimento, residências estudantis e as diversas faculdades da UFMG e da PUC proporcionava um ambiente ideal para o desenvolvimento de um éthos coletivo entre a juventude.[2] Após o golpe civil-militar de 1964, os generais aprovaram a Lei Suplicy, que criminalizou a atuação da União Nacional de Estudantes (UNE) e dificultou ainda mais a organização de entidades estudantis locais nas escolas e departamentos universitários. Essas constantes interações entre estudantes pela cidade facilitava a formação de um movimento sólido, que ganhou força em 1966, quando os estudantes começaram a organizar manifestações contra o regime. Herbert instantaneamente intrigou-se com as discussões acaloradas acerca da situação política. Interessado, acompanhava as discussões dos grupos políticos que representavam organizações de esquerda semiclandestinas nos debates de como reagir aos generais no poder.

Quando as Forças Armadas tomaram o governo, em abril de 1964, instaurou-se um contexto político instável. Reprimiram nacionalistas, esquerdistas e outros oposicionistas radicais, e mais de 50 mil pessoas foram presas no primeiro mês após o golpe.[3] Ao mesmo tempo, os militares acreditavam que era necessário aparentar que buscavam um caminho para restaurar a democracia, de modo a satisfazer os políticos de Washington e acalentar a classe média que apoiou suas ações. O Ato Institucional nº 1 (AI-1), de 9 de abril de 1964 – que, entre muitas provisões autoritárias, suspendeu os direitos dos políticos apoiadores de Goulart e dos que, como ele, se orientavam politicamente à esquerda –, baseou-se na promessa do rápido retorno do governo civil. No entanto, quando candidatos moderados da oposição venceram as eleições para o governo nos estados da Guanabara (hoje, município do Rio de Janeiro) e Minas Gerais, em outubro de 1965, os líderes do regime instituíram o Ato Institucional nº 2 (AI-2). Este dissolveu os partidos políticos que operavam até 1965, estabeleceu um novo partido pró-governo (Aliança Renovadora Nacional – Arena) com maioria garantida e providenciou um partido de oposição com perspectivas limitadas de algum dia obter o controle do Congresso (Movimento Democrático Brasileiro – MDB). Medidas subsequentes eliminaram as eleições presidenciais diretas e revogaram os direitos dos eleitores de escolher governadores por meio das urnas. Outro decreto concedeu a Humberto de Alencar Castelo Branco, general de quatro estrelas encarregado do governo nacional, o poder de designar prefeitos às maiores cidades do país.

Já no fim de 1965, tornara-se evidente que as Forças Armadas não pretendiam retornar aos quartéis tão cedo. Com a possibilidade de a oposição aumentar sua força pelas urnas, determinaram-se novas regras para o sistema eleitoral. Assim, se oficialmente existiam instituições democráticas, tal como partidos políticos e eleições regulares, elas serviam apenas para garantir que os militares continuassem à frente do governo. Com os generais e seus aliados civis profundamente arraigados no poder, as correntes esquerdistas debatiam o que poderia ser feito.

Antes mesmo de 1º de abril de 1964, a esquerda brasileira já fervilhava e se encontrava em processos diversos de realinhamento. Na sequência das acusações ao então primeiro-secretário do Partido Comunista da União Soviética (PCUS), Nikita Khrushchev, acerca dos excessos do estalinismo, em fevereiro de 1956, e do fracasso da Revolução Húngara em outubro daquele ano, o Comitê Central do Partido Comunista Brasileiro (PCB) divulgou a Declaração de Março de 1958, que adotava uma nova orientação política. A liderança do partido pedia o apoio dos nacionalistas radicais, industrialistas "progressivos" e setores do Exército. Para eles, o Brasil permanecia um país atrasado, que ainda não havia sofrido a transição do feudalismo para o capitalismo. Com uma base industrial fraca em uma sociedade predominantemente rural, as condições não eram favoráveis para uma revolução socialista, porque o capitalismo permanecia subdesenvolvido e o proletariado não era grande e forte o suficiente para tomar o poder.

Os comunistas, portanto, precisavam apoiar as forças políticas que defendiam os setores nacionais da economia, os quais haviam sido marginalizados pelo controle imperial e hegemônico dos EUA, incluindo industrialistas brasileiros enfraquecidos pela concorrência com empresas estrangeiras. Até o início da década de 1960, isso significou construir uma aliança com o PTB – que, sob a liderança do presidente João Goulart, havia se comprometido a realizar uma reforma agrária moderada –, legalizar o PCB, melhorar as relações comerciais com o bloco soviético e expandir os benefícios dos trabalhadores. Em vez de fomentar uma revolução socialista, os comunistas e outras forças progressivas precisavam construir coligações estratégicas com outros setores da sociedade para implementar tais reformas.[4]

Os personagens da Guerra Fria em Washington – um deles Lincoln Gordon, embaixador dos EUA – interpretaram a mudança moderada do PCB como uma artimanha para ocultar sua verdadeira intenção, a de realizar uma revolução semelhante à que havia ocorrido em Cuba, em 1959. Gordon, portanto, mobilizou o Departamento de Estado e a Casa Branca para apoiarem a destituição de Goulart. Trabalhar para unir as conspirações que estavam sendo articuladas entre grupos das Forças Armadas e secretamente canalizar fundos para forças direitistas eram alguns dos esforços coordenados pela embaixada dos EUA.[5]

Ao contrário de Gordon, um setor da esquerda brasileira acreditava que o PCB havia de fato abandonado sua inclinação revolucionária. Em 1962, membros do Comitê Central e seus seguidores dividiram-se para formar o Partido Comunista do Brasil (PCdoB), que apoiava a República Popular da China. A princípio fraco e inexpressivo, até o fim da década de 1960, o PCdoB começou a implementar uma política de preparação de uma guerra popular prolongada pelo interior do país, reunindo militantes comunistas, trabalhadores rurais e camponeses numa insurgência para derrubar o regime militar e fazer uma revolução social.[6]

No início da década de 1960, duas outras forças políticas emergiam para desafiar a influência do PCB, que até então era a força esquerdista predominante entre os sindicatos, estudantes, artistas e intelectuais. Em janeiro de 1961, um setor da juventude do Partido Socialista Brasileiro (PSB), dissidentes esquerdistas do PTB e defensores paulistas das ideias da revolucionária polonesa, naturalizada alemã, Rosa Luxemburgo fundaram a Organização Revolucionária Marxista – Política Operária (Polop). A nova organização propunha uma crítica radical à abordagem reformista do PCB. Insistia que os trabalhadores, que liderariam qualquer movimento revolucionário, deveriam permanecer politicamente independentes da burguesia e que as condições eram favoráveis para uma revolução socialista. Sob a orientação intelectual de Eric Sachs, filho de marxistas austríacos refugiados do nazismo, a Polop rapidamente conseguiu adesão em São Paulo, no Rio de Janeiro e em Belo Horizonte.[7]

Durante o mesmo período, outra corrente de jovens radicais formou a Ação Popular (AP), um grupo que também criticava a posição reformista do PCB. A organização surgiu de um longo processo em que setores da Igreja Católica tentavam reagir à desigualdade social e econômica envolvendo seus jovens membros em ações sociais e estabelecendo atividades entre jovens trabalhadores católicos, secundaristas e estudantes universitários. Muitos participantes desses programas começaram a questionar a eficácia da caridade cristã e de boas ações como solução para resolver as disparidades sociais e econômicas do Brasil. A AP foi fundada em um congresso realizado em Belo Horizonte em junho de 1962 e evoluiu ao longo dos anos de 1960, mudando o foco de seu apoio do humanismo marxista para o maoísmo. De escopo nacional, o movimento logo tornou-se uma força potente entre estudantes ativistas e obteve apoio da maioria dos alunos da UFMG.[8]

Na sequência do golpe de 1964, os militares expurgaram a maioria das lideranças trabalhistas radicais de seus cargos em sindicatos, permitindo que forças pró-governo moderadas assumissem e controlassem essas organizações. A reação defensiva do PCB foi ordenar que seus militantes passassem a viver na clandestinidade. Como essas forças políticas estavam acuadas, os estudantes se tornaram o primeiro grupo social coeso a protestar sistematicamente contra o poder ditatorial do regime. Organizados por meio de entidades locais e estaduais, tal como a UNE, à época liderada pela AP, os estudantes se mobilizaram contra o severo encurtamento dos direitos democráticos fundamentais.

A origem de classe média da maioria dos estudantes, a tradição de dispor de organizações autônomas politicamente independentes do Estado e as medidas repressivas contra os estudantes foram fatores que contribuíram para o crescimento do apoio ao ativismo. Até mesmo algumas das pessoas que haviam clamado pela derrubada de João Goulart logo perceberam que os militares não pretendiam restaurar a democracia tão cedo. Além disso, o caráter político conservador da coligação civil-militar que derrubou o presidente e a natureza autoritária do novo regime – que havia contado significativamente com o apoio da classe média – agora parecia excluir a maioria dos civis das posições importantes, que possibilitariam a participação nas tomadas de decisão.

O aparelho repressivo dos militares tornou-se muito rigoroso em relação à UFMG. No início de 1966, a polícia usou violência para conter manifestações de alunos do primeiro ano.[9] O direito de protestar publicamente tornou-se uma disputa constante entre os estudantes e a polícia fortemente armada. Esses conflitos cada vez mais obtinham o apoio público, à medida que os transeuntes do Centro da cidade testemunhavam a violência policial contra os estudantes, o que incluía prisões e dispersão de manifestantes com gás lacrimogêneo. Grupos políticos esquerdistas clandestinos lideravam essas mobilizações e tentavam recrutar de maneira enérgica os ativistas mais comprometidos para a própria organização.[10]

Embora Herbert quase não falasse de política em casa ou entre amigos durante o ensino médio, quando chegou à universidade o ambiente de discussões e debates envolveu-o por completo. Por meio de sua paixão pela leitura de livros de história e literatura, Herbert havia adquirido um capital cultural rico, que se desenvolveu ainda mais e foi refinado à medida que ele absorvia novas ideias radicais na universidade. Ainda que a AP fosse a principal força política entre estudantes universitários organizados, as raízes católicas de muitos de seus apoiadores podem ter causado o distanciamento de Herbert, que havia devidamente feito a primeira comunhão, como era dele esperado, mas em seguida esquivara-se do envolvimento com a religião, para desalento de sua mãe.[11]

Os integrantes da Polop e suas ideias políticas pareciam muito mais atraentes do que o catolicismo radical. Conhecidos por sua dedicação ao estudo do marxismo e pelo apoio às ideias não ortodoxas de revolucionários europeus, os militantes da Polop eram considerados os militantes estudantis, no que diz respeito à teoria, mais sofisticados.[12] Eles também conquistaram apoio significativo entre estudantes politizados. Em 1967, Jorge Batista Filho tornou-se presidente do Diretório Central de Estudantes (DCE), e João Batista Mares Guia foi presidente da União Estadual dos Estudantes (UEE). Ambos foram líderes influentes e membros da Polop.[13]

De imediato, Herbert aproximou-se de um novo grupo de alunos politizados em sua turma de faculdade, entre eles Jorge Nahas, Maria José de Carvalho e Maria Auxiliadora Lara Barcelos, carinhosamente apelidadas, respectivamente, de Zezé e Dodora. Jorge Nahas logo tornou-se um líder do movimento estudantil, participou de um congresso clandestino da UNE, realizado em Belo Horizonte, em 1966, e foi membro da liderança da entidade estudantil representativa da universidade.[14] Zezé conheceu Jorge quando frequentava um curso preparatório para o vestibular da Faculdade de Medicina e começou a se politizar, participando de atividades culturais promovidas por estudantes na universidade. Dodora e Zezé tornaram-se amigas e participavam juntas desses eventos.[15] Os três afiliaram-se à Polop cerca de um ano após terem iniciado a Faculdade de Medicina. Herbert, por outro lado, demorou um pouco mais para se juntar à organização.

A fim de estender sua influência a outros alunos de medicina e de concorrer com seu principal rival político, os membros da Polop formaram o Centro de Estudos de Medicina (CEM), que organizava fóruns e debates políticos ao redor de uma pletora de assuntos – os eventos podiam abordar tanto os direitos civis estadunidenses e os movimentos contrários à Guerra do Vietnã quanto conversas sobre a influência de empresas estrangeiras no Brasil. Quarenta anos mais tarde, o CEM ainda evocava fortes e boas lembranças entre os que organizavam ou frequentavam de maneira assídua os encontros, que foram lembrados como fóruns empolgantes nos quais os estudantes debatiam problemas locais, nacionais e internacionais. Laís Pereira recordou que os eventos organizados pelo CEM não se concentravam apenas em questões políticas. Eles também destacavam temas importantes para a formação em medicina, discutiam inclusive sobre como evitar a transmissão de hidrofobia canina a seres humanos.[16]

Apolo Lisboa, estudante de medicina e uma das lideranças da Polop no *campus*, recorda-se de que o CEM permitia aos militantes da organização ter um perfil público, e isso auxiliava o recrutamento. No centro, debatiam-se teorias malthusianas, cientistas destacados eram convidados para discutir doenças endêmicas rurais e mostras de cinema e concertos eram organizados, às vezes em parceria com a entidade representante estudantil oficial.[17] Zezé se lembra de como se envolveu com a política na faculdade por meio do CEM. "Eu comecei a fazer cartazes – 'Compareça à palestra do militante do poder negro'. [...] A gente fazia debates sobre a Guerra do Vietnã, a indústria farmacêutica. [...] Quando Vinicius de Moraes estava em Belo Horizonte [pensamos]: 'Vamos chamá-lo para um debate.'"[18]

Embora tudo indique que nenhum panfleto ou pôster que anunciasse esses eventos tenha sobrevivido, a vitalidade intelectual e entusiasmo que rodeavam as atividades do CEM permanecem firmemente cravadas na mente daqueles ativistas. E a ideia deles funcionou: o programa inovador do CEM atraiu uma nova geração de alunos que entrou na faculdade após o golpe de 1964 e estava ansiosa para discutir política e problemas sociais, além de encontrar uma maneira de se opor à ditadura. Entre eles, estava Herbert.

A própria Polop vivenciava uma querela interna entre os que favoreciam uma perspectiva marxista ortodoxa que privilegiava a organização da classe trabalhadora e aqueles que viam uma revolução ao estilo cubano e a luta armada como os meios para derrotar a ditadura e instaurar o socialismo no Brasil. Um dos principais líderes do grupo pró-guerrilha da Polop era Carlos Alberto Soares de Freitas, conhecido entre os amigos como Beto. Na época em que era estudante de economia, em 1962, viajou a Cuba representando a organização na Conferência do Povo, uma reunião internacional de simpatizantes da recente revolução. Carlos Alberto retornou ao Brasil entusiasmado quanto às possibilidades de mudança social generalizada e tornou-se um ativista engajado, ajudando a Polop a estabelecer relações entre militantes universitários e os movimentos sindicais e camponeses que haviam se radicalizado no período anterior ao golpe. Foi preso em 1964 por afixar cartazes pela cidade, em demonstração de apoio à Revolução Cubana, com críticas ao golpe militar. Libertado após noventa dias de encarceramento, acabou entrando na clandestinidade, tornando-se um "veterano" da organização.[19]

Apolo Lisboa foi um dos muitos recrutados por Carlos Alberto para a organização. Nascido em um lar presbiteriano, Apolo viu sua radicalização como produto de uma criação protestante, que lhe inculcou valores de justiça social.[20] Antes mesmo de entrar no curso de medicina, em 1963, havia liderado um movimento espontâneo de jovens aprovados no vestibular que não puderam se matricular devido à quantidade limitada de vagas. Preso por ocasião do golpe de 1964, conheceu Carlos Alberto na prisão e foi ele quem o convenceu a afiliar-se à Polop. Apolo prosseguiu com suas atividades na política estudantil universitária ainda em 1964, tornando-se vice-presidente e então presidente da organização estudantil da Faculdade de Medicina. Em julho de 1966, foi eleito um dos vice-presidentes da UNE durante o XXVIII Congresso da organização, realizado de forma clandestina no porão da igreja de São Francisco das Chagas, no bairro Carlos Prates. Assim como Carlos Alberto recrutara Apolo para a Polop, este recrutou diversos estudantes do primeiro e do segundo anos do curso de medicina.[21]

Além de se dedicar aos estudos, Herbert prosperava nesse novo ambiente de debates políticos sobre assuntos que iam de saúde pública a política internacional. Em seu primeiro ano, tirou notas excelentes (9 de 10) em todas as disciplinas: psicologia, anatomia, histologia e embriologia, física biológica e medicina preventiva.[22] Como estudante, abraçou a vida com energia e entusiasmo, dividindo seu tempo entre a escola e a paixão pelo teatro e pelo cinema. Quando Herbert tinha 14 anos, ainda no ensino médio, seu pai lhe arranjou um emprego como crítico de cinema na rádio onde trabalhava em seu tempo livre. Toda semana, Herbert escrevia uma crítica curta de um filme que tinha visto em um dos cinemas da cidade. Parece que ninguém guardou os roteiros dessas curtas transmissões, cujo quadro se chamava *On Cinema*. Os amigos se lembram de que Herbert era bom conhecedor de filmes e acrescentava toques inteligentes e humorísticos aos seus textos, o que os tornava divertidos para o rádio.[23] Herbert ganhava tão pouco por esse trabalho, que às vezes precisava da ajuda da mãe para o dinheiro do ônibus. Ao mesmo tempo, ele se envolvia cada vez mais na política. Entre 1967 e 1968, passou a ter menos tempo para assistir a filmes e escrever críticas. Seu irmão Hamilton se lembra de que Herbert chegava em casa tarde da noite às sextas-feiras e esboçava algo para Hamilton digitar à máquina e preparar para o programa de sábado. Mais tarde, Hamilton compreendeu que ele estava nas reuniões políticas.[24]

Herbert concluiu o segundo ano de faculdade em dezembro de 1966 com um histórico notável, recebendo a nota máxima (10) em bioquímica, fisiologia, patologia geral; ótimo desempenho em higiênica e medicina preventiva (8,7) e parasitologia (8,0); e uma nota decente em microbiologia (7,6).[25] Seu êxito na faculdade prometia uma carreira de sucesso na medicina. Porém, quando retornou às aulas após o Carnaval, em março, ele e o país entraram em um processo de mudança acelerado. No início de 1967, ia bem na faculdade – levar os estudos sempre fora algo fácil e de grande valor para ele –, mas, naquele momento, isso havia perdido importância. Até dezembro, deixou de frequentar quatro de suas disciplinas em ciências. Não fez o exame final de anatomia e fisiologia patológica e recebeu uma nota medíocre em sociologia. Gradualmente, naquele ano, os estudos assumiram uma posição secundária, abrindo espaço para a sua paixão por política e teatro.

Manifestações contra a ditadura, que haviam surgido de maneira tímida no ano anterior, expandiram-se bastante no início de 1967, e Herbert se envolvia cada vez mais no movimento estudantil. Em suas memórias, contou que, após devorar o *Manifesto comunista*, passou a considerar-se marxista e desejou colocar em prática suas teorias recém-descobertas.[26] Ainda assim, nenhum dos militantes que participavam dos grupos políticos da esquerda tentou recrutá-lo, o que o intrigava. "Duvidava: vai ver que sou inapto", recordou.[27] Às vezes, ponderava que talvez fosse em razão de sua homossexualidade e que por isso não seria aceito em nenhum grupo. "Mas: não dou pinta, sou enrustido, será que desconfiam e...?", escreveu mais de uma década depois – na época perguntando-se se alguém suspeitava que tinha relações sexuais com caras que conhecia no Parque Municipal ou durante passeios casuais no Centro. Mesmo quando tentava ter menos encontros sexuais e comportar-se com maior discrição, lamentou em suas memórias que nenhum dos alunos da esquerda radical parecia crer que fosse um bom candidato para afiliação à sua organização.

Por conta própria, havia decidido que as políticas do PCB não lhe pareciam radicais o suficiente. Assim, não demonstrou interesse quando um integrante daquela organização tentou lhe dar uma cópia de uma publicação clandestina do partido; simplesmente não estava interessado. Havia lido alguns documentos que a Polop fizera circular entre os ativistas e achou que aquela linguagem contundente sobre a revolução do proletariado era muito mais envolvente do que a dos comunistas; mas, mesmo assim, os colegas de classe e amigos que apoiavam as ideias da Polop não fizeram um convite a Hebert para ingressar na organização.[28]

Contudo, em março de 1967, Ângelo Pezzuti, no quarto ano de medicina e um dos líderes emergentes da Polop, por acaso viu quando um amigo de Herbert, membro do Partido Comunista, discretamente lhe passou um documento político. Ângelo levou a questão de imediato para uma célula da Polop, percebendo que, se não agissem rápido, Herbert logo seria recrutado por outro grupo. Após três dias de discussões políticas intensas com Ângelo, Herbert se juntou à organização. "Dia 28 de março [de 1967]", escreveu Herbert treze anos mais tarde, "nunca me esqueço da data gloriosa".[29]

Um dos primeiros ritos de passagem para uma organização clandestina era escolher um codinome para uso em reuniões da célula ou para assinar documentos políticos. Nomes falsos, em tese, serviam como proteção contra infiltrados da polícia. Além disso, caso um militante fosse preso, em princípio, não teria como revelar a verdadeira identidade dos outros. Claro, no caso dos que se conheciam na universidade ou por meio do movimento estudantil, esse procedimento de segurança era um tanto ineficaz. Não obstante, era prática comum entre tais organizações.

Herbert escolheu o nome inusitado de Olímpio. Aretuza Garibaldi forneceu uma explicação sobre por que ele adotara esse apelido tão incomum. Ângelo Pezzuti e ela haviam namorado em 1968. O casal, Herbert e outros dois amigos costumavam se encontrar na Cantina do Lucas, um restaurante e bar que ficava no Edifício Arcângelo Maletta, a dez minutos da faculdade, ponto de encontro de artistas, intelectuais, boêmios e estudantes. Lá trabalhava seu Olímpio, o garçom mais famoso do lugar, como Aretuza descreveu: "Era um velho, completamente louco, que tinha uma garrafa de vinho para tomar no dia que o Franco morresse. Não era espanhol, mas tinha uma garrafa de vinho para tomar. [...] Todo estudante de esquerda em Belo Horizonte conheceu seu Olímpio e gostava dele. Seu Olímpio era ótimo. Você chegava para tomar um chope, e ele dizia: 'Não. Você tem prova amanhã. Não vou te servir, não.' E não servia." Aretuza tinha certeza de que Herbert escolhera o codinome Olímpio em homenagem a essa querida figura.[30]

É fácil presumir que a dedicação de Herbert à sua nova vida como revolucionário era apenas política. Seu comprometimento durante os sete anos seguintes foi tão absoluto que pode parecer injusto atribuir qualquer outro motivo ao seu profundo envolvimento. No entanto, parece que as intensas amizades que construiu na faculdade e, mais tarde, em condições adversas na clandestinidade, tornaram-se tão importantes quanto sua devoção ideológica à mudança radical. Ele compartilhava de uma causa comum com pessoas que não pareciam notar que ele era homossexual. Os laços poderosos entre companheiros, forjados no projeto conjunto contra o inimigo comum, criaram uma ideia de pertencimento que superava o isolamento que sentira devido aos seus desejos sexuais não normativos. Ali estava uma chance de distanciar-se do sentimento de exílio das atividades de seus contemporâneos. Apesar de ainda ter problemas com sua autoimagem, por ser um pouco acima do peso e não se considerar atraente, fazer parte de uma organização que valorizava seu brilhantismo deve ter sido muito significativo para ele.

Não há dúvidas de que 1967 tenha sido um ano divisor de águas. Ângelo Pezzuti, charmoso, brilhante e sociável, havia se tornado seu amigo mais próximo, no lugar de Laís Pereira, sua amiga de escola. O novo relacionamento parece ter se consolidado em 1966, mesmo antes de Herbert se juntar à Polop.[31] Ângelo tornou-se seu confidente e mentor político. Depois de fazer o curso básico em marxismo e teoria revolucionária – praticamente uma exigência para todos os novos membros –, a liderança pediu que assumisse a titularidade do curso aos novos recrutas. Jorge Nahas, que também afirma ter recrutado Herbert para a Polop, resumiu sua avaliação: "Ele era brilhante."[32] Dentro de um ano, chegou à liderança da organização. Ao mesmo tempo, quando a vida política de Herbert começou a tomar novas direções, outras oportunidades surgiram para retomar a sensibilidade criativa compartilhada com seu pai.

O ponto de encontro que canalizava esses interesses artísticos era o *Show Medicina*, uma tradição cultural estabelecida entre os estudantes da faculdade desde que José Geraldo Dangelo fundara o grupo de teatro, em 1954. O show apresentava esquetes humorísticas e sátiras políticas escritas e representadas pelos alunos. Teve sucesso imediato e tornou-se um evento realizado ao fim de cada ano acadêmico. Ângelo Machado, outro aluno de medicina, logo uniu forças com o talentoso fundador do show. Juntos, escreveram e dirigiram as apresentações. O show continuava sob a coordenação deles mesmo depois de tornarem-se professores da Faculdade de Medicina.[33]

No ano em que Herbert entrou na faculdade, o *Show Medicina* sofria censura rigorosa do governo, por seu conteúdo político. Uma sátira que perturbou os censores, em particular, chamava-se "007 vs. o Castelo assombrado", evidentemente uma paródia de James Bond que tirava sarro de Humberto de Alencar Castelo Branco, o general de quatro estrelas que assumiu a Presidência da República após o golpe de 1964. Usar um trocadilho com o sobrenome do militar parecia enfurecer os guardiões da adequação política. Após negociação intensa com os censores, o roteiro sofreu severos cortes.

Durante a primeira apresentação da peça naquele ano politicamente volátil, houve um breve corte de energia programado após o final do número que havia sido censurado. Essa breve pausa foi o tempo exato que uma pessoa precisou para jogar, do mezanino, ácido sulfúrico no palco. Espirrou em um membro da plateia. No início, foi um pandemônio, mas depois que a vítima do ataque recebeu assistência médica, a ordem foi restaurada. Mauro Filgueiras, diretor do espetáculo daquele ano, fez um discurso emotivo e a peça continuou, apesar da considerável tensão que pairava no ar.[34] No dia seguinte, a polícia entrevistou todo o elenco – sugerindo que eles haviam sido responsáveis pelo incidente –, em vez de buscar os verdadeiros perpetradores do ato, que provavelmente eram membros de uma organização de direita que se opunha às críticas políticas embutidas no roteiro do espetáculo.[35]

Ângelo participou do evento em 1965, no seu segundo ano. Da mesma maneira, Apolo, Dodora e Laís, todos envolvidos no CEM, exibiram seus talentos teatrais amadores em seu primeiro ano de faculdade. Era uma maneira de se divertir enquanto protestavam contra o então estado das coisas.

Dois anos depois, Mauro Filgueiras pediu a Herbert para escrever o roteiro do show e codirigir a produção, uma oportunidade empolgante tanto pelo seu talento para o humor quanto para a escrita, que os acompanhavam desde o ensino médio. Dona Geny guardou cuidadosamente uma cópia do programa do show, um dos poucos registros que a família possui dos anos de Herbert na faculdade. A recordação gasta e manchada da breve carreira artística do filho foi preenchida com mensagens de parabéns, abraços e beijos, que refletem a animação da noite de estreia, ou de fechamento do semestre, e o entusiasmo dos amigos e parentes que desfrutaram do show. "Este é meu", escreveu Herbert no canto superior esquerdo da capa, sobre seu nome, quase como um lembrete de que deveria ser guardado como um tesouro.

O texto do programa exibe uma prosa espirituosa, sem dúvida escrita por Herbert, visto que o estilo é bastante semelhante ao de seus escritos posteriores. "Era uma vez... um *Show Medicina* que de repente começou a crescer e não podia mais ficar restrito aos alunos da Escola, virou teatro, só vendo! Só numa coisa ainda somos tradicionais: no preço do ingresso (baratíssimo). Mas isto é porque somos mais caros."[36] Se o roteiro do show ainda existe, não é nos arquivos da universidade que se encontra. Os amigos sobreviventes daquela época têm apenas memórias vagas do real conteúdo das esquetes e piadas apresentadas nas quatro noites de teatro lotado, cheio de colegas de classe, amigos, parentes e um público mais amplo.[37]

O título das esquetes apenas sugere seu real conteúdo político. Como ditava a tradição, havia referência aos eventos atuais: "Le rouge et le noir", com "F. Castro e Stokely C.", por exemplo, faz alusão ao romance clássico francês de Stendhal, ao líder cubano e ao movimento militante Black Power norte-americano. Outro esquete, "Na frente não", cujo título tem um duplo sentido sexual, parece parodiar a tentativa do político de direita Carlos Lacerda de estabelecer uma frente ampla antigoverno que incluiria oponentes políticos tal como os antigos presidentes Kubitschek, Quadros e Goulart. Em seguida, um aviso para a plateia: "Qualquer semelhança deste programa com o show é mera coincidência." Uma segunda nota acrescenta: "Qualquer coincidência do show com pessoas, lugares e eventos reais é mera semelhança."

Mauro e Herbert, como quase todos os dramaturgos e diretores de teatro brasileiro da época, foram obrigados a entrar num jogo astuto de gato e rato com os censores do governo. Além de submeter o roteiro para aprovação em Brasília, tinham que convencer os censores locais de que seu show era inócuo, visto que, mesmo que a linguagem parecesse inocente, a representação no palco poderia transformar um texto superficialmente inofensivo em algo que os cães de guarda do regime considerassem subversivo ou imoral. Os censores exigiam um ensaio especial antes da noite de estreia para se certificar de que a apresentação estava de acordo com o roteiro. Em regra, o elenco lia as falas rapidamente, em um tom monótono, de modo a enfadar o censor a tal ponto que considerasse o conteúdo inofensivo e entediante. Essa tática também era projetada a fim de desencorajá-los a de fato ir ao espetáculo. Não obstante, era obrigatório que os produtores reservassem assentos na primeira fila para eles. Logo antes de a peça começar, o diretor ou roteirista espiava por detrás da cortina para ver se o "inimigo" tinha resolvido assistir à apresentação. Se não houvesse censor, o elenco poderia se soltar e injetar nos esquetes o humor político e arriscado que haviam praticado durante os ensaios. Se o censor estivesse lá, os atores sabiam que precisariam ter cuidado para evitar que a apresentação fosse proibida.[38] Os prováveis embates de Herbert com os censores do governo sem dúvida contribuíram para sua desaprovação de um regime rígido e culturalmente simplório, se não retrógrado e reacionário em absoluto.

Ao que parece, em 1967, diferentemente dos anos anteriores, nenhum dos novos companheiros de Herbert da Polop estavam no espetáculo. Laís Pereira estava e, embora não fosse afiliada à Polop, era próxima das pessoas do grupo e ativa no movimento estudantil. O recado que Laís deixou para Herbert no programa transmite a ternura de uma proximidade de longa data: "Herbert: só quero ser estrela aonde você for sempre o diretor. Até onde você vai? Ao meu *melhor*. Um abraço 'deste' tamanho. Laís."

O sucesso de Herbert naquele ano proporcionou a promessa de uma carreira no teatro. Laís se recordou que Herbert passou em sua casa irradiando orgulho logo depois do encerramento da produção para lhe mostrar um bilhete que Dangelo lhe havia escrito: "Palavras, palavras, palavras. Você as tem", como ela se recorda.[39] Talvez este elogio ao seu talento literário seja o seu maior reconhecimento até então. Entretanto, ao longo dos doze meses seguintes, não houve tempo para roteiros, tampouco para o *show business*; o ativismo político tornou-se protagonista e o encheu de um intenso entusiasmo que capturava toda a sua atenção.

NOTAS

1. Jorge Nahas era colega de classe de Herbert Daniel e membro da mesma organização revolucionária. Jorge Nahas, entrevista. Outras citações pertencem à mesma entrevista.
2. Maria Elizabeth Correa Campos e Silva, "Ideário do movimento estudantil", pp. 62-71.
3. Comissão especial, "Direito à memória e à verdade", p. 30.
4. Daniel Aarão Reis Filho, "Classe operária, partido de quadros e revolução socialista", p. 55.
5. James N. Green, *We cannot remain silent*; Ruth Leacock, *Requiem for revolution*, pp. 120-35.
6. Jacob Gorender, *Combate nas trevas*, pp. 37-39.
7. Marcelo Badaró, "Em busca da revolução socialista", pp. 185-212; Joelma Alves de Oliveira, "Polop".
8. Jacob Gorender, *Combate nas trevas*, p. 41; Marcelo Ridenti, "Ação Popular", pp. 213-82.
9. Antônio Nahas Júnior, *A queda*, pp. 41-76; Isabel Cristina Leite, "Comandos de libertação nacional".
10. João Roberto Martins Filho, *Movimento estudantil e ditadura militar*, pp. 75-109; Victoria Langland, *Speaking of flowers*.
11. Geny Carvalho, entrevista ao autor.
12. Apolo Herlinger Lisboa, entrevista. Outras citações neste capítulo também são do mesmo entrevistado.
13. João Batista Mares Guia, entrevista a Otávio Luiz Machado.
14. Jorge Nahas, entrevista a Marcelo Ridenti.
15. Maria José Nahas, entrevista.
16. Laís Soares Pereira, entrevista n. 2.
17. Apolo Herlinger Lisboa, entrevista.
18. Maria José Nahas, entrevista a Lígia Garcia, Isabel Leite e Rodrigo Biagini.
19. Cristina Chacel, *Seu amigo esteve aqui*.
20. Apolo Herlinger Lisboa, entrevista.
21. *Ibid.*
22. "Histórico escolar de Herbert Eustáquio de Carvalho", 15 out. 1969, Acervo Aesi/UFMG, Pasta 11, APM.
23. Laís Soares Pereira, entrevista n.1.
24. Hamilton Carvalho, entrevista n. 1.

25. "Histórico escolar de Herbert Eustáquio de Carvalho".
26. Herbert Daniel, *Passagem para o próximo sonho*, p. 86.
27. *Ibid.*
28. *Ibid.*
29. *Ibid.*, p. 87.
30. Aretuza Garibaldi, entrevista.
31. Herbert Daniel, *Passagem para o próximo sonho*, p. 26.
32. Jorge Nahas, entrevista.
33. Jota Dangelo e Ângelo Machado, *O humor do Show Medicina*, pp. 3-7.
34. Mauro Filgueiras, "Nos bastidores".
35. Júlio Anselmo de Sousa Neto, "Show Medicina", pp. 9-16.
36. Programa, *Show Medicina*, Belo Horizonte, 1967, AA.
37. Elaine Espíndola, entrevista; Laís Soares Pereira, entrevista n. 2.
38. Júlio Anselmo de Sousa Neto, "Show Medicina", pp. 12-13.
39. *Ibid.*

4. "O." (1967-1968)

> "O Herbert era o organizador, o idealizador.
> Era o homem que conseguia visualizar situações,
> estabelecer objetivos, ver lá na frente."
> Erwin Resende Duarte[1]

Erwin Resende Duarte entrou na Faculdade de Medicina em 1967. Era jovem, superbonito e politizado. "Um menino de ouro", lembra Zezé, que estava dois anos à sua frente na faculdade.[2] Aretuza Garibaldi, que era amiga de Marilda, irmã de Erwin, o descreveu vividamente: "Era aquele menino que todas as meninas querem namorar. Sabe como? Era o atleta da faculdade americana que todas as meninas querem namorar. Assim era o Erwin. E o Herbert era tímido, baixinho, gordo. [...] O Herbert estava completamente deslumbrado com aquele rapaz."[3] Erwin fora ativista de esquerda no colegial e uniu-se à Polop na faculdade mais ou menos na mesma época em que Ângelo, talvez juntamente com Jorge Nahas, convenceu Herbert a se tornar um integrante.

Os sentimentos de Herbert por Erwin vieram rápido e o atingiram em cheio. Quarenta anos depois de se verem pela primeira vez, Erwin lembra-se com carinho de seu melhor amigo daquela época: "O Herbert era uma pessoa que tinha uma formação cultural muito sólida, muito bonita! Principalmente voltado para as artes cênicas, cinema, teatro. E assim acabamos desenvolvendo uma certa amizade." Eles começaram a passar horas a fio juntos, na casa um do outro. Às vezes, Erwin dormia no sofá da sala de Herbert, ou o contrário. Todos os consideravam inseparáveis.[4]

Entretanto, havia algo quase excessivo no relacionamento deles, segundo Erwin. "Ele chegava algumas vezes a ter algumas crises, quase de histeria, pela amizade." Por exemplo, Erwin comentou: "Ele falava: 'Pô, eu sou seu amigo, para com isso!' Não sei o quê! E começava a gritar, a ficar nervoso. Algumas vezes ele se desequilibrava."

Possivelmente, era a atração que sentia por Erwin, reprimida, que o levava a demandar tanto de seu amigo e ficar tão chateado quando se sentia tratado de maneira injusta. No segundo trabalho semiautobiográfico de Herbert, ele mesmo conta a história de uma noite em que os dois aguardavam outro companheiro para uma reunião. Sentados na escadaria de uma casa, Herbert mostrou a Erwin uma carta de amor que havia escrito para "uma pessoa" por quem estava apaixonado. De maneira conveniente, a *uma pessoa* mascarava a verdadeira identidade de seu objeto de amor e desejo. À medida que Erwin lia a carta, Herbert notou que os olhos do amigo se enchiam de lágrimas. Erwin enfim comentou que a carta era simplesmente bonita e o incentivou a mostrá-la à "pessoa" e revelar seus sentimentos. Herbert sugeriu que era impossível fazê-lo. De repente, alguém interrompeu o momento e lhes pediu para sair dos degraus. O companheiro pelo qual esperavam chegou, e os três saíram em busca de um lugar tranquilo para conversar sobre um assunto político. No caminho, Herbert discretamente rasgou a carta e foi jogando os pedaços pela calçada à medida que caminhavam para o seu destino. Ele havia conseguido revelar suas emoções e havia visto o quanto suas palavras podiam tocar Erwin, mas não tinha coragem de lhe dizer a verdade. Como resultado do incidente, acabou por vivenciar uma dor emocional atormentadora que o levou a uma depressão profunda.[5]

Erwin, por sua vez, muitos anos depois, ao ser entrevistado, não se recordou dessa circunstância. Mas contou, muito à vontade, os detalhes de outra interação entre os dois. Numa noite em algum momento de 1967, Herbert e Erwin dividiram um quarto na casa de Erwin, mas estavam em camas separadas. Enquanto conversavam antes de dormir, Herbert começou a divagar sugerindo sua paixão por Erwin, sem, contudo, dizê-lo explicitamente. Erwin interrompeu o monólogo tortuoso e foi direto ao ponto: "Você está querendo dizer que você está apaixonado por mim?" Herbert confessou que sim, e Erwin explicou que, embora não sentisse atração por outros homens, não significava que não podiam ser amigos. Quando conversamos, Erwin insistiu que isso em nada alterou o companheirismo que havia entre os dois. De fato, após essa ocasião, Herbert vez ou outra lhe confidenciava assuntos íntimos e pessoais.

Apesar de permanecerem amigos, a rejeição de Erwin atingiu Herbert profundamente. Dilma Rousseff, que conheceu Herbert em 1967, quando

"O."

ambos eram membros da Polop, lembra-se de que ele lhe procurou no dia seguinte debulhando-se em lágrimas. Antes disso, Herbert lhe havia confidenciado sobre sua homossexualidade e seu amor por um rapaz da organização, e ela o incentivou a falar dos seus sentimentos para a pessoa. Dilma se lembra da angústia que Herbert sentia no dia depois de ter seguido seu conselho. Tudo o que ela podia fazer era confortá-lo com paciência, enquanto ele soluçava sem parar. Essa foi sua primeira amizade com um homem gay, e, anos mais tarde, percebeu que havia sido um tanto inocente quanto a essas questões sentimentais.[6] Parece que Herbert também fez confidências a Dodora, que depois contou a outras duas amigas da organização sobre a homossexualidade dele e da paixão por Erwin.[7]

Ângelo, entretanto, foi provavelmente o único homem da organização a oferecer algum conforto a Herbert. Ele se tornara um confidente próximo, atuando, de certo modo, como um simpático elo conector dos desejos românticos e sexuais de Herbert com seu envolvimento na política revolucionária. Outras mulheres que integravam a organização talvez tenham ouvido dizer algo sobre a paixão de Herbert por Erwin, mas nenhum dos companheiros entrevistados para este livro afirmou que soubesse, na época, que Herbert era gay. Nem mesmo Laís suspeitava que o amigo tivesse sentimentos sexuais reprimidos – ou optou por não saber. Caloura de Herbert na Faculdade de Medicina, seus caminhos se cruzavam cada vez menos, sobretudo em razão dos bicos que ela arrumava para se manter estudando.

Como amplamente documentado em outras fontes, a homossexualidade, na década de 1960, ainda era considerada imoral e perversa na sociedade em geral e na esquerda brasileira.[8] Uma teia de ideias, originadas de diversas fontes, foi a responsável por essa caracterização da sexualidade entre pessoas do mesmo sexo. Seguindo perspectivas tradicionais compartilhadas pelo movimento comunista internacional, era considerada produto da decadência da burguesia, que desapareceria após a queda do capitalismo e a decorrente instauração de uma sociedade socialista ou comunista. Os líderes da Revolução Cubana defendiam a mesma posição, o que os levou a produzirem campanhas repressivas contra gays e lésbicas no início da década de 1960.[9] Noções médicas e psiquiátricas consideravam a homossexualidade uma degeneração física e/ou emocional. O pensamento cristão tradicional ensinava que a homossexualidade era uma abominação moral. Embora a maioria dos revolucionários rejeitasse sua criação religiosa, raramente questionavam essa suposição. Além disso, entre as pessoas da esquerda que reproduziam o senso comum sobre a rejeição à homossexualidade predominavam aquelas que condenavam a homossexualidade masculina, pois seria responsável pela feminilização do homem e, assim, por romper a construção da masculinidade revolucionária que se encontrava no cerne das autoimagens dos militantes. Vera Lígia Huebra, afiliada da Polop desde 1966 e que conhecia bem Herbert, refletiu sobre como ele lidou com sua homossexualidade no contexto da esquerda brasileira. "Os homens [da organização] foram muito preconceituosos. Eu não sei como Herbert conseguiu transitar nesse meio. [...] As pessoas eram muito rígidas e discriminadoras."[10]

Se predominava o preconceito, como podemos entender a atitude de Dilma e Ângelo com relação à homossexualidade de Herbert? É provável que, embora a heterossexualidade fosse a norma vigente, perspectivas singulares sobre a sexualidade circulassem entre a juventude brasileira. Os paradigmas dos integrantes da esquerda consideravam a homossexualidade uma aberração; entretanto, alguns pensavam diferente. A aceitação de Dilma parece ter se originado do relacionamento próximo entre eles, o que favoreceu a empatia. "Essa é a época em que eu senti pela primeira vez que ele era meu amigo. Que a gente podia ficar junto sem ficar conversando."[11]

À primeira vista, podemos nos surpreender com o fato de Ângelo ter compreendido o dilema pessoal de Herbert. No fim da década de 1960, Ângelo teve uma série de namoradas, reproduzindo o padrão masculino tradicional de promiscuidade sexual. Se esse comportamento masculino contava com a aprovação tácita da sociedade, às jovens mulheres da classe média restava pautar-se pelas noções rígidas de pudor, moralidade e castidade. Embora esses códigos estivessem sofrendo mudanças em meados da década de 1960, o comportamento sexual de Ângelo refletia o duplo padrão que ainda era generalizado e reforçava normas rígidas de comportamento de gênero e de heteronormatividade. Ele almejava tornar-se psiquiatra depois de concluir a faculdade. Embora a medicina

"O."

no Brasil ainda definisse a homossexualidade como doença, Ângelo revelou certo grau de abertura e pensamento crítico acerca de sexo, diferentemente de muitos, senão a maioria, dos seus colegas.[12] Talvez a empatia pela dor e pelo sofrimento do amigo refletisse os aprendizados da formação inicial no campo da psiquiatria.

Herbert e Ângelo eram ligados por afinidades intelectuais, não apenas emocionais, e os dois eram bem próximos de suas respectivas mães. O vínculo passional de Carmela Pezzuti com seu filho primogênito era mútuo. Ângelo cuidou da mãe e a protegeu quando ela e o marido se separaram judicialmente. Ele também incentivava a mãe a namorar, e tudo indica que não tinha objeções ao romance dela com um proeminente político de direita, embora ele próprio estivesse rumando na direção da política revolucionária. Sua atitude aberta com relação à homossexualidade, no entanto, não significava que ele representava a norma entre os envolvidos na política revolucionária.

Os membros de organizações esquerdistas radicais, incluindo o grupo de Herbert, eram influenciados pela mudança que acedia a comportamento sexual mais permissivo entre a juventude da classe média brasileira nos anos 1960. Ao mesmo tempo, a maioria dos militantes ainda carregava a linguagem e a ideologia marxista ortodoxa que suscitavam discussões dentro dos grupos, desafiando os membros a "superar" o contexto e criação social tradicional à medida que se disciplinavam para a ação revolucionária. Militantes do meio estudantil que absorveram os rudimentos da ideologia de esquerda tendiam a imaginar que a classe trabalhadora era parte integrante de qualquer levante revolucionário, o que era bastante verdadeiro no caso dos que se formaram nas tradições marxistas da Polop. A maioria dos estudantes advinha da classe média, de modo que extirpar os supostos desvios inerentes à criação tornou-se uma fixação.

Como o próprio Herbert explicou, no éthos daquele período, a maioria dos membros da organização considerava a preocupação com o sexo uma autoindulgência pequeno-burguesa. "Meus problemas *pequeno--burgueses* me preocupavam, como tantos empecilhos que eu tivesse para poder me tornar um bom revolucionário. Entre eles a sexualidade, mais explicitamente, a homossexualidade. Desde que comecei a militar, senti que tinha uma opção a fazer: ou eu levaria uma vida sexual regular – e transtornada, secreta e absurda, isto é, puramente 'pequeno-burguesa', para não dizer 'reacionária', ou então faria a revolução. Eu queria fazer a revolução. Conclusão: deveria 'esquecer' minha sexualidade."[13] A tentativa de purificar-se, expurgando por meio do autossacrifício o comportamento supostamente desviante, baseado no paradigma de uma classe, levou Daniel a reprimir seus desejos pessoais e sexuais do fim de 1967 até 1972. Foi a única maneira que encontrou de adaptar-se à norma do grupo e obter a aceitação que tanto ansiava.

A escolha pela política em detrimento do prazer ocorreu em um momento crucial na história da Polop. Ao mesmo tempo que Herbert dava aulas sobre marxismo aos novos ou potenciais recrutas e escrevia e dirigia o *Show Medicina*, a Polop vivenciava uma batalha interna que culminaria na sua cisão, em setembro de 1967. O debate nacional já fervilhava no ano anterior. Nesse processo, a maioria dos membros da Polop em Belo Horizonte concluiu que não bastava discutir com o PCB a natureza socialista da revolução brasileira nem debater com os estudantes de esquerda a primazia da classe trabalhadora num eventual levante social. Tornam-se guias ao sucesso da Revolução Cubana e as ideias de Régis Debray, um jornalista francês marxista que escrevera uma série de artigos e livros sobre Revolução Cubana e estratégias de guerrilha. Naquele ano, a Editorial Sandino, de Montevidéu, no Uruguai, publicou as versões em espanhol de dois livros de Debray, *Revolución en la revolución?* e *Castrismo: la larga marcha de América Latina*. Juntos, formavam um guia para a revolução social em todo o continente.[14]

Apolo recordou que essa literatura circulava secretamente por meio de João Lucas Alves, um ex-sargento que havia sido expulso da Força Aérea em 1964 por fomentar a organização entre soldados rasos. "Esse vendedor de livros [...] era da Polop. Ele era o chefe do braço militar que só existia virtualmente, só no papel, e ele veio vender livros [em Belo Horizonte], divulgando as ideias do Régis Debray e do Che Guevara para ganhar dinheiro. Só que todo mundo aderiu àquelas ideias e rompeu com a Polop."

Debray, que estivera preso na Bolívia após entrevistar Che Guevara, em 1967, forneceu uma justificativa teórica para a revolução, que foi adotada pelos membros da Polop que defendiam uma estratégia de luta armada para derrotar o regime militar brasileiro. Apontando o sucesso de Fidel Castro e de seu bando de revolucionários que lutaram em Sierra Maestra no fim da década de 1950, os escritos de Debray sistematizavam a teoria do foquismo: um pequeno grupo de revolucionários poderia criar "focos" e estabelecer bases rurais para desmoralizar um regime ditatorial, inspirar as massas camponesas a se insurgir e, em última instância, derrubar o governo reacionário.[15] "O pequeno motor [a guerrilha] ativa um maior [as massas]" é uma frase que vários ex-militantes se lembram de ter usado na época.[16]

A trajetória política de Ernesto Guevara, o estudante de medicina argentino que se juntaria aos insurgentes cubanos e se tornaria um líder no governo pós-revolucionário, serviu como inspiração extra. Che deixou o cargo de ministro da Indústria, em Cuba, para apoiar o movimento revolucionário no Congo. Quando esse empreendimento falhou, viajou à Bolívia para construir uma base revolucionária em uma área estrategicamente localizada perto da Argentina e do Brasil. Assim, Che Guevara representava um modelo atrevido e romântico para os aspirantes a revolucionários no Brasil – como era o caso de Fernando Pimentel, estudante do ensino médio em 1967 (que, muitos anos depois, seria eleito governador de Minas Gerais). Ele se lembra de ler as obras de Debray e Guevara, mas acabou por optar pelos estudantes pró-Cuba da Polop, em detrimento dos militantes da Ação Popular, que, na época, se orientavam na direção do maoísmo.[17]

Em setembro de 1967, Ângelo, Apolo, Carlos Alberto, Dilma e outros membros líderes do grupo em Belo Horizonte compareceram ao IV Congresso Nacional da Polop, em uma casa de praia no litoral de São Paulo. Os representantes debateram um documento escrito por Eric Sachs, intitulado "Programa para o Brasil Socialista", o qual reconhecia que a Revolução Cubana "quebrou o monopólio do domínio americano" por meio de uma "revolução socialista" e reafirmava a possibilidade de uma revolução semelhante no Brasil.[18] Ainda assim, a eficácia da estratégia de guerrilha dependia de uma situação revolucionária em que os insurgentes pudessem se tornar a voz de uma frente unida de trabalhadores, da cidade ou do interior, que estivessem preparados para tomar o poder. Embora otimistas quanto ao potencial dos focos de guerrilha que poderiam desencadear as forças políticas de uma revolução de trabalhadores, o documento reconhecia que o caminho até que esses objetivos fossem alcançados poderia ser longo.[19]

O ritmo da revolução e o imediatismo da luta armada polarizaram os trinta dirigentes que representavam grupos em Minas Gerais, São Paulo e Rio de Janeiro. A depender dos representantes de Belo Horizonte, a revolução era iminente. Como esse grupo e seus aliados políticos no Rio e em São Paulo perderam um voto crucial para aprovação do documento, com uma votação de dezesseis contra catorze, houve uma cisão no grupo.[20]

Em uma declaração de três páginas chamada "Carta Aberta aos Revolucionários", assinada pelos "revolucionários que rompem com a Polop", os representantes dissidentes marcaram um posicionamento claro: uma radicalização estava ocorrendo em todo o mundo, em especial na América Latina. O Brasil e a América Latina eram diferentes da Europa, insistia o documento. "Enquanto a direção nacional tem o seu projeto baseado na esperança de uma insurreição urbana, colocamos que a luta armada – como forma fundamental de luta de classes na atual conjuntura – terá que ser centralizada no campo, sob a forma de guerra de guerrilha."[21]

A urgência do manifesto e a crítica à "imobilidade" da liderança da Polop refletiam o sentimento difundido entre os estudantes radicais, no Brasil e no mundo em 1967: a revolução está ao alcance; as condições são favoráveis; a hora é agora; precisamos aproveitar o momento. O movimento estudantil nacional havia chegado às ruas em 1966 e 1967 para protestar contra a censura, as políticas educacionais do governo e a natureza repressiva do regime militar. Os que romperam com a Polop julgaram que a situação econômica do Brasil e as condições na América Latina de modo geral eram prova de uma profunda crise financeira nacional. A notícia do destino de Che Guevara na Bolívia, morto em outubro de 1967, aparentemente não refreou o espírito dos revolucionários brasileiros. Herbert recordou em suas memórias que a morte de Che "foi vivida como uma vitória e sua justificativa, ou uma certeza da inevitabilidade dum futuro vitorioso. Foi uma morte plena de esperança".[22]

Duas semanas após a imprensa internacional divulgar a notícia sobre a morte de Che Guevara, Herbert se deleitava no auge do seu sucesso com a produção do *Show Medicina*. Naquele momento, parecia que ele estava conseguindo equilibrar dois aspectos importantes de sua vida – a política e a cultura –, embora estivesse deixando de lado ou, ao menos, reprimindo profundamente sua sexualidade, em prol da revolução. Muitas tarefas importantes estavam por vir. Ele e seus companheiros precisaram se reagrupar e consolidar uma nova organização, que não havia sido nomeada, de modo que era chamada apenas de "O, pontinho", um código para "a Organização".

Quando Herbert começou o quarto ano de faculdade, dificilmente poderia prever as turbulências daquele período. Mais tarde, ele escreveu que 1968 fora tão intenso que era impossível registrar eventos em ordem cronológica.[23] Praticamente abandonou os estudos[24] e mergulhou em um turbilhão de atividades: participava de reuniões infindáveis; dava aulas em cursos clandestinos; participava do movimento estudantil; fundou uma nova organização clandestina, assumindo responsabilidades de liderança; viajava para o Rio de Janeiro e São Paulo para fortalecer contatos e preparar a luta armada. Quando seus pais o repreenderam por, ao que parecia, abandonar os estudos, ele apenas os ignorou.[25] Ao mesmo tempo, continuava a repressão aos próprios desejos sexuais. Foi nessa época também que consolidou a importante amizade com Ângelo Pezzuti, seu aliado mais próximo.

Cada novo dia mostrava algo surpreendente e inesperado. À medida que o ano transcorria, a sensação era de que um levante revolucionário poderia derrubar a ditadura, e era indispensável que Herbert e seus companheiros estivessem preparados. Em março, a morte de Edson Luís, um estudante secundarista, no Rio de Janeiro, provocou manifestações estudantis massivas em todo o país. Em abril de 1968, uma greve sem precedentes de quase 20 mil trabalhadores de Contagem, cidade industrial próxima a Belo Horizonte, desafiou as políticas trabalhistas e salariais do governo. No mesmo mês, Herbert participou de uma conferência secreta de revolucionários com ideias afins, que esboçaram um documento orientando o trabalho político do grupo para a luta armada. No mês seguinte, um comício militante do Primeiro de Maio organizado pelos principais sindicatos dos trabalhadores foi seguido de uma greve de dois dias e de uma paralisação na Faculdade de Medicina. Em julho, Herbert uniu-se a outros companheiros em um congresso que estabeleceu formalmente "a Organização" – a O. – como uma entidade "nacional". Nem mesmo a prisão de mais de oitocentos representantes e líderes estudantis, incluindo membros e simpatizantes da O., no XXX Congresso da UNE, em outubro daquele ano, em Ibiúna, São Paulo, pareceu enfraquecer o otimismo de Herbert e de seus colegas no preparo para confrontar a ditadura.

No despertar do ano de 1968, a união de diversas forças políticas em todo o Brasil declarava oposição à ditadura.[26] Uma quantidade cada vez maior de padres e freiras, leigos ativos, bispos e até mesmo alguns arcebispos católicos distanciava-se do regime e se manifestava contra medidas arbitrárias do governo.[27] Foi nessa mesma época que Carlos Lacerda, depois de apoiar vorazmente o golpe de Estado, desapontado, continuou a empreender esforços para unir ex-presidentes na Frente Ampla a fim de confrontar os militares que tardavam no poder.[28] A política econômica do governo, que mantinha os salários baixos para controlar a inflação, alimentava o descontentamento da classe trabalhadora. O poder de compra diminuía na mesma proporção em que os preços dos produtos e serviços aumentavam, orquestrados por uma inflação altíssima e fora de controle. Essa situação colaborou para enfraquecer a confiança da classe média no governo militar que, mesmo tentando disfarçar seu caráter autoritário, mantendo aparências democráticas, já demonstrava sinais de fraqueza.

Artistas e intelectuais protestavam contra a censura e estudantes desafiavam banimentos a organizações políticas em nível nacional. De 1966 a 1968, estudantes mobilizaram-se a favor do aumento do número de vagas na universidade pública. Também lutaram contra novas políticas educacionais centradas na crítica à proposta de instituir mensalidades em universidades públicas.[29] Até os membros da oposição legal tiveram coragem de se erguer no Congresso para denunciar as medidas violentas do governo contra estudantes, além do uso de tortura.[30]

Vale notar que 1968 não foi apenas caracterizado pela ampla oposição política à ditadura. Como estudiosos documentaram, as contestações culturais e as mudanças sociológicas ocorreram ao mesmo tempo, marcando o período como um momento divisor de águas.[31] No início dos anos 1960, entre a juventude de classe média, o sexo era controlado de perto, até que, na metade da década, o acesso facilitado a contraceptivos, juntamente com o enfraquecimento geral da influência da Igreja Católica, criou condições para um clima sexualmente mais livre entre os jovens.[32] A aparição de uma indumentária feminina mais audaciosa – que teve como marco a invenção da minissaia – e de um estilo mais informal para os homens – haja vista a eliminação do uso diário de gravata e paletó – foram fundamentais para mudar o que se considerava o comportamento adequado para a juventude da classe média. Novas correntes musicais, como a Tropicália, provocaram debates aquecidos e controversos acerca da influência estrangeira sobre a produção cultural nacional.[33] Cantores como Caetano Veloso não apenas revolucionaram a música popular, mas também expandiram as fronteiras de expressões de gênero ditas aceitáveis, ampliando barreiras de representações tradicionais de masculinidade e feminilidade.[34] Experimentação e noções de "frescor" estavam no ar. Embora a maior parte dessas mudanças nos valores culturais reforçasse a heteronormatividade, havia também espaço em potencial para a diversidade. Herbert viveu no meio de toda essa contracorrente de contestações e debates de ordem política, social e cultural. É impossível saber até que ponto esses fatores o influenciaram diretamente. Contudo, até o final daquele ano, a decisão de "fazer a revolução" havia se tornado o foco central de sua vida e continuou a ser a razão pela qual a repressão de seus desejos homossexuais se tornasse justificável para ele. Acompanhando as mudanças culturais que se sucederam naquele ano e até mesmo se identificando com elas ou não, a escolha de se tornar um revolucionário, a qualquer custo, era evidente. Para ele, não havia concessão ou reconciliação entre as escolhas de estilo de vida que o confrontavam.

Não é tarefa fácil recriar a intensidade política de 1968, como Herbert a vivenciou, e da maneira como ela contribuiu para seu comprometimento com a mudança revolucionária. Os membros sobreviventes da O. que o conheceram no fim da década de 1960 têm poucas lembranças precisas de suas atividades diárias. Nem mesmo os registros policiais e os documentos compilados pelo governo, em 1969, para indiciá-lo por violação à Lei de Segurança Nacional contêm detalhes de seu cotidiano. Até mesmo as pessoas próximas, que não estavam envolvidas na política revolucionária, têm dificuldade de se lembrar os pormenores daquele ano. Dona Geny, por exemplo, só se lembra de que ele andava tão ocupado que raramente estava em casa, senão para comer alguma coisa ou convidar seus amigos para – como ela acreditava – encontros de grupo de estudo da faculdade. Ela se lembra de que eles se encavernavam no quarto do filho por horas, mas não fazia ideia do que de fato acontecia naquelas reuniões intermináveis enquanto servia café ou lanche.[35]

É como se Herbert já tivesse se retirado do centro das atenções para a sombra. Embora tenha participado da tomada estudantil da Faculdade de Medicina em maio, não era conhecido publicamente como líder estudantil. Mininotas biográficas sobre sua atividade política, escritas após a sua morte, indicam de modo errôneo que atuara como vice-presidente do DCE, quando na verdade não desempenhou nenhum papel explícito ou de liderança entre 1967 e 1968.[36] Da mesma maneira, não parece ter se envolvido em atividades de panfletagem em portões de fábricas ou de porta em porta, em bairros da classe trabalhadora durante ou após a greve, em Contagem, em abril ou mais tarde naquele mesmo ano, quando trabalhadores arriscaram fazer outra greve.

Diversos companheiros, no entanto, recordam-se de seu talento como professor dos cursos da O. sobre marxismo para membros e simpatizantes recém-recrutados. Ao fim do ano, havia abandonado completamente as críticas de cinema para o rádio e não evoluiu em sua carreira promissora como escritor e diretor do *Show Medicina*. Simplesmente não havia tempo, e é provável que essas atividades tenham perdido importância. Por outro lado, ele desempenhava um papel nos bastidores, mantendo as operações cotidianas da O. enquanto a organização ajustava o foco em ações armadas, com a manutenção do trabalho com os movimentos operários e estudantis. Herbert dedicou algum tempo à elaboração de documentos sobre a situação revolucionária e as perspectivas da luta armada no Brasil, enquanto era um dos editores da *América Latina*, uma revista mimeografada volumosa, publicada sem frequência regular pela O. Também escrevia para *O Piquete*, o pequeno boletim que o grupo produzia, voltado para a classe operária.[37]

Nos primeiros anos da publicação, Carlos Alberto escrevia a maior parte dos textos e Guido Rocha fazia o design gráfico. Dilma lembra-se de gravar os desenhos simples em um estêncil mimeografado e então amarrar os maços do boletim em pacotes para distribuir pela cidade.[38] Em 1968, Herbert também escreveu para a publicação, enquanto Murilo,

"O."

o irmão de Ângelo, operava o mimeógrafo que a produzia.[39] *O Piquete* tornou-se um instrumento imprescindível para apresentar as ideias da O. em fábricas e pelos bairros, com a esperança de recrutar trabalhadores. Até abril de 1968, a Polop (e mais tarde, a O.) havia produzido 68 edições de *O Piquete*.

Embora a visão de uma iminente guerrilha tenha moldado a perspectiva política imediata da O., a maior parte de seus membros mais antigos havia ganhado experiência política na Polop, que enfatizava teorias marxistas tradicionais em relação à primazia da classe trabalhadora em qualquer revolução social. Alguns veteranos da Polop tinham contatos importantes com ativistas sindicais nos bairros operários próximos à Belo Horizonte, e *O Piquete*, publicado sem frequência regular a partir de 1965, funcionava como um modesto veículo de comunicação entre a O. e os trabalhadores.

Contudo, o caminho desse rastro de papel não chega muito longe. Não há indícios da autoria de qualquer trabalho entre os materiais produzidos pela O. e apreendidos pela polícia em batidas sucessivas, que se encontram hoje no Arquivo Público Mineiro (APM). Nem as iniciais de Herbert nem seu codinome, Olímpio, aparecem nas páginas e páginas desses documentos, de modo que é difícil determinar o que Herbert de fato escrevera. Como saiu de um grupo social de cunho estudantil, relativamente aberto, para ingressar em uma organização clandestina, na qual os integrantes sabiam apenas o essencial sobre as atividades políticas uns dos outros, Jorge, Zezé, Dodora, Erwin e Laís, seus amigos de faculdade – também envolvidos em outras atividades políticas sigilosas – não sabiam no que exatamente com o que Herbert estava envolvido. Além disso, ele ainda se recuperava do amor não correspondido por Erwin, mantendo seus sentimentos bem guardados, revelados apenas para Ângelo e Dilma, além de, mais tarde, para Aretuza, namorada de Ângelo, e uma ou duas outras mulheres da organização. Assim, para compreender o seu papel nos eventos de 1968, é preciso tomar alguma distância e examinar o que acontecia à sua volta. Só assim podemos entender o otimismo dele e de seus companheiros à medida que o ano chegava ao fim.

No fim de março, a tempestade oposicionista que se formava fundiu-se após o homicídio de Edson Luís, estudante secundarista nascido em Belém, que estava no Rio de Janeiro para concluir os estudos. Morto pela polícia durante uma manifestação contra as condições precárias dos alojamentos estudantis e a má qualidade da comida servida no restaurante Calabouço, um refeitório estudantil subsidiado, sua morte desencadeou uma onda de manifestações que varreu todo o país. Belo Horizonte estava entre as capitais onde os estudantes organizaram protestos na rua contra as políticas e práticas do regime. A edição de 1º de abril do jornal *O Piquete* reportou as manifestações. Em uma página com a manchete "Protestos em todo o Brasil", lia-se na publicação mimeografada de quatro páginas: "Também mais de 5 mil pessoas percorreram a av. Afonso Pena, fazendo comício na Igreja São José e encerrando as manifestações em frente à Assembleia Legislativa. Os discursos dos líderes estudantis tiveram uma tônica: 'Não responderemos mais pacificamente aos fuzis e às metralhadoras da polícia.'"[40] O teor combativo das palavras reportadas na modesta publicação da O. espelhava os argumentos que Herbert e seus companheiros defendiam em suas reuniões secretas e nas assembleias estudantis: só a violência revolucionária poderia derrubar a ditadura. Ao longo da primeira metade do ano, as manifestações estudantis cresciam a nível nacional, assim como os conflitos com a polícia.

Os confrontos violentos com agentes do Estado não eram a única maneira de os estudantes expressarem sua oposição à ditadura. A Passeata dos Cem Mil no Rio de Janeiro, em 26 de junho, foi pacífica e ficou marcada como a maior manifestação contra o governo até o fim dos anos 1970. Todas as organizações clandestinas de esquerda cresceram em 1968, e as manifestações públicas massivas da primeira metade do ano alimentavam a sensação de que o poder da ditadura se enfraquecia, enquanto a força da oposição crescia. À medida que a situação política se intensificou e radicalizou, a O., em Minas Gerais, e seus aliados, no Rio de Janeiro, expandiram seu ciclo de simpatizantes e recrutaram mais pessoas.

A partir de 1965, uma nova geração de ativistas, em grande parte estudantis, começou a se filiar à Polop e *a posteriori* fundou a O. Apenas alguns militantes dedicados do período pré-golpe sobreviveram à repressão e dispersão no que se seguiu à tomada militar. Alguns desses líderes, tal como Carlos Alberto e Apolo, haviam passado pelas prisões da ditadura, o que lhes conferia respeito como revolucionários veteranos. Carlos

"O."

Alberto trabalhava discretamente em Belo Horizonte e viajava bastante a serviço da O., no período em que viveu na clandestinidade.[41] Apolo tornou-se um importante líder estudantil, chegando à vice-presidência da UNE. Guido Rocha, outro membro de longa data da Polop, era artista e, muitos anos mais tarde, se tornaria um escultor brasileiro proeminente. Ele contribuiu para a O. como designer gráfico para *O Piquete*. Cláudio Galeno de Magalhães Linhares trabalhou para o jornal diário da oposição, *Última Hora*, e fornecia apoio logístico para o grupo. Dilma Rousseff havia sido recrutada por Carlos Alberto na época em que ainda frequentava o Colégio Estadual Central; estudou economia na UFMG enquanto ajudava a produzir e distribuir *O Piquete* para apoiadores da classe operária da organização. Em 1967, casou-se com Cláudio Galeno, e seu apartamento tornou-se um ponto de encontro importante.[42] Ambos aderiram à dissidência que favorecia a luta armada.[43] Fernando da Matta Pimentel entrou na organização como resultado de seu ativismo no movimento dos estudantes, ainda no Colégio Estadual de Minas Gerais, na época o maior colégio público de Belo Horizonte.[44] Outro membro importante da Polop e, mais tarde, da O., foi Inês Etienne Romeu, matriculada na graduação de sociologia política da UFMG e vinculada ao Sindicato dos Bancários.

Esses ativistas experientes da Polop logo recrutaram novos membros, conforme a radicalização estudantil se expandia entre 1966 e 1967. No início de 1968, a O. provavelmente tinha cerca de cinquenta integrantes, com número equivalente de simpatizantes assíduos dispersos pelos movimentos estudantis e trabalhistas em Belo Horizonte. Além disso, tinha contatos e aliados espalhados em diversas cidades de Minas Gerais e um aglomerado de revolucionários com ideias afins no Rio. Um dos seus membros, Athos Magno Costa e Silva, era presidente do DCE da UFMG, e Maurício Paiva, da Faculdade de Engenharia, trabalhava como secretário do DCE.[45] Na verdade, a O. tinha representantes nas faculdades mais importantes da universidade. As áreas de apoio mais estratégicas se encontravam na Faculdade de Medicina, onde Apolo, Jorge e Ângelo lideravam um grupo de militantes ativo, entre eles Herbert, Dodora, Zezé e Edwin.

Embora Carlos Alberto permanecesse um líder-chave da O., Ângelo assumia um papel cada vez mais central em 1968, liderando o grupo rumo à luta armada. Ele também havia se tornado o melhor amigo de Herbert; o relacionamento foi destacado em *Passagem para o próximo sonho*, dedicado a Ângelo.[46] Como amigos e confidentes, os dois compartilhavam afinidades intelectuais e políticas que os conectava intimamente. A ascensão de Herbert ao papel de liderança na O. até o final do ano deveu-se, em parte, à confiança de Ângelo em sua competência. Essas novas responsabilidades só fizeram intensificar seu comprometimento com a revolução.

NOTAS

1. Erwin Resende Duarte, entrevista. Outras citações pertencem à mesma entrevista.
2. Maria José Nahas, entrevista. Outras citações pertencem à mesma entrevista.
3. Aretuza Garibaldi, entrevista. Outras citações pertencem à mesma entrevista.
4. Maria José Nahas, entrevista.
5. Herbert Daniel, *Meu corpo daria um romance*, pp. 128-31.
6. Dilma Rousseff, entrevista.
7. Vera Lígia Huebra, entrevista.
8. Benjamin Cowan, *Securing sex*; James N. Green, *Beyond carnival*; Id., "Who is the macho who wants to kill me?"; Amílcar Baiardi, "O homossexualismo e a militância revolucionária".
9. Ian Lumsden, *Machos, maricones and gays*.
10. Vera Lígia Huebra, entrevista.
11. Dilma Rousseff, entrevista.
12. Em 1965, Ângelo escreveu um artigo sobre virgindade feminina que sugeria, nas entrelinhas, que a liberação sexual feminina ofereceria mais possibilidades sexuais para os homens, o que tornou o artigo tanto conservador quanto vanguardista. Ângelo Pezzuti da Silva, "O tabu da virgindade".
13. Herbert Daniel, *Passagem para o próximo sonho*, p. 96.
14. Fernando da Matta Pimentel, entrevista com Marcelo Ridenti.
15. Régis Debray, *Revolution within the revolution?*
16. Dilma Rousseff, entrevista; Apolo Herlinger Lisboa, entrevista; Jorge Nahas, entrevista.

"O."

17. Fernando da Matta Pimentel, entrevista com Marcelo Ridenti.
18. Política Operária, "Programa socialista para o Brasil", setembro de 1967, AA.
19. Daniel Aarão Reis Filho e Jair Ferreira de Sá, orgs., *Imagens da revolução*, pp. 114-48.
20. Cristina Chacel, *Seu amigo esteve aqui*, p. 64.
21. Os revolucionários que rompem com a Polop, "Carta aberta aos revolucionários", setembro de 1967, AA.
22. Herbert Daniel, *Passagem para o próximo sonho*, p. 94.
23. *Ibid.*, p. 26.
24. Em 1967, Herbert passou em apenas uma de seis disciplinas. Isabel Leite, "Apurando a subversão", p. 154.
25. Hamilton Carvalho, entrevista n. 1.
26. Antonio de Padua Gurgel, *A rebelião dos estudantes*; Victoria Langland, *Speaking of flowers*; João Roberto Martins Filho, *A rebelião estudantil*; Zuenir Ventura, *1968: o ano que não terminou*.
27. Kenneth Serbin, *Needs of the heart*.
28. Márcio de Paiva Delgado, "Carlos Lacerda, Juscelino Kubitschek, João Goulart e a Frente Ampla de oposição ao regime militar (1966-1968)."
29. João Roberto Martins Filho, *Movimento estudantil e ditadura militar*, pp. 122-26. Márcio Moreira Alves, *A grain of mustard seed*; Eliete Ferrer, org., *68: a geração que queria mudar o mundo*; Maria Paula Araújo, *Memórias estudantis*; Carlos Fico e Maria Paula Araújo, orgs., *1968: 40 anos depois*.
30. Márcio Moreira Alves, *68 mudou o mundo*, pp. 145-68.
31. Maria Hermínia Tavares de Almeida e Luiz Weis, "Carro-zero e pau-de-arara"; Zuenir Ventura, *1968: o ano que não terminou*.
32. João Manuel Cardoso de Mello e Fernando Novais, "Capitalismo tardio e sociabilidade moderna". Sobre a reação militar às mudanças: Benjamin Cowan, *Securing sex*.
33. Christopher Dunn, *Brutality Garden*; Ana Carli e Flávia Ramos, *Tropicália*.
34. Carlos Basualdo, org., *Tropicália*; Lorraine Leu, *Brazilian popular music*. Caetano Veloso, *Verdade tropical*.
35. Hamilton Carvalho, entrevista n. 1.
36. Consulte sua nota biográfica no website da Fundação Verde Herbert Daniel, <www.fvhd.org.br/page/herbert-daniel>. Ele não é mencionado na lista dos líderes de movimentos estudantis nos arquivos políticos da Polícia. "Relação de estudantes universitários relacionados a esquemas da esquerda", 2, Acervo DOPS/MG, Pasta 4180, Rolo 055, fevereiro de 1967-novembro de 1968, APM.

37. Dilma Rousseff, entrevista.
38. *Ibid.*
39. Ricardo Batista Amaral, *A vida quer é coragem*, p. 48; Maurício Paiva, *Companheira Carmela*, p. 27-40. *O Piquete*, "Protestos em todo o Brasil", abril, 1968, Acervo DOPS/MG, Pasta 16, subpasta 12, APM.
41. Cristina Chacel, *Seu amigo esteve aqui*, pp. 60-72.
42. Dilma Rousseff, entrevista.
43. Ricardo Batista Amaral, *A vida quer é coragem*, pp. 43-53; Dilma Rousseff, entrevista.
44. Fernando Pimentel, entrevista com Marcelo Ridenti.
45. Maurício Paiva, *O sonho exilado*, pp. 15-32.
46. A dedicatória – "Para Ângelo, porque viu. Mas não viveu para ver isto." – sugere o papel formativo de Ângelo Pezzuti na história de vida de Herbert.

5. Ângelo (1968)

> "Herbert era uma pessoa introvertida. Não era
> extrovertido. Lembro dele sempre roendo a unha."
> Maria José de Carvalho Nahas[1]

Ângelo Pezzuti da Silva nasceu em 1946, em Araxá, na região do triângulo mineiro. Seu pai, Theofredo Pinto da Silva, era um empresário bem-sucedido, e sua mãe, Carmela Pezzuti, era filha de um médico proeminente. No fim da década de 1950, seus pais mudaram-se para Belo Horizonte, onde Ângelo concluiu o ensino médio em meio ao desmoronamento do casamento dos pais. Quando se separou judicialmente do marido, Carmela passou a cuidar de Ângelo e de Murilo, o caçula, sozinha, embora contasse com o apoio de seus irmãos e irmãs. Na época, ainda não era de praxe mulheres respeitáveis de classe média deixarem seus maridos; mas, sem dúvida, viver em uma cidade maior poupou Carmela da fofoca e do estigma social que lhe seria atribuído em Araxá.

Ângelo era um aluno brilhante, e no ensino médio já demonstrava tendências rebeldes e consciência social. Foi admitido na Faculdade de Medicina em 1964, especializando-se em psiquiatria. Murilo não tinha as mesmas inclinações acadêmicas e foi trabalhar na Loteria Federal. A tia, Ângela Pezzuti, que era próxima dos sobrinhos, lembra-se do quanto Ângelo adorava música clássica, poesia, teatro e livros, em especial aqueles escritos por autores brasileiros regionais.[2]

Helvécio Ratton, estudante de economia e membro da O., adorava mergulhar em conversas com Ângelo sobre questões intelectuais. "A gente conversava muito sobre o [Wilhelm] Reich; era uma pessoa com quem eu podia conversar sobre esse tipo de coisa. [...] Ele tinha uma cultura geral muito grande, ao contrário de outros militantes."[3] Da mesma maneira, Herbert se identificava com a vastidão dos interesses intelectuais de Ângelo, o que se tornou uma base importante para a amizade entre os dois, refletindo-se nos documentos políticos que rascunhavam juntos e nas discussões em que participavam como líderes da organização clandestina.

Além de suas capacidades intelectuais, ele era incrivelmente carismático. Aretuza, sua namorada em 1968, reflete, décadas depois: "Acho que a profissão dele era seduzir as pessoas de modo geral. Velho, criança, menino, heterossexuais, homossexuais. Ele tinha essa capacidade de seduzir as pessoas. Eu não conheci ninguém que não gostasse dele."[4] Embora seu charme fosse inegável, isso não era suficiente para conquistar todas as pessoas que conhecia. Por exemplo, não se entendia com Carlos Alberto, que fora um líder importante do grupo desde os dias da Polop e estava vivendo na clandestinidade. Ao que parece, a rivalidade entre os dois líderes não estava tão relacionada a assuntos políticos, mas a um conflito de personalidades. A divisão de suas responsabilidades impedia que as hostilidades entre os dois rebentassem – naquele ano, Ângelo ficou encarregado das ações armadas e Carlos Alberto, da tarefa de encontrar um local para o treinamento de guerrilha.[5]

Embora a participação em manifestações públicas fosse uma atividade essencial para os membros da O., consolidar uma estrutura para levar a cabo objetivos revolucionários estratégicos se tornava cada vez mais importante. Em abril, o grupo fez uma conferência em Contagem, num pequeno refúgio na região metropolitana da capital do estado, onde houve intensas discussões sobre a situação política no mundo, a natureza do regime e as tarefas por vir; além disso, reuniu novos e antigos integrantes. Alguns, como Herbert, haviam acabado de abraçar o marxismo e as perspectivas políticas que vinham favorecendo a estratégia de guerrilha. Outros, poucos anos mais velhos do que a média dos presentes na reunião – entre 21 e 22 anos de idade –, eram veteranos da política radical e estavam filiados à Polop há mais tempo.

Os participantes do encontro aprovaram a "Concepção da Luta Revolucionária".[6] É difícil atribuir-lhe autoria, mas parece provável que Ângelo e Herbert, como duas das mentes mais teóricas da O., tenham se envolvido de perto em sua elaboração. O documento confirmava o posicionamento da antiga Polop: o Brasil estava preparado para a revolução socialista. Além disso, explicitava o argumento responsável pela ruptura entre seus integrantes: "Hoje no Brasil estão maduras as condições para o desencadeamento da luta armada."[7] O tratado reconhecia que a oposição à ditadura implicava uma luta contra o imperialismo estadunidense e as grandes estruturas latifundiárias que dominavam o interior do país e argumentava que a violência revolucionária poderia ocorrer efetivamente apenas no Brasil rural.

Essas ideias, modeladas de acordo com o que os membros da O. entendiam sobre as estratégias empregadas pelos revolucionários cubanos – da maneira com que Régis Debray e Che Guevara as interpretaram –, articulavam perspectivas bem otimistas. Os revolucionários urbanos comprometidos com a situação política ofereciam um apoio logístico decisivo para os guerrilheiros rurais. Esse panorama tornou ainda mais urgente a transição entre o discurso revolucionário e os passos concretos para organizar unidades de guerrilha, na cidade ou no interior.

Enquanto a O. consolidava seu programa, sua estrutura interna, suas operações e organizava manifestações estudantis, houve uma paralisação em Contagem, que pegou o grupo de surpresa.[8] Em 16 de abril, logo ao início do turno da manhã, na Companhia Siderúrgica Belgo Mineira, 1.600 operários pararam a produção e exigiram um aumento de 25% do salário em resposta ao intencional arrocho salarial. Os proprietários propuseram 10% de aumento, oferta que foi rejeitada pelos trabalhadores.[9] Três dias depois, os empregados da Companhia Nacional de Energia Elétrica paralisaram o trabalho. No dia seguinte, 4.500 profissionais da Mannesmann, a maior fábrica da região, uniram-se à greve. Outros seguiram, até que mais de 15 mil trabalhadores aderiram.[10]

A princípio, essa grande reação trabalhista contra o regime militar – a primeira desde 1964 – parecia sensata. No entanto, a principal demanda dos grevistas – o reajuste salarial que compensaria a perda de 25% do poder de compra, em decorrência das políticas econômicas do governo – desencadeou de imediato um confronto com os empregadores e com o Estado.[11] Uma nova geração de ativistas radicais, de diferentes correntes marxistas à esquerda do PCB e que incluía simpatizantes da O., havia desenvolvido uma rede de base nas fábricas e comunidades em torno do parque industrial e constituía uma sólida liderança da greve.

Não estava clara a extensão da participação efetiva da O. na greve, uma vez que haviam recrutado alguns trabalhadores, mas o grupo tinha simpatizantes dispersos pela Belgo Mineira, onde a greve começou, e na Companhia Nacional de Energia Elétrica.[12] Embora a O. estivesse mudando o foco de soluções radicais para os problemas da classe trabalhadora para uma política que favorecia a luta armada, o fato de que trabalhadores reais faziam parte de seu círculo de simpatizantes dava à maioria dos filiados, os estudantes de classe média que tinham noções um tanto abstratas e românticas acerca do proletariado industrial, a sensação reconfortante de que a sua organização, de modo geral, estava no caminho certo.

Em 20 de abril, o então Ministro do Trabalho, Jarbas Passarinho, foi a Belo Horizonte para negociar diretamente com os funcionários. À comissão da greve e aos seus apoiadores, o ministro afirmou que a remuneração mensal era suficiente para sustentar a família dos grevistas. Seus argumentos não foram muito bem recebidos.[13] Ele deixou a reunião ameaçando tomar medidas drásticas caso o trabalho não fosse retomado. No dia seguinte, outras fábricas pararam a produção.

O governo federal revidou com o fechamento do sindicato, a prisão de vinte líderes da greve e o envio de 1.500 soldados para ocupar a cidade. Essas medidas colocaram um fim à iniciativa dos trabalhadores, fazendo com que retornassem ao trabalho aos poucos, por medo de perderem o emprego. Percebendo que a situação em Minas Gerais era explosiva, sem demora o presidente da República, marechal Arthur da Costa e Silva (1967-1969), anunciou um aumento de 10% nos salários em todo o país, ainda a tempo das comemorações do Dia do Trabalho.

A greve e seu desfecho podem ser interpretados de diversas maneiras. Não se sabe se os operários de Contagem saíram perdedores porque não tiveram atendida a reivindicação de aumento de 25% no salário; ou se tiveram êxito pelo fato de terem forçado o governo a reconsiderar a política de congelamento dos salários e, mais ainda, numa manobra peremptória, concedeu um aumento modesto aos trabalhadores de todo o país para evitar mais descontentamento. De qualquer maneira, a greve de Contagem e, mais tarde naquele ano, outra paralisação em Osasco, subúrbio industrial de São Paulo, sugeriam a intensificação da militância trabalhista, que levou muitos a se agarrarem à esperança de enfim haver uma onda revolucionária.[14] Contudo, na realidade, o movimento sindical em Belo Horizonte se retraía, adquirindo uma posição defensiva.

Os líderes que haviam organizado a greve começaram a temer a perda da legitimidade entre os operários, após a retomada do trabalho. Para consolidar a base de apoio, planejaram então um comício para as comemorações do Primeiro de Maio patrocinado por catorze sindicatos. As reportagens publicadas sobre o evento, bem como os relatórios policiais das atividades daquele dia, destacam a grande quantidade de estudantes entre as 2 mil pessoas que compareceram ao ato no edifício da Secretaria de Saúde. Para essa ocasião, a O. preparou uma edição especial do boletim *O Piquete*, impressa por uma gráfica comercial. O editorial defendia a greve geral como resposta apropriada à redução dos salários, apresentava um panorama histórico sobre o Primeiro de Maio, uma análise do movimento sindical brasileiro e um artigo que perguntava aos leitores: "Que fazer?" – uma alusão ao famoso panfleto do revolucionário russo Vladmir Lenin.[15]

Durante o comício, os líderes da paralisação falaram em sequência, avaliaram a greve e clamaram pela união para seguirem adiante. Foi um momento otimista. Pouco tempo depois, a maioria deles perdeu o emprego, alguns foram presos, e outros, exilados. De toda forma, naquele dia, o tom dos discursos dava a impressão de que o trabalhador brasileiro se movimentava.

Embora nenhum documento existente possa substanciar a suposição, podemos presumir que Herbert compareceu ao comício do Dia do Trabalho ao lado de seus colegas da Faculdade de Medicina. Provavelmente encontraram-se em alguma esquina próxima ao evento, e então seguiram unidos para aplaudir os discursos radicais dos líderes trabalhistas mais militantes e manifestar apoio aos membros ou partidários da O. que falaram durante o comício.

Ao fim do evento, à medida que trabalhadores e estudantes escoavam pelas ruas formando uma marcha não autorizada, depararam-se com 3.500 soldados preparados para impedir qualquer manifestação. Usando gás lacrimogêneo e cassetetes, as forças do governo dispersaram a multidão e prenderam alguns manifestantes.[16] Entre eles, estavam dois membros importantes da O., Afonso Celso Lana Leite, que havia discursado no comício do Primeiro de Maio em defesa da UNE, operando na ilegalidade, e Apolo Lisboa, líder do trabalho da O. na Faculdade de Medicina.

Sob a custódia dos militares, um estudante de engenharia acusado de distribuir "literatura subversiva" preferiu tentar suicídio na prisão a denunciar colegas. O incidente deu origem a uma série de ações que se espalharam pela UFMG e pela PUC-Minas. Alunos de engenharia ocuparam o edifício da faculdade em que estudavam, tomaram o diretor como refém e exigiram que seus colegas fossem libertos da prisão e tivessem retiradas as acusações contra eles.[17] Assim, à medida que a greve geral dos trabalhadores se dissipara, os estudantes organizavam sua própria paralisação, dando continuação à ação radicalizada na capital mineira.

A Faculdade de Medicina da UFMG foi uma das que aderiram à paralisação.[18] Em 3 de maio, os estudantes organizaram uma grande reunião para decidir como reagir às prisões. No dia seguinte, as autoridades enviaram um esquadrão de polícia ao edifício principal para dispersar um agrupamento de estudantes que pichava slogans antiditadura na fachada. Refugiando-se no edifício, fizeram barricada nas portas e impediram a saída do diretor, de diversos professores e de alguns funcionários. Os alunos exigiram uma reunião com o corpo docente para discutir a invasão do prédio pela polícia – o que havia quebrado a longa tradição de a universidade ser uma zona livre de intervenção militar ou policial. Eles também organizaram uma ocupação em massa do gabinete do diretor e da área em torno da saída principal. Depois que as negociações falharam, a polícia cercou o prédio; mais tarde, naquela noite, adentraram o edifício e prenderam estudantes, que reagiram atirando pedras e garrafas, além de usar amônia para dificultar a ação dos policiais.[19] Laís Pereira, que participava da ocupação estudantil, lembra-se de fugir para um pavimento superior, para escapar à prisão, e de ter ficado escondida em um armário até a manhã seguinte, quando saiu do edifício esgueirando-se.[20] A maior parte das pessoas não teve a mesma sorte. Cerca de 150 estudantes e alguns funcionários que apoiaram a ocupação foram presos. Um deles era Herbert Eustáquio de Carvalho.

Não se sabe ao certo o que Herbert de fato fez durante a ocupação. Seu registro policial não fornece pista alguma, apenas indica que fora preso no dia do protesto e liberado na manhã seguinte.[21] Parece que a polícia não sabia que ele fazia parte do grupo que se dissociara da Polop para formar a O., optando pela luta armada. Aos olhos da polícia de

Minas Gerais, Herbert era apenas um entre as centenas de estudantes que protestavam. É provável, no entanto, que a prisão tenha fortalecido a convicção de Herbert de que a situação no país havia se polarizado e que as ações dos militantes eram justificadas. Curiosamente, esse foi o único momento em sua longa carreira de ativista político em que esteve encarcerado.

Os eventos do Primeiro de Maio e as manifestações que se seguiram em Belo Horizonte não eram fatos isolados. Em São Paulo, estudantes e trabalhadores radicais removeram líderes sindicais mais moderados do palco do comício de Primeiro de Maio patrocinado pelo governo e apedrejaram o governador – eleito de modo indireto –, o que foi amplamente divulgado pela imprensa nacional.[22] Além disso, como mencionado no capítulo anterior, protestos estudantis massivos ocorreram em todo o país no início de 1968. Os que adotaram a visão de que o Brasil passava por um momento revolucionário viam as linhas de batalha bem delineadas. Sem dúvida, Herbert, bem como todos os outros membros da O., dormiu muito pouco durante a primeira metade daquele ano. Deve ter sido impossível lidar com tantos acontecimentos simultâneos. Um senso de urgência extasiante era alimentado por todos esses eventos e impulsionava as pessoas a seguir em frente.

Até a metade do ano, parecia que a O. ganhava força. Recrutas do movimento estudantil uniam-se à organização, que já contava com algum apoio da classe operária. De maneira mais geral, havia uma sensação crescente entre oponentes do regime de que a ditadura se enfraquecia. Esse sentimento foi reforçado pelo fato de que, em 26 de junho, 100 mil pessoas participaram de uma intensa marcha pacífica contra a ditadura no Centro do Rio de Janeiro.

Os eventos que eclodiam no exterior com certeza foram mais um incentivo para os ativistas brasileiros. Protestos pareciam brotar em toda parte. Nos EUA, centenas de milhares de negros manifestaram-se após o assassinato de Martin Luther King Jr., em abril. Estudantes e trabalhadores uniram-se em uma greve geral na França, em maio. A Frente de Libertação Nacional do Vietnã derrotou os EUA e as forças vietnamitas do sul, em Khe Sahn, em junho, o que sinalizava aos revolucionários brasileiros que até mesmo o poder opressor do Exército estadunidense tinha suas fraquezas. Assim, eles de fato tinham uma chance de abalar o domínio da ditadura no Brasil.

Além disso, discussões com os partidários da linha revolucionária que militavam no Rio de Janeiro expandiam a O. para além dos limites de Minas Gerais. Em julho, uma reunião clandestina, numa cidade balneária, reuniu líderes da O., antigos membros da Polop de Minas – que haviam se dispersado para outras cidades no início da repressão pós-1964 – e outros revolucionários que operavam no Rio, para discutir a união das forças. Ângelo, Apolo e Carlos Alberto representaram a O. Entre os que moravam no Rio e concordaram com a fusão com os militantes de Belo Horizonte estavam Maria do Carmo Brito e seu marido, Juarez Guimarães de Brito. O casal participava de atividades revolucionárias como membros da Polop em Belo Horizonte desde o início dos anos 1960. Em 1963, foram designados para trabalhar na organização de camponeses no estado de Goiás. Após o golpe de 1964, Juarez esteve preso durante cinco meses em Recife. Depois de liberado, a fim de retomar as atividades políticas, os dois decidiram mudar-se para o Rio, onde eram menos conhecidos. Maria do Carmo envolveu-se na política estudantil e cooptou um grupo de estudantes enquanto estudava ciências sociais na Universidade Federal Fluminense (UFF). Juarez tinha um emprego estável em uma editora, o que proporcionava um disfarce perfeito para suas atividades revolucionárias clandestinas.[23] João Lucas Alves, ex-sargento da Aeronáutica, expulso em abril de 1964 devido à sua oposição ao golpe, também estava presente na reunião, representando o Rio. Nos anos anteriores, ele havia unido forças com outros ex-membros do Exército em uma tentativa fracassada de organizar uma insurreição armada. Circulando secretamente pela região, ele também era a pessoa que fornecia livros e panfletos sobre a Revolução Cubana aos estudantes. Representantes de uma formação revolucionária semelhante à O. em São Paulo também estavam na reunião, mas não concordaram com a fusão imediata.

Nesse contexto de fervor radical intenso no Brasil e no exterior, era esperado que a liderança adotasse um novo nome empolgante, que soasse revolucionário, para substituir o termo "Organização", um tanto vago. No entanto, aqueles ali reunidos relutavam em assumir uma nova designação de maneira prematura. Esperando unir-se a outros grupos em São Paulo e no estado do Rio Grande do Sul, decidiram continuar a se autointitular de O., apenas.

O novo desafio do grupo era imediatamente criar as condições para a luta de guerrilha. Para tanto, empreendeu esforços para adquirir armas, treinar alguns dos integrantes para usá-las e identificar o local adequado para estabelecer uma base rural. Durante a reunião, a O. criou um novo corpo de liderança, conhecido como o Comando. Carlos Alberto, Ângelo e Juarez faziam parte desse grupo, e, mais tarde naquele ano, Maria do Carmo e Herbert se juntaram a eles. Ângelo começou a organizar a infraestrutura para as ações armadas em Belo Horizonte, e Juarez fazia o mesmo no Rio de Janeiro. Carlos Alberto encarregou-se de procurar um local propício para estabelecer as atividades de treinamento de guerrilha, recrutou Reinaldo José de Melo, estudante de geografia da UFMG, e Erwin Duarte para ajudá-lo nessa tarefa. Os três viajavam pelo país em busca de lugares apropriados. Foram em um jipe que compraram para essa viagem, investigando conflitos sociais iminentes que poderiam acarretar o apoio de camponeses ou trabalhadores rurais insatisfeitos. Ao fim da jornada, venderam o jipe e retornaram a Belo Horizonte. Para uma próxima viagem, ao Sul, a liderança da O. decidiu comprar outro jipe, que foi registrado no nome de Erwin. Usaram o automóvel para essa excursão e então mantiveram-no para outros fins. Essa decisão contribuiria para a dissolução da O. em Belo Horizonte alguns meses depois.[24]

Enquanto Carlos Alberto procurava uma boa localização geográfica para as atividades de guerrilha, a tarefa de Ângelo era levantar fundos. A O. tentava obter recursos por meio de uma pequena loja que vendia livros, bijuterias e outros itens, mas os rendimentos eram limitados.[25] Assaltos a bancos e outros tipos de "expropriação" de "recursos" pareciam um método mais eficaz de acumular dinheiro para a compra de mais armas e o financiamento das operações da O. Nesse sentido, os membros do grupo acreditavam que quaisquer meios eram justificados para afrontar o regime militar, derrubar o governo e estabelecer uma base para uma revolução socialista.

Ângelo organizava diversas equipes autônomas para implementar seu plano. A unidade de Inteligência era composta de cinco membros – Apolo Lisboa, Guido Rocha, Claudio Galeno de Magalhães Linhares e Carmela

Pezzuti, a mãe de Ângelo, que a essa altura já havia sido recrutada para a organização. Uma segunda unidade, concentrada em Sabotagem, era composta de Apolo e a esposa, Carmem, juntamente com três outros militantes. Ângelo liderava uma terceira equipe encarregada das Expropriações, composta de cerca de dez militantes. Entre eles estavam Jorge Nahas e Irani Campos, funcionário da Faculdade de Medicina. Todos da unidade eram homens, exceto uma colega de faculdade de Ângelo, Maria José, uma mulher que não levantasse suspeitas para realizar as operações de inteligência relacionadas a preparativos para assaltos a banco. Zezé, que era uma pessoa muito tímida, pensou que havia se tornado parte da unidade de Expropriações, devido à sua habilidade para a observação. "Antes [de uma ação], diversas pessoas investigavam o mesmo lugar, e então discutíamos. Chegamos à conclusão de que, quando [a vigia] era eu, eu reunia mais informações do que qualquer outro."

Zezé e seu namorado Jorge também ajudaram o grupo a adquirir armas. A princípio, a O. as adquiria por acaso de pessoas que tinham acesso a armamaneto de fogo. Ela explicou que "namorava o Jorge e estava aquilo – casa, não casa, casa, não casa – o que nós vamos fazer? E resolvemos casar". Continua: "Eu fui falar com a mamãe que ia casar e precisava de dinheiro para comprar o enxoval. Com o dinheiro do enxoval foram compradas as armas."[26] Até hoje Zezé não sabe como Ângelo conseguiu as três submetralhadoras Thompson que a O. usava em suas ações, mas lembra-se de que ele passou em seu apartamento com um pacote pesado, abriu-o e disse: "Chegou seu enxoval!"[27] O dinheiro também comprou revólveres, pistolas e munição.[28]

Entretanto, a primeira ação da unidade foi um fracasso total. A equipe de inteligência recebera informações de que um carro do Ministério da Fazenda levaria uma quantidade significativa de dinheiro de Belo Horizonte a Guanhães, cidade a cerca de 250 quilômetros da capital mineira. A unidade de Expropriações adquiriu uniformes da PM para se disfarçar. Armados com uma metralhadora Thompson, eles pararam o jipe militar, informando aos soldados que estavam verificando a presença de material subversivo. Para sua decepção, não encontraram dinheiro no veículo.

Três dias depois, a unidade decidiu tentar a sorte mais uma vez. Dessa vez, escolheram o Banco do Comércio e Indústria de Minas Gerais, localizado na capital.²⁹ No assalto, Ângelo, vestindo um casaco comprido de cor escura, liderou um grupo de nove jovens revolucionários. Portando duas metralhadoras e duas pistolas de calibre .45, quatro dos participantes entraram no banco, enquanto outros cinco aguardavam do lado de fora com os carros de fuga. Em três minutos, tinham dominado o gerente (juntamente com outros 17 funcionários, trabalhadores e clientes) e fugiram em dois carros roubados. Conseguiram cerca de 20 mil cruzeiros novos (66 mil dólares) – uma quantia razoável para a primeira "expropriação" bem-sucedida.³⁰ Em seu livro de memórias, Herbert escreveu que no dia seguinte a Faculdade de Medicina estava em polvorosa, especulando qual organização teria realizado a ação armada.³¹ Herbert ficou calado, apesar de sua extrema satisfação com o primeiro sucesso da O. – embora não tenha participado do assalto, sabia, ao menos em termos gerais, das atividades que Ângelo preparava.

Apesar do mistério em torno da identidade dessa nova organização de guerrilha, a O. estava vulnerável. Uma semana antes do assalto, sofreu seu primeiro vazamento grave de informação, que pôs em risco a segurança. Em 20 de agosto, a polícia invadira a casa de João Batista dos Mares Guia, um dos líderes estudantis mais destacados da O., e o prendeu sob a Lei de Segurança Nacional. Na busca, encontraram documentos que indicavam a estrutura da O. e suas atividades.³² Talvez por precaução, a O. não realizou nenhuma outra atividade durante o mês de setembro.

As despesas da organização cresciam à medida que seus integrantes alugavam apartamentos e casas – conhecidos como "aparelhos" ou "casas de segurança" – para realizar reuniões e armazenar armas, materiais de divulgação e outros suprimentos necessários para as atividades. Além disso, Carlos Alberto precisava de recursos para que sua equipe fizesse a prospecção de locais para a guerrilha. Assim, cinco semanas após seu primeiro assalto bem-sucedido, Ângelo planejou uma segunda "expropriação"; dessa vez, do Banco do Brasil. Dez membros da organização participaram da operação usando máscaras, óculos escuros e boinas como disfarce. Portavam quatro metralhadoras e dois revólveres. A operação demorou menos de oito minutos e rendeu 10 mil cruzeiros novos (33 mil dólares).³³

A segunda ação bem-sucedida da O. ocorrera simultaneamente à segunda tentativa de greve dos trabalhadores de Contagem naquele ano, reivindicando reajustes salariais que acompanhassem a inflação. Os bancários uniram-se aos metalúrgicos na greve. Desde o fim da paralisação de abril daquele ano, os militantes sindicais e as organizações da esquerda que apoiavam o movimento trabalhista haviam se preparado para essa nova parada, a fim de conseguir os ajustes salariais anuais. Contudo, a greve foi um fracasso assombroso. O governo a declarou ilegal, interveio junto aos sindicatos e designou um membro do Tribunal Regional do Trabalho (TRT) para supervisionar o sindicato dos metalúrgicos e o dos bancários. As autoridades também ordenaram a prisão dos principais líderes, incluindo Ênio Seabra, que havia liderado a greve de abril. Em seguida, assinaram um aumento salarial de 27%, que mal acompanhava a inflação.[34]

É provável que o fracasso da greve tenha reduzido a área de influência da O. no movimento sindical. Uma edição de *O Piquete* produzida logo após o evento apresentava uma análise desolada de sua falha em alcançar resultados concretos. Menos de uma semana depois, a O. sofreu sua segunda grande quebra de segurança: a polícia prendeu dois membros da organização que visitavam João Anunciato, envolvido na paralisação trabalhista de abril.[35] Juntamente com cópias de *O Piquete*, foram confiscados documentos internos da organização.

A partir dali, a polícia tinha mais evidências concretas de que uma nova organização clandestina operava em Belo Horizonte. Um relatório detalhado listava muitos de seus membros, delineava sua estrutura e apontava seu envolvimento no mais recente assalto a banco, fato confirmado por um manifesto deixado na agência assaltada, que não fora publicado na imprensa.[36] A polícia seguia de perto o rasto da O., mas a liderança continuava operando como se tivesse escapado à detecção.

Em resposta à derrota na greve, a liderança da O. resolveu empreender uma ação simbólica radical para demonstrar seu apoio aos metalúrgicos e aos bancários, que consistia em plantar bombas na casa do membro do TRT designado para tomar o controle dos dois sindicatos grevistas e na casa do juiz que decidira contra a reinvindicação. Embora as diretrizes da O., delineadas no documento "Concepção da Luta Revolucionária", priorizasse a preparação para a guerra de guerrilha rural, abria também as portas para outras ações radicais: "O terrorismo, como execução (nas cidades e nos campos) de esbirros da reação, deverá obedecer a um rígido critério político." Entre os indivíduos cujas ações justificavam a execução encontravam-se torturadores, "um traidor que prejudicou francamente o povo" e figuras simbólicas de importância especial para o regime.[37] Em 18 de outubro de 1968, uma equipe de cinco militantes liderada por Ângelo, com o apoio de seu irmão Murilo, jogou bombas por cima do muro da residência de duas dessas "figuras simbólicas" – o oficial que assumiu os dois sindicatos grevistas e o juiz da vara do trabalho, que autorizou a medida –, causando pequenos danos às propriedades. Não está claro se pretendiam executar os dois homens ou apenas gerar um clima de "terror", mas ninguém se feriu com a ação. Segundo Dilma Rousseff, mais tarde o bombardeio causaria um debate acalorado na O., em que ela e outros membros criticaram com veemência a tática.[38]

Antes de escaparem ilesos do local do bombardeio, a O. deixou panfletos que anunciavam seu novo nome: Comandos de Libertação Nacional (Colina).[39] O manifesto de uma página, provavelmente escrito por Ângelo, talvez com a ajuda de Herbert, abre-se com a dramática declaração: "O povo trabalhador já se cansou da opressão." Depois de apontar que as greves recentes representaram derrotas para o povo, o documento anuncia: "Mas isso tudo tem que acabar. Contra essa violência que a ditadura e os patrões empregam para oprimir e explorar o povo, os Comandos de Libertação Nacional empregarão violência revolucionária." E continua: "A próxima greve deve ser mais bem organizada para que os patrões e a ditadura não saibam de nossos líderes, de nossas reuniões, de nossas palavras de ordem. Nossa organização em cada fábrica, em cada banco deve ter muita segurança, deve ser clandestina. Devemos começar a construir o exército popular, o Exército de Libertação Nacional. Só assim conseguiremos libertar-nos da exploração derrubando a ditadura a serviço dos patrões."

A razão pela qual a O. assumiu o nome de Comandos de Libertação Nacional (Colina) não é clara. O termo "libertação nacional" refletia uma análise política que supostamente reivindica a libertação do país da opressão estrangeira, ou seja, dos EUA – assim como o programa estratégico da Frente de Libertação Nacional Vietnamita, que lutava contra tropas estadunidenses no Sudeste Asiático. Uma premissa de tal formulação era que qualquer organização dessa natureza se uniria a diferentes forças "democráticas", incluindo setores das elites econômicas que poderiam ter conflitos financeiros com empresas estrangeiras. Essa análise, entretanto, está bem distante daquela contida nos documentos que a O. aprovara em sua conferência, em abril, que destacava o teor socialista, e não de libertação nacional, de sua luta. A palavra "Comandos" transmitia a natureza militarista da organização, que se alinhava mais à sua nova orientação para as ações de guerrilha. Sem dúvida, a conexão emocional com as revoluções Cubana e Vietnamita inspirou a cunhagem da nova designação.

À medida que a O. se transmutava em Colina, na segunda metade de 1968, e Herbert assumia um papel de liderança, ele continuava a vivenciar a turbulência interna com relação aos seus desejos sexuais. Mesmo que amigos próximos oferecessem ombro amigo quando Herbert precisasse conversar de forma discreta sobre seus sentimentos homoeróticos, parecia não haver conforto que bastasse, e, por diversas vezes, ele considerou cometer suicídio. Em agosto de 1968, pegou a pistola do pai e foi a uma área deserta da cidade, com a intenção de pôr fim à vida. Enquanto reunia coragem para atirar, dois policiais o abordaram. Um deles reconheceu Herbert e lhe disse para sair dali, pois a área era perigosa.[40] Embora tivesse abortado o plano, Herbert seguiu deprimido; a única realização que lhe parecia disponível consistia nos objetivos revolucionários da O.

Na noite de 13 de dezembro, retornava a Belo Horizonte com três companheiros, após uma reunião, em São Paulo, com os líderes da VPR para discutir uma possível unificação com o Colina. Herbert e seus parceiros ouviram o então ministro da Justiça, Luís Antônio da Gama e Silva, ler o Ato Institucional nº 5 (AI-5) no rádio. O novo decreto concedia ao presidente Costa e Silva o poder de fechar o Congresso, suspender *habeas corpus* e aumentar a censura do governo, além de revogar os direitos políticos de qualquer oposicionista por dez anos. O ato também sinalizava indiretamente ao aparato repressivo que os generais do governo lhes abriam as portas para encarcerar e torturar sistematicamente qualquer cidadão considerado subversivo.

O fato de essa medida draconiana marcar à direita mais um grande passo da ditadura não pareceu preocupar Herbert e seus colegas. Seguindo a lógica de um argumento à época vigente, que considerava o AI-5 um "golpe dentro do golpe", Herbert conta em suas memórias: "Aquele verdadeiro golpe do Estado não seria motivo para reavaliarmos nossas táticas. Não levávamos realmente a sério aquilo que percebíamos como pura fraqueza de uma ditadura desesperada."[41] O otimismo e a excitação daquele ano haviam cegado Herbert e seu grupo à crueza da realidade que tomava conta do país.

NOTAS

1. Maria José de Carvalho Nahas, entrevista.
2. Ângela Pezzuti, entrevista n. 1.
3. Helvécio Ratton, entrevista.
4. Aretuza Garibaldi, entrevista.
5. Cristina Chacel, *Seu amigo esteve aqui*, p. 72. Dilma Rousseff não se lembra de tamanha rivalidade entre eles. Dilma Rousseff, entrevista.
6. In: Daniel Aarão Reis Filho e Jair Ferreira de Sá, orgs., *Imagens da revolução*, pp. 134-59.
7. *Ibid.*, p. 137.
8. Edgard Leite de Oliveira, "Conflito social, memória e experiência"; Yonne de Souza Grossi, "As greves de Contagem"; Magda de Almeida Neves, *Trabalho e cidadania*.
9. Andréa Castello Branco, "A história contada pelos protagonistas", p. 17.
10. Nilmário Miranda, "A cidade operária símbolo", p. 24.
11. Thomas E. Skidmore, *The politics of military rule*, p. 70.
12. Nilmário Miranda, "A cidade operária símbolo", p. 24.
13. Andréa Castello Branco, "A história contada pelos protagonistas", p. 17.
14. José Ibrahim e José Campos Barreto, "Manifesto de balance da greve de julho"; José Ricardo Ramalho, "Sinais de mudança no sindicalismo brasileiro"; Marco Aurélio Santana, "Trabalhadores, sindicatos e ditadura militar."
15. "O primeiro de maio", Acervo DOPS/MG, Pasta 250, APM.
16. "Conflito da rua em Minas", *O Globo*, 2 de maio de 1968.
17. "Estudantes prendem diretor na escola", *Correio da Manhã*, 3 de maio de 1968.
18. Antônio Nahas Júnior, *A queda*, pp. 187-98.

19. "Estudantes pressionam mestres para obter sua solidariedade", *Estado de Minas*, 4 de maio de 1968.
20. Laís Soares Pereira, entrevista n. 2.
21. Herbert Eustáquio de Carvalho, "Antecedentes", Pasta 943, Rolo 24, outubro de 1969 a junho de 1971, AMG.
22. "Ferido Sodré no comício em São Paulo", *Última Hora*, 2 de maio de 1968.
23. Marta Vianna, *Uma tempestade como a sua memória*, p. 48.
24. Cristina Chacel, *Seu amigo esteve aqui*, pp. 69-70.
25. *Ibid.*, p. 68; Maurício Paiva, *Companheira Carmela*, pp. 26-27.
26. Maria José de Carvalho Nahas, entrevista a Lígia Garcia, Isabel Leite e Rodrigo Biagini.
27. Maria José de Carvalho Nahas, entrevista a Isabel Leite.
28. Maria José de Carvalho Nahas, Lígia Garcia, Isabel Leite e Rodrigo Biagini.
29. "Homens com metralhadores atacam banco e levam 20 milhões", *Estado de Minas*, 27 de agosto de 1968.
30. "Bancários contam como foi o assalto", *Estado de Minas*, 28 de agosto de 1968.
31. Herbert Daniel, *Passagem para o próximo sonho*, p. 18.
32. "Informação nº 041: Colina", abril de 1969, Acervo DOPS/MG, Pasta 15, p. 24, APM.
33. "Homens com metralhadoras"; "Bancários contam como foi o assalto."
34. "Interventor assina acordo na Justiça para aumento de 27% a metalúrgicos", *Estado de Minas*, 4 de outubro de 1968.
35. "Informação nº 041: Colina", abril de 1969, Acervo DOPS/MG, Pasta 15, p. 24, APM.
36. Documento sem título, outubro de 1968, Acervo DOPS/MG, Pasta 22, pp. 9-24, APM.
37. In: Daniel Aarão Reis Filho e Jair Ferreira de Sá, orgs., *Imagens da revolução*, p. 158.
38. Dilma Rousseff, entrevista.
39. Informação nº 041: Colina, abril de 1969, Acervo DOPS/MG, Pasta 15, p. 22, APM.
40. Herbert Daniel, *Meu corpo daria um romance*, pp. 131-34.
41. Herbert Daniel, *Passagem para o próximo sonho*, pp. 97-98.

6. Clandestino (1969)

> "Ele era essencialmente uma pessoa muito extrovertida e muito alegre, que é o contrário da imagem de terrorista que as pessoas podem pensar."
>
> Ladislau Dowbor, 2009[1]

Apesar do clima político infausto que se seguiu ao AI-5, o "Relatório Nacional" do Colina, emitido no início de janeiro de 1969, avaliou com confiança que a organização havia implementado medidas para realizar ações de guerrilha no campo.[2] Com a expropriação de quantidade significativa de dinheiro de dois bancos, os líderes decidiram realizar um duplo assalto a banco, para estocar dinheiro. A operação exigiu a abertura da unidade de Expropriações a outros participantes. Herbert, que até aquele ponto não havia participado de ações armadas, foi escalado para a tarefa como substituto de um militante que estava fora da cidade. "Comecei bem 1969", escreveu Herbert mais tarde. "Fazendo minha primeira ação armada, com todo entusiasmo e um pouco de ignorância. Desta vez – a gente se alegrava – estamos começando a fazer 'alguma coisa'. A Organização, uma entre tantas, 'partira para a luta [armada].'"[3]

Como o próprio Herbert reconhece, o grupo estava despreparado: "De imediato, o importante era a disposição revolucionária". Herbert resumiu a precariedade surreal de seu treinamento em uma anedota (possivelmente apócrifa):

Na véspera do primeiro assalto a banco em que iria participar, levantei uma dúvida – absolutamente secundária – para o companheiro que comandava a operação.

— Escuta, um probleminha: eu nunca dei um tiro na minha vida...

— E daí? Me perguntou. Afinal, ele mesmo, comandante do grupo, tinha como todo treinamento alguns tiros de espingarda no sítio.

— E daí, argumentei, se for preciso atirar...

— O que é que você quer? Se tiver que atirar, aperte o gatilho aqui, a bala sai aqui na frente.⁴

Segundo Herbert, esse foi o único treinamento militar que recebeu no início de sua atividade como guerrilheiro – é possível que haja algum exagero nisso, até mesmo para acrescentar um tom humorístico ao seu espirituoso livro de memórias. Mas, ainda assim, aqueles guerreiros urbanos que participaram do duplo roubo conseguiram realizar a façanha. A falta de experiência do grupo, contudo, levou a uma quebra dos procedimentos de segurança. A reação da polícia revelou que o Estado havia começado a levar vantagem.

Em 14 de janeiro de 1969, Ângelo Pezzuti liderou onze militantes do Colina que expropriaram o Banco Lavoura de Minhas Gerais e o Mercantil de Minas Gerais, localizados em Sabará, na região metropolitana de Belo Horizonte. A ação lhes rendeu 25 mil dólares. Zezé era a única mulher do grupo. Duas equipes de quatro pessoas adentraram os bancos ao mesmo tempo, enquanto outras duas faziam guarda do lado de fora e dois motoristas aguardavam nos carros de fuga. Herbert portava um revólver calibre .38.⁵ Um membro de cada equipe portava uma metralhadora. Zezé, que mais tarde confessou estar inacreditavelmente nervosa, aproximou-se de um dos caixas e sacou a arma.⁶ Os comandantes da equipe abordaram o gerente e exigiram que abrisse o cofre, enquanto outro rendia os clientes, funcionários e guardas do banco no banheiro e trancava a porta. Toda a operação acabou em questão de minutos. Dentro de uma hora, a polícia já havia recuperado um dos carros de fuga, mas os "ladrões", como a imprensa os descreveu, haviam escapado.

Como é de esperar, as testemunhas oculares apresentaram versões contraditórias dos eventos. Os jornalistas, por sua vez, usaram de licença poética e inventaram um personagem que logo se tornou um tropo nas reportagens seguintes sobre as ações armadas revolucionárias.⁷ De acordo com as matérias, um dos assaltantes era uma linda guerrilheira loura de minissaia. O jornal *Estado de Minas Gerais* foi o primeiro a fazer circular a imagem romantizada em um artigo de destaque. Sob o subtítulo "Minissaia", o jornalista relatou: "A moça que faz parte da quadrilha é clara e tem cabelos louros." A história acrescentava que "ela estava com uma minissaia de cor preta e blusa xadrez clara" e tinha permanecido em silêncio durante toda a ação.[8]

A fantasia moldada pelos relatos jornalísticos de que a única guerrilheira era uma atiradora loura, supostamente de minissaia, sem dúvida foi influenciada do filme estadunidense *Bonnie e Clyde – Uma rajada de balas*, lançado em 1967 e exibido no Brasil logo em seguida.[9] Baseado na história de um casal de gângsteres da classe operária na época da Grande Depressão, o galã hollywoodiano Warren Beatty estrelava ao lado de uma Faye Dunaway loura, ousada e de sangue-frio. Um pôster promocional mostrava o casal às risadas, conduzindo um carro com o para-brisa coberto de furos de bala. Outros materiais mostravam os dois, elegantes, de braços cruzados e com armas em punho – prontos para assaltar um banco. A história se passa no interior do estado do Texas, na década de 1930, e o casal intrépido e seus cúmplices, que mal conseguiam despistar a polícia, são, por fim, massacrados pela força da lei em uma emboscada sangrenta ao fim do filme. Não era o final feliz que os espectadores brasileiros costumavam ver nas produções de Hollywood. Porém, talvez tenha parecido estranhamente semelhante a um novo fenômeno que se espalhava pelo Brasil, uma juventude radical empenhada em "expropriações", que a imprensa e o governo ditatorial chamavam de "atos terroristas".

O enredo moralmente ambíguo do filme glorificava os espíritos livres entregues à sorte e as escapadas violentas dos gângsteres do Texas, e seu destino final servia como um aviso. A imprensa e o regime militar, por outro lado, não exaltavam os feitos dos jovens revolucionários que participavam de expropriações de bancos ou, mais tarde, de sequestros de diplomatas. Eles eram apresentados primeiro como bandidos imprudentes e, então, como terroristas perigosos, sem que fosse dado tempo para explicação sobre os motivos ideológicos por trás das ações contra os bancos.[10] Isto é, o tratamento da imprensa possivelmente confundia os leitores quanto às reais motivações dos jovens "ladrões de banco".

Em seu livro de memórias, Herbert observa que a "Loura da Metralhadora" fora uma invenção certeira dos repórteres para publicar notícias exóticas, embora não tenha mencionado que ela espelhava as imagens de Faye Dunaway.[11] Herbert lembra-se de que, em 1969, durante as intermináveis horas que passavam nos aparelhos, ele e outros colegas adoravam ler as descrições dessa personagem revolucionária e riam dos exageros jornalísticos. Escreveu: "Loura, linda, tinha pernas estonteantes, usava uma minissaia ousada e comandava bravamente todos os assaltos. Tinha a voz firme, o gesto decidido e o gatilho leve."[12] Desprovida de compaixão, ela não tinha piedade. Como ele próprio apontou, toda organização revolucionária acabava tendo uma figura assim, que representava seus membros, mesmo que as militantes do grupo não portassem de fato perucas louras (ou sequer tivessem cabelo claro). Herbert interpretou a imagem como uma fantasia masculina que transformou essa personagem mítica em uma mulher de beleza devastadora e poder extraordinário – logo, uma figura sexualmente desejável.

Marcelo Ridenti calculou que 15% a 20% dos participantes das organizações de luta armada eram mulheres, embora um número muito menor ocupasse posições de liderança.[13] Quase todos os líderes estudantis cujo movimento abalara o país no ano anterior eram homens e, portanto, ainda era novidade ver mulheres como ativistas proeminentes em 1968 e 1969. Não obstante, em vez de representar a multiplicidade de personalidades do sexo feminino envolvida no movimento de guerrilha, como Herbert argumentou, a imprensa transformou as guerrilheiras em *sex symbols* hollywoodianos, a fim de provocar os leitores e aumentar a circulação dos jornais.

Embora representada como uma guerrilheira calculista e *sexy*, Zezé admitiu que estava bastante nervosa naquela ação. Porém, havia trabalhado o suficiente junto à unidade de Expropriações para proceder com calma. Herbert reagiu de forma diferente à sua primeira experiência ativa como guerrilheiro urbano. Zezé se lembra de que o amigo e ela seguiram até uma rua muito cheia de gente, no Centro da cidade. Ela estava com sede e queria parar para tomar uma Coca-Cola; ele estava uma pilha de nervos e não conseguia parar de roer as unhas.[14]

Sem dúvida, toda a organização, e isso incluía os membros que não estiveram diretamente envolvidos no assalto, comemorava a expropriação ousada e, em tese, bem-sucedida.[15] Ângelo, que em geral prezava pela discrição, não podia conter sua empolgação. Aretuza se lembra de terem se encontrado naquela noite. "Se eu tinha alguma dúvida em relação ao que ele fazia, naquele dia eu tive certeza, porque ele estava absolutamente eufórico. Tinha sido um assalto duplo. Ele não resistiu e começou a contar sobre o assalto, dizendo que tinha ouvido no rádio. Mas tinha detalhes demais para ser no rádio."[16]

No dia seguinte, Aretuza foi até o aparelho de Ângelo. Não havia ninguém e, como esquecera a chave, ela seguiu para o apartamento da sogra, pensando que Carmela pudesse saber por onde ele andava. Quando se encontraram, Carmela disse que suspeitava que o filho estivesse preso, pois não tinha notícias dele.

De fato, a polícia já havia rastreado Ângelo. Ele havia estacionado um carro de fuga no Centro da cidade, e a polícia o encontrou logo após o roubo. As digitais de Ângelo estavam no retrovisor do jipe registrado em nome de Erwin; os dois foram encarcerados de imediato e então torturados.[17]

Assim que a notícia da prisão se confirmou, os membros da unidade de Expropriações tentaram apagar seus rastros. Abandonaram duas casas usadas como esconderijo, e Zezé alugou um novo aparelho, onde a unidade se encontrava para resolver como prosseguir. Também enviaram alguém para se livrar de outro carro usado no assalto. Em vez de vendê-lo rapidamente a uma agência, o encarregado da venda barganhou o preço. O gerente desconfiou e reportou a transação à polícia. O militante acabou preso e, após sucessivas sessões de tortura, contou à polícia sobre esse novo aparelho.[18]

Em 30 de janeiro de 1969, enquanto os membros do Colina estavam presos e sendo torturados para revelar informações, a unidade de Expropriações se reunia para resolver as seguidas quebras de segurança. Ao longo da noite, discutiram muitas possibilidades para libertar seus companheiros. A reunião terminou tarde, então decidiram dormir ali mesmo, para não levantar suspeitas na vizinhança.

De manhã cedo, foram despertos pela polícia, que derrubou a porta de repente, despejando na casa rajadas de bala. Os integrantes que ali se encontravam resistiram à prisão. O policial Cecildes Moreira de Faria e o guarda civil José Antunes Ferreira foram mortos no fogo cruzado.

Sete membros da organização foram presos, incluindo Zezé e o marido, Jorge.[19] Como Herbert não era membro regular da unidade, não foi à reunião daquela noite e, portanto, escapou à prisão. Foi a primeira vez, de muitas por vir, que escapara por pura sorte e circunstância.

Da noite para o dia, os membros do Colina precisaram desaparecer. Inês Etienne, veterana do movimento estudantil, da Polop e do Sindicato dos Bancários, que estava de licença do grupo, veio ao resgate. Encarregando-se de tirar as pessoas da cidade,[20] conseguiu uma casa para Aretuza se esconder por diversas semanas, juntamente com Vera Lígia Huebra, outro membro e militante estudantil. Saíram da cidade em um ônibus com destino ao Rio de Janeiro.[21] Muitos jovens mineiros viajavam para o Carnaval do Rio, de modo que esse era o disfarce perfeito. Dilma Rousseff também usou o feriado como pretexto para seguir para o Rio, onde morou com uma tia por algum tempo antes de alugar um apartamento.[22] Outros, tal como Helvécio Ratton, contaram com a ajuda de amigos e da família. Ele se escondeu em uma fazenda por várias semanas e em seguida viajou para o Rio para contatar a organização e dar continuidade ao trabalho político. Ao fim de fevereiro de 1969, o Colina praticamente deixou de existir em Minas Gerais.[23]

Não sabemos muitos detalhes sobre a partida de Herbert de Belo Horizonte, tampouco sabe sua família, pois ele mantinha suas atividades políticas clandestinas em segredo. Sabemos que deixou sua casa no início de fevereiro de 1969, embarcando em um ônibus para o Rio. Como ainda vivia com os pais à época, disse à mãe, com tranquilidade, que planejava estudar com alguns amigos e, portanto, não dormiria em casa. Lembrando-se daquele dia décadas mais tarde, dona Geny lamentou: "Ele tinha levado uma blusa marrom, que eu tinha acabado de fazer, em tricô. Falei para ele: 'Vê se não perde a blusa.' Mas eu não imaginava nunca que ele não ia voltar."[24]

Uma semana mais tarde, a família Carvalho surpreendeu-se ao retornar de um fim de semana em Barbacena, onde visitavam parentes de dona Geny, com a notícia de que a polícia havia cercado a casa à procura de Herbert. Hamilton acabara de concluir seu treinamento na PM. Ele se lembrou de que, quando os vizinhos informaram aos oficiais de que a família de Gê de Carvalho vivia ali, mas estava viajando, seus colegas decidiram não fazer a busca no local. O comportamento da polícia parece contraintuitivo, mas não é de surpreender, considerando-se a participação de Hamilton e Geraldo na polícia. A lealdade e confiança sobrepujaram a tentativa de encontrar pistas sobre o paradeiro de Herbert.[25] Além disso, o pai de Herbert era uma celebridade local e, como tal, fora poupado da indignidade de ter sua casa revistada. Seis meses depois, Herbert enviou um telegrama aos seus pais, assegurando-lhes que não havia motivo para preocupação.[26] A essa comunicação seguiu-se silêncio total por três anos e meio. Hamilton insiste que, enquanto Herbert esteve na clandestinidade, as autoridades jamais interrogaram seu pai e ele sobre o paradeiro de Herbert.

Maria do Carmo, Juarez e Carlos Alberto agora tinham o desafio de encontrar moradia para dezenas de pessoas no Rio de Janeiro. As atividades de Maria do Carmo no movimento estudantil renderam apoiadores que lhe estenderam a mão. Entretanto, providenciar esconderijos para mais de vinte pessoas não era tarefa fácil.[27] Chamados de "os deslocados", a maioria constava das listas da polícia e era procurada por violação à Lei de Segurança Nacional. Precisavam obter identidades falsas, usar codinomes na interação com outros membros e permanecer não identificados por vizinhos e senhorios. Além do mais, a polícia procurava muitos deles publicamente. O governo havia inaugurado uma campanha nacional com cartazes contendo fotos dos revolucionários fugitivos e o seguinte texto: "Terroristas procurados. Ajude a proteger sua vida e a dos seus familiares. Avise a polícia." Viam-se os cartazes em estações de ônibus e trem, bancos e outros locais públicos. Herbert e muitos outros precisavam agir com muita cautela para não levantar suspeitas.

Abandonar o codinome Olímpio foi uma das primeiras ordens que Herbert recebeu. Ao longo dos anos que se seguiriam, assumiu mais de dez nomes falsos como medida de segurança da organização – Daniel, David, Ezequiel, Formiga, Geraldo, Glauco, Isaac, Isaías, Marcelo, Noronha, Roberto, Ruivo, Tamoinha e Tampinha. No cartaz de "procura-se", os nomes Daniel e Tampinha são listados como seus codinomes e, em determinado ponto de 1969, o nome Daniel pegou. Em suas memórias, escreveu uma introdução irônica a um romance imaginado, no qual se refere a si mesmo em terceira pessoa, que começava assim: "O contato que lhe dera as primeiras instruções pediria que escolhesse um novo nome de guerra. O anterior caíra. Resolveu, por causa do livro que tinha na mão naquele instante, adotar o nome do autor: Daniel. O contato disse que não era possível, que já havia um outro Daniel no grupo de ação ao qual se ligaria. Outro nome?

Por causa do livro escolheu outro nome (do título do romance): Robinson. Teria posteriormente vários nomes. Mas este ficou para sempre. Quase seu nome real: pelo menos o nome de uma parte da sua realidade."[28] Na época não havia outro companheiro que usasse Daniel como codinome, e não há registros de Herbert jamais ter usado Robinson durante sua vida na clandestinidade. Mas é possível que estivesse lendo *Robinson Crusoé*, de Daniel Defoe, na época em que precisou inventar um novo nome. Embora sua família ainda se refira a ele como Bete, e seus amigos de Belo Horizonte como Herbert, os que viveram com ele na clandestinidade, e sobreviveram, ainda se lembram dele como Daniel.

Uma das maneiras com que Daniel procurava não levantar suspeitas era assumir a personalidade de um estudante de ensino médio, ao usar o uniforme de camisa branca e calças escuras com o brasão da escola sobre o bolso da camisa. Seu semblante jovem, baixa estatura e corpo atarracado criavam a imagem de um secundarista inocente, carregando uma pasta grossa com livros e outras parafernálias escolares. Uma anedota em suas memórias ilustra como incorporou essa persona juvenil. Ele chegou adiantado a uma reunião e percebeu que a polícia havia cercado a área. Em vez de entrar em pânico, atravessou a emboscada de maneira despreocupada, chutando uma lata jogada no chão. Se tivesse sido revistado, a polícia encontraria um revólver de calibre .45 em sua pasta, em vez da lição de casa. Em outra ocasião, simplesmente ofereceu um rolo de cédulas a um policial que solicitou seus documentos de identificação, o que impediu que descobrissem que estava armado e carregava documentos políticos incriminadores, e não trabalhos escolares.[29]

Na segunda metade da década de 1960, Daniel aprendeu a guardar o segredo de que sentia atração por outros homens, bem como a criar explicações coerentes aos desconhecidos sobre o que fazia em lugares públicos. Talvez a sua competência para ocultar sua homossexualidade tenha sido útil para evitar a prisão. Espiar para fora do "armário" e proteger-se com precaução da hostilidade do mundo com relação aos seus desejos sexuais era, de muitas maneiras, semelhante ao talento que desenvolvera como revolucionário para salvaguardar suas ações e intenções. Paradoxalmente, o armário simbólico que construiu para acobertar seus sentimentos eróticos e emocionais parecia servir-lhe bem na clandestinidade.

Maria do Carmo não se lembra dos detalhes sobre os dias frenéticos em que ela, seu marido, Juarez, e Carlos Alberto se viravam para encontrar locais para as atividades clandestinas e moradia para os companheiros que chegavam de Minas Gerais. No entanto, Daniel conta que foi providenciado para ele um abrigo junto a dois artistas homossexuais, um dos quais simpatizava com a organização. "Fiquei muito excitado e na expectativa, era a primeira vez que via um casal assim, aceito pelos amigos todos."[30] Escondido em um ateliê durante algum tempo, tinha contatos ocasionais com um deles. Embora não tenha havido relações sexuais, durante meses Daniel teve fantasias eróticas com a pessoa que o acolhera, ao mesmo tempo que lutava para reprimir sua sexualidade e permanecer celibatário.

Os integrantes que fugiram de Belo Horizonte viviam precariamente no Rio. Tiveram sorte, no entanto, de obter a ajuda de Maria Nazareth Cunha da Rocha, simpatizante de longa data da esquerda. Ela gerenciava uma agência de aluguel de temporada.[31] Se Nazareth não tivesse um apartamento disponível, outras agências só exigiam o documento de identificação e o aluguel adiantado. Documentos falsos e dinheiro garantiam alojamento seguro. Os turistas que circulavam pelos imóveis de aluguel temporário proporcionavam aos que viviam clandestinos um disfarce conveniente para suas andanças, sem levantar suspeitas a vizinhos curiosos ou porteiros inquisitivos. Se uma dessas acomodações não estivesse disponível, havia as pensões. Estar no Rio em virtude de um novo emprego ou para estudar para o vestibular era a explicação perfeita para um deslocado acobertar-se – a única desvantagem era ficar fora de casa o dia todo para não contradizer a história. Assim, muitos militantes passavam infindáveis horas nos cinemas, assistindo a filmes duas ou três vezes antes dos compromissos, ao passo que outros se demoravam em livrarias.[32] Ou, como Aretuza lembra-se carinhosamente sobre Daniel e Vera Lígia: "Qualquer folga que desse, a gente ia para a praia. Ele falava assim: 'Se a polícia quisesse procurar mineiro, viria à praia. Vai encontrar vocês duas.' E a gente ria muito, era muito engraçado, porque no meio de todo aquele caos a gente tinha alguns momentos em que parecia que tudo aquilo fazia parte da vida, mas de uma forma natural."[33] Da mesma maneira, Dilma Rousseff se lembra de passar o tempo na praia com Daniel e Iara Iavelberg, que havia sido enviada de São Paulo para trabalhar com a organização.[34]

Até 1969, a polícia política sabia muito bem como os grupos revolucionários do Brasil operavam na clandestinidade. Os agentes do Estado haviam começado a usar da tortura sistematicamente para extrair informações dos presos e desaparelhar os oponentes radicais do regime. Portanto, era perigoso saber onde os outros moravam; se alguém fosse preso, a pessoa poderia revelar o endereço dos outros, acarretando mais prisões. Assim, em vez de as reuniões acontecerem de forma secreta em apartamentos, os encontros – conhecidos como "pontos" – eram marcados em locais públicos para a troca de informações e documentos ou de planejamento de atividades. Como a polícia sabia dessa prática, quando algum revolucionário era preso, as forças da repressão dedicavam as primeiras 24 horas a métodos extremos de tortura para extrair informações sobre os próximos pontos. Se alguém não aparecesse ao local e hora de reunião previamente combinados, a organização poderia ter certeza de que a pessoa havia sido presa e, assim, tomar as medidas necessárias de segurança. Então, a polícia precisava arrancar as referências dos pontos de imediato, antes que a organização percebesse que havia ocorrido uma detenção. Além disso, se alguém dividisse alojamento e o colega não voltasse para casa até determinada hora, a regra era evacuar o local, supondo que a pessoa estava presa e que conseguiria negar-se a fornecer informações apenas por 24 ou 48 horas. Embora ao longo de 1969 ou 1970 houvesse ocasiões em que três ou quatro militantes dividissem apartamentos, a liderança ainda precisava encontrar muitos locais separados onde as pessoas pudessem ficar e era obrigada a garantir que poucos soubessem onde os outros moravam.

A rigidez das medidas de segurança exigia a criação de inúmeros pontos ao longo da semana, de modo que os militantes pudessem manter contato. Esses encontros furtivos incluíam reuniões para receber relatórios e obter instruções, além de encontros individuais com outros membros de células pequenas às quais eram ligados. Quando era necessário realizar uma reunião mais longa, medidas de segurança adicionais eram implementadas, incluindo levar as pessoas vendadas ou com os olhos fechados para apartamentos ou casas, de maneira que fossem impedidos de saber a localização. Além de manter esses procedimentos complexos, a organização precisava de fundos para pagar o aluguel, a alimentação e o mínimo de despesas dos que caíram na clandestinidade. Toda essa logística era um pesadelo e, psicologicamente, representava um preço alto para os militantes.

Muitos dos que viveram clandestinamente têm dificuldade, hoje, de se lembrar da sequência das moradias e quase nunca sabem sobre as acomodações de outros companheiros. Assim, não é tarefa fácil reconstruir onde Daniel ficou naquele ano. Em determinado momento, morou com Maria do Carmo e Juarez; em outro, dividiu um apartamento com Ladislau Dowbor – eles apreciavam muito a companhia um do outro, bem como as discussões políticas que tinham.[35] Também ficou com Carlos Alberto durante um período naquele ano.[36] Dilma Rousseff lembrou-se que, no início de 1969, mudou-se para um apartamento em Copacabana com Iara Iavelberg e, logo em seguida, Daniel juntou-se a elas. Era um espaço pequeno com um único quarto, corredor e cozinha, e os três dormiam em colchões no chão. Mesmo em cômodos tão pequenos, Daniel estava em todo o tempo animado e cheio de vida e também sempre acordava de bom humor. Dilma se lembrou de que ele amarrava um pano de prato na cintura e anunciava: "Café, meninas", servindo-lhes em seguida o café da manhã na cama.[37]

Entretanto, Daniel nem sempre tinha muita sorte com colegas de quarto. Apolo Lisboa contou ter dividido um apartamento com sua esposa, Carmem, Daniel e outro companheiro naquele ano. Embora não tenha conseguido identificar o mês exato, lembrou-se de que a residência ficava em Petrópolis. Ele admitiu que, às vezes, achava Daniel irritante. "Ele não tinha assumido ainda a homossexualidade plenamente, mas tinha comportamentos que eu não entendia. Por exemplo, tinha uma cama de casal na casa; ele achava que ali dentro todos eram indivíduos, então tinha que sortear quem ia dormir no quarto de casal. De repente, eu e minha mulher íamos dormir em lugar separado ou no chão, e ele, um menino, ia dormir numa cama lá no quarto. Aquilo para mim passava do limite. [...] Ele disputava essa cama e disputava com argumentos teóricos de altíssimo nível, citava os grandes filósofos."[38] Considerando a língua afiada e a mente ágil de Daniel, pode-se imaginar a argumentação sobre individualismo, propriedade privada e o uso coletivo dos recursos que ele pode ter usado para justificar esses acordos. Apolo também comenta: "Muitas vezes ele protegia uma pessoa que era da preferência dele, eu acho que era falta de equidade. [...] Por exemplo, tinha que fazer uma tarefa, ele muitas vezes escolhia uma pessoa para ir com ele, que eu achava muitas vezes não ser a pessoa mais indicada." Refere-se a um momento específico: "Houve uma pessoa que tinha 16 anos na época, um grandão. [...] Era uma coisa muito séria que estava em jogo, mas o Herbert Daniel, em função, às vezes, de um interesse pessoal – e isso é uma coisa que eu falo sem poder provar – [...] passava por cima de algum critério mais político e militar em função de [querer] estar junto com aquela pessoa naquela tarefa."

Talvez, como Apolo especulou, passar tempo sozinho com companheiros do sexo masculino tenha sido a maneira que Daniel encontrou de lidar com sua homossexualidade reprimida. De acordo com seu livro de memórias e com as cartas que enviou a um amigo próximo quando vivia em exílio na Europa, Daniel se ateve à sua decisão de permanecer em celibato a partir de 1968 até 1972. Parece improvável que tenha usado seus argumentos democráticos quanto a quem deveria partilhar o colchão de casal para de fato seduzir algum companheiro. Considerando a rigidez da heteronormatividade que o cercava, se realmente desse tratamento especial a alguns, era mais provavelmente uma maneira de manter um relacionamento platônico com os homens pelos quais sentia atração sexual ou de outra natureza.

Helvécio Ratton também notou o interesse de Daniel dirigido a determinados companheiros. Logo após a sua fuga para o Rio, Helvécio mudou-se para uma aldeia de pescadores no litoral, onde compartilhava uma pequena casa com o ex-sargento Severino Viana Colou, que havia se juntado à luta armada. Um terceiro membro da organização vivia com eles. Daniel fora encarregado de se encontrar com essa célula de três pessoas e fez a viagem, que levava duas horas, ao menos duas vezes no período em que o mineiro morou ali, no início de 1969, o que confirmou a suspeita de que o amigo fosse gay. Nunca se falou no assunto diretamente e Helvécio afirma que, embora a sexualidade de Daniel tenha sido discutida de maneiro informal, não se lembra de ouvir comentários pejorativos a respeito. Ele ainda especulou que o prestígio de Daniel como líder da organização talvez o protegesse de ser associado às noções negativas sobre a homossexualidade que permeavam a esquerda e a sociedade brasileira de modo geral.[39]

No entanto, parece claro que sua intensa amizade com determinados militantes era uma das maneiras com que Daniel lidava com sua decisão de reprimir (e ocultar) sua homossexualidade. Ele pode não ter lhes confidenciado os desejos sexuais suprimidos, mas essas amizades pareciam proporcionar uma intimidade reconfortante em um momento muito tenso. Esse comportamento também seguia um padrão estabelecido na adolescência, quando tinha poucos amigos e um pequeno círculo de colegas.

Apolo observou que Daniel era extremamente próximo de Maria do Carmo. "Em plena luta armada, eles eram capazes de ficar horas e horas rindo e batendo papo. O Juarez, que era marido da Maria do Carmo, eu, o Beto [Carlos Alberto] éramos pessoas mais preocupadas." Apolo considerava o comportamento de Daniel infantil: "Era um infantilismo de gente muito inteligente, que tinha uma formação intelectual, sobretudo em cinema, de conhecer os livros mais badalados. Eu, por exemplo, preferia mil vezes ficar lendo *Da guerra*, do Clausewitz, Mao Tsé-tung, lendo clássicos, Marx. Eles preferiam ler revista em quadrinho e ficavam rindo das piadinhas da *Mad*, do *Asterix*. Nossa senhora!, passava dias e dias lendo *Asterix*. Ele e a Maria do Carmo morrendo de rir, e o pau quebrando, e gente morrendo, sendo torturada."

As lembranças que Maria do Carmo tem dessa época em que viviam na clandestinidade coincidem com as de Apolo sobre as leituras favoritas dela e de Daniel. Entre ações revolucionárias, adoravam os quadrinhos de *Asterix* e sorrateiramente riam muito das trapalhadas do personagem e de seu amigo Obelix. A série belga de quadrinhos passa-se na Gália durante o Império Romano e conta a história dos residentes de uma aldeia que resiste aos ocupantes romanos graças a uma poção mágica druida que lhes proporciona uma força extraordinária. Ver os oprimidos, com sua esperteza, despistar os poderosos romanos repetidas vezes deve ter sido um passatempo reconfortante. Maria do Carmo lembra-se de como seu riso irritava os outros companheiros, e via isso como uma maneira de aliviar a tensão em meio ao clima repressivo em que viviam. Daniel e ela também adoravam ficção científica e liam vorazmente durante os intervalos entre os inúmeros pontos e as infindáveis reuniões da liderança. Lembrou: "Nós passávamos horas discutindo autores, lemos tudo. A gente deixava de comer, nos tempos das vacas magras, para comprar livros de ficção científica e trocar." Admitiu sem pestanejar que mantiveram "a sanidade mental na época da clandestinidade lendo. Os outros eu não sei como fizeram. Nós lemos".[40]

Dilma Rousseff tem memórias calorosas de uma amizade profunda que floresceu em Belo Horizonte, em 1967 e 1968, e se aprofundou no Rio. "Ele era uma pessoa tranquila, inteligente, criativa. Era uma pessoa que tinha imensa capacidade de criar relações pessoais", lembra. Dilma também se recorda de momentos divertidos que passaram juntos enquanto viviam clandestinos. Em dias chuvosos, compravam revistas do Asterix e se amontoavam na cama para ler, enquanto comiam sanduíche de dois biscoitos maisena com uma fatia de goiabada. Como Maria do Carmo, ela e Daniel gostavam de discutir ficção científica; era um passatempo.[41]

Fica evidente que Daniel, Maria do Carmo e Dilma haviam encontrado válvulas de escape em comum, que lhes permitiam esquecer um pouco a enorme pressão que os cercava o tempo todo. Até Apolo admitiu que a aparente frivolidade não parecia distrair Daniel de seus deveres revolucionários: "Ao mesmo tempo, eles eram capazes de sair dali para sequestrar o embaixador. Eu não dava conta disso, não tinha tanta coragem nem tinha capacidade de me desligar tanto assim da gravidade do que estava vivendo."[42]

Embora Daniel tenha confessado a Dilma que se apaixonara por um membro da organização quando eles ainda viviam em Belo Horizonte, ele era mais cuidadoso com Maria do Carmo. Apesar de a própria Maria do Carmo afirmar que tinha mais intimidade com Daniel do que com Juarez, seu marido, Daniel nunca lhe confidenciou seus desejos homossexuais. Entretanto, ela suspeitava: "Eu sabia que o Daniel era homossexual porque ele só se apaixonava por pessoas impossíveis. [...] Ele nunca me disse isso, mas eu sentia. Ele se apaixonava, por exemplo, pela Marilyn Monroe. [...] Todo homossexual não assumido era apaixonado por ela."[43]

Muitas vezes, Daniel impressionava as outras pessoas pelas qualidades que aparentava ter. Um grupo de militantes um pouco mais jovem que operava no Rio também se impressionou com a discrepância entre sua aparência física e sua competência revolucionária. À primeira vista, Daniel não se ajustava à imagem do guerrilheiro urbano ousado e corajoso. Essa foi a experiência de Alex Polari, por exemplo, que era estudante secundarista na época em que se uniu ao Colina, em março de 1969, quando conheceu Daniel. Alfredo Sirkis, outro jovem recruta, e ele foram instruídos a esperar por uma pessoa em um banco da praia. O companheiro levaria um jornal debaixo do braço e se identificaria ao perguntar-lhes as horas. O jovem baixo e atarracado que usava óculos grossos, bermuda e um par de sandálias fora de moda precisou perguntar as horas três vezes até convencer Polari de que era ele, Daniel, a pessoa que deveriam encontrar. Quatro décadas após este primeiro encontro, Sirkis se lembra de algo parecido: "Não é possível que este cara seja o grande dirigente revolucionário que vai nos dar a grande orientação."[44]

Daniel era simplesmente um tipo diferente de líder revolucionário. Em vez de dissecar imediatamente um documento político, discutir uma tática revolucionária ou fazer uma crítica aos maoístas, como Polari esperava, em sua primeira conversa, Daniel falou sobre Dostoiévski. Então, compartilhou sua opinião sobre o cineasta Ingmar Bergman, seguida de um debate sobre o escritor colombiano Gabriel García Márquez. Só depois é que enfim tocou no assunto de um documento que circulava na organização. O que deveria ter sido um encontro breve para comentar sobre a mais recente posição política ou resolver assuntos práticos tornou-se uma longa troca intelectual prazerosa que empolgava esses jovens revolucionários. Quando faltavam apenas dez minutos para a próxima reunião clandestina de Daniel, Polari se lembra de que logo resolveram as questões relativas à organização.[45]

Zé Gradel, membro de uma unidade de combate da organização, também se lembra das conversas clandestinas que teve com Daniel. "Eu marcava pontos com ele em Niterói, na praia de Icaraí, e a gente ficava horas falando. Chegava no ponto, trocava dois documentos e depois passava quatro horas falando sobre cinema." Essa prática quebrava as regras da organização, visto que poderia ser perigoso dois militantes passarem tanto tempo juntos em público. Mas isso não parecia incomodar Daniel. "A gente sentava em um banco na praia", lembra Zé Gradel, "e conversava duas horas sobre cinema italiano, aí levantava, andava um quilômetro para sentar em outro banco e falar duas horas mais sobre cinema francês."[46] Paulo Brandi de Barros Cachapuz, que também veio do movimento estudantil secundarista, recordou suas impressões sobre Daniel: "Nós estávamos sendo preparados para nos empertigarmos, nos endurecermos em termos de disciplina, e o Daniel não fazia muito o perfil desse revolucionário empertigado. Daniel era irreverente, uma figura que tinha interesse por cultura, tinha todo um papo sobre música, literatura."[47]

Embora Polari, Sirkis, Gradel e Brandi se lembrem de discussões intelectuais estimulantes durante reuniões às escondidas, Aretuza Garibaldi recorda-se das conexões emocionais que restabeleceram quando se encontraram pela primeira vez depois de abandonar Belo Horizonte. "Foi um encontro forte, porque estávamos nós dois muito machucados de tristeza. Eu era muito menina para entender direito o que estava acontecendo, que era uma mudança na minha vida muito radical."[48] Ela nunca teve a oportunidade de dizer adeus a Ângelo e sentia-se tremendamente perdida e isolada no Rio. Daniel também estava sofrendo. Ele ouvira as notícias sobre o tratamento dado a Erwin na prisão e temia que fosse o culpado pela detenção do amigo, pois havia pressionado Ângelo a promovê-lo na organização. "Ele se questionava se não tinha exigido demais do Erwin. Se não tinha dado responsabilidades demais para o Erwin. Porque a entrada do Erwin na organização foi uma coisa meteórica. Ele foi acumulando responsabilidades muito depressa. Esse era um questionamento do Ângelo e depois o Daniel também se questionava."

Aretuza e Daniel encontraram-se na praia de Copacabana; abraçaram-se e choraram. Depois, falaram extensamente sobre a dura tortura à qual Ângelo fora submetido. O encontro servira como consolo a duas pessoas muito solitárias, separadas de revolucionários queridos com as quais estavam acostumadas a conviver. Daniel e Aretuza encontraram-se muitas outras vezes no Rio – ela nunca se esquecerá de seu aniversário de 18 anos. "Ele pediu para encontrar comigo, eu não sabia com quem eu ia encontrar, e quando eu cheguei ele estava com rosas de presente para mim."

Todas as evidências indicam que Daniel encontrou diversas maneiras de manter o mínimo de normalidade enquanto operava clandestinamente, o que sem dúvida lhe ajudou com as difíceis tarefas que tinha em mãos. O Colina havia sido quase extinto em Belo Horizonte. Dezenas de integrantes tinham sido presos, e a polícia procurava muitos outros. João Lucas Alves foi torturado até a morte pela polícia política em março de 1969. Apesar disso, um sentimento de otimismo reavivava a organização à medida que surgiam perspectivas de unificação com outros grupos revolucionários.

NOTAS

1. Ladislau Dowbor, entrevista.
2. Colina, "Informe Nacional", janeiro de 1969, AA.
3. Herbert Daniel, *Passagem para o próximo sonho*, p. 16.
4. *Ibid.*, pp. 16-17.
5. Case n. 158, p. 353, BNM.
6. Maria José de Carvalho Nahas, entrevista.
7. Victoria Langland, "Birth control and molotov cocktails".
8. "Ladrões com metralhadoras assaltam bancos em Sabará e levam 60 milhões", *Estado de Minas*, 15 de janeiro de 1969.
9. Arthur Penn (dir.), *Bonnie e Clyde – uma rajada de balas*, 1967.
10. Wilma Antunes Maciel, *O capitão Lamarca e a VPR*; Victoria Langland, "Birth control pills and molotov".
11. Herbert Daniel, *Passagem para o próximo sonho*, p. 38.
12. *Ibid.*
13. Marcelo Ridenti, *O fantasma da revolução brasileira*, p. 197.
14. Maria José Carvalho Nahas, conversa com o autor, 29 de maio de 2009, notas.
15. Helvécio Ratton, entrevista.
16. Aretuza Garibaldi, entrevista. Outras citações pertencem à mesma entrevista.
17. Erwin Resende Duarte, entrevista.
18. "Pedro Paulo Bretas", Acervo DOPS/MG, Pasta 802, APM.
19. "Quadrilha confessa assaltos a bancos, drogaria e boate", *Estado de Minas*, 31 janeiro de 1969; Maurício Paiva, *O sonho exilado*, pp. 36-39.
20. Cristina Chacel, *Seu amigo esteve aqui*, p. 74.
21. Aretuza Garibaldi, entrevista; Vera Lígia Huebra, entrevista.

22. Ricardo Batista Amaral, *A vida quer é coragem*, p. 54.
23. Helvécio Ratton, entrevista.
24. Geny Brunelli de Carvalho, entrevista n. 1.
25. Hamilton Brunelli de Carvalho, entrevista n. 1.
26. Acervo DOPS/MG, Pasta 943, Rolo 24, outubro de 1969 junho de 1971, APM.
27. "Colina", Acervo DOPS/MG, Pasta 15, Rolo 1, abril de 1969 a março de 1975, APM.
28. Herbert Daniel, *Passagem para o próximo sonho*, p. 126.
29. *Ibid.*, pp. 43-44.
30. Herbert Daniel, *Meu corpo daria um romance*, p. 188.
31. Maria do Carmo Brito, entrevista n. 2; Shizuo Ozawa (Mário Japa), entrevista.
32. Carlos Eduardo Saavedra Durão, entrevista.
33. Aretuza Garibaldi, entrevista.
34. Dilma Rousseff, entrevista.
35. Ladislau Dowbor, entrevista.
36. Herbert Daniel, entrevista a Judith Patarra.
37. Dilma Rousseff, entrevista.
38. Apolo Herlinger Lisboa, entrevista.
39. Helvécio Ratton, entrevista.
40. Maria do Carmo Brito, entrevista n. 1.
41. Dilma Rousseff, entrevista.
42. Apolo Herlinger Lisboa, entrevista.
43. Maria do Carmo Brito, entrevista n. 1.
44. Alfredo Sirkis, entrevista.
45. Alex Vieira Polari, *Em busca do tesouro*, p. 134.
46. Zé Gradel, entrevista.
47. Paulo Brandi de Barros Cachapuz, entrevista.
48. Aretuza Garibaldi, entrevista.

7. União e separação (1969)

> "Daniel era capaz de, em cinco minutos, criar uma teoria extraordinária sobre qualquer coisa."
> Alfredo Sirkis, 2009[1]

No ano de 1969, havia um processo em andamento que Daniel e seus colegas não perceberam e tampouco reconheceram como uma ameaça ao movimento: o país estava ficando mais próspero. Nos primeiros anos da ditadura, as altas taxas de inflação perduravam, o que debilitava uma das justificativas do golpe – que um governo militar estável consertaria uma economia muito flutuante. *A priori*, parecia que os generais não poderiam cumprir essa promessa, mas em 1968 a economia começou a decolar. A taxa anual de crescimento disparou para 11% entre 1968 e 1973, o que o regime chamou de um "milagre econômico".[2] As manifestações estudantis, em especial após a morte de Edson Luís, em março de 1968, haviam ganhado o apoio popular durante a primeira metade daquele ano. No entanto, a melhoria das condições econômicas, combinada à retórica antiesquerda, reduziu aos poucos o apoio do público. Apenas tardiamente Daniel e outros ex-guerrilheiros compreenderiam que o crescimento econômico, que aumentava as possibilidades de consumo e favorecia principalmente a classe média – enquanto os salários da classe trabalhadora permaneciam estagnados –, contradizia suas perspectivas otimistas de que o capitalismo estava em crise e que o regime estava perto de cair.

Ao mesmo tempo, o governo endurecia cada vez mais. No início de 1968, Alex Polari, Alfredo Sirkis e outros alunos secundaristas passavam horas a fio discutindo política, sexualidade, música e cultura. Entretanto, após dezembro de 1968, decretos autoritários abafaram as transformações sociais e culturais que fervilhavam. A censura aumentou, e ídolos da música, tais como Caetano Veloso, Gilberto Gil e Chico Buarque de Holanda, partiram para o exílio. O movimento estudantil, reunido em ampla base, que envolvera milhares de jovens, foi criminalizado.[3] A ditadura expurgou das maiores universidades os professores esquerdistas e emitiu o decreto 477, que proibia o ativismo estudantil nos *campi*.[4] Devido a esses e muitos outros fatores, a maioria dos estudantes envolvidos em política parou de participar diretamente de protestos antirregime.

Por outro lado, outros militantes se radicalizaram ainda mais nesse período. Pequenos grupos de estudo encontravam-se para debater a ideologia marxista. As discussões tornaram-se mais polarizadas entre os que insistiam ser tempo de unir a luta armada e os que ainda não estavam plenamente convencidos. Alex Polari lembra-se da escolha: "As alternativas ficaram estreitas. Ir fundo no combate armado ao regime ou fazer uma viagem de autoconhecimento por via do marginalismo cultural, das drogas, da experiência de vida comunitária etc."[5] Ao longo de 1968, Alfredo Sirkis, como Alex Polari, debatia-se entre o desejo de participar das mudanças culturais que ocorriam à sua volta (e, nesse caso, ser rotulado de pequeno-burguês pelos colegas políticos) e o comprometimento com a causa revolucionária.[6] Daniel enfrentou um dilema semelhante: deveria abraçar sua homossexualidade abertamente, o que sem dúvida seria associado às novas mudanças culturais, ou abandonar seus instintos mais primitivos em prol de seus ideais políticos? Todos os três optaram pela luta armada.

Apesar dos dilemas que Alfredo, Alex, Daniel e outros viviam, pequenos núcleos revolucionários continuavam a se consolidar, mesmo com o surgimento de medidas que eliminavam as proteções democráticas e uma economia que abrandava a indignação e, assim, o apoio popular. A unificação da O. em Belo Horizonte, em 1968, com os ex-membros da Polop no Rio, atraiu dois pequenos agrupamentos de estudantes radicais que haviam se dividido a partir de organizações esquerdistas dissidentes maiores. Uma das duas ramificações, o Grupo Marxista-Leninista, era ligado ao Ação Popular, de inclinação maoísta. Carlos Minc, um estudante ativista, conhecido de Maria do Carmo e Juarez, era um dos líderes do grupo. O Grupo Marxista-Leninista tinha influência sobre cerca de cinquenta estudantes radicais do ensino médio, que haviam formado o Comando Secundarista (Cosec) e tentavam sustentar o movimento estudantil em 1969, apesar de seu poder e influência terem entrado em declínio. O outro grupo era composto de estudantes que discordavam das políticas da Dissidência e haviam rompido com o PCB, criticando sua resposta moderada ao golpe de 1964. Autointitulado de Dissidência da Dissidência (DDD), seus cerca de doze adeptos também operavam no Cosec.[7]

Como o Colina havia obtido o apoio do Grupo Marxista-Leninista e do DDD, sua liderança foi conhecer um grupo do Rio Grande do Sul liderado por Carlos Franklin Paixão de Araújo. Filho de um advogado trabalhista ligado ao PCB, ele mesmo seguiu a profissão do pai. Seu grupo reunia cerca de trinta trabalhadores,[8] publicava dois pequenos periódicos mimeografados e tentava recrutar o proletariado por meio da educação política e pela abordagem das questões trabalhistas. Em novembro de 1968, Carlos Alberto encontrou-se com o grupo e, na sequência, Maria do Carmo os convidou para uma reunião com a liderança do Colina, de maneira que pudessem discutir uma possível unificação. Isso resultou no agendamento de outro encontro, que aconteceria em sessenta dias, no qual seriam mapeados os detalhes da fusão.

Ao fim de abril, os líderes dos dois grupos reuniram-se por diversos dias em uma casa alugada em Teresópolis, a fim de unificarem os grupos e elegerem uma nova liderança. Do Colina, participaram Carlos Alberto, Juarez, Maria do Carmo, Daniel e Dilma; do grupo do Sul, Carlos Araújo e outro companheiro.[9] Em vez de adotarem um novo nome, optaram por assinar os documentos como "ex-Colina". O raciocínio por trás da manutenção do nome era que almejavam unificar-se à VPR, um grupo guerrilheiro de São Paulo, e não queriam assumir um novo nome que em breve poderiam ter que abandonar na fusão.[10]

Como o Colina, a VPR fora fundada em parte por dissidentes da Polop em São Paulo, que haviam rompido com a organização no fim de 1967. Em janeiro de 1968, um grupo de ex-membros das Forças Armadas uniu-se ao Movimento Nacional Revolucionário (MNR), que era, em grande parte, composto de antigos soldados e marinheiros que apoiaram as reformas de Goulart e tornaram-se mais radicais após terem sido expulsos do Exército em 1964. A fusão com antigos militantes da Polop proporcionou à organização unificada um corpo de participantes que tinha experiência militar. A VPR também recrutava trabalhadores, alguns dos quais também eram estudantes, como Antônio Espinosa, ou líderes sindicais, como José Ibrahim, presidente do Sindicato dos Metalúrgicos de Osasco, e Roque Aparecido da Silva, um ativista sindical. Eles e outros sindicalistas do ABC Paulista haviam liderado a greve espontânea em Osasco, em julho de 1968, que, juntamente com o levante sindical de Contagem, havia desafiado as políticas trabalhistas e salariais do regime.[11]

Durante todo o ano de 1968 e no início de 1969, a VPR operava sobretudo em São Paulo. Além de apoiar a greve em Osasco e participar do movimento estudantil, seus militantes envolveram-se em expropriações de armamento e assaltos a bancos para financiar as operações. A VPR também foi responsável pelo assassinato de Charles Rodney Chandler, capitão do Exército estadunidense que estudava em São Paulo, devido à acusação de ele ser membro da Central Intelligence Agency (CIA), a agência de inteligência dos EUA.[12]

No fim de 1968, o capitão Carlos Lamarca, do 4º Regimento de Infantaria, abrigado no quartel de Quitaúna, em Osasco, uniu-se à VPR secretamente.[13] De família carioca humilde, o jovem havia se envolvido nas manifestações em prol da nacionalização do petróleo, ainda nos anos 1950. Lamarca foi admitido em uma escola preparatória para cadetes aos 19 anos e estudou na Academia Militar das Agulhas Negras (Aman). Participara de um contingente brasileiro das forças de paz da ONU, na Península do Sinai, em 1962 e 1963. Promovido a capitão em 1967, fez contatos com o sargento Darcy Rodrigues, que havia sido expulso do Exército em 1964, porém readmitido mais tarde.[14] Rodrigues, organizador político veterano, apresentou ideias marxistas a Lamarca e ambos atraíram dois outros membros do regimento à causa. Lamarca era um atirador excelente, e o Exército o recomendara para treinar os caixas do Banco Bradesco no uso de armas contra assaltos, o que lhe concedera visibilidade na imprensa.[15]

Em dezembro de 1968, Lamarca entrou em contato com Onofre Pinto, que havia sido expulso do Exército em 1964 e era líder da VPR. Impaciente para entrar na luta armada contra o regime e imbuído da crença de que a situação política e econômica favorecia a ação revolucionária, Lamarca apresentou um plano que envolvia uma dramática saída do quartel com quantidade significativa de armas, munições e explosivos, que forneceriam à VPR poder de fogo suficiente para montar uma ofensiva de guerrilha rural. A VPR considerou coordenar as ações de Lamarca a ataques a locais estratégicos do Exército e comunicações de rádio da cidade. Três dias antes do evento planejado, o Exército descobriu o plano, forçando a VPR a abortar a ideia original e ajudar Lamarca e Rodrigues a sair do quartel de Quitaúna juntamente com o cabo José Mariani e o soldado Roberto Zariato. Eles fugiram com 63 fuzis FAL, três metralhadoras leves e munições, embora, ao fim, tenham conseguido levar muito menos do que haviam planejado a princípio. Por precaução, Lamarca e Rodrigues haviam preparado, cada um, a fuga da própria esposa e dos filhos para Cuba. Lamarca passou os meses seguintes mudando de aparelho a fim de evitar a prisão. Logo, tornou-se uma figura simbólica que representava a possibilidade de dissidência, dentro das Forças Armadas, daqueles que poderiam simpatizar com a estratégia de guerrilha.[16]

Embora os militantes da VPR considerassem o recrutamento de Lamarca um sinal de seu sucesso político e da crescente força do movimento revolucionário, vale lembrar que provavelmente não havia mais de 5 mil militantes nem milhares de outros apoiadores nos cerca de dez grupos envolvidos na luta armada que operavam no Brasil nos anos 1960 e início dos anos 1970.[17] Um dos maiores grupos era, na época, a Ação Libertadora Nacional (ALN), fundada em 1967 por Carlos Marighella, líder histórico do PCB, em seu retorno ao Brasil, depois de deixar o partido e viajar secretamente para Cuba, para uma reunião da Organização Latino-Americana de Solidariedade (Olas).[18] Marighella recrutou outros militantes do PCB, em especial os do estado de São Paulo, juntamente com estudantes e intelectuais energizados pela Revolução Cubana, que eram críticos ao que consideravam políticas circunspectas do PCB com relação ao regime militar.

Em diversas ocasiões, esses diferentes grupos envolviam-se em ações conjuntas e colaboração – o que parecia sugerir a possibilidade de uma grande união, se não fusão; mas isso não era fácil. Quando Lamarca fugiu de seu regimento, por exemplo, a VPR não tinha capacidade de armazenar armas e munição que levara consigo e, assim, pediu ajuda à ALN. Depois de esconder Lamarca, a VPR solicitou a devolução dos materiais. A ALN argumentou que devolveria apenas parte do armamento, e uma disputa entre as duas organizações resultou na suspensão de qualquer forma de colaboração direta entre elas por um ano. Enquanto as relações se azedaram entre as duas maiores organizações revolucionárias de São Paulo, a VPR se enrolava em uma onda de prisões. Esses dois fatores pressionaram a liderança a acelerar a fusão proposta com o ex-Colina. Da mesma maneira, Daniel e os outros líderes tinham plena consciência de suas fraquezas e, portanto, estavam ansiosos para negociar com a VPR. A unificação parecia ser a estratégia perfeita para tirar ambos os grupos da crise interna que vivenciavam.

Em abril de 1969, a VPR organizou um congresso em uma casa alugada no litoral do estado de São Paulo, em que a organização estabeleceu três Unidades Táticas Armadas e votou em prol de aprofundar a comunicação com ex-Colina a respeito da unificação dos grupos. Menos de dois meses depois, os representantes da VPR e ex-Colina reuniram-se novamente no litoral paulista e emitiram um "Relatório Conjunto", que descrevia o "acordo político perfeito entre os dois grupos", além de convocar outra reunião ao fim do mês para formalizar uma fusão que seria, em seguida, ratificada em um congresso. A reunião que se seguiu, conhecida como a Conferência de Fusão, foi realizada em dois encontros subsequentes, no final de junho e início de julho, mas apenas os principais membros das duas organizações estavam presentes, o que tornou a reunião uma cúpula das duas lideranças.[19]

O acordo de fusão incluía adotar um novo nome. Diversas propostas foram consideradas: VPR, Vanguarda Armada Revolucionária – Palmares, Organização Socialista Revolucionária e Vanguarda Armada Revolucionária Inconfidentes.[20] O último, proposto por Daniel, referia-se à Inconfidência Mineira, a conspiração contra a tributação excessiva e o governo colonial na região de mineração do ouro de Minas Gerais, em 1789.[21] O grupo, por fim, escolheu o nome Vanguarda Armada Revolucionária – Palmares (VAR-Palmares). Essa designação declarava o comprometimento aberto da nova organização com a luta armada e sua afirmação confiante de que havia se constituído como uma das maiores e mais importantes organizações de guerrilha. Segundo Daniel, o grupo de guerrilha urbana uruguaio Movimiento de Liberación Nacional – Tupamaros (MLN-T), ou simplesmente "Tupamaros", inspirou a designação "Palmares".[22] Os fundadores dos Tupamaros escolheram essa denominação como meio de resgatar as tradições e mitos em torno da figura histórica de José Gabriel Condorcanqui, mais conhecido como Túpac Amaru, o peruano que liderou uma rebelião contra as autoridades coloniais espanholas no século XVIII. O segundo nome da VAR, Palmares, é uma alusão a um exemplo brasileiro de resistência popular – o Quilombo dos Palmares, do século XVII, que se localizava no interior do estado de Alagoas e que sobreviveu por mais de um século.[23] Palmares tornara-se símbolo da luta contra a escravatura, e o nome assinalava um comprometimento com os pobres e oprimidos, embora a nova organização jamais tenha abordado racismo ou legados da escravidão em sua propaganda política.

O novo corpo diretivo da VAR-Palmares era composto de três líderes da VPR: Carlos Lamarca, Antônio Espinosa e Cláudio de Souza Ribeiro, que havia sido membro do movimento dos marinheiros radicais antes do golpe. Juarez, Maria do Carmo e Carlos Araújo uniram-se à liderança do ex-Colina. A nova organização tinha cerca de trezentos militantes ativos que operavam na clandestinidade e uma centena ou mais de simpatizantes que vivia legalmente e oferecia apoio logístico.[24]

No processo de unificar os dois grupos em uma nova organização, Carlos Lamarca ficou encarregado do Setor de Luta Principal, com a tarefa imediata de estabelecer uma coluna guerrilheira no interior. Carlos Araújo e Antônio Espinosa encarregaram-se do Setor de Lutas Complementares, que daria apoio logístico nas áreas urbanas e coordenaria os diferentes grupos em São Paulo, Rio de Janeiro, Rio Grande do Sul, Brasília, Minas Gerais e Bahia. Os dois lideraram os preparativos para uma conferência de unificação das organizações mais tarde naquele ano.[25]

Para facilitar a unificação, os militantes foram enviados a outras cidades. Entre eles, estava Iara Iavelberg, que fora de São Paulo para o Rio de Janeiro; ela havia sido membro da Polop e mais tarde filiou-se à VPR, formou-se em psicologia pela Universidade de São Paulo (USP) depois de terminar um casamento precoce. Atraente e de espírito livre, era uma das mulheres da esquerda que rompera os tabus conservadores que reprimiam a sexualidade e o comportamento feminino tradicional. Teve uma série de casos amorosos com estudantes ativistas de diferentes correntes esquerdistas. Sua indiferença com relação ao compromisso amoroso, que parecia espelhar o comportamento masculino da esquerda, era de certa forma escandalosa naquela época. A atitude também marcou sua posição de vanguarda na gradual libertação sexual da juventude de classe média em meados dos anos 1960.[26]

Como militante da Polop, Iara marcou presença na conferência de 1967, que resultou na facção em apoio ao movimento de guerrilha. Durante o encontro, envolveu-se brevemente com Carlos Alberto, da dissidência de Belo Horizonte.[27] Por um curto período, relacionou-se com Antônio Espinosa e também teve uma aventura com Ladislau Dowbor.[28] "Iara criava uma insegurança em todos os companheiros", diz Espinosa. "De um lado, por ser muito bonita, muito requisitada, e por ser uma pessoa mais livre do que o tipo de mulher com que estávamos acostumados."[29] Dilma Rousseff lembra-se dela com afeto: "Acho que foi a primeira feminista que conheci, [...] [com] uma ousadia que, para os padrões de hoje, era uma ousadia tímida, mas, para a época, era muito ousada."[30]

Nas idas e vindas das operações clandestinas, os caminhos de Iara e Lamarca se cruzaram em diversas ocasiões, e logo ela se viu atraída pelo capitão revolucionário esguio e austero. Lamarca resistiu ao envolvimento, sentindo culpa por causa de sua esposa e filhos. Durante algum tempo, Iara hesitou em relação aos seus sentimentos por Lamarca. Quando foi ao Rio de Janeiro, reviveu sua ligação com Carlos Alberto, dividindo um aparelho com ele por cerca de um mês. No entanto, parecia que morar junto não funcionava bem. Depois que Iara retornou a São Paulo, acabou se envolvendo com Lamarca. Darcy Rodrigues, ao descobriu o relacionamento, tentou convencer o amigo de que aquilo era um erro, pois mancharia sua impecável imagem moral e enfraqueceria o apoio e a legitimidade que tinha entre os ex-militares da organização – muitos anos depois, Rodrigues percebeu que errara ao se opor ao envolvimento dos dois.[31] De qualquer maneira, os avisos de Rodrigues foram ignorados e o casal permaneceu junto até a morte de ambos, em 1971.

A nova organização crescia em tamanho e concentrava-se no movimento de guerrilha rural, e seu financiamento tornou-se o problema mais urgente. Os assaltos a banco, além de colocar a segurança da organização em risco, tinham logística complexa. Além disso, às vezes a ação resultava em quantias muito baixas. Parecia haver poucas alternativas até que, por sorte, surgiu uma oportunidade. Gustavo Buarque Schiller, simpatizante do ex-Colina e ativista no movimento dos estudantes secundaristas, informou à liderança que sua tia, Ana Benchimol Capriglione, tinha milhões de dólares escondidos em diversos cofres espalhados pelo Rio de Janeiro. Ana Capriglione tinha sido amante do então recém-falecido Ademar de Barros, que fora governador de São Paulo entre 1947 e 1951 e, *mente a posteriori*, entre 1963 e 1966. Uma frase atribuída a ele – "Roubo, mas faço" – capturava a impressão geral de que o poder político havia aumentado, em muito, sua riqueza pessoal. De acordo com Gustavo, sua tia mantinha milhões de dólares em um cofre no segundo andar de uma mansão que ela e a família de Gustavo compartilhavam no elegante bairro de Santa Teresa.[32]

O rapaz precisou insistir, garantindo que dizia a verdade. Uma vez convencido, Juarez organizou uma operação que mobilizou quinze revolucionários do Rio de Janeiro e de São Paulo. A casa foi cuidadosamente cercada e, então, invadida, em plena luz do dia. O grupo trancou os empregados numa despensa e fugiu com um cofre que pesava quase meia tonelada, que acabou sendo levado para um armazém em Jacarepaguá. Um mecânico furou as grossas paredes do cofre, jogou água para resfriar o interior, de modo que o conteúdo não fosse incinerado, e usou um maçarico para cortar a porta. Para sua alegria, o cofre continha mais de 2,6 milhões de dólares, que corresponderia a cerca de 18 milhões de dólares em 2018. A organização conseguiu dinheiro suficiente para sustentar suas operações por muitos anos.

Daniel não agiu de maneira direta na operação; escondeu Gustavo após o roubo. Suspeito de ser cúmplice, o sobrinho rebelde precisava desaparecer. "Ia lhe levar comida, jornais e discutir política, no aparelho onde passaria seus primeiros dias de clandestinidade", conta Daniel em suas memórias.[33] O roubo aliviou muito as pressões financeiras que os militantes vivenciavam na ilegalidade. Agora não havia mais desculpas para protelar a esperada estratégia de guerrilha rural.

A euforia após a aquisição de tamanha quantia e a unidade obtida na cúpula da liderança, no meio daquele ano, no entanto, não duraram muito. À medida que a VAR-Palmares se preparava para o congresso que se aproximava, no qual seria definido um novo programa e ratificada a unificação, as fissuras começaram a surgir. Lamarca, muitos dos antigos membros da VPR advindos do Exército e um núcleo da liderança do ex-Colina insistiam na preparação imediata das ações de guerrilha rural, ao passo que outros membros do antigo Colina de Belo Horizonte, militantes de São Paulo e companheiros de Porto Alegre apoiavam uma estratégia que combinava a luta armada com o trabalho entre as massas, por meio de uma abordagem que chamavam de União dos Trabalhadores.[34]

O debate interno girava em torno de um documento preparado por Ladislau Dowbor, que usava o pseudônimo Jamil. Em 1968, Dowbor retornou dos estudos na Suíça. Havia criado canais com a VPR na Europa e tornara-se líder na organização antes da fusão. O documento "Os caminhos da vanguarda", que havia preparado para o congresso, apresentava argumentos importantes. Em primeiro lugar, sustentava a ideia de que o Brasil estava pronto para uma revolução socialista. Em segundo lugar, afirmava que a classe operária brasileira era relativamente pequena e fraca em relação aos grandes setores da população que ainda não eram plenamente integrados à força de trabalho. Essas pessoas marginalizadas simpatizariam com a ideia da violência revolucionária contra o Estado. Em terceiro lugar, postulava que o foco exclusivo na organização política entre a classe trabalhadora era secundário, pois antes era necessário priorizar o estabelecimento de unidades táticas móveis com facilidade de movimentação de uma área a outra, para atacar, derrotar ou desmoralizar os militares. Em algum momento, as ações de guerrilha ganhariam a simpatia dos camponeses e eles se juntariam em um levante generalizado contra o regime.[35] Em retrospectiva, parecia ser um projeto bastante vago e otimista para derrubar a ditadura.

Embora ninguém da organização questionasse o plano de realizar uma luta armada no interior, logo surgiram disputas sobre a relação entre o movimento de guerrilha e a organização em meio à classe operária urbana. Carlos Alberto, Helvécio, Dilma e outros, que originalmente eram da Polop e, posteriormente, do Colina, tentaram organizar trabalhadores em Belo Horizonte. Eles mantinham a noção marxista que privilegiava o trabalho de base com o proletariado. Da mesma maneira, Carlos Alberto, advogado trabalhista, construiu uma pequena área de influência entre os trabalhadores no Rio Grande do Sul antes de passar à clandestinidade. Antônio Espinosa envolvera-se ativamente na intervenção da VPR na greve de Osasco, em 1968, e ainda tinha laços próximos com a classe operária da grande São Paulo. Por outro lado, a maioria dos ex-militares da VPR, incluindo Lamarca e Darcy Rodrigues, esquivava-se de discussões políticas extensas e estavam ansiosos para que a organização se comprometesse de uma vez por todas com a implementação da estratégia de guerrilha. Daniel, Maria do Carmo, Juarez e Inês, do Colina, juntamente com antigos e atuais estudantes ativistas, tal como Shizuo Ozawa (conhecido como Mário Japa) e Iara Iavelberg, entre muitos outros da VPR, também estavam impacientes para implementar o esforço de guerrilha rural.

A conferência de unificação foi realizada em setembro de 1969 em uma grande casa isolada em Teresópolis, a aproximadamente 90 km do Rio. Antônio Espinosa se lembra: "O congresso durou 26 dias. Era para durar uma semana – mas tinha muita desconfiança no ar."[36] Vinte e sete representantes e dez pessoas envolvidas no apoio e na logística passaram o mês juntos, à medida que a tensão crescia durante reuniões extensas, noite adentro.[37]

No início do evento, os presentes receberam a notícia de que duas outras organizações revolucionárias, a ALN e o Movimento Revolucionário 8 de Outubro (MR-8), haviam sequestrado Charles Burke Elbrick, embaixador dos EUA no Brasil. A ideia surgiu do MR-8, em grande parte baseado no Rio de Janeiro, e cujo nome homenageia Che Guevara, pela data de sua morte, na Bolívia, em 1967. Em troca da libertação do embaixador, os dois grupos exigiam a libertação de quinze presos políticos, incluindo dois membros importantes da VPR: José Ibrahim, presidente do Sindicato dos Metalúrgicos de Osasco na época da greve de 1968, e Onofre Pinto, antigo integrante do MNR que fora líder da VPR.

O sequestro surpreendeu o governo brasileiro. Por coincidência, o segundo presidente ditatorial, o general Arthur da Costa e Silva, havia sofrido um derrame debilitante na véspera do ocorrido. Com o presidente incapacitado, uma junta de três homens das Forças Armadas se opôs à posse do vice-presidente Pedro Aleixo, um cidadão civil do partido Arena, que, no ano anterior, se opusera à instituição do AI-5. Com a movimentação do Poder Executivo e a pressão da administração de Richard Nixon, que exigia a libertação imediata do embaixador são e salvo, a junta cedeu às demandas dos sequestradores, e os quinze revolucionários foram levados de avião e libertados no México.

Os presentes no evento de Teresópolis ficaram extasiados com o fato de dois de seus membros-líderes terem sido libertados pelas ações de outros revolucionários. Sem dúvida, o fato reforçou a ideia de que a estratégia revolucionária geral estava no caminho certo. De acordo com Alfredo Sirkis, que não estava presente no congresso clandestino, a reação entre os jovens esquerdistas ao anúncio da rendição da ditadura às exigências dos revolucionários foi radiante, como se o Brasil tivesse vencido a Copa do Mundo.[38] Ainda assim, é difícil mensurar o real apoio popular que os revolucionários da ALN e do MR-8 tiveram para uma ação de tamanha audácia, embora pareça possível que alguns cidadãos comuns tenham se maravilhado com o fato de que o embaixador do aparente todo-poderoso governo dos EUA podia ser sequestrado com tanta facilidade por um bando de jovens idealistas.

Embora a libertação de quinze presos políticos pudesse ter fornecido uma solução efêmera para os rebeldes, em Teresópolis uma polarização sem consenso possível logo tornou-se evidente dentro da VAR-Palmares. De um lado encontravam-se os antigos membros das Forças Armadas – Carlos Lamarca, Cláudio de Souza Ribeiro, Darcy Rodrigues, José Raimundo da Costa e José Araújo Nóbrega – a quem se juntaram outros militantes históricos da antiga VPR, tal como Shizuo Ozawa e o estudante ativista Celso Lungaretti. Estavam ansiosos para iniciar atividades de guerrilha rural prontamente. Outros queriam combinar a luta armada à organização dos trabalhadores. Antônio Espinosa, que concordou com essa orientação, lembrou-se do que Ozawa dissera: "Se eles querem fazer tudo isso no movimento operário, não vai sobrar militante para fazer a coluna guerrilheira."[39] Darcy Rodrigues reconstruiu o que se lembra do comentário de Lamarca: "Todos acreditam na luta armada, e sempre tem alguma coisa para emperrar. A VAR que faça movimento de massa, e duvido que consiga. Nós faremos a guerrilha!"[40] Para consolidar apoio ao seu posicionamento, Lamarca e os outros formaram o que chamaram de Grupo dos Sete. Do outro lado da cisão, agora em pleno movimento, encontravam-se outros líderes historicamente importantes e militantes do Colina, tal como Carlos Alberto e Dilma, aos quais se juntaram Carlos Araújo e Antônio Espinosa, na defesa da importância de manter as atividades políticas junto à classe operária, embora não tenham negado a importância da luta armada.[41]

Depois de tensas discussões que por pouco não se degeneraram em violência, o Grupo dos Sete rompeu com a maioria restante e deixou o congresso. Daniel, Maria do Carmo, Juarez e Wellington Moreira Diniz, também antigo militante do Colina, tentaram encontrar um meio-termo entre os dois grupos, mas depois de deixarem o local, tiveram algumas conversas com Darcy Rodrigues e decidiram unir-se ao Grupo dos Sete, juntamente com Liszt Vieira, militante do Rio de Janeiro que trabalhava clandestinamente em Porto Alegre.[42] Apolo Lisboa e a esposa, Carmem, desentendiam-se com ambas as facções quanto à natureza da estratégia de guerrilha, e acabaram formando a Dissidência da VAR-Palmares (DVP).[43] O que começou como um esforço muito promissor para fazer a união da esquerda revolucionária acabou em um fracasso abismal, com graves consequências.

Logo após o congresso, os dois maiores lados realizaram uma reunião no Rio de Janeiro para negociar a divisão do dinheiro e de armas entre a VAR-Palmares e o Grupo dos Sete mais Cinco. Sem conseguir chegar a um acordo, as duas facções tomaram caminhos distintos, e cada um manteve os recursos sobre os quais tinham controle na ocasião. Dilma Rousseff lembrou-se das últimas palavras de Daniel quando partia de Teresópolis: "Não faça isso. Você vai ficar uma pessoa, uma profissional da política."[44] Ela ignorou seu apelo, e cada um seguiu seu caminho na reconstrução de organizações distintas. Tão logo o congresso terminara, começara a batalha para conquistar a aliança dos militantes de base.

A decisão de continuar na VAR-Palmares ou, em vez disso, unir-se aos que romperam com a organização não foi fácil para os militantes. Sônia Lafoz, filha de um soldado da resistência francesa da Segunda Guerra Mundial, participou da Dissidência do PCB quando estudava na USP e se uniu à VPR em 1968. Recebeu treinamento em armas de fogo tão logo foi recrutada para o grupo de ações armadas, apesar da resistência inicial de Darcy Rodrigues, que se opunha à participação de mulheres nessas unidades especiais. Quando foi abordada por ambos os lados da VAR-Palmares, morava no Rio de Janeiro. Na entrevista para este livro, lembrou-se da dificuldade para compreender a natureza da ruptura e o motivo por que havia ocorrido. Ela foi uma das pessoas que decidiu filiar-se à VPR reconstituída.[45] Liszt Vieira optou por sair com Maria do

Carmo, em grande parte por motivos pessoais: "Todos os meus amigos tinham ido e eu ia ficar do outro lado. [...] Mas, naquela época, não havia a menor condição de organizar a classe operária nas cidades."[46]

Se a questão era complicada para os revolucionários veteranos, parecia ainda mais complexa para os jovens estudantes com menos experiência política. Logo após a conclusão do congresso, Carlos Minc foi detido. Ele fora responsável por realizar discussões políticas com o núcleo estudantil próximo à VAR-Palmares no Rio de Janeiro. A notícia de sua prisão foi traumática para os jovens militantes que ponderavam suas opções políticas e sabiam que Minc, inevitavelmente, seria torturado.[47] Após a prisão do companheiro, Ladislau Dowbor foi designado para encontrar-se com o grupo de estudantes secundaristas para convencê-los a escolher o grupo que rompera. Sirkis se lembra de que a prisão, a subsequente tortura de Minc e as discussões com Dowbor deixavam muito claro que filiar-se à VPR reconstituída era coisa séria.[48] Polari estava ansioso para participar de um Grupo Tático Armado, como então eram chamados os pequenos esquadrões de revolucionários envolvidos em assaltos a bancos. Sirkis, no entanto, tinha sérias ressalvas. "Eu tendi a concordar mais com o pessoal da VAR. [...] O problema é que nossos ícones estavam na VPR. Eu tinha fascínio porque era a organização do Lamarca, preparada para fazer grandes ações. Acabamos acompanhando mais a VPR, porque achamos que a VPR era luta armada a sério, enquanto a tendência da VAR era o retraimento ou o reformismo em algum momento."[49] Paulo Brandi optou por tornar-se apoiador ativo da nova organização. Até onde sabia, era "o grupo que estava mais disposto a entrar em confronto, a combater".[50] No entanto, a maioria dos estudantes ativistas envolvidos nos movimentos de protesto de 1969 se recusou a juntar-se à luta armada. A notícia de que o líder da ALN, Carlos Marighella, havia sido morto em uma emboscada da polícia em São Paulo, em 4 de novembro de 1969, sem dúvida abalou os ânimos de militantes e simpatizantes.[51]

Até o meio de novembro, a batalha pela lealdade dos adeptos de base findava, uma vez que as pessoas haviam escolhido seu lado. O grupo que assumiu o nome VPR conseguiu reunir cerca de cem militantes, além de dezenas de simpatizantes. Após uma série de prisões e a perda de diversos membros que, desmotivados, deixaram a organização, a VAR-P provavelmente tinha uma quantidade semelhante de membros.

Pouco tempo após a conferência em Teresópolis, Lamarca começou a treinar um grupo de militantes numa propriedade rural que a organização havia comprado em agosto, no estado de São Paulo. Por isso não estava presente no Rio no início de novembro, quando o grupo realizou um novo congresso e reconstituiu oficialmente a VPR. A organização escolheu Lamarca como um dos três membros de um novo comando nacional, ao lado de Maria do Carmo e Ladislau Dowbor. Ao relembrar esses momentos, Maria do Carmo contou que assumiu a liderança da organização com muita relutância. Dowbor argumentou que sua capacidade de organização era inestimável e que ela podia contar com o apoio logístico de Juarez e outros.[52] Ela se lembra de ter muitas dúvidas quanto a continuar na luta de guerrilha, e compartilhou suas ressalvas com Daniel e Iara. Porém, deixar a organização significava separar-se de seu marido e dos seus melhores amigos, de modo que decidiu ficar[53] – considerando a sorte da esquerda armada, talvez a inexistência de mais abalos da fé dos participantes seja o fato mais surpreendente. Não se sabe se o próprio Daniel também estava apreensivo quanto a continuar no movimento de guerrilha ou se só ouvira a confissão da profunda ambivalência de Maria do Carmo com empatia. Seu livro de memórias autocrítico sobre suas experiências revolucionárias não indica que tenha vivenciado momentos de dúvida entre 1969 e 1970.

Como eles haviam insistido no Congresso de Teresópolis, a liderança da VPR reconstituída priorizava ações imediatas para implementar sua estratégia de guerrilha. Mário Japa foi ao exterior secretamente para explorar as possibilidades de treinamento de guerrilha na Argélia, e Maria do Carmo foi encarregada de buscar áreas adequadas para uma unidade tática móvel de guerrilheiros em algum lugar no Sul do Brasil.[54] A organização estabeleceu um Comando Rural sob a liderança de Lamarca, enquanto a VPR continuava a operar nas cidades com um Setor de Inteligência e unidades encarregadas de expropriações e outras ações armadas. Ladislau Dowbor foi designado para liderar o trabalho da VPR em São Paulo e, portanto, Daniel assumiu suas responsabilidades com os jovens recrutas estudantes e simpatizantes no Rio.

A última vez que Paulo Brandi viu Daniel durante esse período foi em algum momento no fim de dezembro de 1969 ou no início de janeiro de 1970. Foi uma conversa de despedida recheada de sentimento e empolgação. Daniel lhe informara: "Vou para alguma coisa séria, para aquilo que nós sonhamos fazer, que é a luta no campo." Paulo lembra-se da cena: "Nós sabíamos que ele ia para o campo. [...] O Daniel contou para a gente que tinha mandado fazer óculos, um par de óculos para resistir à guerra mesmo. Disso eu me lembro, ele aparecia com uns óculos diferentes." Segundo ele, Daniel também comentou sobre a mochila que carregava, talvez em tom ligeiramente exibido. "Eu me lembro também de encontrar o Daniel com uma mochila nas costas e de ele comentar comigo: 'Aqui, pode não parecer, mas eu tenho uma quantidade de dinheiro...' – um montante de dinheiro que ele falou na hora, o número me escapa, mas uma coisa absurda de dinheiro, e ele andando calmamente com aquela mochila, com um dinheiro que ele tinha que levar."[55]

Alfredo Sirkis indicou com mais precisão a data de seu último encontro com Daniel. Os dois estavam em companhia de Alex Polari na véspera de Ano-Novo. Daniel informou aos jovens revolucionários deslumbrados que havia sido designado para o treinamento de guerrilha no campo sob a liderança de – ninguém menos que – Carlos Lamarca. Sirkis lembra-se que os olhos de Daniel brilhavam à medida que dizia algo como: "Sei que a média de vida do guerrilheiro rural é menos de um ano, além do que não sou lá a pessoa mais capacitada para esse tipo de coisa. Mas não me preocupa nada. Não estou sentindo o menor medo."[56] Uma vez que se trata de uma reconstrução literária de uma conversa ocorrida anos antes, é improvável que o relato do diálogo seja fiel à realidade. O tom da narrativa é excessivamente heroico, mas é provável que capture o sentimento de Daniel naquele momento.

Como se pode esperar, Polari tem lembranças diferentes daquela despedida no fim de 1969. Daniel estava escondido na dependência de empregada do apartamento de um simpatizante, pois não tinha onde mais ficar. Mesmo que configurasse uma infração de normas de segurança, quando as festividades de fim de ano começaram, Daniel foi convidado. Polari descreve a cena: Daniel, vestido apenas com uma cueca Zorba vermelha, com brilho nos olhos, ofereceu um brinde ao grupo, com sua taça de champanhe, e previu um futuro revolucionário glorioso.[57]

NOTAS

1. Alfredo Sirkis, entrevista. Outras citações pertencem à mesma entrevista.
2. Thomas E. Skidmore, *The politics of military rule*, pp. 138-144.
3. Alfredo Sirkis, *Os carbonários*, p. 139.
4. Selva Guimaraes Fonseca, *Caminhos da história ensinada*, p. 39.
5. Alex Vieira Polari, *Em busca do tesouro*, p. 81.
6. Alfredo Sirkis, *Os carbonários*, pp. 146-148.
7. *Ibid.*, p. 144.
8. Carlos Franklin Paixão Araújo, "Resumo das declarações prestadas", 28 de setembro de 1970, 50-Z-9-14842, Apesp-Deops.
9. Vera Lígia Huebra, entrevista.
10. Marta Vianna, *Uma tempestade como a sua memória*, p. 52.
11. Depoimento de José Ibrahim em Antônio Caso, *A esquerda armada no Brasil*, pp. 49-85.
12. Jacob Gorender, *Combate nas trevas*, p. 144.
13. Emiliano José e Oldack de Miranda, *Lamarca*.
14. Antônio Pedroso Junior, *Sargento Darcy*, pp. 51-53.
15. "Ele assalta em nome do terror", *Veja*.
16. Jacob Gorender, *Combate nas trevas*, pp. 145-147.
17. Em *O fantasma da revolução brasileira*, Marcelo Ridenti extraiu estatísticas dos recursos ao Superior Tribunal Militar e contabilizou 3.698 revolucionários (p. 277), mas o número ainda subestima o total.
18. Jacob Gorender, *Combate nas trevas*, pp. 103-110; Mario Magalhães, *Marighella: o guerrilheiro que incendiou o mundo*.
19. Antônio Espinosa, entrevista; Cristina Chacel, *Seu amigo esteve aqui*, pp. 74-75; Jacob Gorender, *Combate nas trevas*, p. 147; Marta Vianna, *Uma tempestade como a sua memória*, p. 52.
20. Carlos Franklin Paixão Araújo, "Depoimento", 20 de setembro de 1970, 50-Z-9-14840, Apesp-Deops.
21. Herbert Daniel, *Meu corpo daria um romance*, p. 21.
22. Herbert Daniel, *Passagem para o próximo sonho*, p. 49.
23. Flávio dos Santos Gomes, *Palmares: escravidão e liberdade no Atlântico Sul*.
24. Carlos Eduardo Saavedra Durão, entrevista.
25. Antônio Espinosa, entrevista.
26. Judith Lieblich Patarra, *Iara: reportagem bibliográfica*, pp. 79-115.
27. Cristina Chacel, *Seu amigo esteve aqui*, p. 74.

28. Ladislau Dowbor, entrevista a Judith Patarra.
29. Antônio Espinosa, entrevista a Judith Patarra.
30. Dilma Rousseff, entrevista a Judith Patarra.
31. Darcy Rodrigues, entrevista a Judith Patarra; Darcy Rodrigues, entrevista.
32. Tom Cardoso, *O cofre do Dr. Rui*.
33. Herbert Daniel, *Passagem para o próximo sonho*, pp. 50-51.
34. Jacob Gorender, *Combate nas trevas*, p. 149; Espinosa, entrevista.
35. Jamil Rodrigues (Ladislau Dowbor), "Os Caminhos da Vanguarda", outubro de 1969, AERJ; Chagas, "A Vanguarda Popular Revolucionária."
36. Antônio Espinosa, entrevista a Judith Patarra.
37. Jacob Gorender, *Combate nas trevas*, p. 148.
38. Alfredo Sirkis, *Os carbonários*, p. 170.
39. Antônio Espinosa, entrevista a Judith Patarra.
40. Antônio Pedroso Junior, *Sargento Darcy*, p. 120.
41. Cristina Chacel, *Seu amigo esteve aqui*, pp. 86-94; Herbert Daniel, *Passagem para o próximo sonho*, p. 52; Marta Vianna, *Uma tempestade como a sua memória*, pp. 61-62.
42. Maria do Carmo Brito, entrevista n. 2; Shizuo Ozawa (Mário Japa), entrevista; Liszt Vieira, *A busca*, p. 53.
43. Apolo Herlinger Lisboa, entrevista.
44. Dilma Rousseff, entrevista ao autor, 21 de junho de 2016.
45. Sônia Lafoz, entrevista ao autor, 24 de maio de 2010.
46. Liszt Vieira, entrevista ao autor, n. 1, 28 de junho de 2006.
47. Paulo Brandi de Barros Cachapuz, entrevista.
48. Alfredo Sirkis, *Os carbonários*, p. 191.
49. Alfredo Sirkis, entrevista.
50. Paulo Brandi de Barros Cachapuz, entrevista.
51. Mario Magalhães, *Marighella: o guerrilheiro que incendiou o mundo*.
52. Marta Vianna, *Uma tempestade como a sua memória*, pp. 64-65
53. *Ibid.*, p. 61.
54. *Ibid.*
55. Paulo Brandi de Barros Cachapuz, entrevista.
56. Alfredo Sirkis, *Os carbonários*, p. 194.
57. Alex Polari, *Em busca do tesouro*, pp. 134-35.

8. Para o campo! (1970)

> "Era uma pessoa muito inteligente, discreta no contato pessoal; era falante, mas nas reuniões preferia uma posição mais de retaguarda."
>
> Darcy Rodrigues, 2011[1]

O que levou à escolha de Herbert Daniel para o campo de treinamento de guerrilha no Vale do Ribeira, no início de 1970, permanece um mistério. Decerto não foi pelo seu preparo físico. Darcy Rodrigues, um dos subcomandantes da operação, conjectura que as competências pedagógicas de Daniel e seu domínio da teoria marxista lhe garantiram a vaga, pois o treinamento seria tanto militar quanto político – sem contar que seus conhecimentos de medicina também podem ter sido levados em consideração.[2] Daniel tinha imenso orgulho e sentia-se honrado por estar entre as 18 pessoas comandadas por Carlos Lamarca no primeiro contingente de treinamento rural de guerrilha.

Todas as organizações de esquerda às quais Daniel pertencera haviam tentado implementar a estratégia de guerrilha rural. Tanto que, ao longo de 1968, Carlos Alberto viajou pelo país em busca de um local propício para estabelecer uma base de guerrilha.[3] Enquanto a polícia desmembrava o Colina, ele investigava um local próximo do rio Araguaia onde, mesmo que ele não soubesse, o PCdoB, da linha maoísta, implementava suas atividades de guerrilha rural.[4] Em parte, as projeções otimistas de Onofre Pinto, líder da VPR, sobre o potencial da Amazônia convenceram Carlos Lamarca a abandonar o serviço militar.[5] Ladislau Dowbor também viajou pelo Centro e Nordeste do Brasil em busca de lugares onde pudesse implementar a iniciativa de guerrilha, mas não teve muita sorte.[6] Logo após a cisão da VAR-Palmares, Maria do Carmo Brito assumiu a tarefa de encontrar abrigo para os guerrilheiros e contratou um avião para tirar fotografias aéreas da região na fronteira com a Argentina.[7] Embora hoje talvez soe uma estratégia fracassada desde o início, em função da força militar e da relativa fraqueza da esquerda revolucionária, a Revolução Cubana e a resistência em curso dos vietnamitas contra a intervenção dos EUA no Sudeste da Ásia pareciam validar o potencial do combate de guerrilha no campo para derrubar a ditadura.

Assim, considerava-se que estabelecer um campo de treinamento no sul do estado de São Paulo, próximo da costa e da fronteira com o Paraná, fosse um passo importante para colocar a estratégia em prática, depois de tantos contratempos. A proximidade do local com a cidade de São Paulo favorecia o apoio logístico. A densa vegetação e o relativo isolamento da região mais pobre do estado, em teoria, protegeriam os recrutas da detecção do governo.[8] A área era povoada de maneira dispersa por 200 mil pessoas. Os habitantes locais estavam acostumados à presença de caçadores paulistanos naquelas montanhas. Portanto, se uma unidade de treinamento de guerrilha fosse avistada embrenhando-se na floresta, os habitantes da região poderiam facilmente tomá-los por turistas. Ou ainda poderiam ser confundidos com camponeses em busca de alimento para a família.

O campo de treinamento seria um lugar de preparação para o primeiro esquadrão que, em seguida, treinaria dezenas de outros guerrilheiros, e então centenas deles que, por fim, integrariam o núcleo de um exército revolucionário.[9] A operação também era entendida como uma oportunidade de educar politicamente os futuros líderes, visto que a natureza clandestina da organização dificultava a realização sistemática de discussões coletivas na cidade.

Antes da divisão da VAR-Palmares, membros da antiga VPR já haviam iniciado a implementação de uma espécie de base no local. Com um nome falso, Celso Lungaretti, jovem militante de São Paulo, comprou 240 acres de terra.[10] Depois da reconstituição da VPR, no fim de 1969, Lamarca, Lungaretti e três outros integrantes fizeram uma avaliação da área para dar início ao treinamento militar.[11] Lamarca, inclusive, insistiu em permanecer ali em vez de ir ao Rio de Janeiro para o Congresso da VPR, em novembro.[12] Maria do Carmo e Ladislau então viajaram para o Vale da Ribeira para convencer o ex-capitão a fazer parte da liderança. Passaram o Natal de 1969 inspecionando a área e decidindo quem integraria o primeiro contingente a participar do treinamento.[13]

Depois de explorar mais de perto as terras adquiridas, Lamarca julgou que o terreno ficava muito próximo da BR-116, que cortava o vale, de modo que decidiram procurar um local melhor. Ele examinou a região e escolheu outro lote, duas vezes maior. Era mais remoto e inacessível – portanto, mais seguro. Por acaso, pertencia à mesma pessoa que vendera o primeiro lote a Lungaretti. Sem considerar o risco potencial relacionado ao fato de que os dois lotes pertenciam ao mesmo proprietário, outro militante comprou o terreno. Lamarca realocou alguns dos primeiros recrutas para o segundo local, o que os fez presumir que a primeira área havia sido plenamente desarticulada.

Como a operação visava a preparar futuros guerrilheiros, e não a politizar os habitantes da região, manter a discrição era prioridade.[14] Tercina Dias de Oliveira, mãe de um militante, concordou em ocupar uma pequena cabana à entrada da propriedade, onde passou a viver com um filho adotivo e três netos. A casinha simples servia como centro de comunicação e base de suprimentos para os dois acampamentos que Lamarca assentara ao fundo da propriedade. Além de guardar a casa, Tercina costurava as roupas desgastadas durante o treinamento. De origem humilde, integrou-se com facilidade aos arredores, fazendo-se passar por apenas mais uma habitante que tirava o sustento daquela terra. Lamarca também providenciou uma pequena cabana próxima dali, que servia como elo entre os dois acampamentos de base, para José Lavecchia, antigo militante do PCB, que já adentrava seus 50 anos. Um transmissor de rádio possibilitava a comunicação constante.[15]

À medida que 1970 despertava, os recrutas chegavam aos pares. Primeiro, os voluntários de São Paulo, então os do Rio Grande do Sul, e, no fim de fevereiro, enfim apareceram Daniel, Darcy Rodrigues e outros do Rio de Janeiro.[16] Roberto Menkes lembra-se de suas instruções: "Eles nos deram uma lista de compras detalhada: duas mudas de camisa grossa de manga comprida, de cor escura, calça Levi's, botas de couro de cano alto, boné, cantil e outros implementos."[17]

Não era fácil chegar à região, uma vez que a VPR impusera procedimentos de segurança rígidos, para que ninguém soubesse de fato a localização do acampamento. Os participantes deveriam encontrar-se em um local designado em São Paulo. Daniel descreveu o que aconteceu em seguida: "Fui colocado dentro do jipe, deitado, com uma venda nos olhos, e assim viajei durante horas."[18] Os recrutas não tinham permissão para ver os mapas da região, pois o local seria dedicado ao treinamento contínuo secreto de equipes sucessivas de revolucionários. Era fundamental que as pessoas não pudessem identificar o local, caso fossem, em algum momento, presas e torturadas por informações.

Lamarca, o comandante geral, nomeou de Carlos Marighella a operação de treinamento, em homenagem ao líder. O gesto sugeria a união da esquerda revolucionária. Os dezoito voluntários foram então divididos em duas unidades instaladas em acampamentos de base a cerca de 200 metros de distância uma da outra; a vegetação da floresta separava plenamente os dois locais.

O primeiro acampamento foi nomeado em homenagem a Eremias Delizoicov, estudante secundarista de São Paulo morto pela polícia no mês anterior.[19] Essa unidade, liderada por Yoshitane Fujimori, técnico eletricista filiado à VPR no início de 1968, era também composta por: Ariston de Oliveira Lucena, com 17 anos, o membro mais jovem do campo de treinamento; Edmauro Gopfert, antigo membro da VPR original; Carmen Monteiro Jacomini, que se filiara à VPR em São Paulo; seu companheiro Roberto Menkes, que havia sido preso no congresso clandestino da UNE, em outubro de 1968; Diógenes Sobrosa de Souza, do Rio Grande do Sul; José Araújo Nóbrega, ex-sargento do Exército que juntara-se à VPR acompanhado de Lamarca; e Ubiratan de Souza, estudante ativista.[20]

A segunda base foi nomeada em memória de Carlos Roberto Zanirato, que deixou o Exército para unir-se à VPR com Lamarca, em janeiro de 1969, e fora assassinado sob a custódia da polícia alguns meses mais tarde.[21] Encabeçada por Darcy Rodrigues, o aliado mais próximo de Lamarca no Exército, a unidade abrigava Daniel e Iara Iavelberg, além de Antenor Machado dos Santos e Delci Fensterseifer, que eram membros do grupo de Carlos Franklin no Rio Grande do Sul; Gilberto Faria Lima; José Lavecchia; Mário Bejar Revollo, boliviano e único membro estrangeiro da força de treinamento; e Valneri Neves Antunes, ex-soldado. Como mais um símbolo da união da esquerda revolucionária, dois recrutas foram convidados de outras organizações: Revollo, que vivera no Rio de Janeiro por cinco anos, tendo servido de apoio à VAR-Palmares antes de unir-se ao grupo dissidente liderado por Apolo Lisboa, e Gilberto Faria Lima, da Resistência Democrática (Rede), uma ramificação da VPR surgida em 1970, quando a organização optou por fundir-se à ex-Colina para formar a VAR-Palmares.

Entre os dezoito integrantes, duas eram mulheres: Iara Iavelberg e Carmen Jacomini. Iara insistira em estar com Lamarca no campo de treinamento. Apesar das ressalvas quanto a seu preparo físico para as atividades de guerrilha, Lamarca defendeu sua participação. Carmen, então uma atriz talentosa, filiou-se à VPR em 1969 e participou de ao menos uma ação armada antes de ser selecionada para o treinamento rural. Tanto Iara quanto Carmen receberam um curso básico de primeiros socorros, o que aparentemente justificava sua participação e silenciava os que não concordavam com a adequação física das mulheres às rigorosas atividades de guerrilha, embora houvesse ao menos dois outros precedentes de admissão de mulheres nas unidades de guerrilha da VPR. Maria José Nahas participara da unidade de Expropriações do Colina, ao passo que Sônia Lafoz, da VPR, ótima atiradora, era membro ativo das ações armadas em São Paulo.[22]

Os veteranos ainda se recordam da paisagem majestosa e se lembram da experiência como algo único. Darcy Rodrigues descreveu a região: "Era uma situação diferente, vivida no meio de uma paisagem bonita de bosques e rios, prodigiosamente dotada pela natureza, com um rio contendo diversas cachoeiras e um rio de altiplano, que dava à paisagem um colorido todo especial."[23] Carmen Jacomini chamava a área de "Patropi" – país tropical. Esses retratos idílicos, no entanto, velam os aspectos mais difíceis da vida nesse terreno árido. As picadas dos pernilongos que infestavam a área faziam inchar o rosto. Era frio e úmido; as condições sanitárias eram mínimas, e a maioria das pessoas não tomava banhos com frequência. Noite e dia, usavam as mesmas roupas;[24] as refeições eram pouco variadas e, muitas vezes, sem sabor algum.[25]

Mas, para Daniel, era um lugar especial – enfim realizava um sonho após ler as teorias revolucionárias de Régis Debray por anos, abandonar a carreira na medicina e viver precariamente na clandestinidade. Uma década depois, recordou: "Ribeira: ali fui feliz, completamente. O mundo era verde e o futuro era bom. Depois de muita espera, a revolução começava para mim a tomar forma, na densidade daquela mata aonde cheguei com todo entusiasmo, disposto a enfrentar todas as minhas resistências e a não resistir a todas as ofertas da luta."[26]

Daniel e os outros habituaram-se depressa ao acampamento, embora Iara, que chegara alguns dias antes de Daniel, tivesse comentado com ele o quanto fora difícil acostumar-se aos sons dos insetos, pássaros e outros animais à noite.[27] Essa incursão na mata era a primeira experiência de vida na natureza para ambos.

Como parte do equipamento do local de treinamento, Darcy Rodrigues adquiriu redes de nylon especiais, com mosquiteiros.[28] A rede de Rodrigues ficava suspensa, próxima à entrada do acampamento, perto das redes de Lamarca, de Iara e de Daniel. O restante dormia mais dentro na floresta, distante do rio e protegido de uma possível invasão. Isso também proporcionava alguma privacidade a Iara e Lamarca, embora Rodrigues insistisse que fossem muito discretos e não demonstrassem seu afeto publicamente.[29]

Os voluntários alternavam-se em turnos de guarda à noite e na preparação da comida. Na refeição da manhã, isso significava acender o fogo num buraco cavado no chão, revestido de pedras, antes do nascer do dia. Pequenos pedaços de bambu modelados em minúsculas chaminés misturavam a fumaça à névoa natural que emanava da floresta à medida que o sol se levantava – a dissipação da fumaça impedia que se notasse a presença do grupo.[30] Quando era sua vez, Iara e Daniel formavam uma equipe na cozinha. Admitindo sem rodeios a falta de vocação para cozinhar, Daniel acendia o fogo da manhã e Iara cozinhava.[31] A refeição matinal normalmente consistia em arroz, feijão, carne caçada na região e palmito. Era essa a comida substanciosa que deveria sustentá-los durante as rigorosas atividades diárias.[32]

Em seguida, o grupo completo se reunia para o treinamento militar básico, liderado por Lamarca e Rodrigues, que abrangia montagem e desmontagem de armas, instruções teóricas sobre a guerra de guerrilha e formação em técnicas de combate. Ao almoço leve – com café solúvel, mandioca cozida ou fruta –, seguiam-se as atividades da tarde: marcha pela região, quando aprendiam como se localizar na Mata Atlântica, e aperfeiçoamento de tiro. Desfrutavam de outra refeição pesada ao fim do dia, quando a fumaça já não podia ser detectada, e então costumavam relaxar em volta da fogueira.

O grupo realizava uma sessão noturna de críticas e autocríticas ao menos uma vez por semana. Também gostavam de jogos de charada, brincadeiras provocativas e de contar suas proezas passadas uns aos outros.[33] Daniel também aperfeiçoava seus dons literários à luz da fogueira, à medida que compunha cartas aos amigos – que não podia enviar – e rabiscava segredos. Em seguida, queimava os escritos na fogueira.[34] Aos finais de semana, quando os caçadores se serpenteavam pela região, os recrutas ficavam próximos ao acampamento enquanto alguns faziam guarda para detectar a chegada de visitantes indesejados. Durante o dia, tinham discussões políticas baseadas na leitura de livros e documentos, incluindo algumas normas marxistas. Daniel e Iara frequentemente conduziam essas sessões.

Para leitura pessoal, Daniel tinha uma cópia da obra-prima de Guimarães Rosa, *Grande sertão: veredas*. O aclamado romance, que se passa no sertão do norte de Minas Gerais, no início do século XX, provavelmente o confortava em sua solidão, na intimidade. As "veredas", às quais o título se refere, são pequenos caminhos que cruzam o imenso sertão semiárido. Entre a história complexa que envolve bandidos rurais e seus capangas, Riobaldo, o narrador, conta excertos da sua vida como jagunço a um ouvinte anônimo da cidade. Em uma das subtramas, o jovem Riobaldo desenvolve uma amizade íntima com Diadorim, outro jagunço, de gênero ambíguo – "não fornica com mulheres". Com o tempo, Riobaldo desenvolve um relacionamento apaixonado com Diadorim. "Mas eu gostava dele, dia mais dia, mais gostava. Digo o senhor: como um feitiço? Isso. Feito coisa-feita. Era ele estar perto de mim, e nada me faltava. Era ele fechar a cara e estar tristonho, e eu perdia meu sossego."[35] No fim das contas, Diadorim era uma mulher vestida de homem; não obstante, a nuance "homossexual" do romance deve ter sido intrigante para Daniel. Entre os escritos que queimara na fogueira, encontravam-se cartas escritas aos personagens do livro – seus amigos imaginários. Quiçá o subtexto homoerótico da trama o inspirara a sonhar acordado em apaixonar-se por um jagunço fictício ou voltar-se a um como um confidente epistolar imaginário.

Mesmo que Daniel conseguisse reprimir seus desejos, ou ao menos não agir em função deles, decerto era difícil para outros membros do grupo lidar com as próprias necessidades sexuais. Carmen Jacomini e Roberto Menkes formavam, sabidamente, um casal, e parece que ninguém comentava sua união no campo de treinamento, embora se abstivessem de expressões públicas de afeto e tivessem conseguido apenas uma escapada sexual no período em que estiveram no Ribeira.[36] Lamarca e Iara, por sua vez, também evitavam intimidades em público, e mesmo assim o relacionamento do casal era alvo de insatisfação entre membros do grupo.[37] Rodrigues reconstrói a situação em que Delci Fensterseifer chegou a demonstrar-lhe contrariedade à presença de Iara: "'Tem privilégio aqui dentro. Por que o Lamarca trouxe a Iara?' Eu cheguei e falei para o Lamarca: 'Olha, tem um descontentamento com a presença da Iara, e eu concordo, porque aqui não é lugar de preservar casais, não é?'" Entretanto, como comandante da operação, Lamarca indeferiu a objeção.

A insatisfação de Fensterseifer a respeito de Iara se estendia a uma crítica mais ampla ao favoritismo na hierarquia revolucionária, que permitia ao comandante ter uma companheira, ao passo que outros não podiam ter. Frustrações sexuais surgiram em outro contexto também. Em algum momento do período de dois meses em que Daniel esteve no acampamento, diversos membros prepararam um documento que articulava desentendimentos políticos e o desejo de romper com a VPR – um momento possivelmente tenso para Daniel, que estava convencido daquela missão. Como ele próprio descreveu a cena mais tarde, o grupo se reuniu para discutir o documento. Por fim, Daniel pediu a palavra e passou a demolir a argumentação dos críticos, um a um. Depois, chegou a sugerir que a raiz do problema dos que queriam romper com a organização era pessoal. Após a sua intervenção, relatou que o tom da discussão mudou. Seguiu-se um longo toma lá dá cá, e a crise dissipou-se. Após o fim da reunião, um dos proponentes do documento chamou Daniel no canto, para conversar em particular. Confessou que ele de fato vivenciava problemas pessoais no treinamento, pois sentia falta de estar com uma mulher.[38]

Refletindo sobre o evento, Daniel escreveu que ele próprio não entrou em crise pessoal no Ribeira porque entendia que seu celibato era parte constituinte do seu comprometimento revolucionário. "Sentia, como todos deviam sentir, que a ausência do sexo era uma necessidade da luta, assim como os desconfortos que sofríamos, a falta de comida, por exemplo. Para mim a repressão existia nas cidades, porque a ausência de relações sexuais não era nenhuma condição da luta. Era um silêncio. Um exílio. [...] Eu não era exatamente um militante homossexual. Era um homossexual exilado."[39]

Mesmo nesse exílio, Daniel tinha dificuldade em reprimir plenamente algumas manifestações de sua homossexualidade. Quando perguntei a Darcy Rodrigues se ele suspeitava que Daniel fosse gay, no período em que estiveram no Ribeira, ele disse que presumira que sim, devido a seus maneirismos um tanto afeminados e a uma piada específica que ele lhe contou em certa ocasião. "Naquela época não se falava 'homossexual', nem 'bicha', era 'viado'. Ele disse: o viado estava com um cara chamado Jorge embaixo do viaduto. Quando o policial perguntou: 'O que vocês estão fazendo aí?', o viado disse ao acompanhante: 'Jorge, será que esse viaduto é dele?' E Jorge disse ao policial: 'Desculpa. O cu é seu? O viaduto é seu? Então o que você tem com isso?'"[40]

Alfredo Sirkis lembra-se de Daniel lhe contar a mesma piada sobre Jorge e o viado, um ano mais tarde, no esconderijo durante o sequestro do embaixador da Suíça. Lembrando-se daqueles tempos, Sirkis a entendeu como uma piada pejorativa sobre gays.[41] Daniel forneceu uma versão muito mais colorida e detalhada da mesma piada, com extensos comentários, em seu livro *Jacarés e lobisomens: dois ensaios sobre a homossexualidade*, escrito em coautoria com Leila Míccolis e lançado em 1983.[42] Evidentemente, era algo que ele achava engraçado e gostava de repetir. Sirkis considera que a piada era uma maneira de Daniel desviar qualquer insinuação sobre sua própria homossexualidade. Ao contar piadas picantes de bichas, e Sirkis lembra-se que ele contava muitas, Daniel parecia afirmar sua heterossexualidade. Para Darcy, ao contrário, o conto humorístico era um sinal de que Daniel era gay – um viado contando uma piada de viado.[43] Também podemos entender o fato de contar as piadas como um desejo inconsciente de revelar seu maior segredo ou, contraditoriamente ao seu próprio comportamento, afirmar que os desejos sexuais e/ou práticas de homens como Jorge não eram da conta de ninguém.

Enquanto Daniel e os outros enfrentavam os sacrifícios diários associados ao programa de treinamento, a VPR sofria uma grande crise. No fim de fevereiro de 1970, menos de uma semana depois que o último recruta chegou ao acampamento, Shizuo Ozawa sofreu um acidente de carro. Havia acabado de retornar do exterior, de uma tarefa em busca de apoio para realizarem treinamento de guerrilha e, na saída de uma reunião noturna, dormiu no volante e bateu o carro. O policial que lhe prestou socorro encontrou literatura revolucionária e armas no veículo. Ele foi imediatamente levado à sede da polícia política, o Departamento de Ordem Política e Social (Deops), no centro de São Paulo, onde o delegado Sérgio Fleury, renomado pelo tratamento que dava a presos políticos, o interrogou. Ozawa foi submetido a dois dias de tortura. Todavia, os líderes da Operação Bandeirantes (Oban) – uma nova organização governamental criada para extrair informações de ativistas antigoverno com mais eficácia – souberam de sua prisão e, assim, as duas agências iniciaram uma disputa entre si. Sob ameaças de invasão à sede do Deops, Fleury cedeu às exigências da Oban e entregou Ozawa. Após mais dois dias de tortura, o guerrilheiro deu entrada no Hospital Militar.[44]

Quando a liderança da VPR soube da prisão de Ozawa, instaurou-se o pânico, pois ele tinha estado no campo de treinamento do Ribeira. Temerosos de que ele pudesse revelar informações que levariam as autoridades ao acampamento, a organização decidiu sequestrar uma figura notória para, em troca, libertá-lo. Após descartarem a hipótese de capturar um líder militar ou empresário estadunidense, resolveram-se pelo então cônsul do Japão, em São Paulo, Nobuo Okushi.[45] Como lhes faltava armamento e apoio suficiente para realizarem a operação por conta própria, recrutaram duas outras pequenas organizações revolucionárias – Rede e Movimento Revolucionário Tiradentes (MRT) – para ajudar no sequestro, que ocorreu em 11 de março de 1970.

Raptado no caminho do consulado para casa, Okushi foi levado a um aparelho. A VPR, em seguida, exigiu a libertação de cinco presos políticos, incluindo Mário Japa. (Precisaram referir-se a ele pelo codinome, pois ninguém sabia seu nome verdadeiro.) Dentro de 24 horas, cinco presos políticos, além dos três filhos de um prisioneiro, foram levados ao México de avião em troca do retorno do cônsul japonês, são e salvo.[46]

Tão logo Ozawa e os outros prisioneiros libertados chegaram ao México em segurança, a organização enviou um emissário para descobrir se ele havia revelado informações sobre as atividades da VPR no Ribeira. Não foi o caso, de modo que Lamarca continuou com as operações de treinamento. Em meados de abril, Iara, que estava gravemente doente, foi levada da região a um aparelho localizado na cidade litorânea de Peruíbe, próximo dali. Tercina Dias de Oliveira lhe fez companhia.[47] Vários dias depois, Lamarca convocou uma reunião naquele aparelho com o quadro de líderes da VPR para discutir, entre outras coisas, o futuro das operações de treinamento. Outros militantes haviam sido presos nos dias que precederam a reunião, de modo que a liderança se preocupava com a segurança do local. Decidiram que, após o treinamento do primeiro grupo, que terminaria no meio do ano, abandonariam o local e encontrariam outra base.[48]

No dia seguinte que Juarez e Maria do Carmo retornaram para o Rio de Janeiro da reunião em Peruíbe, Celso Lungaretti e diversos outros membros da organização foram presos no Rio. Sob tortura, Lungaretti revelou informações sobre o primeiro campo de treinamento na propriedade que comprara para a organização. Ele imaginou que, como o acampamento havia sido desmantelado, as informações que fornecera o pouparia da tortura com choque elétrico enquanto a polícia verificava as informações. Ele não sabia que a liderança havia decidido comprar outro terreno do mesmo proprietário.[49] O Centro de Inteligência do Exército imediatamente transmitiu a informação à 2ª Divisão de Exército em São Paulo, que enviou soldados do 2º Batalhão da Polícia Militar para o Vale do Ribeira. Ali, prenderam o homem envolvido na venda do terreno. Durante o interrogatório, as autoridades descobriram que houvera uma segunda transação de terras e, assim, o Exército enviou outro grupo para confirmar a existência de uma operação de guerrilha. Por acaso, Lamarca estava em uma pequena cidade próxima de seu campo de treinamento quando percebeu o movimento intenso de soldados na região. No dia seguinte, ordenou a desmontagem do acampamento.[50]

Enquanto a PM verificava as informações sobre o primeiro local de treinamento, Juarez e Maria do Carmo tentavam salvar a organização no Rio de Janeiro. Os dois dirigiram até determinado ponto com Wellington Moreira Diniz, embora suspeitassem que o militante já tivesse sido preso. Percebendo que a polícia levara Wellington ao ponto para emboscá-los, Juarez e Maria do Carmo tentaram resgatar seu companheiro. Seu esforço falhou; a polícia fechara o cerco. Em cumprimento ao pacto suicida que tinha com Maria do Carmo, Juarez atirou no próprio ouvido direito. Maria do Carmo não conseguiu levar o acordo a cabo e foi levada pela polícia. Sob tortura, confirmou as declarações de Lungaretti sobre a primeira compra do terreno.[51] Houve mais prisões, de dezenas de membros, incluindo Ladislau Dowbor, Liszt Vieira e outros membros-chave da VPR.

Enquanto isso, no Ribeira, Daniel acompanhava Lamarca em uma missão de reconhecimento para verificar quanto o Exército havia adentrado a região. Quando menos esperavam, helicópteros já pairavam sobre eles e, diante da ameaça, Lamarca instruiu Daniel a preparar-se para atirar nos tanques de gasolina dos helicópteros, a fim de abatê-los. Sem percebê-los em terra, os pilotos seguiram em frente. Lamarca concluiu que o Exército logo chegaria a eles, e instruiu oito membros do grupo a partir de imediato. Deixaram o local em 20 de abril, dois a dois, com intervalos de dez minutos entre cada partida – ainda usavam as roupas de campo desgastadas e malcheirosas. Daniel e Mário Bejar Revollo, o voluntário boliviano, partiram no primeiro grupo, seguidos de Roberto Menkes e Carmem Jacomini. Os outros quatro escaparam logo depois.[52]

Daniel descreveu o incidente em seu livro de memórias como algo muito mais simples do que haviam imaginado. "Optamos pelo mais fácil. Pacificamente, como fazem os habitantes das cidadezinhas próximas, fizemos sinal para um ônibus interestadual e seguimos. O motorista não deu sinal de achar que nossa atitude fosse estranha. Naquela altura, nossa cara, trabalhada pelos insetos, tinha perdido um pouco da urbanidade. Nossas roupas, depois de meses de mochila, tinham um ar miserável e cheiravam mal. Parecíamos camponeses vestidos para uma visita à grande cidade."[53] Pelo caminho, diversos veículos militares repletos de soldados passavam pelo ônibus, sem se dar ao trabalho de pará-lo. Se o tivessem feito, segundo Daniel, teriam se deparado com bastante resistência, pois os guerrilheiros em fuga estavam armados.

"O Exército acreditava que os guerrilheiros estavam implantados na área e iriam dar combate. Por isso, não se preocupava com os que circulavam", escreveu.[54]

Os primeiros oito membros do grupo de treinamento conseguiram sair em segurança, mas os outros oito companheiros seguiram Lamarca pela floresta com a intenção de permanecer na região para sobrepujar as táticas do Exército e sobreviver à sua ocupação.[55] No mesmo dia, o II Exército localizou os acampamentos. Nas cabanas abandonadas, cobertas por folhas de palmeira, encontraram suprimentos – leite, barras de chocolate, óleo, arroz e feijão – que Lamarca e seus seguidores não colocaram na mochila durante a fuga repentina.

Provou-se que a região era de fato um bom local para o campo de treinamento. De acordo com um relatório elaborado pelo II Exército após uma missão relativamente malsucedida de busca e destruição da estratégia de guerrilha, "a observação tanto terrestre como aérea é extremamente dificultada, o que facilita o homizio no interior das matas".[56] O relatório apontava que a abundância de bananeiras e palmeiras proporcionava sustento aos guerrilheiros, e o terreno irregular perpassado de fios d'água impedia que as táticas do Exército os localizassem.

O governo tentou controlar as notícias da ocupação da região pelo Exército, que foi chamada de Operação Registro. No entanto, o *Jornal do Brasil* conseguiu soltar uma reportagem na qual se lia que o Exército brasileiro havia lançado quantidades significativas de napalm em um esforço massivo contra as guerrilhas de esquerda. Na época, era um fato duvidoso, mas foi confirmado 44 anos mais tarde quando um relatório secreto sobre o uso de bombas incendiárias em populações civis veio a público.[57] Não se sabe ao certo como o *Jornal do Brasil* teve acesso à informação, mas tudo indica que houve vazamento das informações obtidas dos membros da VPR capturados e torturados.

A Operação Registro foi a maior mobilização de contrainsurgência da história do II Exército. A campanha empregou 2.954 homens, incluindo o pessoal do Centro de Inteligência do Exército, regimentos de infantaria e paraquedistas das forças especiais, a PM, a Polícia Rodoviária e a polícia política do Deops, com sua rede para capturar os nove membros que permaneciam na região.[58] Em 27 de abril, Darcy Rodrigues e José

Lavecchia, que haviam se separado dos outros, foram presos ao tentar pegar carona na estrada. Foram detidos na área por vinte dias e, como era de se esperar, terrivelmente torturados.[59] Dois outros, José Araújo Nóbrega e Edmauro Gopfert, perderam contato com a unidade, à noite, e o Exército acabou por prendê-los.[60]

Em 8 de maio, Lamarca e os quatro membros restantes depararam-se com um esquadrão de soldados. Após um breve combate, o tenente Alberto Mendes, o comandante, concordou em render-se sob a condição de os guerrilheiros não os executarem. Lamarca prometeu oferecer atenção médica imediata para os feridos. Em troca, pegaram algumas de suas armas e acordaram que Mendes os ajudaria a passar por uma barricada do Exército na próxima cidade. Quando chegaram à barreira, os guerrilheiros perceberam que era uma emboscada. Lamarca conseguiu escapar e levou Mendes e seu grupo como reféns. Dois dias depois, Lamarca ordenou a execução do tenente pela quebra do acordo; ele foi morto com um golpe na cabeça e enterrado em uma cova rasa. Mais tarde, Lamarca justificou sua decisão em uma carta aberta.[61]

Naquele ponto, a ocupação da região pelas Forças Armadas impossibilitava qualquer tipo de ajuda dos camponeses locais, e diversos residentes informavam as autoridades quando viam os maltrapilhos movendo-se pelos arredores. Em 30 de maio, Lamarca enviou um membro do grupo para tentar furar o bloqueio e obter ajuda dos companheiros em São Paulo. Ele pegou um ônibus e escapou da região. No dia seguinte, Lamarca e seus três homens apreenderam um veículo do Exército, renderam os soldados, amarraram-nos na traseira do caminhão, tomaram o uniforme deles e saíram ilesos da área.[62]

Logo após retornar à rotina da vida urbana na clandestinidade, Lamarca concedeu entrevista à imprensa europeia, comentando a experiência no Ribeira em termos otimistas.[63] Prontamente, admitiu que a operação era apenas um esforço de treinamento, e não o início de uma guerra de guerrilha. Afirmou que a VPR havia montado o acampamento no Brasil porque não desejava depender da assistência ou treinamento estrangeiro – uma afirmação falha em exatidão, considerando-se a missão recente de Mário Japa em busca de apoio na Argélia e em Cuba. Aparentemente, a alegação de Lamarca visava calar qualquer crítica nacionalista de que os esforços da VPR não eram cem por cento direcionados ao Brasil. Lamarca estimava que as Forças Armadas tivessem mobilizado 20 mil soldados em sua tentativa de suprimir o acampamento de guerrilha. O treinamento fraco dos soldados do governo, além dos equipamentos inadequados e comunicações desorganizadas entre as forças enviadas para capturar os guerrilheiros, também contribuíram para o que Lamarca considerou um sucesso.

O comandante da operação guerrilheira fizera sua avaliação menos de um mês após escapar ao cerco, e é improvável que tivesse informações precisas sobre a real quantidade de soldados enviados para capturá-lo. A estimativa inflada dos números do inimigo fortalecia a ideia de que as guerrilhas poderiam suplantar o Estado. A comparação implícita à história de Davi e Golias – uns poucos contra uma multidão – reforçou a ideia de que o projeto de guerrilha ainda era viável. Além disso, como Lamarca apontou, o fato de alguns membros de outras organizações terem participado do campo de treinamento conferia credibilidade à promessa de que seu esforço constituía "um passo para diminuir o sectarismo e as divergências que só podem ser superadas no processo através de um encaminhamento conjunto".[64] Lamarca também viu a experiência como um fator que favorecia a separação da VAR-P, no fim de setembro de 1969, que havia dividido e deixado a organização com menos de duzentos militantes e apoiadores. "A concretização desta experiência pioneira no nosso país representa principalmente a vitória de uma posição política. E a demonstração prática da consciência, da necessidade de levar adiante a guerra de guerrilhas." Lamarca considerou o esforço um "avanço qualitativo" nas atividades da esquerda, que mostrava possuir militantes capazes de aprender a como lutar no campo – não que isso refletisse sucessos em combate, mas na capacidade de envolver "a massa no processo". Considerando o fato de que muitos camponeses com quem o grupo se deparou na saída da região colaboraram com as Forças Armadas ocupantes, delatando os guerrilheiros, a avaliação de Lamarca sobre seu sucesso com a população local parece exagerada. Não obstante, os quase três meses de treinamento haviam endurecido os recrutas – urbanos, em grande parte –, o que possibilitou a desocupação da região com poucas prisões e poucas baixas.

Em resposta à pergunta de um jornalista sobre se havia condições de execução da guerrilha rural no Brasil, Lamarca afirmou com otimismo: "Não só no Brasil, como em toda a América Latina." O campo, explicou, era onde "a exploração capitalista é mais desumana e ali se encontra o elo mais fraco do sistema, onde a repressão tem sido feroz em todas as lutas travadas".

Apesar da visão positiva de Lamarca sobre a experiência no Ribeira, mais tarde Herbert Daniel escreveu que a liderança da VPR concluíra que implementar outra área de treinamento no Brasil havia se tornado um sonho "utópico". A única alternativa era escolher uma área para de fato fazer a guerra de guerrilha – um lugar onde as condições favorecessem o combate e onde as tropas revolucionárias também pudessem realizar um trabalho político com a população.[65]

As Forças Armadas do governo perceberam que sua inaptidão não poderia se repetir e prepararam um plano de contrainsurgência mais eficaz para derrubar qualquer esforço futuro de guerrilha rural. Nem a VPR e nem os militares sabiam que o Partido Comunista do Brasil pró-China já instaurava uma força de guerrilha rural; silenciosamente transferia militantes para a região do Araguaia, na Amazônia, para realizar o trabalho político com a população local e treiná-los para combate contra a ditadura. Quando descoberta, em 1972, essa operação de guerrilha resistiu por cerca de dois anos, em quatro campanhas repressivas, até a sua aniquilação total.[66]

Chegando à tumultuada rodoviária no Centro de São Paulo, no fim de abril de 1970, a primeira coisa que Daniel fez foi comprar o jornal. Ele ainda não podia compreender plenamente a dimensão dos danos causados à organização.[67] Lamarca havia lhe confiado uma missão para a VPR: informar a liderança urbana sobre a situação no Ribeira e cuidar dos preparativos para a recepção dos que haviam ficado para trás com Lamarca. Quando conseguiu entrar em contato com os membros dispersos no Rio e medir a força do grupo, Daniel percebeu que tinha mais duas grandes tarefas em mãos. Precisava encontrar uma forma de impedir a destruição total da VPR e, ao mesmo tempo, garantir a libertação da quantidade cada vez maior de membros que estavam presos e eram torturados.

NOTAS

1. Darcy Rodrigues, entrevista.
2. *Ibid.*; Herbert Daniel, entrevista a Judith Patarra.
3. Cristina Chacel, *Seu amigo esteve aqui*, p. 70; Erwin Duarte, entrevista.
4. Leonêncio Nossa, *Mata!*; Fernando Portela, *Guerra de guerrilhas no Brasil*.
5. Antônio Pedroso Junior, *Sargento Darcy*, p. 82.
6. Ladislau Dowbor, entrevista a Marcelo Ridenti.
7. Martha Vianna, *Uma tempestade como a sua memória*, p. 62.
8. Herbert Daniel, *Passagem para o próximo sonho*, p. 53.
9. Darcy Rodrigues, entrevista.
10. Celso Lungaretti, *Náufrago da utopia*, p. 123.
11. Celso Lungaretti, entrevista.
12. Emiliano José e Oldack Miranda, *Lamarca*, p. 64.
13. Martha Vianna, *Uma tempestade como a sua memória*, p. 62.
14. Herbert Daniel, *Passagem para o próximo sonho*, p. 53.
15. Darcy Rodrigues, entrevista a Judith Patarra.
16. Antônio Pedroso Junior, *Sargento Darcy*, p. 129.
17. Roberto Menkes, "Ribeiro", p. 332.
18. Herbert Daniel, *Meu corpo daria um romance*, p. 29.
19. Comissão de Familiares, *Dossiê ditadura*, pp. 155-59.
20. Ubiratan de Souza, entrevista.
21. Comissão de Familiares, *Dossiê ditadura*, pp. 141-42.
22. Sônia Lafoz, entrevista.
23. Antônio Pedroso Junior, *Sargento Darcy*, p. 129.
24. Roberto Menkes, "Ribeiro", p. 332.
25. Judith Patarra, *Iara*, pp. 365-71.
26. Herbert Daniel, *Passagem para o próximo sonho*, p. 219.
27. Herbert Daniel, entrevista a Judith Patarra.
28. Darcy Rodrigues, entrevista a Judith Patarra.
29. Darcy Rodrigues, entrevista.
30. *Ibid.*
31. Herbert Daniel, entrevista a Judith Patarra.
32. Darcy Rodrigues, entrevista; Roberto Menkes, "Ribeiro", p. 334.
33. Herbert Daniel, *Meu corpo daria um romance*, p. 31.
34. Herbert Daniel, *Passagem para o próximo sonho*, p. 28.
35. João Guimarães Rosa, *Grande sertão: veredas*, p. 114.

36. Roberto Menkes, "Ribeiro", 335.
37. Darcy Rodrigues, entrevista; Herbert Daniel, entrevista a Judith Patarra.
38. Herbert Daniel, *Passagem para o próximo sonho*, p. 220. Nem Darcy Rodrigues nem Ubiratan de Souza lembram-se da discussão sobre a crise e potencial separação. Darcy Rodrigues, entrevista; Ubiratan de Souza, entrevista.
39. *Ibid.*, p. 221.
40. Darcy Rodrigues, entrevista.
41. Alfredo Sirkis, entrevista. Alfredo Sirkis lembrou-se da piada desta forma: "Dois viados estavam em um local ermo, um comendo o outro. Aí de repente passou um cidadão, viu os dois e disse: 'É um absurdo, que escárnio!' Aí um dos dois disse: 'Tira, Jorge', aí o Jorge tirava. 'Cidadão, esse parque é seu?' 'Não.' 'Cidadão, essa cidade é sua?' 'Não.' 'Cidadão, o Jorge é seu?' 'Não.' 'Então, bota, Jorge.'"
42. Leila Míccolis e Herbert Daniel, *Jacarés e lobisomens*, pp. 29-45.
43. Darcy Rodrigues, entrevista.
44. Jacob Gorender, *Combate nas trevas*, p. 210; Nobuo Okushi, *O sequestro do diplomata*.
45. Liszt Vieira, *A busca*, p. 15.
46. Ladislau Dowbor, entrevista.
47. Judith Patarra, *Iara*, pp. 377-80.
48. Darcy Rodrigues, entrevista.
49. Celso Lungaretti, entrevista.
50. Antônio Pedroso Junior, *Sargento Darcy*, p. 134.
51. Martha Vianna, *Uma tempestade como a sua memória*, pp. 81-96.
52. Darcy Rodrigues, entrevista.
53. Herbert Daniel, *Passagem para o próximo sonho*, pp. 53-54.
54. *Ibid.*, p. 54.
55. Darcy Rodrigues, entrevista.
56. "Relatório da Operação Registro", julho 24, 1970, BR-DRANBAB-V8-AC--ACE-RES-15755-70.SNI, AN.
57. Anne Vigna, Luciano Onça e Natália Viana, "Napalm no Vale do Ribeira".
58. Elio Gaspari, *A ditadura escancarada*, pp. 196-220; "Relatório da Operação Registro".
59. Antônio Pedroso Junior, *Sargento Darcy*, pp. 137-47. Ambos foram libertados mais tarde por meio do sequestro do embaixador alemão, em junho de 1970.

60. Emiliano José e Oldack Miranda, *Lamarca*, p. 80.
61. Vanguarda Popular Revolucionária, "Manifesto da Vanguarda Popular Revolucionária (VPR) sobre a experiência guerrilheira no Vale do Ribeira", setembro de 1970, AA.
62. *Ibid.*
63. Carlos Lamarca, "Entrevista de Carlos Lamarca aos jornais europeus", junho de 1970, AA.
64. *Ibid.*
65. Herbert Daniel, *Passagem para o próximo sonho*, p. 57.
66. Leonêncio Nossa, *Mata!*; Fernando Portela, *Guerra de guerrilhas no Brasil*.
67. Herbert Daniel, *Passagem para o próximo sonho*, pp. 54-55.

9. 40 + 70 = 110 (1970-1971)

> "Daniel era brilhante, sabia que se daria bem em qualquer coisa que fizesse. Por isso, era até um pouco arrogante. No bom sentido arrogante, porque ele percebia a sua inteligência."
>
> Zenaide Machado de Oliveira, 2004[1]

Ao fim de abril de 1970, a VPR estava em frangalhos. Quando Daniel chegou ao Rio, não tinha para onde ir. Juarez de Brito estava morto; do comando nacional, Maria do Carmo Brito e Ladislau Dowbor estavam presos, enquanto Carlos Lamarca tentava suplantar o II Exército e furar o cerco. Com pouco dinheiro no bolso e seu rosto estampado no cartaz de "Procura-se terrorista", a única opção de Daniel era torcer para deparar-se com algum contato. Por acaso, encontrou alguém que conhecia.

Paulo Brandi trocava dinheiro para fazer uma viagem ao exterior quando os dois se encontraram. Após a morte de Juarez, Paulo contou ao pai sobre suas conexões com a VPR. Bastante preocupados com a segurança do filho, os pais tomaram providências para levá-lo à Europa. Paulo estava no Copacabana Palace quando, por acaso, topou com Daniel. "Ele estava perdido, sem contatos. Foi, realmente, uma coincidência."[2]

Alex Polari e Alfredo Sirkis mantiveram contato com Paulo na clandestinidade, telefonando-lhe regularmente. Com a onda de prisões na VPR, os dois guerrilheiros novatos ficaram sem comunicação com outros militantes e pensavam que a organização havia simplesmente se dissolvido. Na vez seguinte em que Alfredo contatou Paulo, ficou chocado ao saber que Daniel tinha escapado. Alfredo se lembra: "O Daniel tinha reaparecido no Rio depois de ter saído do Ribeira, antes do cerco. Ele se juntou aos secundaristas que estava em um bar. [...] 'Estou comunicando que estou oficialmente assumindo o comando da VPR.'"[3]

O que teria levado Daniel a consagrar-se comandante da VPR, mesmo provisoriamente? Embora tivesse sido um dos líderes do Colina, a partir de junho de 1969 acabou assumindo um papel secundário na VAR-P, formada a partir da fusão do Colina com grupos do Rio de Janeiro e do Rio Grande do Sul. Depois, Daniel serviu como representante da O. nas discussões sobre a unificação da VAR-P com a VPR original e foi um dos delegados eleitos para participar no congresso de setembro de 1969, que resultou na reconstituição da VPR. Contudo, Darcy Rodrigues e Antônio Espinosa não se lembram de Daniel ter se destacado nos debates sobre política e estratégia. Ao fim do congresso, Daniel não compôs o triunvirato que assumiu o comando da VPR. Nos dois meses seguintes, ficou responsável, entre outras atividades, pelo contato com estudantes secundaristas.

A confiança de Daniel ao tomar a decisão de assumir a posição de líder interino da VPR deveu-se a uma combinação de fatores. Primeiro, havia desempenhado um papel político importante no Vale do Ribeira, nas sessões de estudos marxistas e conversas políticas diárias com Lamarca.[4] Antes de ir ao campo de treinamento, Daniel tivera apenas contato superficial com o capitão revolucionário. Na Mata Atlântica, a admiração de Daniel por Lamarca cresceu; por sua vez, Lamarca impressionou-se com a mestria intelectual de Daniel.[5] Desde a adolescência, Daniel havia sido próximo de um pequeno círculo de pessoas que valorizavam sua perspicácia e erudição, além de seu humor ácido. É improvável que tenha havido o mesmo tipo de amizade com Lamarca, mas, durante o treinamento, os dois tornaram-se próximos. Mais tarde naquele ano, Lamarca chegou a dizer a Daniel que o considerava como a um filho – o que o surpreendeu, pois não percebia qualquer traço paternal no comandante.[6] Ainda assim, quando Lamarca lhe designou a tarefa de reconstruir a organização, o afeto e o comprometimento político do guerrilheiro inspiraram Daniel a trabalhar nisso com determinação. A tarefa de juntar os pedaços da VPR era desafiadora, e a maior urgência era libertar os companheiros da prisão.

No início de 1970, a VPR havia planejado um sequestro audaz para conseguir a liberdade de um grande número de prisioneiros políticos. Considerando a força organizacional da VPR no Rio de Janeiro e a quantidade notável de embaixadas estrangeiras na cidade, o foco passou a ser o corpo diplomático. Após considerar diversos alvos, a liderança decidiu-se pelo embaixador alemão. Juarez Guimarães havia planejado a ação meticulosamente,[7] mas então Shizuo Ozawa sofreu o acidente de carro e acabou preso. Assim, a organização suspendeu o plano e, em vez disso, sequestrou o cônsul japonês em São Paulo, em uma operação menos complexa e mais ágil. O sucesso da ação concedeu tempo para a liderança da VPR decidir qual era o melhor local para abrigar o campo de treinamento de guerrilha e se deveria pôr em prática a ideia de sequestrar outros diplomatas estrangeiros. Durante a reunião em Peruíbe, a liderança da organização decidiu avançar com o rapto do embaixador alemão.[8] No entanto, após a emboscada que levou ao suicídio de Juarez e à prisão de Maria do Carmo, a polícia invadiu o apartamento do casal e encontrou os planos da ação detalhados por Juarez.[9]

Manter a ideia de realizar o sequestro, depois de as autoridades terem conhecimento da operação, era um movimento audaz. Zenaide Machado de Oliveira, militante da VPR no Rio de Janeiro, atribuiu o plano a Daniel.[10] A mãe de Zenaide tivera conexões com o PCB. Quando Zenaide começou a estudar na UFF, em meados da década de 1960, participava de grupos de estudos marxistas e acabou se filiando à juventude dissidente do PCB que apoiava a luta armada. Quando a organização caiu, conseguiu safar-se da prisão e procurou Maria do Carmo, que havia conhecido no movimento estudantil. Filiou-se à VPR, em grande parte porque lhe parecia politicamente sofisticada.[11]

Em maio de 1970, Zenaide foi uma das pessoas que Daniel procurou para reconstruir a VPR. "Daniel era uma pessoa muito determinada", recorda. "Ele foi um aglutinador, juntou as pessoas, deu um norte a elas. Foi dele a ideia do sequestro do embaixador alemão. Para ele, não havia outra alternativa que não recuperar os quadros presos. A presença dessas pessoas era crucial e tinha também a questão da autoestima das pessoas que queriam recuperar os companheiros." Segundo ela, livrar os companheiros da prisão era um elemento essencial do código moral deles. "Daniel conseguiu se aproximar de novo das pessoas, e ele deu o eixo, a liderança, dividiu as tarefas. Ele tinha uma grande capacidade, tornou-se o comandante, e era uma figura [de estatura] tão pequena."[12]

Não era um momento particularmente propício para a esquerda revolucionária. Após o sequestro do embaixador estadunidense em setembro de 1969, as forças militares repressoras intensificaram seus esforços para localizar e desmantelar os grupos de guerrilha.[13] Como sabemos, o crescimento econômico tornava-se palpável para setores significativos das classes médias e trabalhadores qualificados, o que reforçava a lealdade ao regime.[14] Campanhas de propaganda nacionalistas criaram um clima abertamente hostil à esquerda revolucionária,[15] e o presidente Médici não dava sinais de que pretendesse revogar o AI-5.[16] Ademais, o Brasil se preparava para a Copa do Mundo que ocorreria no México em junho de 1970. Os fãs de futebol estavam convictos da vitória da seleção brasileira.

Apesar do clima político desfavorável, Daniel estava determinado a libertar os companheiros encarcerados. Como primeiro passo, reuniu os integrantes dispersos pelo Rio de Janeiro, que se tornara a base da organização. Inês Etienne Romeu prestou-lhe assistência fundamental. Com a cisão da VAR-Palmares, ela se tornou parte da liderança regional da VPR no Rio depois da prisão de dezenas de membros, em abril. Assim como fizera em janeiro de 1969, quando o Colina se desfazia, estendeu a mão para ajudar a salvar a VPR.[17]

Lamarca chegou a São Paulo em 31 de maio. Daniel encontrou-se com ele e lhe contou sobre o plano de concretizar o sequestro do embaixador alemão, e o comandante concordou de imediato. Reconhecendo as fraquezas logísticas da VPR, Lamarca convocou uma reunião com os cabeças da ALN e do MRT. Os três líderes concordaram com uma ação conjunta e fizeram uma lista de quarenta presos políticos. A ALN e o MRT colaboraram com armas, dinheiro e pessoal, ainda que a maioria dos militantes envolvida no sequestro pertencesse à VPR.[18]

Em 11 de junho de 1970, o embaixador alemão Ehrenfried von Holleben deixou a embaixada em um Mercedes preto acompanhado por um guarda-costas armado, além de uma escolta de agentes de segurança da Polícia Federal. O trânsito estava bom, pois muita gente assistia ao jogo entre Inglaterra e Tchecoslováquia pela Copa do Mundo. Quando a limusine se aproximou de sua residência, no bairro de Santa Teresa, José Gradel, ex-ativista secundarista, fechou o Mercedes com um jipe, enquanto outro militante disparou contra o carro de segurança, ferindo dois agentes da Polícia Federal.[19] Ao mesmo tempo, Eduardo Leite, que liderava a operação, matou Irlando de Souza Régis, o policial que acompanhava o embaixador. Daniel, armado com uma pistola de calibre .45, ordenou que o embaixador saísse da limusine e entrasse no carro de fuga. No caminho até a estrada, o grupo trocou de carro e colocou o embaixador em uma grande caixa para transportá-lo até o aparelho sem alarmar os vizinhos. Em seguida, foi rapidamente levado para a rua Juvêncio de Menezes, 535, no bairro Cordovil, na zona norte do Rio de Janeiro. A ação envolveu nove militantes e durou cerca de quatro minutos; causou a morte de um agente da Polícia Federal e deixou outros dois gravemente feridos.

A maioria das memórias escritas pelos participantes da luta armada não menciona detalhes sobre as cerca de cem pessoas – policiais, soldados, seguranças de banco ou transeuntes – mortos durante as ações realizadas pela esquerda armada. A afirmação "Guerra é guerra" geralmente é apresentada como justificativa por ex-revolucionários, ao serem indagados sobre o assunto. Muitas vezes, também apontam a ilegalidade do golpe de 1964 e a brutalidade do regime militar, incluindo a tortura dos presos políticos. É provável que Daniel tivesse entendido a morte de Irlando de Souza Régis naquela ação como apenas uma consequência infeliz de uma batalha entre um regime ilegítimo e guerreiros na luta por um Brasil melhor e mais justo. Mais tarde, criticaria muitas das ações que ele e outros cometeram durante o envolvimento na luta armada. Porém, como os demais militantes, jamais discutiu essas mortes abertamente,[20] o que pode causar surpresa, em particular, pelo fato de seu pai e irmão serem policiais militares.

É possível que prevalecesse a ideia de que a ação libertaria companheiros detidos. As notícias sobre a tortura de presos políticos circulavam no Brasil desde 1964.[21] Tornava-se cada vez mais evidente que as autoridades faziam uso dessa prática com o objetivo de extrair informações que pudessem desmantelar as organizações oposicionistas. Essas notícias também criavam um clima de terror que desestimulava os simpatizantes a auxiliar as organizações clandestinas.

Com a intensificação da repressão em 1968 e 1969, relatos sobre a tortura de presos políticos circulavam no Brasil e no exterior, e teve início uma campanha internacional contra a grave violação dos direitos humanos por parte do governo brasileiro.[22] Os quinze presos políticos expatriados ao México, em troca da libertação do embaixador dos EUA, denunciaram o tratamento dispensado a eles nas prisões brasileiras. Além disso, Ângelo Pezzuti e outros presos integrantes do Colina, que foram detidos no início de 1969, escreveram descrições detalhadas na "Carta de Linhares", contrabandeada para fora da Penitenciária de Linhares, em Juiz de Fora, Minas Gerais, e amplamente distribuído.[23] O manuscrito confirmava de maneira incontestável a veracidade das denúncias – que o regime insistia em chamar de propaganda comunista – e fornecia provas suficientes para a Anistia Internacional condenar o governo brasileiro.[24]

Daniel e outros membros estavam cientes de que receberiam tratamento semelhante se fossem capturados, e a ideia o atormentava.[25] A descrição vívida da tortura a que Ângelo Pezzuti e outros amigos próximos foram submetidos sem dúvida foi uma motivação poderosa por trás da ação. O sequestro serviu a outro propósito igualmente importante: libertar presos políticos e expatriá-los significava permitir que os líderes mais importantes providenciassem seu retorno discreto ao Brasil, a fim de dar continuidade à luta. Como Daniel explicou mais tarde, "Considerávamos que entre eles estavam os melhores dentre nós e que liberados podiam começar a militar no exterior para melhorar nossa situação – e principalmente voltar depois de uma boa preparação."[26]

A operação, de modo geral, correu bem para a causa revolucionária. Dois militantes, Gerson Theodoro de Oliveira e Tereza Ângelo, haviam alugado uma casa em um subúrbio distante e estabeleceram relações cordiais com os vizinhos, que não faziam ideia de que o embaixador alemão estava em cativeiro na porta ao lado. Durante as interações diárias com Ehrenfried von Holleben, os sequestradores ficaram encapuzados, de modo a permanecerem irreconhecíveis. Alfredo Sirkis atuava como intérprete e Eduardo Leite escrevia as comunicações ao governo, que eram depositadas em lugares diferentes pela cidade. O governo transmitia suas respostas às exigências dos revolucionários pela Rádio Nacional. Após cinco dias, o embaixador foi libertado sem um arranhão, e as agências de notícias publicaram uma fotografia dos quarenta presos políticos libertados, além de quatro crianças, no momento em que se preparavam para embarcar para a Argélia.

Entre os quarenta presos libertados encontravam-se pessoas muito importantes para Daniel. Ângelo Pezzuti da Silva e o irmão Murilo da Silva, Maria José e Jorge Nahas, Marco Antonio Azevedo Mayer e Maurício Vieira Paiva – todos membros do Colina que haviam sido presos após o assalto ao banco, em janeiro de 1969, do qual Daniel participara. Maria do Carmo Brito e Ladislau Dowbor eram membros do comando nacional da VPR. Cinco dos presos estiveram no Ribeira com Daniel: Darcy Rodrigues, Edmauro Gopfert, José Araújo Nóbrega, José Lavecchia e Tercina Dias de Oliveira, além de seus três netos e um filho adotivo. No total, 27 dos quarenta presos políticos haviam sido membros do O., do Colina, da VPR original ou da VPR reconstituída após a separação da VAR-Palmares. Os treze restantes pertenciam a outras cinco organizações.[27] Embora a VPR tivesse escolhido essas pessoas como gesto da união revolucionária, a libertação de seus próprios militantes era, de longe, o principal foco da ação. Como no caso dos revolucionários expatriados ao México em setembro de 1969, os quarenta tiveram sua cidadania revogada e foram banidos do Brasil.

Daniel estava muito orgulhoso de seu papel no sequestro. Certa ocasião, contou a Sirkis o que sentiu quando ordenou que o embaixador saísse do carro: "Naquele momento me senti alto, forte e lindo", teria dito.[28] Daniel transmitiu sua euforia, em terceira pessoa, quando a operação chegou ao fim: "O nosso personagem, saindo da ação, correria para seu quarto, para esperar a notícia no rádio, tinha ainda dúvida de que tudo tivesse dado certo. Quando o jornal publicasse a foto dos quarenta seria um dos momentos mais felizes da sua vida."[29] Logo após a ação exitosa, Lamarca escolheu Daniel e Inês Etienne para substituir Maria do Carmo e Ladislau Dowbor como membros do comando nacional da VPR – sem dúvida, em reconhecimento aos esforços eficazes de reconstruir a organização, além dos talentos políticos e intelectuais de Daniel e da capacidade de organização de Inês.[30]

É interessante apontar que, diferentemente de outras organizações revolucionárias, a VPR reconstituída, durante o curto período de sua existência, sempre manteve uma mulher entre a liderança, seja por acaso ou por projeto. Não é possível mensurar como isso afetou sua dinâmica interna, mas pode-se supor que tenha reduzido, ao menos um pouco, a excessiva ênfase na masculinidade revolucionária que permeava toda a esquerda radical. Não obstante, embora a VPR parecesse, ao mundo exterior, uma organização revolucionária forte e eficiente, capaz de obter a liberdade de quase três vezes a quantidade de presos políticos que o sequestro do embaixador dos EUA conseguiu, ela rumava, na verdade, a uma crise profunda.[31]

Logo após a libertação dos quarenta prisioneiros, diversos participantes da Unidade de Combate Juarez Guimarães de Brito – incluindo Sônia Lafoz, a comandante – começaram a exigir mais apoio infraestrutural. Frustrados com a falta de resposta da liderança aos seus pedidos, negociaram a transferência ao MR-8, por crerem que a organização fosse mais bem equipada para realizar atividades armadas. Sônia Lafoz, José Gradel, Jesus Paredes Soto, Manoel Henrique Ferreira e Roberto das Chagas e Silva estiveram diretamente envolvidos no sequestro do embaixador alemão. Roberto Menkes e Carmen Jacomini tinham participado do treinamento no Vale do Ribeira. Perder esses guerrilheiros urbanos experientes foi um golpe severo para a organização.

Mesmo assim, parece que a liderança conseguiu sobreviver à tempestade. Lamarca permaneceu escondido em São Paulo até outubro, quando se mudou com Iara Iavelberg para uma moradia isolada e precária em Rio D'Ouro, entre Piabetá e Santo Aleixo, na entrada de Imbariê, na estrada Rio-Teresópolis. Era um local de encontro seguro para o comando nacional, e permitiu que Iara e Lamarca passassem um longo período juntos. Esse local também criou a oportunidade de que a nova liderança precisava para consolidar uma práxis coletiva que, no fim das contas, seria mais difícil do que imaginaram. Também não perceberam que um agente de polícia havia se infiltrado na organização.

José Anselmo dos Santos, conhecido por Cabo Anselmo, fora líder do movimento dos marinheiros durante o governo de João Goulart. Após o golpe de 1964, o novo regime o expulsou da Marinha, revogou seus direitos políticos e logo depois o encarcerou. Em 1966, Cabo Anselmo fugiu da prisão; foi para o Uruguai e dali para Cuba, onde participou, ao lado de Carlos Marighella, da Organização Latino-Americana de Solidariedade, que promovia a luta armada pelo continente como possibilidade de realizar a revolução. Em Cuba, ele filiou-se a um grupo de militantes ligados à VPR e tomou parte no treinamento de guerrilha. Retornou secretamente ao Brasil em setembro de 1970 e fez contatos com a VPR em São Paulo.[32]

Esses são os fatos creditados, pela maioria dos estudiosos, a essa figura controversa. O restante de sua biografia é nebuloso, carregado de ambiguidades e contradições, muitas das quais ele mesmo criou. Alguns argumentam, em grande parte com base em provas circunstanciais, que, *antes* do golpe militar de 1964, Cabo Anselmo era informante do governo e possivelmente agente da CIA.[33] A rebelião dos marinheiros e a impossibilidade de Goulart contê-la – por fracasso ou indisposição – alimentaram a agitação nos altos escalões das Forças Armadas e se tornou um pretexto que ajudou a precipitar a tomada militar. Essa é a interpretação que apresenta o cabo como um agente provocador.

Outros indicam que apenas mais adiante Cabo Anselmo tornou-se agente duplo. Após seu retorno ao Brasil, em setembro de 1970, Anselmo conseguiu uma reunião com Lamarca em Rio D'Ouro. Inês foi a responsável por transportar "Jonathan", como era conhecido, na ida e na volta, empregando o procedimento usual de vendar os olhos do visitante. Durante sua estada, Iara reconheceu aquele novo integrante como o afamado líder do movimento dos marinheiros e revelou esse fato a Inês.[34] Alguns argumentam que, se naquela época Anselmo já fosse colaborador da polícia, esse teria sido o momento ideal para as autoridades capturarem Lamarca.[35] Segundo eles, o fato de o capitão ter saído ileso prova que Cabo Anselmo ainda não havia "passado para o outro lado". Ainda assim, uma série de prisões inexplicadas de membros da VPR e ALN em São Paulo levou outros a especularem que Cabo Anselmo começara a repassar informações sobre suas reuniões secretas à polícia no final de 1970, senão antes. Nesse caso, teria contribuído para a morte do líder da VPR em São Paulo, Yoshitane Fujimori, que havia participado do treinamento no Vale do Ribeira, entre muitos outros.[36] Em diferentes ocasiões, Cabo Anselmo expressou versões bem diferentes sobre quando e por que tornara-se informante da polícia.[37] Seu relato mais recente é que sua colaboração começou ao ser preso no fim de maio de 1971. Ele não nega sua responsabilidade na detenção de dezenas de esquerdistas, incluindo o líder da VPR, José Raimundo da Costa, que morreu sob a custódia da polícia, em agosto de 1971.[38] Embora ainda seja difícil determinar quando Cabo Anselmo começou a trabalhar para o aparato repressivo, ele avançava lentamente e destruía o que sobrara da VPR em São Paulo.

Apesar da situação crítica da VPR, a liderança ainda estava otimista com relação ao que poderia conseguir.[39] Isso envolvia, entre outras atividades, construir uma frente unida da esquerda revolucionária, à qual chamaram de Frente de Ação. Na segunda metade de 1970, a VPR procurou colaborações mais próximas com a ALN, MRT e MR-8. Um plano envolvia o sequestro simultâneo de três embaixadores para exigir a libertação de duzentos presos políticos, para marcar o aniversário da morte de Carlos Marighella.[40] No fim de setembro, os quatro grupos também concordaram em implementar uma "campanha de propaganda armada", que convocaria os cidadãos a anular o voto nas eleições para o Congresso, que se aproximavam. No "Manifesto contra a farsa eleitoral – Ao povo brasileiro", distribuído em outubro, a Frente argumentou que as eleições pretendiam "dar ao povo a ilusão de que pode escolher seus representantes", uma vez que tanto o Arena, pró-governo, quanto o MDB, da oposição, defendiam "abertamente o regime".[41] Essa caracterização do MDB derivou-se do fato de que em 1965 o regime militar tinha abolido os partidos políticos e então criado artificialmente dois novos, para dar a impressão de democracia, mesmo usando seus poderes arbitrários para inibir o dissenso, revogando os direitos políticos de representantes do Congresso demasiado críticos ao regime. De acordo com a análise da Frente de Ação, o MDB, mutilado, colaborava com a ditadura. Como o voto era obrigatório para as pessoas alfabetizadas, a Frente de Ação considerava que o manifesto era uma maneira de registrar o protesto popular contra a ditadura.

Nas semanas que antecederam as eleições, esquadrões armados distribuíam panfletos no Rio, em São Paulo e em algumas cidades dispersas, além de pintar frases nos muros, às vezes deparando-se com a polícia.[42] De acordo com a apuração dos votos válidos, a Arena desfrutou de vitória esmagadora sobre o MDB, embora um total de 30% das cédulas contassem como votos em branco ou nulos, em comparação aos 21% da mesma natureza em 1966.[43] Mesmo que muitos observadores tenham interpretado os resultados como uma clara legitimação do regime, por outro lado as cédulas em branco e invalidadas eram indicadores precoces da tremenda vitória do MDB quatro anos mais tarde. Não obstante, a campanha não deu à esquerda revolucionária a visibilidade que esperava e tampouco o apoio popular.

Os membros da Frente de Ação enfrentaram outros desafios. A prisão e morte sob tortura do líder da ALN, Joaquim Câmara Ferreira, em 23 de outubro, enfraquecera sua organização. Disputas entre a VPR e o MRT, a ALN e o MR-8 quanto à quantidade de prisioneiros políticos de cada grupo a ser libertada nos sequestros planejados provocaram uma fissura no grupo. Logo após as eleições, Daniel e Yoshitane Fujimori, representando a VPR, reuniram-se com outros líderes da Frente de Ação em São Paulo para tentar chegar a um acordo. O MR-8 propôs suspender os sequestros, e a maioria concordou. O comando nacional da VPR, então, decidiu seguir por conta própria. O alvo seria o embaixador da Suíça.[44]

No início de dezembro, quando o sequestro ocorreu, a VPR estava reduzida a algumas dezenas de membros em todo o país. Como resultado, a liderança precisou mobilizar quase todos os seus militantes experientes para realizar a ação. Gerson Theodoro de Oliveira e Tereza Ângelo mais uma vez alugaram uma casa para esconder o embaixador. O casal havia se filiado à VPR em São Paulo, depois de assumir um posicionamento mais à esquerda em relação ao PCB. Em meados de 1969, fugiram para o Rio para evitar a prisão. Gerson era negro, Tereza era parda e sua família vinha do campo. Diferentemente de grande parte da juventude branca e de classe média da organização, que havia sido recrutada através do movimento estudantil, eles se integravam com facilidade aos bairros com maior concentração de pessoas negras, de baixa renda e da classe trabalhadora do Rio, onde a VPR decidiu esconder ambos os embaixadores. Tereza se atinha rigorosamente aos procedimentos de segurança e sabia como se integrar ao ambiente. Explicou como conseguia manter três casas – o lugar onde vivia com Gerson, o aparelho para o embaixador e um esconderijo de fuga – sem ser detectada: "Eu conseguia me relacionar, falar de novela, fazer bolo, dar bolo ao vizinho, [...] colocar no varal um monte de roupa que nem estava suja. Trazer uma sacola de verdura, dar uma verdura para o vizinho."[45] Daniel foi morar com Tereza e Gerson no fim de 1970. Inventaram que Daniel era meio-irmão de Tereza, por parte de mãe. A origem racial imprecisa de Daniel tornava a história plausível.[46] Com uma nova unidade de combate montada sob a liderança de Lamarca e Gerson, o itinerário do embaixador cuidadosamente anotado e um lugar seguro para o cativeiro do diplomata, tudo estava preparado.

Considerando-se a onda recente de tentativas de sequestros e raptos bem-sucedidos de emissários estrangeiros, o governo brasileiro havia recomendado medidas de segurança reforçadas. Mesmo assim, o embaixador Giovanni Bucher, de 57 anos, um solteiro sociável e adepto à diversão, recusava-se a ter um carro extra de segurança.[47] Com a precisão de um relógio suíço, Bucher mantinha sua rota diária, o que possibilitava a realização da ação com igual meticulosidade. Os onze membros envolvidos diretamente no sequestro seguiram o que havia se tornado procedimento padrão: bloquearam o carro, desarmaram os agentes de polícia, removeram o embaixador e fugiram rapidamente. Quando o policial federal Hélio Carvalho de Araújo, designado para proteger o embaixador, ameaçou sacar seu revólver, Lamarca disparou, ferindo-o fatalmente. Mesmo assim, toda a ação levou menos de um minuto. Os bloqueios policiais em torno da cidade causaram grandes congestionamentos, mas não foram implementados com rapidez suficiente para impedir que o carro de fuga chegasse ao seu destino em Rocha Miranda, um subúrbio da classe trabalhadora, localizado na zona norte do Rio. Em vez de esconder o diplomata capturado em uma caixa até chegar ao interior da casa, dessa vez vestiram-no com um uniforme: macacão e boné. Tereza já havia contado aos vizinhos uma história que justificava a presença de um estranho em sua residência: havia contratado um pintor.[48] Bucher foi levado para dentro da casa em plena luz do dia, sem qualquer impedimento. Daniel, que participara da ação e fora deixado em outro local logo após a fuga, demorou horas para chegar à casa por causa das barreiras policiais esquematizadas por toda a cidade. Quando enfim chegou, Lamarca, Tereza, Gerson e Alfredo, que serviria como tradutor, aguardavam-no ansiosamente. Bucher habitava, de forma segura, um pequeno quarto sem janela, nos fundos da casa. As autoridades não tinham ideia de onde estava escondido. E começaram as negociações.

O primeiro comunicado fez três exigências principais: (1) publicação do "Manifesto ao Povo Brasileiro", que explicava os motivos do sequestro; (2) suspensão do valor das passagens dos dois principais trens usados para o transporte diário dos trabalhadores; e (3) libertação de setenta presos políticos que deveriam ser expatriados para o Chile, a Argélia ou o México. Cópias do comunicado foram colocadas em pequenos envelopes com uma carta escrita pelo próprio Bucher. Tereza Ângelo entregou os envelopes a Zenaide Machado, que então os deixou em diferentes locais e avisou sobre eles à mídia, que teria a função de comunicar ao governo.

Silêncio total. Dois dias depois, as autoridades responderam que temiam pelo embaixador, mas exigiram provas de que estava vivo por meio de uma carta de seu próprio punho. Também solicitavam o nome dos setenta prisioneiros que a VPR queria libertar. Algo estava errado. A VPR já tinha fornecido provas de que o embaixador estava sob sua custódia. Em vez de atender as suas exigências imediatamente, os militares pareciam enrolar. Três outros comunicados escritos na semana seguinte insistiam que o governo deveria publicar o manifesto da VPR e liberar o transporte público antes de fornecerem os nomes. Por fim, em 17 de dezembro, o governo cedeu às demandas da VPR e libertou os presos políticos, mas recusou-se a cumprir as outras exigências. No dia seguinte, Lamarca e Daniel enviaram um quinto comunicado com os nomes dos setenta presos. Três dias depois o governo respondeu, concordando com a libertação de apenas 51 deles. Sobre os dezenove presos políticos restantes, que eram referidos não pelo nome, mas pelo número em que figuravam na lista, as autoridades argumentaram que seis estiveram envolvidos em sequestros, quatro estavam sentenciados à prisão perpétua ou a longas penas, três haviam cometido homicídios, um não era identificável, outro não queria ser libertado e quatro não estavam detidos. O ministro da Justiça emitiu a mesma nota à imprensa, mas permaneceu em silêncio quanto a negociações.[49]

O governo Médici claramente havia mudado sua estratégia de negociação. Se em junho havia consentido em libertar militantes do MR-8 envolvidos no sequestro do embaixador dos EUA, agora as autoridades determinavam novos critérios para libertação de prisioneiros. Com a mídia censurada, a organização enfrentava um dilema sério sobre como proceder. Daniel sugeriu negociar um pagamento de resgate de uma corporação multinacional suíça pela libertação do embaixador, porém a ideia foi vetada porque o principal objetivo do sequestro não era levantar fundos, mas libertar os presos políticos.[50] Sem ver outra saída, a liderança tinha duas opções: concordar com os termos do governo ou permanecer intransigente e não apenas ameaçar executar o embaixador, mas de fato fazê-lo. Lamarca insistiu que os principais membros da organização votassem. Seguiu-se um intenso debate interno, ao qual se sucedeu o resultado final de 15 a 3 votos a favor de uma "execução revolucionária". Entre os que se escondiam com o embaixador, Daniel, Gerson e Ângelo eram a favor, ao passo que Sirkis se opunha à ideia. Após ponderar cuidadosamente, Lamarca, argumentando que tinha a palavra final como comandante da VPR, vetou o plano.[51]

Daniel foi encarregado de comunicar a decisão de Lamarca à liderança. Anos depois, descreveu o ocorrido. "Não foi muito simples convencer as pessoas todas. As pessoas puxavam os cabelos, se rasgavam no meio da rua, de raiva, por causa da decisão, mas todo mundo acabou aceitando. Era uma coisa que no fundo as pessoas também estavam sentindo, que aquilo não era tão simples."[52] A VPR entregou outros dezenove nomes. Depois de outra demora, o governo mais uma vez vetou a maioria dos nomes e informou à VPR que diversas outras pessoas haviam se recusado a serem libertadas. Embora os nomes dos outros prisioneiros da lista não tivessem sido revelados à mídia, o governo permitia que a imprensa publicasse a identidade dos que se recusaram a ser libertados. Ao menos um deles havia jurado lealdade ao regime e declarou que preferia permanecer na cadeia a perder sua cidadania.[53]

Outros nomes foram enviados, e o vaivém da negociação continuou depois da virada do ano, até que os dois lados concordaram quanto ao nome dos setenta prisioneiros. Dessa vez, quarenta eram militantes do Colina e da VPR, onze eram do MR-8, sete da ALN e o restante representava diversas organizações revolucionárias.[54] Uma figura proeminente que foi listada para ser solta era Jean Marc von der Weid, cidadão suíço-brasileiro, presidente clandestino da União Nacional dos Estudantes e militante da Ação Popular. Outra era Maria Auxiliadora Lara Barcelos (Dodora), que havia estudado na Faculdade de Medicina com Daniel e permanecera na VAR-Palmares. Reunidos no Rio de Janeiro à meia-noite do dia 13 de janeiro de 1971, os setenta presos políticos foram expatriados ao Chile, onde Salvador Allende, do Partido Socialista, tinha assumido a presidência como chefe da coalizão eleitoral Unidade Popular. O embaixador Giovanni Bucher foi libertado dois dias depois, após permanecer em cativeiro por quarenta dias.

A empreitada havia sido muito difícil para toda a organização e também para Bucher, que inclusive correu o risco de ser executado. Contudo, ele cooperou com os sequestradores desde o início. Por exemplo, concordou em conceder entrevista exclusiva a um jornalista da revista *Stern*, popular publicação semanal alemã. Também posou para fotografias nas quais aparecia lendo ou jogando paciência calmamente, com uma garrafa de uísque quase vazia ao lado.[55] Sem dúvida, sua cooperação era motivada pelo desejo de proteger sua vida.

Durante cinco semanas e meia, num verão quente do Rio de Janeiro, Bucher permaneceu escondido em um quarto abafado. Podia exercitar-se minimamente e tomava banho de sol com regularidade. Com o tempo, alguns dos sequestradores, em especial Sirkis, pararam de seguir as medidas de segurança à risca. Tereza Ângelo lembra-se que Sirkis fazia buracos cada vez maiores no capuz que ele próprio vestia, até que Bucher pudesse identificá-lo facilmente – o próprio Sirkis reconheceu o fato mais tarde.[56] Segundo Daniel, em determinado momento, o embaixador viu Lamarca sem capuz, mas disse que se esqueceria de ter visto seu rosto.[57] Sua promessa poderia ter sido uma estratégia para se preservar. Quando interrogado pela polícia após a sua libertação, Bucher não revelou muita coisa sobre suas operações e não identificou nenhum membro do grupo, insistindo que permaneceram encapuzados durante todo o tempo. Tereza Ângelo recorda de Bucher beijá-la carinhosamente quando saiu – quer fosse por gratidão por estar vivo ou por verdadeiro afeto pelos sequestradores.[58] Apesar de tudo, as autoridades nunca descobriram onde a VPR escondera o embaixador.

Independentemente do sucesso da operação, as longas negociações criaram certa paralisia na organização. Durante o sequestro, um debate interno acalorado começou após terem sido trocados, entre os militantes, documentos a respeito de quais seriam os novos rumos. Essas discussões continuaram após a libertação de Bucher. Anos mais tarde, Daniel descreveu a experiência do sequestro como "quarenta dias assim de inferno", pois vivera com o "medo de cometer qualquer erro, que desse qualquer pista" para a polícia. "Deu tudo certo", lembra.[59] Entretanto, apesar de terem conseguido libertar setenta companheiros da prisão, a organização rumava para o colapso total.

NOTAS

1. Zenaide Machado de Oliveira era membro da VPR no Rio. Zenaide Machado de Oliveira, entrevista n. 1.
2. Paulo Brandi Cachapuz, entrevista.
3. Alfredo Sirkis, entrevista.
4. Herbert Daniel, entrevista a Judith Patarra.
5. De Cuba, Lamarca enviou aos militantes da VPR um comunicado afirmando que Daniel era um líder intelectual em ascensão. Jorge Nahas, entrevista.
6. Herbert Daniel, entrevista a Judith Patarra.
7. Maria do Carmo Brito, "Declaração prestada", 4 de maio de 1970, 50Z-9-13852, Apesp/Deops.
8. Martha Vianna, *Uma tempestade como a sua memória*, p. 68; Alfredo Sirkis, *Os carbonários*, p. 215; Judith Patarra, *Iara*, p. 379.
9. Judith Patarra, *Iara*, p. 383; Alfredo Sirkis, *Os carbonários*, p. 242.
10. Zenaide Machado de Oliveira, entrevista n. 1.
11. Zenaide Machado de Oliveira, conversa com o autor, 14 de maio de 2009, notas.
12. Zenaide Machado de Oliveira, entrevista n. 1.
13. Carlos Muniz, entrevista.
14. Herbert Daniel, *Passagem para o próximo sonho*, pp. 127-128; Thomas Skidmore, *The politics of military rule*, pp. 138-44; Elio Gaspari, *A ditadura escancarada*, pp. 207-21.
15. Cf. Carlos Fico, *Reinventando o otimismo*; e Nina Schneider, *Brazilian propaganda*.
16. Thomas Skidmore, *The politics of military rule*, p. 107; Emílio Garrastazu Médici, *O jogo da verdade*, p. 10.
17. Inês Etienne Romeu, entrevista a Judith Patarra.
18. Herbert Daniel, *Passagem para o próximo sonho*, pp. 101-103; Alfredo Sirkis, *Os carbonários*, pp. 239-76; Ivan Seixas, entrevista.
19. José Gradel, entrevista.
20. Herbert Daniel, *Passagem para o próximo sonho*, pp. 112-114.
21. Márcio Moreira Alves, *Torturas e torturados*.
22. James N. Green, *We cannot remain silent*.
23. Ângelo Pezzuti, entrevista n. 2.
24. Amnesty International, *Report on allegations of torture in Brazil*; William L. Wipfler, "The price of 'progress', in Brazil" e "'Progress' in Brazil revisited."

25. Herbert Daniel, *Passagem para o próximo sonho*, pp. 39-40.
26. *Ibid.*, p. 57.
27. Carlos Muniz, entrevista.
28. Alfredo Sirkis, entrevista.
29. Herbert Daniel, *Passagem para o próximo sonho*, p. 29.
30. Herbert Daniel, entrevista a Judith Patarra.
31. Dois exemplos das imagens positivas da VPR que circulavam internacionalmente foram "How one pleasant, scholarly young man from Brazil became a kidnapping gun-toting, bombing revolutionary", de Sanche de Gramont, e "Politics of violence: the urban guerrilla in Brazil", de Andy Truskier.
32. "Cabo Anselmo", *Dicionário histórico-biográfico brasileiro*, pp. 258-259; José Anselmo dos Santos, *Cabo Anselmo*, p. 144.
33. Marco Aurélio Borba, *Cabo Anselmo*, p. 20; Herbert Daniel, *Passagem para o próximo sonho*, p. 67; Otávio Ribeiro, *Por que eu traí*, pp. 59-66.
34. Judith Patarra, *Iara*, 426; Inês Etienne Romeu, "Dossiê da tortura".
35. Zenaide Machado de Oliveira, entrevista n. 2; Maria do Carmo Brito, entrevista n. 2; Shizuo Ozawa, entrevista.
36. Comissão de Familiares, *Dossiê ditadura*, pp. 210-212.
37. Otávio Ribeiro, *Por que eu traí*, pp. 59-66; José Anselmo dos Santos, *Cabo Anselmo*, pp. 163-167.
38. José Anselmo dos Santos, *Cabo Anselmo*, pp. 163-167.
39. Herbert Daniel, *Passagem para o próximo sonho*, p. 58.
40. Jacob Goerender, *Combate nas trevas*, pp. 217-218.
41. ALN, MR-8, VPR, MRT, "Manifesto contra a farsa eleitoral ao povo brasileiro", 20-Z-160-301, outubro de 1970, Deops/SP.
42. Carlos Muniz, entrevista.
43. "O pesadelo dos votos brancos e nulos", *Veja*, p. 23; Luiz Felipe de Alencastro, "O golpe de 1964 e o voto popular", p. 7.
44. Jacob Gorender, *Combate nas trevas*, p. 220.
45. Tereza Ângelo, entrevista n. 1.
46. *Ibid.*; Herbert Daniel, entrevista a Judith Patarra.
47. Roberto Barreira, "Espero o meu irmão para a ceia de Natal", *Manchete*, pp. 12-13; "Bucher: o 4º alvo do terror", *O cruzeiro*, p. 22; "O terror desafiado", *Veja*, pp. 22-25.
48. Tereza Ângelo, entrevista n. 1.

49. Alfredo Buzaid, "Nota da Ministério da Justiça", 21 de dezembro de 1971, RIO.TT.0MCP.AVU.79, AN.
50. Herbert Daniel, *Passagem para o próximo sonho*, p. 116; Inês Etienne Romeu, entrevista a Judith Patarra.
51. Herbert Daniel, *Passagem para o próximo sonho*, p. 117; Herbert Daniel, entrevista a Judith Patarra; Alfredo Sirkis, *Os carbonários*, p. 373.
52. Herbert Daniel, entrevista a Judith Patarra; Maria do Carmo Brito e Shizuo Ozawa, entrevista a Judith Patarra.
53. TT.0.MCP.AVU.79.UP 45, AN.
54. *Setenta* é um documentário no qual participam alguns dos prisioneiros políticos libertados como resultado do sequestro do embaixador suíço; dirigido por Emilia Silveira, 2013.
55. "O misterioso cativeiro de Bucher", *Manchete*.
56. Alfredo Sirkis, *Os carbonários*, p. 349.
57. Herbert Daniel, entrevista a Judith Patarra.
58. Tereza Ângelo, entrevista n. 1.
59. Herbert Daniel, entrevista a Judith Patarra.

10. Caindo aos pedaços (1971)

> "O Daniel era realmente uma pessoa muito carismática, muito envolvente, uma pessoa muito apaixonada pela vida."
>
> Paulo Brandi de Barros Cachapuz, 2010[1]

Daniel não se sentia bem havia algum tempo. Fosse pela tensão constante que pairava durante o sequestro do embaixador suíço ou por qualquer outro motivo, ele precisava ir ao médico. Finalmente o fez, em fevereiro de 1971. Após o exame, o médico lhe disse para retornar acompanhado de um familiar a fim de conversarem sobre o diagnóstico. Daniel recrutou Inês para posar de parente e, juntos, ouviram a notícia: leucemia.[2]

Os dois ficaram pasmos; Inês desmanchou-se em lágrimas.[3] Verificou-se depois ser aquele um falso diagnóstico, mas, naquela hora, Daniel o tomou como uma sentença de morte.[4] Anos mais tarde, especulou que a verdadeira fonte do seu problema de saúde pudesse ter sido uma infecção parasitária, talvez adquirida no Vale do Ribeira, ou até mesmo anemia, devido às condições de alimentação durante o treinamento de guerrilha.[5] Uma reação psicossomática à gradual desintegração da organização e ao desejo inconsciente de afastar-se do conflito de alguma maneira também não é uma hipótese descartável. Independentemente do que tivesse ocasionado a perturbação em seu estado de saúde, Daniel solicitou uma licença de afastamento do comando nacional. Sua saída da liderança era mais um sinal de que a organização estava em crise.

Lamarca e Inês, então, nomearam José Raimundo da Costa para o corpo da liderança. José Raimundo havia sido expulso da Marinha em 1964, quando aderiu à VPR em São Paulo. Depois de haver participado do sequestro do cônsul japonês, estava desenvolvendo um trabalho entre contatos no Nordeste, quando foi chamado para o comando nacional.

Os membros que permaneceram no aparelho que serviu como cativeiro de Bucher separaram-se após a libertação do diplomata. Daniel, Gerson e Tereza mudaram-se para a casa, no subúrbio ao norte da cidade, que

Tereza havia alugado como refúgio. Como mantinham o imóvel desde muito antes do sequestro, ninguém suspeitava que pudessem ser "terroristas". Lamarca e Iara ficaram com um casal e seus dois filhos pequenos. Sirkis retornou ao seu esconderijo alugado. Dispondo apenas de cerca de vinte militantes e poucos simpatizantes confiáveis dispersos, a VPR precisava decidir o que fazer a partir dali.[6]

Na verdade, essa discussão já havia começado no fim de dezembro do ano anterior, quando ainda mantinham o embaixador suíço em cativeiro. Sirkis escrevera um documento intitulado "O caminho para a propaganda armada", que defendia o confisco e a distribuição de alimentos aos pobres, pois, como ele próprio colocou, deveriam "deixar de ser, para a massa, 'os caras que assaltaram o banco', para ser 'os caras que tomaram caminhão do leite e distribuíram o leite para a gente'." Ele argumentava que a organização precisava combinar essas ações à panfletagem, pichações de *slogans* e realização de comícios breves junto ao povo.[7] Depois de rejeitar com veemência as propostas de seus oponentes ideológicos da VAR-Palmares, que defendiam que a organização deveria se aproximar dos trabalhadores, de repente os próprios militantes da VPR começaram a propor atividades de interação com "o povo".

Alex Polari, por sua vez, respondeu quase imediatamente a favor da continuidade da tática de sequestro de embaixadores.[8] Lamarca entrou na discussão em apoio a Sirkis, argumentando que a VPR precisava envolver-se em "propaganda armada vinculada" para quebrar seu isolamento.[9] A tentativa de redirecionar o foco da organização era vã. Desde a onda massiva de prisões, iniciada em abril de 1970, e o desmanche do campo de treinamento, as perspectivas da estratégia de guerrilha rural haviam se ofuscado. Não havia locais alternativos disponíveis, e a organização tinha recursos limitados para montar a coluna tática móvel que havia planejado quando a VPR foi reconstituída, em novembro de 1969. Parecia que os militantes sobreviventes da VPR nadavam contra a maré.

Por falta de opção, a unidade de combate começou a operar com a tática da propaganda armada, quando a liderança ainda negociava com o governo brasileiro o destino do embaixador suíço. Mobilizando quase toda a organização, alguns revolucionários apropriaram-se de carros e um caminhão. Em 26 de janeiro, entraram no supermercado Mundial, assaltaram o cofre e carregaram um caminhão com mantimentos que distribuíram na favela do Rato Molhado, no subúrbio do Rio de Janeiro.[10] Embora a ação à la Robin Hood possa ter aumentado a popularidade da VPR dentre os habitantes daquela comunidade, era uma medida sem qualquer objetivo de longo prazo. A natureza do feito, que fora realizado à velocidade da luz, impossibilitou o recrutamento de outros membros para a organização; além disso, não se sabe se os beneficiários compreenderam plenamente as intenções dos revolucionários. Logo em seguida, Sirkis solicitou seu afastamento. Como sua verdadeira identidade ainda não era conhecida pela polícia, ele conseguiu um passaporte e deixou o país, exilando-se no Chile.[11]

Quando março chegou, houve um impasse. Refletindo acerca da crise política que se abatera sobre a VPR, Daniel escreveu, uma década mais tarde: "Naquele momento a massa recuava, a fase da repressão impedia qualquer avanço. Para a luta armada – tal como ela se apresentava – não havia solução, a não ser que a massa se rebelasse, se levantasse em armas. É preciso lembrar que o argumento principal que justificara a guerrilha afirmava que as condições objetivas estavam dadas, que a massa estava preparada para a insurreição. Esta avaliação incorreta está na base mesma da derrota."[12]

Daniel fundamentou sua análise em observações simples. Durante suas missões diárias, indo e vindo do aparelho onde mantinham o embaixador suíço, ele entrava em contato com a opinião pública à medida que via a reação das pessoas às *blitze* policiais, que paravam o trânsito enquanto as autoridades procuravam sistematicamente o embaixador – e em vão. Daniel se deu conta de que os cidadãos comuns haviam se tornado espectadores passivos na luta entre o governo e as guerrilhas. Mais tarde, escreveu: "A luta [era] entre *eles*, dois destacamentos armados em presença. Ao povo restava torcer diante dos seus televisores."[13]

Apercebendo-se disso, Daniel começou a elaborar uma nova perspectiva para a organização. A VPR havia entrado em um círculo vicioso, "a dinâmica da sobrevivência", como dizia, na qual suas ações visavam meramente garantir sua existência, e nada mais.[14] A organização havia perdido de vista suas motivações políticas, e deixara-se levar pelas ações cotidianas que nada tinham a ver com seus objetivos estratégicos.[15] Da-

Geny Brunelli de Carvalho

Casamento de Geny Brunelli e Geraldo Feliciano de Carvalho, pais de Herbert. Da mãe, d. Geny, dona de casa, Herbert herdou a força, que o fez entrar na luta política. O pai, Gê de Carvalho, militar e radialista, transmitiu-lhe o bom humor e o gosto pelas artes. Barbacena, 8 dez. 1945.

Herbert Eustáquio de Carvalho nasceu em 14 de dezembro de 1946, em Bom Despacho, MG. Na foto, ele está com 1 ano de idade. [s.l.], 1947.

Herbert por volta dos 3 anos de idade. Belo Horizonte, 1949.

Herbert com 5 anos de idade, ao lado do irmão mais novo, Hamilton, com 3 anos. Precocemente alfabetizado, nessa época Herbert já amava ler. Belo Horizonte, 1951.

Graduação no Colégio Tiradentes da Polícia Militar de Minas Gerais. Belo Horizonte, 1964.

Escola de Medicina da Universidade Federal de Minas Gerais, no início da década de 1960. Alguns anos mais tarde, ali seria um importante ponto de articulação de grupos revolucionários.

Herbert na casa dos pais. Nessa época, já participava de organizações políticas clandestinas; eram raros os momentos em família. Belo Horizonte, 1967 ou 1968.

Herbert em palestra, durante orientação aos calouros do primeiro ano de Medicina. Belo Horizonte, 1967.

Herbert também participava ativamente no Centro de Estudos de Medicina, que organizava debates sobre saúde pública e o papel do médico na sociedade, além de discutir sobre a situação política dentro e fora do país. Belo Horizonte, 1967.

Programação do *Show Medicina*. Os amigos Maria Auxiliadora Lara Barcelos (Dodora) e Ângelo Pezzuti participaram do elenco. Belo Horizonte, 1965.

O *Show Medicina* apresentou anualmente, a partir de 1954, esquetes humorísticos e sátiras políticas escritas e representadas pelos estudantes. Na imagem, programação do *Show Medicina* dirigido por Herbert. Belo Horizonte, 1967.

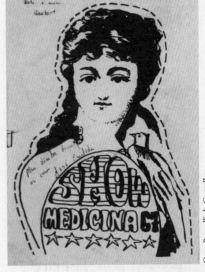

O *Piquete* foi um boletim produzido por revolucionários mineiros da organização Política Operária (Polop) e, depois, por dissidentes que apoiavam a luta armada. Herbert participou da produção do jornal que foi distribuído entre estudantes e operários de Belo Horizonte e Contagem, em 1968.

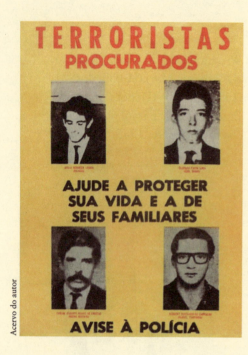

Herbert entrou na clandestinidade em fevereiro de 1969, ao ser indiciado por violação à Lei de Segurança Nacional. Em pouco tempo, seu nome passou a figurar em cartazes, como terrorista procurado. Na imagem (em sentido horário): Apolo Heringer Lisboa, Gilberto Faria Lima, Herbert Eustáquio de Carvalho e Carlos Alberto Soares de Freitas. Por alguma razão, no lugar da foto de Herbert constava a de Irany Campos.

Ângelo Pezzuti da Silva, grande amigo de Herbert e companheiro na O., no dia de sua prisão. Belo Horizonte, 13 jan. 1969.

Capitão Carlos Lamarca era excelente atirador. Foi designado instrutor de tiro dos funcionários do Banco Bradesco – o que lhe deu visibilidade na imprensa (foto). Pouco tempo depois, abandonou o Exército para juntar-se à luta armada, reorganizando a Vanguarda Popular Revolucionária (VPR), da qual Herbert Daniel também seria líder. [s.l.], 1968.

José Lavecchia e Darcy Rodrigues detidos pelo Exército, no Vale do Ribeira. Lavecchia era um antigo militante do Partido Comunista Brasileiro (PCB); Rodrigues havia abandonado o posto de sargento, no Exército, antes da deserção de Lamarca. Abr. 1971.

Iara Iavelberg morou com Herbert Daniel no Rio de Janeiro, em 1969, e treinaram juntos no Vale do Ribeira, no ano seguinte. Companheira de Carlos Lamarca, foi assassinada pela ditadura em Salvador, BA, em 20 de agosto de 1971.

Lúcia Velloso e Herbert Daniel foram companheiros na VPR e se tornaram grandes amigos durante a clandestinidade. Ela esteve presa de 1971 a 1974.

Quarenta prisioneiros políticos e quatro crianças soltas em troca da liberdade do embaixador alemão Ehrenfried von Holleben, sequestrado em uma ação conjunta entre VPR e Ação Libertadora Nacional (ALN). [s.l.], jun. 1970.

Setenta presos políticos soltos como exigência para a libertação do embaixador suíço Giovanni Enrico Bucher, sequestrado pela VPR em dezembro de 1970 e mantido em um aparelho por quarenta dias.
Partiram do Rio de Janeiro para o exílio no Chile, durante o governo de Salvador Allende.

Cláudio Mesquita e Maria Elisalva Oliveira, no dia em que se casaram. A roupa dos noivos foi desenhada por Cláudio. Herbert descreveria sua impressão sobre o casal no dia em que os conheceu: "Gente mesmo, de carne e osso, com opiniões próprias e voz pra responder." Niterói, 1971.

Herbert Daniel e Cláudio Mesquita na Argentina, em trânsito para o exílio de sete anos na Europa. Apenas em 1975 assumiriam o relacionamento afetivo e sexual. Set. 1974.

CONFIDENCIAL

HERBERT EUSTÁQUIO DE CARVALHO

1. Filho de GERALDO FELICIANO DE CARVALHO e de GENY BRUNELLI DE CARVALHO, ambos brasileiros, nascido a 14FEV46 em BOM-DESPACHO/MINAS GERAIS/BRASIL, não é portador de qualquer documento de identificação; residiu na Av. 25 de Abril nº9-18º andar Dtº em ALMADA.

2. Declarou que abandonou o Brasil por motivos políticos, depois de ter tomado parte em manifestações públicas, reuniões e crítica directa através dos jornais contra o actual regime brasileiro. Estes actos motivaram-lhe perseguições, por parte da polícia política, que o obrigou a andar refugiado por diversas partes do território do seu país. Depois de lhe terem sido imputadas acusações, sem provas, foi-lhe organizado o respectivo processo que com consequente julgamento, à revelia teve como decisão, a sentença de prisão perpétua. Verificando então, que era impossível permanecer no Brasil nem, mais tarde ou mais cedo, ser preso, para cumprimento da pena que lhe tinha sido imposta, resolveu vir para a Europa, mormente para Portugal, em virtude da mudança política operada no 25 de Abril de 1974. Para isso, serviu-se dum passaporte dum amigo seu, ao qual apenas mudou a fotografia, embarcando num avião que tomou no Rio de Janeiro com destino a Paris, seguindo dali para Lisboa por caminho de ferro; entrou em Portugal a 21OUT74 por Vilar Formoso. Em seguida remeteu ao seu

CONFIDENCIAL

Ficha da polícia política sobre Herbert Eustáquio de Carvalho, produzida pelo Ministério dos Assuntos Internos de Portugal, durante o seu exílio em 1974 e 1975. No documento, Herbert justifica sua entrada no país, informando que estava impossibilitado de permanecer no Brasil e havia sido atraído pelas mudanças políticas decorrentes da Revolução dos Cravos.

LENDAS, MITOS MENTIRAS
Por H. de CARVALHO

Uma mulher é uma mulher.
Em certas condições, criadas pela sociedade, torna-se escrava do homem, dona de casa, prostituta, objecto, semideusa.

Marilyn era uma mulher.
Com o mistério e a realidade de cada mulher.
Tornou-se coisa, mercadoria.

Marilyn Monroe

Mito.
Porquê?

Continua a ser apresentada como símbolo.
A sua história continua
como mera narrativa de uma fábula, onde o humano,
e particularmente o humano "FEMININO",
é substituído por fantasmas de objectos.
Porquê?

No dia 5 de Agosto de 1962, Marilyn Monroe foi encontrada morta. "Provável suicídio", diria o relatório médico-legal. "Um terrível acidente", diriam alguns amigos, convencidos da ausência das intenções de autodestruição.

De qualquer forma aquela morte forneceu, naquele domingo, e continua a fornecer, matéria-prima para as mais disparatadas opiniões e comentários, que vão da poesia à mais vulgar exploração publicitária. Já se escreveu uma avalanche de interpretações da sua morte e da sua vida.

É que quem morria naquele Agosto não era uma mulher. Morria uma mulher mitificada, um "monstro sagrado". O mito entrara no domínio exclusivo da lenda, pois não já existia o corpo real, que serviria de base para a sua criação. Agora, a lenda era a única presença, e a imaginação podia modelar, à vontade, os factos ocorridos entre o nascimento e a morte daquela mulher fascinante. Os mesmos factos que durante a sua vida serviam de modelo para a manutenção e desenvolvimento do mito.

MORREU A MULHER
O MITO CONTINUA

Continua porque os mitos, como fantasias criadas socialmente, não dependem do acontecimento histórico real que lhes deu origem. Continua porque os complexos subjacentes duma estrutura social, que transformaram esta mulher num mito, ainda existem. Continua porque a morte ou destruição da pessoa mitificada passou a ser um componente essencial da lenda e do culto ao mito.

A "Deusa Loura do Sexo", diria a gíria publicitária. Sim, ela era uma das muitas fábulas sobre este tabu

Em 1975, Herbert escrevia para uma coluna de variedades na revista *Modas e Bordados*, em Portugal, tendo oportunidade de expressar sua perspectiva feminista. O artigo sobre Marilyn Monroe foi publicado em 30 de julho de 1975.

Herbert Daniel em Paris. Fumante compulsivo, nunca abandonou o gosto por cigarros. [entre 1976 e 1980.]

Em Paris, Cláudio Mesquita trabalhava como designer gráfico e compartilhava uma vida tranquila com Herbert. [entre 1976 e 1980.]

Artigo no jornal *Lampião da Esquina* sobre o debate promovido na Universidade de São Paulo (USP) com o tema homossexualidade. A publicação circulou de 1978 a 1981, abordando questões ligadas a gênero, sexualidade, raça e ecologia. São Paulo, mar. 1979.

EXILADOS
Ele vive de bicos
"Sebá" existe e é porteiro de uma sauna em Paris

O último exilado brasileiro em Paris existe. Ele sente saudade do país natal, angustia-se na expectativa de um retorno sempre adiado, queixa-se do frio, vive de "bicos" e, com certa freqüência, surpreende-se com as novidades que lhe chegam pelo DDI — só não se chama "Sebastião", codinome "Pierre", o personagem celebrizado no programa "Viva o Gordo", da TV Globo, pelo humorista Jô Soares. Trata-se do mineiro Herbert Eustáquio de Carvalho, 34 anos, codinome "Daniel", fora do Brasil há sete anos e sem alguma "Madalena" a sua espera. Vivendo no momento como porteiro noturno de uma sauna freqüentada por homossexuais, Carvalho compõe com um amigo brasileiro o que acredita ser "um dos casamentos mais sólidos da praça".

Por culpa de "Sebá", tem sido vítima de sucessivos gracejos nos últimos três meses. "Antes, os amigos me telefonavam com as mais diversas informações", queixa-se Carvalho. "Agora, eles perguntam o que estou fazendo em Paris, se ainda vivo de bicos e se a mulher, que não tenho, vai mesmo acabar amancebando-se com outro." Carvalho está convencido de que as brincadeiras só acabarão quando retornar ao Brasil — uma esperança que talvez se concretize em julho deste ano. Condenado em 1972 a prisão perpétua por sua participação no seqüestro dos embaixadores da Alemanha e da Suíça, ele não foi beneficiado pela anistia, que só abrangeu ex-terroristas banidos ou presos. Como Carvalho deixou o país clandestinamente, terá de esperar a prescrição da pena, reduzida em julgamentos posteriores.

A prescrição depende de um parecer favorável do 1.º Auditoria Militar, no Rio de Janeiro. "Pelo que sei, o parecer deve ser dado nas próximas semanas", acredita Carvalho, já de malas prontas para a viagem de volta. Ele pretende, uma vez no Brasil, plantar-se diante de um aparelho de televisão e conhecer, finalmente, o personagem de "Viva o Gordo". Na quinta-feira, ao saber que o último exilado existe, Jô Soares desabou pesadamente sobre uma poltrona do Teatro Procópio Ferreira, em São Paulo, e arregalou os olhos: "Não brinca", exclamou. Refeito do espanto, observou que "essas coisas confirmam que a realidade supera a ficção". Depois, filosofou: "Mesmo que se Sebá retorne, o último exilado — aquele sujeito que está longe, sofrido, desinformado — sempre haverá de existir".

AMIZADE ESTREITA — Incorporando, como Sebá, expressões francesas a um português com sotaque mineiro, Carvalho mora num pequeno apartamento do centro de Paris. "Não vejo o momento de tomar um avião e desembarcar no Brasil", confessa. "Não dizem que o último a sair deve apagar a luz? Vou apagar a do Aeroporto de Orly." As semelhanças com Sebá não param aí. Como o personagem da TV, Carvalho quer apagar também as lembranças de seu passado de militante de organizações de extrema esquerda. Quando fala da época em que usava o codinome de Daniel, baixa cautelosamente o tom da voz — um cacoete que Sebá sempre exibe ao recordar seus tempos de Pierre.

Estudante de Medicina em Belo Horizonte até 1968, Carvalho militou na Vanguarda Armada Revolucionária (VAR-Palmares) e na Vanguarda Popular Revolucionária (VPR). Em 1970, perambulou no vale do Ribeira agregado ao grupo de guerrilheiros chefiados pelo ex-capitão Carlos Lamarca. Caçado pelos órgãos de segurança, nunca foi preso: fugiu do país em 1974 e aportou em Lisboa. Ali colaborou no semanário feminino *Mulher* até concluir que seu destino era Paris.

A relação que o liga a Cláudio Mesquista, seu parceiro de apartamento, já obrigou Carvalho a responder a um longo interrogatório de membros do comitê Brasil-Anistia. Ficou aborrecido com o incidente, mas agora se anima com informações de que a esquerda brasileira é menos intolerante com os hábitos sexuais de seus aliados. "Já era tempo disso acontecer", diz Carvalho. Entre os planos para o regresso ao Brasil, figura a publicação de um livro de memórias. Até recentemente, o título escolhido era "Acerto de Contas". Depois de Sebá, começou a pensar em outro: "Autobiografia de uma Piada".

PEDRO CAVALCANTI, de Paris

GREVE
Nenhuma receita
Médicos param, e o governo não tem como pagá-los

Em greve desde o último dia 3, os 15 000 médicos do Rio de Janeiro que trabalham para o INAMPS e para o Estado imaginavam que o movimento — emparedado pelo governo e visto com antipatia pela população — deveria acabar no começo da semana passada. Na segunda-feira de manhã a intervenção no sindicato dos médicos do Rio estava na mesa do ministro Murillo Macedo, em Brasília. Macedo só não assinou a resolução porque, em conversa telefônica com o médico Aloysio Salles, diretor do Hospital dos Servidores do Estado (HSE) do Rio e mediador voluntário entre grevistas e governo, soube que a

Carvalho: querem saber de Madalena por causa...

...de Jô

O artigo na revista *Veja* de 1º de julho de 1981 descreveu o exílio de Herbert em Paris, criando sua imagem como a do último exilado.

José Anselmo dos Santos, o Cabo Anselmo, líder da revolta dos marinheiros. Há quem sustente que ele foi um agente provocador do golpe contra o presidente João Goulart. [s.l.], mar. 1964.

Em 1970, Cabo Anselmo uniu-se à VPR. Admitiu que no ano seguinte tornou-se informante da polícia; entregou dezenas de revolucionários, que acabaram sendo capturados e assassinados. Sobre Anselmo, Herbert publicou artigo e entrevista com Ângelo Pezzuti, que ganharam a capa do *Pasquim*. Além da traição de Anselmo à causa revolucionária, foi abordada a homossexualidade do ex-militar.

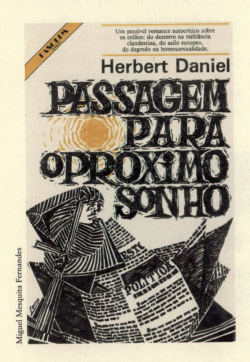

O primeiro livro de Herbert Daniel, *Passagem para o próximo sonho: um possível romance autocrítico*, publicado em 1982, contém uma crítica perspicaz sobre a luta armada, a homofobia na esquerda brasileira e as experiências de Herbert no exílio. A capa foi concebida pelo seu companheiro, Cláudio Mesquita.

Em março de 1982, a publicação de *Passagem para o próximo sonho* foi assunto de um texto na revista *Veja*.

Cena da peça *As três moças do sabonete: um apólogo sobre os anos Médici*, no Teatro Delfim. O protagonista Tiago (interpretado por Almir Martins, à esquerda), um jovem revolucionário, e João (Clemente Vizcaíno), seu amigo da universidade. Rio de Janeiro, 1985.

Design de Cláudio para a fantasia de espermatozoide no espetáculo *Cegonha?!... Que cegonha!...* peça infantil sobre sexualidade, adaptada e dirigida por Herbert Daniel. Com direção de Cláudio Torres Gonzaga, estreou em 1984 e esteve em cartaz por dois anos. Rio de Janeiro, 1984.

Durante o II Encontro da Rede Brasileira de Solidariedade, 50 entidades ligadas aos direitos de pessoas que vivem com HIV/aids produziram a "Declaração dos direitos fundamentais da pessoa portadora do vírus da aids." O 10º direito postula: "Todo portador do vírus tem direito à continuação de sua vida civil, profissional, sexual e afetiva. Nenhuma ação poderá restringir seus direitos completos à cidadania."
Porto Alegre, 1989.

Manifestação do Grupo Pela Vidda, no Centro do Rio de Janeiro. A organização foi fundada por Herbert Daniel em 1989, logo depois de ser diagnosticado como soropositivo. Da esquerda para a direita: integrante não identificado, Carlos Minc, Herbert de Souza (Betinho) e Herbert Daniel. Rio de Janeiro, [s.d.].

À esquerda, Herbert Daniel, com uma voluntária (ao centro) e Cláudio Mesquita (à direita), pintando um mural público para a campanha eleitoral de Liszt Vieira, em 1982.

Mural para a campanha de Liszt Vieira, no Largo do Machado, idealizado por Cláudio Mesquita.

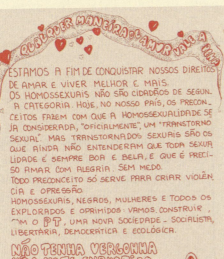

Material de campanha para a eleição de 1982. O texto é de Herbert e o design, de Cláudio. A linguagem foi especialmente dirigida a gays e lésbicas.

Cartaz com imagem de Marilyn Monroe – por quem Herbert era fascinado. Foi desenhado por Cláudio Mesquita para divulgar a festa que arrecadou fundos para a campanha eleitoral. Rio de Janeiro, 1986.

Em 1986, Herbert Daniel se candidatou a deputado estadual do Rio de Janeiro, oferecendo um programa amplo para unir vários movimentos sociais e lutas políticas. Obteve 5.485 votos, mas não foi eleito.

A campanha eleitoral de Liszt Vieira a deputado estadual do Rio de Janeiro enfatizou um novo olhar sobre comportamento, ecologia e problemas urbanos. Herbert cumpriu um papel importante na elaboração do programa de campanha. É curioso notar a grafia alternativa do nome do candidato nos panfletos da época.

Cláudio e Daniel, em Belo Horizonte, com Vâner e Raquel, filhos de Hamilton – irmão de Daniel –, durante as celebrações de Natal, em 1981, logo depois da volta de Herbert ao Brasil. Cláudio vivia totalmente integrado à família do companheiro.

Herbert Daniel e d. Geny, em Belo Horizonte, em dezembro de 1981. Ela havia decidido não ir ao Rio de Janeiro em outubro para receber o filho no seu retorno do exílio, pois sentia-se incapaz de lidar com a emoção de reencontrá-lo após tantos anos de separação.

Herbert e a mãe, d. Geny, em Belo Horizonte, no Natal de 1991. Embora estivesse enfraquecido, manteve um tom leve e alegre durante as festividades de fim de ano com a família. Herbert Daniel faleceu em 29 de março de 1992, no Rio de Janeiro, com Cláudio Mesquita ao seu lado.

niel passou a argumentar que a VPR precisava recuar e tirar Lamarca e Iara do país, de modo que o comandante pudesse desempenhar seu papel de liderança entre os membros exilados. Ele também propôs o planejamento de um congresso da VPR no exterior, com a finalidade de repensar seu futuro. Como dividia um apartamento com Inês nessa época, Daniel conseguiu convencê-la de seu ponto de vista e, mais tarde, também convenceu Zenaide.[16]

Lamarca, por sua vez, tinha suas dúvidas com relação à organização. Ciente das fraquezas logísticas e numéricas da VPR, começara a considerar a possibilidade de aderir ao MR-8, e pediu a Sirkis para fazer contato com a liderança.[17] Ao mesmo tempo, parecia concordar com a proposta de Daniel e Inês a respeito de deixar o país. Zenaide iniciou a tarefa laboriosa de conseguir passaportes falsos e outros documentos por meio de intermediários que eram revolucionários, no Brasil e no exterior.[18] Mas, no início de março, Lamarca mudou de ideia, suspeitando que os companheiros na verdade estivessem tentando subjugar sua liderança e tirá-lo do caminho. Iara também desistiu de deixar o país, e os dois começaram a planejar sua saída da VPR. Duas décadas depois, Daniel especulou que Iara havia se dado conta de que seu destino era ficar no Brasil com Lamarca. Além disso, arriscou o palpite de que ela temia tornar-se "a outra" no exterior, considerando que a esposa e os dois filhos de Lamarca viviam em Cuba.[19]

Uma troca de indelicadezas entre Lamarca e Inês, em uma reunião da liderança em meados de março, só piorou a situação. A querela política ocorreu na pequena casa que Alex Polari dividia com sua companheira Lúcia Velloso. O local também era usado para reuniões da liderança – que, às vezes, duravam dias. Lúcia descreveu a cena: "O José Raimundo chegou a ter problema de coração, começou a ter palpitações etc. A Inês ficava deitada no sofá chorando. Lamarca e Iara se fecharam no quarto deles. Então foi uma coisa horrível. Eu lembro que fiz um pudim de pão para a sobremesa, e houve infinitas interpretações psicológicas para um pudim de pão, porque a única coisa doce daquela casa era o pudim de pão."[20] Inês acabou por declarar sua renúncia a Lamarca e José Raimundo, mas, como Daniel, concordara em continuar servindo de apoio às operações diárias da organização.[21]

Em 22 de março, em plena luz do dia, a polícia disparou contra Gerson Theodoro de Oliveira, que encabeçava a unidade de combate, e Maurício Guilherme da Silveira, um estudante secundarista, de 22 anos de idade[22] – ambos haviam participado do sequestro do embaixador suíço. Lúcia se lembra do impacto que a morte de Maurício teve sobre ela, quando ouviu a notícia, pois identificava-se com ele: "O Maurício era um garoto... Ele não tinha a menor dimensão do que estava fazendo."[23] Ela ficou profundamente abalada.

Lamarca estava igualmente desconcertado com a morte de Gerson Theodoro de Oliveira, mas naquele momento já estava claro para o comandante que não era mais viável permanecer na VPR.[24] A liderança do MR-8 lhe assegurou de que seria transferido para uma área rural, a fim de iniciar o trabalho com os camponeses. Ao fim do mês, Lamarca elaborou um documento explicando que, apesar de ser o comandante da VPR, discordava da linha política da organização, do seu sectarismo e das deformações ideológicas de muitos de seus líderes.[25] Em 27 de março, Alex Polari intermediou a transferência de Lamarca e Iara para o MR-8.[26]

Até hoje, essa decisão de Lamarca é interpretada de maneiras diferentes entre os antigos militantes. Ubiratan de Souza, que treinara com ele no Vale do Ribeira, acredita que se ele tivesse deixado o país, o regime militar o teria considerado duplamente desertor – primeiro por desertar do quartel e, depois, por abandonar o Brasil.[27] Lúcia Velloso ainda lhe guarda enorme respeito, mas reflete que sua decisão foi muito mais pessoal do que política. "Uma pessoa do porte do Lamarca sair da organização sem provocar um racha é completamente esquisito."[28] Como Daniel escreveu mais tarde: "Teria sido a primeira vez que um comandante se desliga do seu Exército, sem dissolvê-lo."[29]

Zé Raimundo alinhavou uma nova liderança provisória que seria composta por Zenaide Machado, Alex Polari e Ivan Mota Dias, este último recrutado na UFF. Como prometido, Inês e Daniel continuaram ajudando a manter as operações da VPR, ao mesmo tempo que tentavam convencer os outros de que a única maneira de sobreviverem seria planejar uma retirada. Entretanto, a polícia se aproximava, e os esforços do Cabo Anselmo, se é que ele já era informante da polícia naquela época, pareciam produzir resultados em São Paulo. Em 5 de maio, Inês foi a São

Paulo, a contragosto, para conversar com um contato camponês; ela não sabia, mas ele já tinha sido preso e informara a polícia da reunião. Detida e torturada de imediato, Inês inventou uma suposta reunião marcada no Rio de Janeiro no dia seguinte, em uma rua movimentada do bairro de Cascadura. Observando-a de perto, a polícia a libertou para que se encontrasse com o suposto contato. Inês imediatamente se jogou sob as rodas de um ônibus que passava. Por milagre, sobreviveu, embora tenha entrado em estado de coma.[30]

Apesar de notar a ausência de Inês no Rio de Janeiro na noite de 5 de maio, Daniel não seguiu os procedimentos de segurança, permanecendo no apartamento. "Eu não pude acreditar que você tinha caído", foi o que Daniel teria dito a ela quando se encontraram pela primeira vez depois do ocorrido, muitos anos depois.[31] No dia seguinte, entretanto, ele percebeu a gravidade da situação e pediu a ajuda de Tereza para esvaziar o apartamento.[32] Na mesma semana, a polícia capturou outros dois membros-chave da VPR. José Roberto Gonçalves de Resende havia participado do sequestro do embaixador suíço, tendo sido um dos três militantes que votaram contra a execução da vítima. Aluísio Palhano Pedreira Ferreira, que operava em São Paulo, treinara com Cabo Anselmo em Cuba e havia acabado de retornar ao Brasil secretamente. Morreu na prisão, depois de ser torturado de forma cruel.[33] Assim, a organização foi sendo rapidamente desvelada.

Em 12 de maio, a polícia capturou Alex Polari, mais uma vez destituindo um membro essencial da liderança provisória da organização, que se tornava mais e mais instável.[34] Daniel havia se mudado para a casa de Alex e Lúcia na semana seguinte à prisão de Inês. Dessa vez, quando Alex não voltou para casa na hora marcada, Daniel e Lúcia deixaram o local imediatamente. Além de abrir sua casa para as reuniões da liderança, Lúcia era encarregada de digitar e copiar documentos políticos. O local também armazenava armas e materiais para a produção de carteiras de identidade falsas e outros itens. Daniel correu para a rua, a fim de parar um táxi, enquanto Lúcia se virava para rasgar o máximo possível de papéis. O esforço fora inútil, pois conseguiram destruir apenas uma parcela dos documentos. Quando o táxi chegou, não deixaram o motorista ajudá-los a colocar uma sacola pesada no porta-malas, pois estava carregada de armas. Na última hora, Daniel correu de volta à casa para pegar seu baralho – aprendera que o jogo de paciência poderia ser a melhor companhia na vida na clandestinidade.[35]

Os dois pediram ao motorista para deixá-los num endereço próximo do apartamento dos pais de Paulo Brandi. Bateram à porta no meio da noite, pediram para ele guardar a mala e, sem nenhuma explicação, desapareceram. Sem ter para onde ir, Daniel e Lúcia ficaram num hotel em Copacabana. Então seguiram caminhos distintos em busca de abrigo. Dois dias depois, ouviram a notícia da prisão de Ivan Mota Dias, que apenas recentemente havia se tornado membro da liderança. Ele também viria a morrer na prisão.[36]

Por algum tempo, Lúcia, Tereza e Zenaide, fazendo-se passar por estudantes, alugaram um grande quarto na casa de um casal. Quando os proprietários demonstraram sinal de suspeita, elas abandonaram o local de imediato.[37] Naquele momento, todos os militantes da organização mantinham-se apenas um passo à frente da polícia.

Junho, julho e o início de agosto foram meses de pura subsistência. Pontos diários mantinham o contato entre alguns poucos militantes que tinham sobrado. Daniel alugava quartos na casa de estranhos. Durante esses três meses de provação, Daniel e Lúcia passavam o máximo de tempo possível juntos, tanto quanto era seguro, e ela acabou por tornar-se a nova confidente de Daniel. Talvez porque não conseguisse conter seus maiores segredos, ele dividiu com ela o fato de que sentia atração por homens. Por sua vez, Lúcia discutia seu relacionamento com Alex, que havia passado por turbulências; estava desolada pela prisão do companheiro, e Daniel era um grande apoio.[38]

Os dois também organizavam reuniões com Paulo Brandi, que nunca chegou a aderir à VPR, mas continuava sendo um aliado leal. Após a libertação dos setenta prisioneiros políticos em janeiro de 1971, ele continuou encontrando-se com Daniel com regularidade. "Na vida do Daniel, acho que fui importante nesse momento, realmente. Primeiro porque acho que ele se apaixonou de fato e porque eu correspondi, e muito, em termos de uma amizade. [...] Nós nos encontrávamos quase diariamente."[39] Em determinado momento, Daniel escreveu uma carta muito íntima e carinhosa a Paulo. "A carta era uma declaração de amor, só que eu não li como uma declaração de amor. Hoje vejo que era uma declaração de amor, mas, na época, lembro de ter visto uma declaração de profunda amizade." A mãe de Paulo encontrou a carta e entendeu uma mensagem diferente. "Ela falou que não tinha gostado nada daquela carta, [perguntou] o que estava acontecendo, e eu desconversei." Mesmo assim, os dois continuaram muito próximos, e Paulo confidenciou abertamente a Daniel suas próprias inseguranças com relação a mulheres, sexo e relacionamentos pessoais.[40]

Em julho de 1971, em meio à total desintegração da VPR, Daniel marcou um encontro com o amigo. Hoje, Paulo não se lembra exatamente de como tudo aconteceu, mas um dos dois teve a ideia de comprar ingressos para o show de Maria Bethânia, a diva e cantora espetacular. Naquele mês, havia estreado a série de shows *Rosa dos Ventos: Show Encantado*, no Teatro da Praia. Em 1965, com seu vozeirão teatral, Maria Bethânia encantara o Rio de Janeiro ao se destacar no musical *Show Opinião*, no Teatro de Arena, devido à grande potência e paixão com que apresentou a canção "Carcará", sobre a pobreza no Nordeste. Logo, ganhou fama em todo o país por sua personalidade formidável, sua voz marcante e suas apresentações majestosas. Havia rumores de que se relacionava com mulheres, o que acrescentava um quê extraordinário à sua personalidade. Sua apresentação em julho daquele ano incluiu um repertório musical eclético, combinado a declamações de poetas portugueses e brasileiros, como Fernando Pessoa, Clarice Lispector e Vinicius de Moraes. Críticos consideram o espetáculo um dos melhores shows de toda a sua carreira.[41]

Daniel jamais integrara o meio cultural e estudantil de classe média do Rio de Janeiro, de modo que não precisava se preocupar em ser reconhecido por antigos colegas ou amigos enquanto esperava na fila para entrar no show ou à medida que se misturava à multidão, durante o intervalo. Não obstante, expor-se daquela maneira era um risco que ele estava disposto a correr pelo privilégio de presenciar uma performance ao vivo de Maria Bethânia. Paulo se lembra com ternura: "Naquele momento barra pesada, um momento de alegria."[42]

Até o início de agosto, a VPR estava por um triz. No dia 4 daquele mês, José Raimundo da Costa, do comando nacional provisório, foi preso no Rio de Janeiro e morreu sob tortura, embora as autoridades tenham afirmado que a morte ocorreu por resistência à prisão.[43] Embora Daniel tenha se demitido da liderança, ele talvez fosse o membro da VPR mais procurado pela polícia. Lúcia se lembra de que a situação estava tão perigosa para ele, que precisava ficar escondido em um apartamento, e eles não podiam mais arriscar os encontros pessoalmente. No entanto, correspondiam-se por meio de um mensageiro. Sem mais o que fazer, Daniel escrevia longas cartas a ela. Em uma delas, escreveu mais de vinte páginas sobre sua admiração ardente por Lamarca e seu amor apaixonado por Paulo.[44] Era como se não pudesse mais conter as emoções que haviam sido reprimidas desde que optara pela revolução.

Em meio à situação política abismal da organização, Daniel também sentia tremenda responsabilidade de salvar os que ainda não haviam sido presos ou mortos e continuou a comunicar-se com Zenaide, questionando sobre o que deveriam fazer. Como havia se demitido do comando nacional, ele e Zenaide concordaram que ela, como membro da liderança provisória, deveria informar aos apoiadores no exterior que o fim estava próximo. Zenaide escondia-se na casa de amigos e lembra-se de datilografar a declaração, que desmobilizava a organização, em uma velha máquina de escrever na mesa da cozinha. Usou papel vegetal, que seria dobrado e então escondido no cinto de um vestido indiano que um simpatizante levaria consigo para o Chile.[45]

Ela escreveu três comunicados em 7 de agosto. O primeiro explicava que os documentos foram emitidos pelo novo comando, formado de acordo com o procedimento padrão, e pedia ao restante dos militantes para obedecerem ao centralismo e manterem a "frieza diante da situação caótica". O segundo apresentava medidas imediatas, formulado numa linguagem característica de Daniel: "A evolução da situação que aparentemente se desenvolvia como uma 'crise política' correndo paralela às 'crises de segurança' – e que na verdade tratava-se de uma dinâmica própria das Os. Armadas no Brasil, a 'dinâmica de sobrevivência' – levou à extinção da O." O documento ainda declarava que os líderes haviam desmobilizado a organização e convocava um segundo congresso nacional. O terceiro, dirigido aos "companheiros no exterior", pintava um retrato sóbrio do estado da organização, descrevendo a onda de prisões e a eliminação da liderança. Terminava em tom seco: "Enfim, hoje, a O. está extinta no Brasil."[46]

Duas semanas mais tarde, Zenaide e outro companheiro foram presos. No dia seguinte, foi a vez de Lúcia. Zenaide acredita que a polícia a seguira, bem como seguira outros – apesar de seu cuidado para não deixar rastros –, determinada a encontrar todo e qualquer membro que ainda restasse.[47] Zenaide e Lúcia estavam entre os primeiros presos políticos a serem submetidos a uma nova forma de tortura, desenvolvida pelos ingleses na Irlanda do Norte e que acabara de ser exportada ao Rio de Janeiro.[48] A "geladeira", como era conhecida, era uma grande caixa onde se colocavam os prisioneiros. A luz constante, a música a um volume insuportável e temperaturas congelantes deixavam as vítimas confusas e entorpecidas, em estado vulnerável para revelar informações. Além disso, não deixava marcas.[49]

Após a prisão de Lúcia, em 31 de agosto de 1971, restavam apenas três pessoas na VPR. Em uma carta de Daniel a Lúcia, escrita quatro anos mais tarde, ele contou os momentos desesperados após a prisão da amiga e explicou sua situação: "Completamente perdido. Tinha vagamente a ideia de que era possível reatar a comunicação com o pessoal no exterior, no qual eu tinha uma esperança sem limite e absolutamente infundada."[50] Quando Daniel enfim fez contato com Tereza Ângelo e Adair Gonçalves, os dois outros militantes sobreviventes da VPR, eles lhe informaram, como escreveu mais tarde, que continuariam a luta. Os dois, que permaneceram na clandestinidade no Brasil até 1981, planejavam aliar-se à ALN.[51] Eles não romperam de maneira amigável, para dizer o mínimo.

Daniel não tinha dinheiro, não tinha para onde ir e estava na lista dos mais procurados pela polícia. Sua tentativa de "fazer a revolução", decisão que tomara em 1967, havia chegado a um beco sem saída. Tampouco poderia recorrer à ajuda de Paulo Brandi. No fim de agosto, Paulo fora levado para interrogatório. Depois de liberado, cortou o contato com o companheiro. "Meu maior temor era de que por meu intermédio eles pudessem saber de Daniel." Paulo foi breve ao telefone. Daniel deve ter entendido a mensagem, pois não voltou a procurar o amigo.

Agora, estava completamente isolado. No domingo, 19 de setembro de 1971, apenas três semanas após a detenção de Lúcia e Zenaide, ele vivia na casa de pessoas que nada sabiam sobre suas atividades políticas. Naquela manhã, quando passou os olhos pelo jornal, viu na capa a matéria que descrevia como Carlos Lamarca havia sido morto no interior da Bahia. O líder guerrilheiro fugia da polícia quando foi pego descansando debaixo de uma árvore com outro revolucionário. O mesmo jornal também informava que Iara Iavelberg supostamente cometera suicídio em Salvador, no mês agosto, para não se deixar levar pela polícia.[52] "Vi um retrato da morte dele no jornal. [...] Era a hora do café, e tive que aguentar as outras pessoas. Depois fui para o banheiro chorar. Quer dizer nem chorar na frente dos outros podia. Era um horror."[53] Sem um lugar seguro para viver, Daniel não sabia o que fazer.

Então, por acaso, Leonardo Valentini, conhecido pelos amigos como Léo, estendeu-lhe a mão; estava disposto a correr o risco de escondê-lo. Léo estivera envolvido no movimento estudantil secundarista e em grupos de estudos marxistas, e circulara muito entre a juventude esquerdista da cidade entre 1968 e 1969.[54] Em determinado momento, fora membro da DVP, o grupo dissidente da VAR-Palmares liderado por Apolo Lisboa, que conhecia Daniel desde a faculdade. Depois de sair da DVP, Léo criou sua própria organização política clandestina, o Movimento Popular de Resistência (MPR), que mais tarde Daniel descreveu como um grupo composto de duas pessoas e orientado por um "documento base do MPR", um texto incompreensível de setenta páginas, um misto de citações marxista-leninistas e formulações confusas.[55]

É possível que jamais saibamos como esse contato providencial ocorreu. De qualquer maneira, no fim de setembro de 1971, Léo o levou a um apartamento em Niterói. Ele chegou ao seu novo esconderijo usando uma camiseta rasgada, uma bermuda (que já tinha sido de Lamarca) e um par de sapatos furados.[56] Porém, o mais importante: estava vivo.

Léo havia morado ali com sua namorada, mas, como eles haviam acabado de se separar, o apartamento ainda estava vazio. Era o lugar perfeito para esconder uma pessoa procurada pela polícia. Daniel chegou a perder completamente a noção do tempo, uma vez que permanecia escondido em um apartamento escuro, fora de perigo. Os dias se arrastavam e se tornaram semanas, até que se esparramaram, transformando-se em meses. Embora estivesse a salvo, estava preso em uma caixa. Não ousava sair na rua. As janelas, tapadas com cobertores, bloqueavam quase toda a luz solar, impedindo que olhares curiosos espiassem o que deveria ser, para os vizinhos, um apartamento vazio. Isso significava que Daniel só podi ler com o auxílio das réstias de luz natural que entravam pelos aposento. sombrios. Qualquer barulho inesperado ou movimento repentino deveria ser suprimido, para não levantar suspeitas entre os vizinhos. Não podia mover-se pela cozinha, nem tampouco abrir a torneira. Leonardo aparecia sem regularidade, a cada três dias, mais ou menos, trazendo mínimas provisões. Só nessas ocasiões é que podia dar descarga. No resto do tempo, vivia no silêncio de um apartamento que parecia vazio, sobrevivendo praticamente à base de café instantâneo ou de leite com achocolatado e pão de forma.[57]

Sem outra ocupação senão ler durante o dia, devorava tudo o que encontrava na eclética coleção de livros da biblioteca do apartamento. "Não me interessava exatamente a qualidade ou o assunto. Interessava passar o tempo. Esperando."[58] E na espera permaneceu, por semanas a fio.

Até que no domingo, dia 28 de novembro de 1971, Cláudio Alves de Mesquita Filho entrou em sua vida.

NOTAS

1. Paulo Brandi Cachapuz, entrevista.
2. Herbert Daniel, *Passagem para o próximo sonho*, p. 31.
3. Herbert Daniel, entrevista a Judith Patarra.
4. Paulo Brandi Cachapuz, entrevista.
5. Herbert Daniel, entrevista a Judith Patarra.
6. Herbert Daniel, *Passagem para o próximo sonho*, p. 64.
7. Alfredo Sirkis, "O caminho para a propaganda armada", 28 de dezembro de 1970, AA.
8. Alfredo Sirkis, "Sequestro x propaganda armada", n.d., AA.
9. Carlos Lamarca, "Propaganda armada vinculada", n.d., AA.
10. Caso 581, Caso n. 39.560 do Superior Tribunal Militar, BNM; Alfredo Sirkis, *Os carbonários*, pp. 403-10.
11. Alfredo Sirkis, *Os carbonários*, pp. 424-59.
12. Herbert Daniel, *Passagem para o próximo sonho*, pp. 60-61.
13. *Ibid.*, p. 109.

14. Herbert Daniel, entrevista a Judith Patarra.
15. Herbert Daniel, *Passagem para o próximo sonho*, p. 21.
16. Inês Etienne Romeu, entrevista a Judith Patarra; Zenaide Machado de Oliveira, entrevista n. 2.
17. Alfredo Sirkis, *Os carbonários*, pp. 447-51; Carlos Muniz, entrevista.
18. Zenaide Machado de Oliveira, entrevista n. 2.
19. Herbert Daniel, entrevista a Judith Patarra.
20. Lúcia Velloso, entrevista n. 1.
21. Inês Etienne Romeu, entrevista a Judith Patarra.
22. Comissão de Familiares, *Dossiê ditadura*, pp. 235-236.
23. Lúcia Velloso, entrevista n. 1.
24. Lúcia Velloso, entrevista n. 1; Herbert Daniel, entrevista a Judith Patarra; Inês Etienne Romeu, entrevista a Judith Patarra.
25. Cláudio (Carlos Lamarca), "Ao comando da VPR", 22 de março de 1971, 30-Z-160-10043, p. 1. Apesp/Deops.
26. Alex Polari, *Em busca do tesouro*, pp. 238-239.
27. Ubiratan de Souza, entrevista.
28. Lúcia Velloso, entrevista n. 1.
29. Herbert Daniel, *Passagem para o próximo sonho*, 64.
30. Inês Etienne Romeu, "Relatório Inês: dossiê da tortura", 4.
31. Sérgio Ferreira, entrevista; Herbert Daniel, entrevista a Judith Patarra.
32. Tereza Ângelo, entrevista n. 1.
33. Comissão de Familiares, *Dossiê ditadura*, pp. 251-252.
34. Alex Polari, *Em busca do tesouro*.
35. Lúcia Velloso, entrevista n. 1.
36. Comissão de Familiares, *Dossiê ditadura*, pp. 248-249.
37. Tereza Ângelo, entrevista n. 1.
38. Lúcia Velloso, entrevista n. 1.
39. Paulo Brandi Cachapuz, entrevista.
40. *Ibid*.
41. Renato Forin Junior, "Confluências do teatro", pp. 140-141; Caetano Veloso, *Verdade tropical*, 456.
42. Paulo Brandi Cachapuz, entrevista.
43. Comissão de Familiares, *Dossiê ditadura*, pp. 265-266.
44. Lúcia Velloso, entrevista n. 2.
45. Zenaide Machado de Oliveira, conversa com o autor, 19 de maio de 2010, notas.

46. "Comunicados N. 1-3", [do Comando da VPR], Terrorismo, 12, fl. 85-88, Aperj.
47. Zenaide Machado de Oliveira, entrevista n. 2. Tereza Ângelo concordou com esta avaliação. Tereza Ângelo, entrevista n. 1.
48. João Roberto Martins Filho, "Segredos de Estado", capítulos XII e XIII.
49. Lúcia Velloso, entrevista n. 1.
50. Herbert Daniel, carta a Lúcia Velloso, 7 de junho de 1975, AA.
51. *Ibid.*
52. A família de Iara Iavelberg e ativistas dos direitos humanos acreditam que ela tenha sido assassinada pela polícia. Somente em 2003 a família de Iara obteve concessão para exumar o corpo e modificar o laudo pericial que informa morte por suicídio. Consulte o documentário, *Em busca de Iara*, escrito e produzido por sua sobrinha, Mariana Pamplona.
53. Herbert Daniel, entrevista a Judith Patarra.
54. Cleto José Praia Fiúza, entrevista; João Belisário de Sousa, entrevista.
55. Herbert Daniel, *Meu corpo daria um romance*, pp. 22-23.
56. *Ibid.*, p. 232.
57. Herbert Daniel, carta a Lúcia Velloso, 7 de junho 1975, AA.
58. *Ibid.*

11. Cláudio (1972-1974)

> "Daniel era tremendamente carismático.
> Teve uma enorme influência sobre os outros."
> Maria Elisalva Oliveira Joué, 2012[1]

Cláudio Alves de Mesquita Filho nasceu em Poços de Caldas, no sudoeste de Minas Gerais, mas foi criado no Rio de Janeiro. Seu pai levava uma vida modesta como motorista de táxi e tinha um papel ativo no sindicato, chegando à presidência do órgão no início da década de 1950. Cláudio estudou no prestigioso Colégio Pedro II e teve uma infância um tanto trivial.[2] Por volta dos 15 anos, teve sua primeira experiência sexual com uma mulher. Como lembrou várias décadas depois, circulavam rumores de que ele era *bicha*, devido aos seus maneirismos afeminados e porque gostava de ficar em casa, desenhando, e era muito gentil. Preocupado com as fofocas, seu pai pediu a uma prima que lhe arranjasse um encontro com uma jovem. Cláudio perdeu a virgindade, o que tranquilizou o pai quanto à sua masculinidade. Apesar da experiência, ainda tinha dúvidas. Um breve encontro sexual com um homem gay afeminado provocou uma crise. "Foi uma surpresa e foi um espanto e foi um pânico." De repente, era como se o mundo inteiro soubesse. "A ideia que me veio à cabeça foi bem bíblica mesmo, aquela ideia de olho de Deus que vê qualquer situação. Não adianta se esconder que o olho de Deus está te olhando."[3]

Quando o pai morreu repentinamente após um ataque cardíaco, em 1966, a mãe passou a se virar com serviços de costura e venda de bordados. Embora o orçamento em casa estivesse apertado, Cláudio foi incentivado a continuar os estudos. Em 1967, quando se preparava para o vestibular, fez amizade com Diana Goulart, e eles começaram a namorar. Muitos anos depois, ele a descreveu: "Era bem parecida comigo em um monte de coisas, era uma pessoa muito calada, meio introvertida, adorava música, desenho, línguas."[4] Cinco meses depois, casaram-se no civil, mas a união durou apenas cerca de um ano. Magaly, irmã caçula de Cláudio, especulou que ele se casara para tentar escapar dos seus desejos homossexuais, em busca de uma vida "normal".[5]

Logo depois disso, mudou-se para o apartamento de um primo, no bairro de Santa Teresa, com José Carlos de Medeiros Gondim, que dirigia um grupo teatral na UFF, onde estudava. Gondim era esquerdista, contra a ditadura. Cláudio e ele acabaram se envolvendo em um *affair*.[6] Muitos anos depois, lembrou: "Foi a primeira vez que tive uma relação assim de igual por igual, quer dizer, vai para a cama sabendo que está indo, ninguém te empurrou, ninguém te obrigou."[7] Magaly também dividia o apartamento com os dois e tinha uma queda por Gondim. Foi então que soube do envolvimento sexual do irmão com outros homens. Ela se recorda de o irmão ter lhe dito: "Saia do meu território." Ainda assim, ele continuava atormentado com sua sexualidade, e o relacionamento não durou muito.[8]

Em meio ao seu próprio conflito de identidade sexual, que muitos estudantes de sua geração vivenciavam, Cláudio aproximava-se cada vez mais da esquerda: "Em uma das viagens do Rio para São Paulo comprei um livro *Manifesto do partido comunista* de Karl Marx e fui lendo na viagem. Achei fantástico o que o cara dizia enfim e concordava com tudo que dizia aí." No entanto, sua recém-descoberta ideologia o levou a reprimir sua atração sexual por outros homens. "Eu podia em determinado momento jogar um discurso político em cima do discurso que já vinha ouvindo e vinha armando dentro da minha cabeça desde a infância, de que bicha não servia, que bicha não prestava."[9] No entremeio dessa perturbação interna quanto à sua sexualidade, desenvolveu uma amizade próxima com Maria Elisalva Oliveira, que conhecia desde 1968, quando ele fazia teatro na universidade na qual cursava Letras.[10] Mantiveram contato depois que Cláudio se separou de Diana e, em um dado momento, foram morar juntos.

Elisalva tinha trabalhado duro para chegar à universidade e estudar Letras, até se tornar professora de francês. Ela se apaixonou por Cláudio porque ele era muito bonito, criativo, acolhedor e carinhoso. Citou o exemplo de seu casamento que reflete uma de suas muitas qualidades. Os pais dela eram católicos praticantes e insistiram que os dois realizassem uma cerimônia religiosa. Cláudio tinha uma queda por roupas coloridas e desenhou para eles trajes roxos combinando, que a mãe dele depois costurou. Ambos deixaram soltos seus cabelos longos, o que fez com que parecessem quase idênticos no altar da igreja local.[11]

Em 1970 ou no início de 1971, Cláudio entrou na DVP por meio do seu primo, Leonardo Valentini, o Léo. Logo convenceu Elisalva a participar das atividades clandestinas da organização. Ela se lembra de que faziam adesivos com os dizeres "Abaixo a ditadura. Viva Lamarca" e os colavam discretamente atrás dos assentos de ônibus e em locais públicos.

Após desligar-se da DVP no final de 1971, junto a João Belisário de Sousa, conhecido como Jonjoca, Léo formou o Movimento de Resistência Popular (MRP) para fornecer apoio logístico à esquerda revolucionária. Os dois se conheciam do movimento dos estudantes secundaristas e, quando souberam da terrível situação em que Daniel se encontrava, ofereceram ajuda imediatamente.[12]

Léo e Jonjoca decidiram incluir o casal nesta empreitada. Léo explicou a eles que estava escondendo um líder revolucionário importante, procurado pela polícia, que estivera envolvido no treinamento de guerrilha no Vale do Ribeira.[13] Embora não tenha dito nada na ocasião, Léo pretendia viajar ao Chile para fazer contato com a VPR em nome de Daniel e precisava de alguém para cuidar dele enquanto estivesse fora.[14] Elisalva e Cláudio concordaram em assumir a tarefa por um mês e mudaram-se para o apartamento em Niterói, onde Daniel estava abrigado. A história que criaram para os vizinhos era que o casal, recém-casado, havia alugado o apartamento junto com "Marcelo", o suposto irmão de Elisalva. Como ela explicou, "Daniel e eu éramos pardos, então fazia sentido."[15] Daniel creditou Marcel Proust como a inspiração para seu mais novo nome na ilegalidade. O título da obra-prima de Proust, *Em busca do tempo perdido*, também expressava a angústia de Daniel diante da longa clausura naquele apartamento.[16]

Em seu segundo livro de reflexões sobre sua vida revolucionária, Daniel descreveu o momento em que conheceu Cláudio e Elisalva. "Gente mesmo, de carne e osso, com opiniões próprias e voz pra responder. Era um casal recém-formado. Em vários sentidos. Como neófitos no mundo encantado da esquerda curtiram pacas guardar em casa um medalhão [...] que falava feito uma araponga e contava casos e fazia teorizações sobre tudo. Putz, eu precisava falar demais. E falei. Nossa, quanto falei!"[17] Os dois apreciavam tanto a companhia de Daniel que concordaram em continuar morando com ele, e os três acabaram criando uma família estendida quando Mercedes, a mãe de Cláudio, e sua irmã, Magaly, mudaram-se para lá também.

Muitos dos detalhes do cotidiano daqueles dias no fim de 1971 e ao longo de 1972 permanecem guardados. Elisalva, uma das únicas testemunhas que havia sobrevivido, faleceu um pouco antes da conclusão das pesquisas que deram origem a este livro. Daniel referiu-se brevemente a algumas de suas conversas com Cláudio em suas cartas a Lúcia Velloso, escritas do exílio, e em um segundo volume que combina ficção com vislumbres de seus primeiros encontros com ele. Esses relatos são como minúsculos pedaços de papel rasgados, pertencentes a um volume maior, que nunca é revelado por inteiro. Até onde sabemos, no entanto, parece que Cláudio passou muitas horas a ouvir as longas exposições de Daniel sobre a história da esquerda brasileira, suas divisões e dissidências.[18] Para sua surpresa, Daniel descobriu que ele não via nada de interessante nas pilhas de documentos de discussão produzidos por organizações clandestinas. Havia os recebido educadamente de seu primo Léo, e os guardara em alguma gaveta ou armário, sem ler. Cláudio, de alma artística, reclamava de seu conteúdo fastidioso e do *layout* gráfico, sem viço.[19]

Embora as discussões políticas não interessassem a Cláudio em particular, os dois ainda encontravam muito o que falar. Seu tempo juntos poderia ser descrito como uma série de sessões de terapia informais, em que ambos trabalhavam seus desejos homossexuais reprimidos e começavam a criar novos quadros políticos mais ajustados à situação do país, que se transformava. Em determinado momento, começaram a falar de "sua vida pessoal íntima, desejos e sexualidade..."[20] Em seu segundo romance, Daniel descreve essas interações, recriando uma conversa entre eles: "Não sei... acho que a homossexualidade é uma espécie de... fraqueza moral" – segundo Daniel, foi o que Cláudio confessou. "Não deixo que ela me domine. Não aceito. A gente precisa fazer um esforço maior quando tem uma tendência muito grande."[21]

A princípio, essas conversas pareciam monólogos sobre a repressão sexual individual de cada um, o que pode explicar por que Elisalva não consta na recriação literária de Daniel sobre o tempo que passaram juntos. Quando os dois se conheceram, nenhum deles parecia certo de como lidar com a própria homossexualidade. Daniel optara por não levar a cabo seu interesse por outros homens, e sua válvula de escape sexual era a masturbação.[22] No início de 1972, Cláudio ainda parecia pouco à vontade com relação às suas tendências homossexuais.[23] Ao ler os relatos condensados de Daniel sobre aquela época, é possível concluir que os dois envolveram-se romântica e sexualmente, mas esse não era o caso. Não obstante, o diálogo sobre sexualidade, monogamia e promiscuidade era constante e contínuo. Ele derrubava as paredes de sua cela emocional, enquanto Cláudio envolvia-se em conversas com um revolucionário erudito capaz de teorizar *ad infinitum* sobre quase qualquer coisa. As diferenças entre Daniel, o intelectual político, e Cláudio, o artista sensível, pareciam complementar um ao outro e unir os dois. Forjaram uma amizade íntima que perdurou por duas décadas.

Desde seus passeios discretos pelos parques de Belo Horizonte, Daniel não se sentia à vontade com sua homossexualidade, sobretudo quando estava entre seus colegas revolucionários. Em diversas ocasiões, tentou esconder seus sentimentos por trás da ficção de que se sentia sexualmente atraído por mulheres, mas sofria sem cessar por nunca ser correspondido em seus afetos. Zezé Nahas afirma que Daniel propôs casamento a Laís Pereira durante uma reunião de fim de ano em 1968, apenas algumas semanas antes de partir para a clandestinidade.[24] Laís não se lembra do ocorrido, seja porque fora uma brincadeira ou um evento insignificante para ela. O gesto pode ter servido para tranquilizar o próprio Daniel sobre sua potencial heterossexualidade ou para partilhar mais tarde com os outros, como uma maneira de confirmar sua heteromasculinidade.[25] Ele revelara a Maria do Carmo sua adoração "impossível" a Marilyn Monroe, o que levou a amiga a duvidar de sua heterossexualidade.[26] Alfredo Sirkis se lembra do amigo lhe contar sobre suas relações frustrantes com as mulheres, que pareciam nunca funcionar, enquanto viviam na clandestinidade. Isso levou Sirkis a crer que Daniel era heterossexual.[27] Lúcia se lembra de que quando ela, Alex e Daniel dividiram um aparelho durante um período breve, os dois jovens tinham o típico hábito machista de analisar o traseiro das mulheres que passavam por eles na rua. Lúcia pensava que o tom dos comentários de Daniel de fato expressava verdadeira atração sexual por mulheres, embora mais tarde tenha descoberto que não era esse o caso.[28] Considerando-se o clima de heteronormatividade e masculinidade revolucionária compulsória impregnado nas práticas dos militantes de esquerda, é compreensível que ele tenha se envolvido nessas representações de masculinidade para afirmar sua heterossexualidade e evitar sua marginalização pelos companheiros.

Cláudio, por outro lado, em 1968, circulava pelo mundo do teatro – muito mais permissivo – e havia morado com um homem em 1969. Vivenciou as mudanças culturais que ocorriam no Brasil e foi transformado por elas.[29] Em meio à turbulência política de 1967 e 1968 e às respostas repressivas da ditadura militar àquilo tudo, as rígidas normas que governavam a questão do gênero começavam a abrandar em determinados setores da classe média. Ao mesmo tempo, parte da população do Brasil começava a integrar o movimento internacional da contracultura. Cláudio parecia abraçar todas essas mudanças, que lhe proporcionavam mais espaço social e cultural para expressar abertamente sua bissexualidade.

Ele era moldado por sua experiência como artista e entusiasta do teatro, mas também se considerava esquerdista. Daniel, que vinha de anos de isolamento, na clandestinidade, ainda estava confuso quanto à sua homossexualidade e a relação existente entre ela e seu comprometimento revolucionário. Agora, os dois convergiam pouco a pouco no processo de elaborar uma maneira diferente de pensar a política, o corpo, a sexualidade e o comportamento pessoal. Essas mudanças na compreensão da própria sexualidade refletiam as mudanças que ocorriam no Brasil como um todo, bem como no resto do mundo, que aparentemente afetaram as transformações pessoais de Daniel e Cláudio, à medida que eles começavam a aceitar seus desejos sexuais e românticos.

Daniel descreve o tempo em Niterói como o momento em que era impossível realizar qualquer atividade política, chamando o período de um "exílio" lamentável – uma metáfora que constitui um tema central em seu primeiro livro.[30] "O exílio, como afastamento, é uma das formas do silêncio", escreveu. "Como se tivessem acordado de um sonho: a gente que encontrava vivia uma vida estranha e, se falava da ditadura, ela aparecia como um fenômeno distante, sem relação com as pequenas mazelas do cotidiano. Conversavam muito um com o outro, calavam-se diante dos outros." Daniel reconheceu que, embora tivesse se exilado no exterior em 1974, dois anos antes já se considerava banido, no Brasil, pois estava separado da esquerda, da sua família e do trabalho político.

No entanto, apesar de referir-se àquele ano como um momento em que esteve politicamente inativo, alguns poucos documentos e relatos pessoais indicam que ele de fato havia tentado reavivar sua vida política em meio a um clima bastante repressivo. Daniel acabara de vivenciar a traumática desintegração da VPR; mesmo assim, menos de seis meses depois, decidiu criar outra organização a fim de aglutinar o círculo de pessoas que já trabalhava com Léo e Jonjoca e apontar-lhes alguma direção. Esse esforço, sem dúvida, era uma combinação do entusiasmo idealista e sacrifício de um pequeno grupo de simpatizantes com a esquerda revolucionária – que queria oferecer seu apoio a militantes que estavam na clandestinidade – com a capacidade que Daniel tinha de inspirar as pessoas a correr riscos por uma causa nobre. O silêncio quanto a essa atividade em seus livros pode estar relacionado ao seu fracasso. Com sua experiência, seu carisma e seus talentos retóricos, ele transformou o MRP em uma nova versão da VPR. A essa nova operação revolucionária ele atribuiu um novo nome, em homenagem a Gerson Theodoro de Oliveira, seu antigo colega de quarto, assassinado pela polícia em março de 1971.[31] Como escreveu a Lúcia Velloso mais tarde, "O fato de não viver na clandestinidade antiga, isto é, dentro de limites de uma O. clandestina, começou a obrigar-me a pensar em coisas diferentes, a fazer uma análise (se eu posso chamar assim) do que eu era, do que poderia e deveria."[32]

Ao longo de 1972, Daniel construiu uma estrutura de uma única célula entre cerca de uma dezena de pessoas conectadas a essa nova iniciativa política. Publicaram documentos e produziram três ou quatro edições de uma pequena publicação clandestina. Léo fez conexões com novos apoiadores e organizou reuniões com Daniel para recrutá-los para a organização.[33] Era um tributo à sua tenacidade, que começou tudo de novo, após sucessivas derrotas no ano anterior. Dessa vez, no entanto, sua abordagem era diferente. Para evitar o que ele chamara de dinâmica da sobrevivência, que era parte da justificação política para a desmobilização da VPR, não haveria expropriações ou sequestros. Em vez disso, iam se sustentar de maneira legal à medida que descobrissem como proceder politicamente.

Abrindo-se a novas oportunidades, como eles descreveram, Daniel escapou da tensão imposta pela vida na clandestinidade – que levou ao longo de três anos – e começou a retomar uma vida normal, tanto quanto possível. Isso se deu por meio da Public Publicity, agência de publicidade fundada por Magaly, em 1971, que ocupava um espaço alugado no conturbado centro comercial do Rio. Magaly acabara de captar dois novos clientes quando um dos seus designers gráficos arranjou outro emprego. Sua mãe lhe convenceu a contratar os dois para substituir o funcionário que acabara de perder. Assim, ao longo de 1972, desenvolveram um portfólio diversificado. Um contribuía com seus talentos artísticos, como designer gráfico, enquanto o outro empregava seus talentos para escrita, produzindo textos criativos. Elisalva forneceu fundos de seus ganhos como professora de francês, além de traduzir textos de clientes franceses para o português. Magaly supervisionava as operações. Quando a empresa francesa Danone entrou no mercado brasileiro, Elisalva teve a ideia de um anúncio em que a pessoa que comia o iogurte com sabor de frutas falava com sotaque francês. Cláudio recriou a ideia visualmente, e eles conseguiram o contrato. A Public Publicity também ganhou a licitação para a campanha publicitária de outra empresa francesa distribuidora de máquinas de portão eletrônico para garagem.[34] Os consulados do México e do Chile os contrataram para produzir materiais promocionais em português sobre os dois países.[35] Ironicamente, a Public Publicity tirou vantagem da espetacular expansão da economia brasileira – um dos muitos fatores que contribuiu para dificultar o apoio popular às organizações de guerrilha.

Cláudio também persuadiu Daniel a fazer uma transformação física, convencendo-o a parar de alisar o cabelo e deixá-lo crescer, trocar seus óculos de armação escura e pesada por lentes de contato e modificar seu guarda-roupa, de modo que passou a parecer mais um hippie de espírito livre, com jeans boca de sino e camisas coloridas. Com aparência bem diferente da imagem de "terrorista" estereotipada pela mídia, ele podia passar despercebido na barca entre Niterói e o Rio de Janeiro e no caminho até o escritório da agência, no Centro da cidade.

Elisalva lembra-se de Daniel apontar para os cartazes de "procura-se" que estampavam seu rosto pelos muros de edifícios públicos e brincar sobre a vida dupla que vivia. Na época, ela achava que a imagem se parecia muito com Daniel, apesar de as lentes de contato e o novo penteado terem alterado bastante sua aparência. Em seu livro de memórias, escreveu que a imagem nos cartazes não se parecia com ele; no fim das contas, estava certo.[36] Em determinado momento (talvez em 1970), alguém do departamento de polícia de Belo Horizonte, ou das forças de segurança do governo, acidental ou propositalmente trocou a imagem de Herbert Eustáquio de Carvalho (Daniel) pela de Irani Campos (Olympio), outro militante do Colina, que cumprira um ano na prisão e havia sido libertado na troca que se seguiu ao sequestro do embaixador suíço.[37] Na realidade, esses cartazes serviam mais para intimidar os revolucionários e o público geral do que como meio de identificar e de fato deter alguém. Daniel aprendera a apenas ignorá-los.

Se, antes, ele tentava misturar-se à multidão agindo como estudante secundarista, *office-boy* ou um jovem qualquer, em 1972 ele adotou outra abordagem. "Viramos gente de faz de conta, esquecemos completamente a polícia. Trabalhávamos como dois cidadãos perfeitamente legais. [...] Os documentos que tínhamos eram mais falsos do que as estatísticas otimistas do milagre, mas (aliás, como as ditas estatísticas...) como eles enganavam bem."[38] Era como se ele tivesse colocado um escudo protetor mágico ao redor de si e dos que o cercavam. E funcionou, por um tempo.

Ao que parece, a salvo da polícia, Daniel tentava romper o isolamento com seus companheiros que viviam no exílio. Em maio de 1971, Maria do Carmo havia recebido uma carta de Inês Etienne, logo antes de ser presa, descrevendo o plano dos dois obterem passaportes e deixar o país.[39] Esse esforço fora frustrado pelas prisões que ocorreram nos meses subsequentes e pela impossibilidade de Daniel fazer contato com outras pessoas ou organizações clandestinas que poderiam obter passaportes utilizáveis. Então, ele reestabeleceu contato com Ângelo Pezzuti e Maria do Carmo Brito, que tinham ido para o Chile após o exílio na Argélia. Como os dois estiveram juntos por algum tempo, Maria do Carmo engravidou. As comunicações clandestinas entre Santiago e o Rio de Janeiro eram tais que Daniel e outras pessoas no Brasil até os ajudaram a escolher um nome para a criança: seria Juarez Carlos ou Carlos Juarez?[40] Maria do Carmo e Ângelo enfim decidiram por nomear seu filho como Juarez Carlos, em homenagem a Juarez Guimarães de Brito, o parceiro revolucionário de Maria do Carmo. Entretanto, o relacionamento do casal desgastou-se pelas tensões da vida no exílio e os dois acabaram se separando, ainda que tenham continuado a colaborar politicamente por algum tempo. Ângelo voltou a estudar, para especializar-se em Psiquiatria, e Maria do Carmo em certo momento iniciou um relacionamento com Shizuo Ozawa, que coordenava as atividades da VPR em Cuba, e mudou-se para o Chile no fim de 1972.[41]

Durante esse período, de longe, Daniel tentava acompanhar a luta interna que ocorria na Argélia, no Chile e em Cuba entre os exilados que haviam participado da rede de organizações às quais ele próprio havia aderido. Lutas internas constantes, desconfiança, desmoralização e infiltrações da polícia, além da percepção de que a situação política no Brasil havia mudado radicalmente, fizeram com que essas forças revolucionárias dispersas se desintegrassem cada vez mais. Onofre Pinto, o antigo sargento que estava entre os quinze presos políticos expatriados em troca da libertação do embaixador dos EUA, assumira a liderança da VPR no exterior e circulava com facilidade entre Cuba, Argélia, Europa e Chile com o dinheiro que sobrara do roubo do cofre de Ademar de Barros. No entanto, alguns exilados da VPR perderam a confiança em sua capacidade de liderança. Além das tensões que isso criou, irrompeu-se na comunidade exilada no Chile uma controvérsia quanto à melhor maneira de lidar com os rumores de que Cabo Anselmo tinha sido preso, havia se tornado agente duplo e se infiltrava no que restava da organização.[42]

A fonte original dessa informação foi Inês Etienne. Após sua prisão em maio de 1971 e sua tentativa de suicídio para evitar a revelação de informações sob tortura, Inês foi levada a uma residência em Petrópolis, conhecida como Casa da Morte, onde foi mantida por mais de três meses. Ali, foi estuprada e torturada durante sessões incessantes de interrogatório.[43] Durante sua permanência na casa, em determinado momento reconheceu a voz como sendo a de um rapaz que conhecera com o codinome "Jonathan" e que ela havia levado para uma reunião com Lamarca; na época, Iara Iavelberg reconhecera Jonathan como

Cabo Anselmo.[44] Mais tarde naquele ano, quando cumpria a pena de diversas prisões perpétuas, ouviu de outras revolucionárias, na prisão, que o cabo estava fazendo contatos com integrantes da esquerda. Tão logo pôde, avisou aos companheiros, no exterior, que Cabo Anselmo era agente infiltrado da polícia. Enquanto ela tentava desesperadamente comunicar-se com seus companheiros, Anselmo visitava o Chile e encontrava-se com Onofre Pinto, que ainda considerava o antigo cabo um revolucionário leal.[45]

Quando diversas fontes confirmaram as suspeitas de Inês, Ângelo e Maria do Carmo confrontaram Onofre, insistindo que os rumores fossem investigados. Ângelo já travava uma batalha política maior dentro da organização, de modo que suas acusações contra Anselmo, em quem Onofre ainda confiava, foram vistas como parte de uma luta faccionária interna para desestabilizar a liderança.[46] Livre para informar a polícia sobre as atividades da esquerda revolucionária no Brasil e no exterior, Anselmo continuou a entregar as pessoas com quem tinha contato na clandestinidade e, ao mesmo tempo, servia como conselheiro em interrogatórios da polícia.[47] Também se infiltrou numa operação que a VPR havia instaurado em Cuba e que envolvia o envio de seis revolucionários – cinco brasileiros e uma paraguaia, Soledad Barret Viedma – para Recife no fim de 1972, com o objetivo de reconstruir a VPR no Nordeste. Por meio de Onofre, Anselmo comunicou-se com o grupo e até começou um relacionamento com Soledad – que acabou ficando grávida –, ao mesmo tempo que mantinha contato com a polícia em São Paulo.[48] No início de janeiro de 1973, membros do grupo suspeitaram de Anselmo, mas, antes que pudessem agir, ele acionou a polícia. Em 8 de janeiro de 1973, agentes do Estado capturaram e mataram todos os seis revolucionários, no que ficou conhecido como o Massacre da Chácara de São Bento.[49] As autoridades conseguiram eliminar o resto da VPR em Cuba por meio dessa emboscada no Brasil. Embora Anselmo tenha conseguido infiltrar-se no que restava da estrutura da VPR no Rio em 1971, o colapso geral da organização naquele ano não lhe forneceu maneira de localizar Daniel, o que provavelmente salvou a vida do mineiro. Na verdade, parece que ele ficou sabendo da dizimação do grupo da VPR em Recife, pelo jornal. Quase imediatamente após o ocorrido, mas devido a outras circunstâncias, as coisas começaram a degringolar também no novo grupo que Daniel formava.

Ao menos duas vezes em 1972, Daniel enviara Léo e outro militante ao Chile para fazer contato com Ângelo e Maria do Carmo e receber dinheiro e apoio logístico. Ele chegou a solicitar um passaporte para que pudesse deixar o país, mas não era algo fácil de conseguir.[50] A conexão entre o Rio de Janeiro e Santiago foi fortalecida quando Jonjoca mudou-se para o Chile naquele ano e passou a servir como intermediário para os membros da VPR e os emissários que Daniel enviara do Brasil. Os milhares de dólares que eles enviaram de volta ao Rio de Janeiro o permitiram que comprasse, entre outros materiais, um mimeógrafo usado para fazer cópias da modesta publicação da organização.[51] Elisalva viajou ao Chile em 1973 para obter mais fundos para manter a Public Publicity solvente e financiar as operações em Niterói.

Quando retornou ao Rio, Elisalva criticou Daniel por não seguir as medidas de segurança. Essa negligência permitiu que ela tivesse acesso à identidade de potenciais recrutas para a organização e que haviam se reunido na casa onde viviam. Em resposta às críticas, ele concordou em arrumar um esconderijo, com os recursos que ela trouxera do Chile. Daniel mudou-se para esse novo aparelho mais ou menos na época em que alguns estudantes de Minas Gerais, que se escondiam no Rio de Janeiro, foram presos pela polícia. O grupo estava ligado à DVP, e Léo concordara em ajudar a escondê-los. Sob tortura, um dos detidos disse que havia conhecido Daniel em uma casa em Niterói. Também identificou Elisalva, com quem havia estado cara a cara, após ela ter voltado para casa, ao fim de um dia de aula, enquanto a reunião ainda estava em andamento.[52]

Quando souberam das prisões, Elisalva, Cláudio e Daniel trataram de se esconder. Alguns dias se passaram e tudo parecia normal. Era sexta-feira e o Carnaval se aproximava – era o momento ideal para se dispersarem. O grupo, no entanto, não se deu conta de que o jovem revolucionário que havia reconhecido Elisalva revelara a localização do apartamento deles. Quando Magaly voltou para casa, a polícia esperava por ela.[53] Elisalva passou por lá mais tarde, no mesmo dia, e também foi pega. Sem perder tempo, a polícia iniciou o interrogatório ali, utilizando a fiação do apartamento para lhe infligir choques elétricos. Léo e outras pessoas do grupo foram presos logo em seguida.[54]

Cláudio e Daniel entraram em pânico quando souberam que Elisalva e Magaly haviam sido detidas. Mais tarde, Daniel relatou o incidente em uma carta a Lúcia: "Isto aconteceu durante o Carnaval. Foi muito estranho estar no meio da multidão que brincava, completamente derrubado, absolutamente isolado."[55] Naquela sexta-feira, as alternativas de ambos se esgotaram, e os dois se viram sem ter para onde ir. Cláudio queria fazer alguma coisa para salvar Elisalva, mas quando contatou a família dela, aconselharam-no a desaparecer.[56] Daniel descreveu a noite atormentadora que viveram enquanto tentavam chegar a uma solução "objetiva". "Eu concluí que deveria me suicidar, pois cair seria inevitável."[57] Ele preferia morrer a ser detido e torturado. Para Daniel, Cláudio poderia entregar-se ou esperar para ser preso, pois não estava tão envolvido. Após conceberem o plano, perceberam o quão ridículo era. Tempos depois, apelidaram o incidente de "noite da galinha", uma referência jocosa à negação de Cristo por São Pedro antes do terceiro canto do galo, mas também ao fato de que a lâmina que Daniel tinha à mão para se matar era similar àquelas utilizadas para abater galinhas em cerimônias de candomblé.[58]

Desesperados para escapar da polícia, ambos chegaram a outra solução: entrar em contato com a família de Daniel. Eles conseguiram passar a mensagem para dona Geny e Geraldo, que dirigiram de Belo Horizonte até o Rio de Janeiro. Era Carnaval. Pegaram os dois jovens, que esperavam numa esquina da cidade, e passaram o restante do dia a ver e ouvir o barulho da festa na rua, antes de retornarem, os quatro, para Belo Horizonte. Lá, os dois revolucionários se esconderam na casa de Hamilton, irmão de Daniel, por alguns dias, e depois partiram para Barbacena, onde ficaram com a irmã de dona Geny.[59] Mais uma vez, esconder-se no lugar mais óbvio parecia uma boa estratégia. As autoridades nunca se deram ao trabalho de procurar os fugitivos entre os parentes de Daniel. Como a carta roubada do conto de Edgar Allan Poe, os dois esconderam-se tão à vista da polícia que nunca foram procurados ali.

Barbacena é uma cidade bucólica, localizada no alto das montanhas da região do Campo das Vertentes, no sudeste de Minas Gerais, que goza de clima tropical de altitude, com verões amenos e inverno frio. Cláudio e Daniel eram a nova atração que remexia o sossego da vida pacata da cidade.[60] Daniel chegou a contar que ambos se misturaram a ponto de se tornarem apenas mais dois membros da família, mas parece estranho que os vizinhos nunca tenham comentado sobre sua presença, uma vez que estava sendo procurado. Sua prima, Cleide Brunelli Caldas, ponderou que, como sua família não partilhava do nome Carvalho, as pessoas não associavam o notório "terrorista" a eles.[61] Ainda assim, é difícil acreditar que as pessoas não falassem sobre o filho revolucionário de Geny Brunelli, visto que as duas famílias se frequentavam com assiduidade. É possível que o conhecido jeito mineiro – reservado – tenha predominado, ou Daniel e Cláudio apenas pareciam muito longe de serem figuras perigosas, o que lhes teria permitido passar despercebidos.

Logo, a dupla se viu completamente entediada com a vida interiorana. Com apenas dois cinemas na cidade e pouca oferta de lugares para comer fora e se divertir, a maior atração de Barbacena era a praça dos Andradas, onde a juventude se reunia para conversar e flertar.[62] Atividades políticas estavam fora de cogitação, assim os dois não tinham muitas formas de ocupar seu tempo. Daniel lia sem parar e Cláudio pintava um pouco, mas, de modo geral, ficavam bastante entediados.[63]

Então tiveram a ideia de abrir uma discoteca – a Dinossauro. Viúva recente, de espírito livre, a tia de Daniel adorou a ideia e lhes cedeu uma propriedade da família no Centro, que estava desocupada. Cláudio pintou murais com o tema Idade da Pedra e decorou o teto com estalactites; depois, pesadas mesas de pedra foram distribuídas pelo salão.[64] O clube servia bebidas e alguma comida. Daniel era o DJ, e Cláudio administrava a cozinha e as finanças. Entre a variada clientela, encontravam-se jovens cadetes da Escola Preparatória de Cadetes do Ar, da Força Aérea Brasileira.

Cleide, a prima de Daniel, era figura carimbada do local. Ela se lembra com ternura de como os cantos escuros da casa noturna ofereciam refúgio perfeito para os namorados. Considerada a filha indomável e rebelde, divertia-se, trabalhando com Cláudio, que era chamado de Lauro, e Daniel, que havia adotado o codinome Roberto. Cleide ia para lá todos os dias depois da escola; a casa abria às sete da noite e fechava às cinco da manhã. Embora não fosse abertamente um bar gay, sem dúvida proporcionou aos dois a oportunidade de flertar com os jovens que frequentavam o estabelecimento, que, para uma cidade sossegada, era um lugar novo e diferente para passar o tempo.[65] Infelizmente, a Dinossauro não rendia dinheiro. Dona Geny lamentou esse fato muitos anos depois, comentando a imprudência do negócio.[66] Endividados junto aos fornecedores de bebidas, entre outros, a dupla foi obrigada a fechar a casa depois de cerca de seis meses de funcionamento.

Vários meses depois, quando Cleide descobriu que estava grávida, Daniel e Cláudio ajudaram a acalmar os ânimos da família diante da situação da nova mãe solteira. Para escapar dos mexericos, a mãe de Cleide resolveu se mudar com a família para um bairro operário no Rio de Janeiro. Daniel foi junto, servindo como um grande apoio para Cleide durante a gravidez e o parto.[67] Cláudio foi morar em Belo Horizonte com os pais de Daniel, posando de sobrinho.[68] No Rio de Janeiro, é provável que Daniel tenha investigado discretamente o paradeiro dos companheiros que viviam no Chile quando os militares, sob a liderança do general Augusto Pinochet, tomaram o poder em 11 de setembro de 1973.

Milhares de revolucionários brasileiros imigraram para o Chile durante o governo de Salvador Allende. Já havia mandados de prisão para muitos deles, enquanto outros se adiantaram e fugiram do Brasil temendo a perseguição. Quase imediatamente após a tomada do poder no Chile, o governo de Pinochet emitiu um chamado para os "patriotas" entregarem todos os estrangeiros "subversivos". Muitos exilados brasileiros tentaram fazer contato com a esquerda chilena para resistir ao golpe, mas logo perceberam que o sotaque estrangeiro e a frágil situação legal os colocavam em grave risco. Houve grande agitação e uma corrida às embaixadas para pedidos de asilo político. Jean Marc von der Weid, expatriado em troca da libertação do embaixador suíço, foi fundamental para salvar a vida de dezenas de revolucionários. Ele usou seu passaporte suíço para proteger-se da prisão e levou os companheiros a diferentes embaixadas.[69] Maria do Carmo, o filho, Juarez, e a mãe, Angelina, com Mário Japa, Ângelo Pezzuti e sua companheira, a chilena Maria Luisa Advis, conseguiram entrar na embaixada do Panamá, um apartamento de três quartos que em pouco tempo foi ocupado por 250 refugiados. Depois de algum tempo, enfim obtiveram permissão para deixar o país. Maria do Carmo, Mário Japa e Juarez receberam asilo em Louvain, na Bélgica; Ângelo e Maria Luisa se exilaram em Paris. Uma vez assentados, começaram a procurar por Daniel e Cláudio; a preocupação com a segurança dos dois havia aumentado após a notícia da morte dos militantes da VPR no Recife. Ninguém fazia ideia de onde estavam.[70]

Depois que Ângelo Pezzuti, Maria do Carmo Brito e Mário Japa acomodaram-se na Europa, enviaram uma mensagem a Jonjoca, que escapara do Chile para a Argentina, e pediram que ele fosse à Europa em missão. Deram-lhe dinheiro e instruções para conseguir dois passaportes falsos, entrar no Brasil discretamente, encontrar Daniel e convencê-lo a sair do país. Ângelo deu a Jonjoca o endereço de sua tia, Ângela Pezzuti, que morava em Belo Horizonte e poderia lhe ajudar.[71] Ângela ficou chocada quando um desconhecido foi à sua casa e bateu à porta procurando por ela. Quando recebeu o bilhete em que o sobrinho identificava o portador como uma pessoa confiável, ela prontamente concordou em ajudar.[72] Nas entrevistas para este livro, Ângela e Jonjoca forneceram relatos detalhados, com pequenas diferenças que não afetam o sentido essencial do modo como o dinheiro e os passaportes falsos chegaram a Daniel. Jonjoca havia conseguido dois passaportes por meio de contatos revolucionários na Argentina e os entregou a Daniel, com a mensagem de que seus companheiros insistiam que saísse do país. Foi preciso algum tempo para modificar os documentos de maneira adequada. Enquanto isso, Daniel mudou-se para Belo Horizonte para ficar perto de Cláudio e planejarem a partida, ainda presumindo que estivesse invulnerável à detecção e prisão.

Lenice Leandro de Carvalho, esposa de Hamilton, conta a história de que, enquanto esperavam os documentos ficarem prontos, Daniel e Cláudio reuniram um grupo de estudantes na universidade para ensaiar uma peça de teatro que os dois haviam escrito. Ela se recorda vagamente de o enredo da peça se passar em um circo e de ser uma crítica ao regime militar.[73] O espetáculo nunca chegou a estrear, mas o fato de que Daniel e Cláudio consideraram a possibilidade de montar uma peça em Belo Horizonte era uma indicação da audácia dos dois e da decisão que haviam tomado, de simplesmente ignorar os perigos que os cercavam. Avaliando o contexto, décadas depois, essa postura parece ter sido ao mesmo tempo ingênua e incrivelmente sagaz.

Em 7 de setembro de 1974, dia de comemoração da Independência do Brasil, Daniel e Cláudio cruzaram a fronteira para a Argentina com passaportes adulterados, emitidos por uma nação na América Central. Daniel simulou uma laringite para evitar conversar com estranhos, mas Cláudio, eloquente e simpático, falava um portunhol que divertiu os companheiros de viagem e conseguiu escapar às suspeitas das autoridades.[74] Depois de quase seis anos na clandestinidade, Daniel passou, então, de um exílio interno e doméstico para uma nova forma de movimentação, na Europa.

NOTAS

1. Maria Elisalva Oliveira Joué foi a segunda esposa de Cláudio Mesquita. Maria Elisalva Oliveira Joué, entrevista.
2. Alfredo Alves (diretor), *Homens*, 1993; Magaly Mesquita, entrevista n. 2.
3. Alfredo Alves, *Homens*, Abia.
4. *Ibid.*
5. *Ibid.*; Maria Elisalva Joué, entrevista; Magaly Mesquita, entrevista n. 1.
6. Maria Elisalva Joué, entrevista.
7. Alfredo Alves, *Homens*.
8. Magaly Mesquita, entrevista n. 1.
9. Alfredo Alves, *Homens*.
10. Maria Elisalva Joué, entrevista.
11. *Ibid.*
12. *Ibid.*
13. *Ibid.*
14. Herbert Daniel, *Meu corpo daria um romance*, p. 19.
15. *Ibid.*
16. Herbert Daniel, *Passagem para o próximo sonho*, p. 36.
17. Herbert Daniel, carta a Lúcia Velloso, 7 de junho de 1975, AA.
18. *Ibid.*
19. Herbert Daniel, *Meu corpo daria um romance*, p. 22.
20. *Ibid.*, p. 18.
21. *Ibid.*
22. Herbert Daniel, *Passagem para o próximo sonho*, p. 97.
23. Maria Elisalva Joué, entrevista.

24. Maria José Nahas, entrevista.
25. Laís Soares Pereira, entrevista n. 2.
26. Maria do Carmo Brito, entrevista n. 1.
27. Alfredo Sirkis, entrevista.
28. Lúcia Velloso, entrevista n. 2.
29. Christopher Dunn, "Desbunde and its discontents".
30. Herbert Daniel, *Passagem para o próximo sonho*, p. 34.
31. Comissão de Familiares, *Dossiê ditadura*, pp. 235-236; Herbert Daniel, carta a Lúcia Velloso, 7 de junho de 1975, AA.
32. Herbert Daniel, carta a Lúcia Velloso, 7 de junho de 1975, AA.
33. Ministério do Exército, I Exército, DOI. N. 94/73. Interrogatório de Antônio de Morais Mesplé, Aperj.
34. Maria Elisalva Joué, entrevista.
35. Herbert Daniel, *Passagem para o próximo sonho*, p. 41.
36. *Ibid.*, p. 118.
37. Laís Soares Pereira, entrevista n. 1; André Luiz Vieira de Campos, entrevista; Maria José Nahas, entrevista.
38. Herbert Daniel, *Passagem para o próximo sonho. Ibid.*, p. 41; Luiz Carlos Delorme Prado e Fábio Sá Earp, "O 'milagre' brasileiro".
39. Martha Vianna, *Uma tempestade como a sua memória*, p. 117.
40. *Ibid.*, p. 118.
41. *Ibid.*, pp. 125-127.
42. *Ibid.*, pp. 119-23; Herbert Daniel, *Passagem para o próximo sonho*, pp. 66-68; Herbert Daniel, "Anselmo" *O Pasquim*.
43. Inês Etienne Romeu, "Relatório Inês".
44. *Ibid.*
45. Ângelo Pezzuti de Silva, "Cabo Anselmo", pp. 10-11.
46. Martha Vianna, *Uma tempestade como a sua memória*, pp. 120-122.
47. Ângelo Pezzuti de Silva, "Cabo Anselmo", pp. 10-11.
48. Urariano Mota, *Soledad no Recife*.
49. Comissão de Familiares, *Dossiê ditadura*, pp. 410-418.
50. Caso n. 75, pp. 19-24, BNM.
51. Maria Elisalva Joué, entrevista; Caso n. 75, p. 2083, BNM.
52. Maria Elisalva Joué, entrevista.
53. Magaly Mesquita, entrevista n. 1.
54. Maria Elisalva Joué, entrevista; Magaly Mesquita, entrevista n. 1.
55. Herbert Daniel, carta a Lúcia Velloso, 7 de junho de 1975, AA.

56. Maria Elisalva Joué, entrevista.
57. Herbert Daniel, carta a Elisalva Josué, 7 de junho de 1975, AA.
58. Herbert Daniel, *Passagem para o próximo sonho*, p. 129; Herbert Daniel, carta a Lúcia Velloso, 7 de junho de 1975, AA.
59. Geny Carvalho, entrevista n. 1; Hamilton Carvalho, entrevista n. 1; Hamilton Carvalho, entrevista n. 3.
60. Herbert Daniel, carta a Lúcia Velloso, 7 de junho de 1975, AA.
61. Cleide Brunelli Caldas, entrevista.
62. *Ibid.*
63. *Ibid.*
64. Hamilton Carvalho, entrevista n. 2; Geny Carvalho, entrevista n. 3.
65. *Ibid.*
66. Geny Carvalho, entrevista n. 3.
67. Cleide Brunelli Caldas, entrevista.
68. Geny Carvalho, entrevista n. 3.
69. Jean Marc von der Weid, entrevista; Denise Rollemberg, *Exílio*, pp. 178-179.
70. Martha Vianna, *Uma tempestade como a sua memória*, pp. 129-37.
71. João Belisário de Sousa, entrevista.
72. Ângelo Pezzuti, entrevista n. 2.
73. Lenice Carvalho, entrevista.
74. Herbert Daniel, *Passagem para o próximo sonho*, p. 143.

12. Cravos vermelhos (1974-1975)

> "Exílio... é um certo não uma ausência
> sim um ponto longe um mundo outro."
> Herbert Daniel, 1981[1]

Daniel tinha bons motivos para deixar o Brasil. Estava sendo acusado de diversas violações da Lei de Segurança Nacional e, se fosse detido, receberia a sentença de várias prisões perpétuas.[2] Sob o AI-14, de 1969, corria o risco de ser condenado à pena de morte. Além do mais, as autoridades do governo matavam cada vez mais revolucionários sob sua custódia, alegando que resistiam à prisão.[3]

Quando Cláudio e Daniel conseguiram cruzar a fronteira para a Argentina, o futuro político do Brasil era bastante incerto. Em 15 de março de 1974, Ernesto Beckmann Geisel tornou-se o quarto general de quatro estrelas a assumir a Presidência da República. Prometera tratar da abertura política tão logo assumisse o cargo, embora, considerando o exemplo dos presidentes Humberto de Alencar Castelo Branco e Arthur da Costa e Silva, a promessa pudesse ser plenamente vazia. Emílio Garrastazu Médici, por sua vez, nem se incomodou em semear essa esperança. Considerando esse histórico, não havia garantias de que a prometida abertura "lenta, gradual e segura" viesse a ocorrer. Embora Geisel tivesse eliminado algumas restrições da censura e aberto um pouco o processo eleitoral, era sensato exercer a cautela, senão o cinismo, com relação a uma liberalização iminente.[4]

Em 1974, o preço do petróleo ia às alturas em todo o mundo. O Brasil ainda era muito dependente da importação de petróleo em grande escala para sustentar sua economia em expansão. Diante de faltas substanciais de combustível, o governo era obrigado a fazer grandes empréstimos para aumentar o suprimento, o que acarretou inflação e desaceleração da economia. Essas medidas contribuíram para reduzir o apoio da classe média e de alguns setores das classes operárias ao regime. A ditadura militar começava a mostrar sinais de fraqueza.[5]

A crise econômica também influenciou a mudança nas alianças partidárias. Uma comparação dos resultados das eleições de 1966 e de 1970 para senadores e deputados revela o aumento significativo de votos brancos e nulos, o que poderia indicar a insatisfação política com o regime, embora os cientistas políticos tenham apontado fatores socioeconômicos como a causa.[6] Não obstante, a Arena permanecia firme no comando das legislaturas nacionais na maioria dos estados. Em quatro anos, o clima político mudou. O descontentamento com o *status quo* agora era demonstrado pelo apoio ao MDB, que fazia campanhas agressivas contra a marginalização econômica das classes pobres e trabalhadoras e criticava a falta de democracia. Apenas dois meses depois que Daniel e Cláudio deixaram o país, os militares se viram diante de resultados eleitorais surpreendentes. Na corrida para o Senado, o MDB recebeu 14,5 milhões de votos, ou 59% do total, conquistando 16 das 22 cadeiras disputadas. Enquanto a Arena manteve a maioria na Câmara dos Deputados, a oposição expandiu sua representação, principalmente nas áreas urbanas. Esses resultados indicavam que o regime perdia seu apelo político rapidamente, de modo particular nas maiores metrópoles do país.[7]

Mas esse processo não acarretou a redução automática das práticas de tortura ou da repressão política. Embora as organizações de luta armada tenham sido dizimadas até 1974, a polícia política operava da mesma maneira contra outros grupos de esquerda. Em 1975, Vladimir Herzog, um conhecido jornalista de São Paulo ligado ao PCB, morreu durante o interrogatório.[8] No ano seguinte, o Exército atacou violentamente uma reunião do Comitê Central do PCdoB, matando três líderes.[9] Essas ações deixavam claro que Geisel não havia sobrepujado as forças militares linha-dura que queriam continuar aniquilando toda e qualquer oposição de esquerda. Daniel estava muito mais seguro no exterior.

A chegada de Daniel e Cláudio a Paris, em meados de novembro, foi motivo de tremenda comemoração. Enfim, após quase seis anos, Ângelo Pezzuti e Daniel se reencontravam. Mesmo que fosse extremamente empolgante para Daniel rever Ângelo e outros exilados, deixar o Brasil não foi fácil. Mais tarde, escreveu que só havia concordado em abandonar sua pátria porque o passaporte alterado que usara lhe possibilitava retornar em um futuro próximo para continuar a luta.[10] Após muitas discussões, Ângelo, Maria do Carmo e outros o convenceram de que, se retornasse ao país e fosse preso, os militares poderiam torturar de novo outros companheiros presos para extrair novas informações com base em qualquer coisa que ele pudesse revelar. Além disso, as mortes em Recife sugeriam com veemência que as autoridades poderiam simplesmente assassiná-lo, caso fosse pego. Pouco a pouco, a ideia de retornar ao país se dissipou e, gradualmente, Daniel conformou-se com a ideia de morar no estrangeiro.[11]

Em Paris, conheceu Maria Helena Tejo, que aderira à VAR-Palmares no Rio Grande do Sul em 1969 e fugira para o Nordeste quando uma onda de prisões forçou os militantes a se dispersarem. Por fim, conseguiu deixar o Brasil e chegou a Paris no final de 1973. Os dois ficaram amigos imediatamente. Ela lembra: "Depois que Daniel chegou, a gente deve ter ficado um mês, uns dois meses ainda em Paris, e aí Maria do Carmo [...] conseguiu um esquema para irmos para Portugal, [...] porque já tinha havido a Revolução dos Cravos, então teríamos alguma chance de trabalhar."[12]

Ao fim de 1974, Portugal era um destino atraente para muitos brasileiros exilados que fugiram do Chile. O levante revolucionário que acontecia ali proporcionava um contraponto otimista à recente derrota da "via pacífica rumo ao socialismo" chilena. Ademais, embora o Brasil há muito fosse independente de Portugal, o idioma comum, além dos laços históricos e culturais, ainda unia os dois países e seu povo.[13]

A Revolução dos Cravos, como foi chamada, começou em 25 de abril de 1974, quando um grupo de capitães e outros soldados, que haviam formado secretamente o Movimento das Forças Armadas (MFA), tomaram o controle de locais estratégicos em Lisboa.[14] Os integrantes do MFA anunciaram o fim do Estado Novo, o regime fascista que detinha o poder desde 1933, e delinearam um programa abrangente, que incluía o fim da constante guerra de Portugal contra os movimentos pela independência de suas colônias na África e na Ásia. Logo, os rebeldes começaram a desmantelar o aparato repressivo. O MFA clamava a instauração de um regime democrático que promoveria reformas socioeconômicas radicais. Influenciado pelo Partido Comunista Português, à época banido, e por outros grupos de esquerda que ainda operavam legalmente, a rebelião de 25 de abril acendeu um sentimento popular em favor da mudança radical.

No dia da revolta, à medida que os tanques tomavam o centro da cidade, o MFA transmitiu mensagens de rádio pedindo à população para ficar em casa. As pessoas ignoraram o pedido, e milhares tomaram as ruas. Como era época de cravos, soldados e civis reuniram cravos vermelhos do mercado de flores e de vendas de esquina e os colocaram sobre a boca dos rifles e nos uniformes dos soldados, para simbolizar a derrota pacífica (e revolucionária) do regime fascista. O programa de democratização, descolonização e desenvolvimento do MFA desencadeou um embate entre a esquerda e a direita que durou dois anos, chegando a ser chamado de Processo Revolucionário em Curso, à medida que diferentes forças políticas tencionavam os desfechos políticos da revolta de 1974. Daniel e Cláudio chegaram a Portugal mais tarde naquele ano, quando essa batalha acirrada se encontrava a todo vapor.

A decisão de partir para Portugal foi tomada com bastante rapidez. Maria Helena, Daniel e Cláudio não haviam encontrado uma forma imediata de se sustentar em Paris. Nenhum deles falava francês, e Portugal tornou-se uma opção sedutora. Maria Helena se lembra: "O Daniel passou de táxi. [...] Eu estava meio deprimida com essa coisa de vai para ali, aqui, não sabe onde fica, e o Daniel falou para mim: 'As coisas não são como a gente quer que sejam.'" Como nômade revolucionário veterano, Daniel tivera incontáveis experiências de adaptação a novos lugares e situações precárias, de modo que provavelmente viu o plano de instalar-se em Portugal como apenas mais uma parada na longa jornada que começara quando ele juntou algumas mudas de roupa, incluindo a blusa marrom que sua mãe fizera, e foi embora de Belo Horizonte. Após uma série de derrotas no Brasil, essa era uma oportunidade de vivenciar a revolução com a qual sonhara desde 1967. Ele havia passado os últimos dezoito meses na vida tediosa e rotineira entre Barbacena e Belo Horizonte. Estava pronto para outra aventura. "Nós pegamos um trem, era este grupo: Japa [Shizuo Ozawa], Maria do Carmo, Jonjoca, Daniel, Cláudio e eu. Pegamos um trem e fomos para Lisboa", assim se lembra Maria Helena.

Depois de se hospedarem por algum tempo com antigos membros da VPR ou em moradias temporárias fornecidas a refugiados políticos, o grupo encontrou um apartamento grande do outro lado do rio Tejo. Daniel dividia um quarto com Maria Helena, enquanto Cláudio, Jonjoca e Maria do Carmo se instalaram nos outros cômodos. O apartamento ficava próximo da praia e depressa tornou-se um ponto de encontro para os exilados brasileiros.[15]

Em retrospectiva, Maria Helena reflete que o arranjo não funcionava tão bem: "O Daniel e o Cláudio fizeram amizade com toda a comunidade gay, e aí virou [um lugar] gay, a casa ficou assim. Se você chegasse em determinada hora, já não tinha lugar para dormir. A Maria do Carmo e o Japa acharam aquilo demais para eles." Maria do Carmo explicou: "Mas também só quem trabalhava na casa era eu. Lavava a roupa de todos, passava a roupa de todos, fazia a comida de todos e ia trabalhar. Quando eu voltava, a louça do almoço estava na pia. Eu tinha que lavar tudo aquilo para fazer o jantar. A diferença entre o que é grupo e o que é família... Não deu certo. A gente não brigou; antes de brigar, nós nos mudamos para outra casa."[16]

Embora os princípios comunistas sobre a divisão igualitária dos deveres e tarefas sem distinção entre os sexos pudessem circular entre os exilados brasileiros, colocá-los em prática era outra história. Em 1974, poucos revolucionários haviam abraçado as ideias feministas; o fardo do trabalho de casa permanecia sobre as mulheres e era visto como uma divisão natural do trabalho. Maria do Carmo, Mário Japa e o filho deles mudaram-se dali e formaram um núcleo familiar. Daniel, Cláudio, Maria Helena e Jonjoca permaneceram no apartamento, levando uma vida mais comunal. Ao longo dos meses seguintes, receberam visitas de dezenas de outros exilados brasileiros espalhados por toda a Europa, que se aproveitavam do apartamento aconchegante e estrategicamente localizado próximo da praia para visitar os amigos em Portugal.

Daniel desfrutou de uma nova onda de energia e excitação criativa durante o primeiro ano efervescente da Revolução dos Cravos. "Portugal, um meio-fio sem proibição onde me sentei e escrevi uns versinhos", escreveu.[17] Para as pessoas acostumadas a uma situação repressiva, na qual o diálogo político franco e aberto era impossível, Portugal era uma experiência única. "Era uma festa. [...] Todo mundo discutia, por toda a parte. Nas praças, dia e noite a gente se reunia em grupinhos falando da revolução." Também aponta: "Depois de muitos anos fui capaz de parar quieto num café, num banco público, mesmo na calçada, se me desse vontade. No dia em que me sentei naquele meio-fio, duma avenida que não podia deixar de ser a da Liberdade, o mundo teve outro gosto, a vida, outro sentido. A calma reinventada me deu um empurrão. Ah, que as coisas podem ser fantásticas vistas da perspectiva surpreendente da beirada do passeio."

Daniel escreveu muitas cartas do exílio português. Poucas sobreviveram, mas, felizmente, Lúcia Velloso guardou todas. A troca de correspondências começou logo após ser libertada da prisão, em 1975. A primeira comunicação de Lúcia, entregue em mãos por Alfredo Sirkis, iniciava-se de forma simples, mas demonstrando uma intuição notável, considerando que eles não se falavam havia quase quatro anos: "Meu querido. Como devo te chamar hoje? Eu ia colocar Dan, mas parei. Lembrei que você gostava do seu nome, Herbert. Mas você também gostava de Daniel. E hoje qual você prefere? Talvez um nome novo, um relacionamento novo, perspectivas novas, até Portugal se renovou!"[18]

Ela estava certa. Daniel tinha mudado, e como gostava tanto de seu nome de batismo quanto do seu nome adotado na clandestinidade, o apelido composto, pouco a pouco, pegou como seu nome permanente. Ambos tinham passado por inúmeras transformações desde as conversas íntimas em meados de 1971. Em sua primeira correspondência mais longa, Lúcia relatou suas experiências na prisão e após sua libertação. Descreveu os prós e contras de seu casamento com Alex, que cumpria a pena perpétua, e sua busca pessoal por uma nova identidade, à medida que se reajustava à vida em liberdade.

Daniel escreveu uma resposta exuberante e também longa, que confirmava suas especulações: "Eu mudei demais, custo às vezes recordar como eu era. Não posso mesmo nem explicar em que e como me transformei." Prosseguiu: "Estou, pela primeira vez na minha vida – sem exagerar – encontrando um caminho seguro, estou feliz..."[19] Essas autodescrições eram reflexões incisivas sobre sua personalidade. "Eu, agora: estou mais velho, menos sonhador. Isto é, sonho muito, mas [são] sonhos menores. Continuo problemático e megalomaníaco. Porém, um pouco mais irônico e desconfiado." Daniel também havia mudado fisicamente. Perder peso o ajudara a se sentir melhor com relação ao seu corpo – pela primeira vez.

Após recapitular o que havia se passado depois que Lúcia foi detida, ele chegou ao que parecia ser o motivo principal da carta: Cláudio. Descreveu, com carinho, Cláudio para Lúcia: "O cara é absolutamente sensacional. [...] Durante os últimos três anos vivemos juntos e constituímos uma amizade que foi minha forma de renascer." Daniel contou as jornadas que tinham vivido juntos: "Acontece que eu e Lauro [Cláudio] estivemos juntos durante três anos correndo pelo mundo, passando poucas e boas, ligados, grudados, dependentes. Mas éramos amigos; tudo em comum, exceto a cama. Há exatamente quinze dias as coisas mudaram. Nós concluímos pela coisa mais natural do mundo: nós nos amávamos. Foi uma experiência incrível; tem sido. Não que tenhamos mudado as bases mesmas da nossa relação. Só que ASSUMIMOS."

Apesar de Daniel e Cláudio só terem consumado seu relacionamento em 1975, muitas pessoas que interagiam com eles no dia a dia presumiam que seu envolvimento sexual datava de muito antes, em especial os que sabiam ou especulavam sobre a homossexualidade de Daniel. Maria Helena, a amiga mais próxima do mineiro em Portugal, sabia detalhes íntimos da vida pessoal dos seus companheiros de casa, mas outros criavam falsas pressuposições sobre seu relacionamento. Ao relembrar as interações com os dois durante os primeiros meses na Europa, Alfredo Sirkis, Liszt Vieira, Maria do Carmo e Mário Japa relataram que Daniel e Cláudio haviam chegado a Paris como um casal gay, dividiam o mesmo quarto e, presumivelmente, a mesma cama.[20] Carlos Minc, que fora membro da VAR-Palmares mas não conhecera Daniel pessoalmente no Brasil, e sim em Portugal, imaginou que ele e Cláudio estivessem juntos.[21] Cleide, a prima de Daniel, insiste que os dois já tinham relações sexuais em Barbacena.[22] Para as pessoas ao redor da dupla, sua proximidade pessoal se confundia com envolvimento sexual.

O segundo livro de Daniel possibilita aos leitores uma espiada nas cenas que precederam o início do romance. Cláudio estava leve e desligado nos dias anteriores. Passaram o sábado na praia. Sem nenhum aviso prévio, Cláudio entregou uma carta a Daniel, onde escrevera: "Por que é que nós, que dizemos que nos amamos, não levamos o amor até as últimas consequências?" Apesar de não estar certo de que gostaria de ir adiante, Daniel foi. "Não seria a melhor trepada que já dei na minha vida" – admitiu mais tarde –, "mas a que exclusivamente me compôs, de fato, em gozos insuspeitos e inexplicáveis."[23]

Maria Helena recordou o drama psicológico inicial em torno do caso amoroso: "O Cláudio tinha mais certeza de que ele queria isso, e o Daniel ficava meio confuso porque eles eram muito amigos... Isso é uma interpretação minha, porque ele nunca me falou isso, eu acho que o Daniel tinha dificuldade de entrar na coisa que daria [certo], e o Claudio era uma coisa que daria [certo]. [...] Ele vinha com traumas, por exemplo, no Vale do Ribeira foi muito difícil para ele. Ele não tinha sexualidade nenhuma, ninguém sabia que ele era homossexual." Na verdade, em seu livro de memórias Daniel insiste que sua experiência no treinamento de guerrilha tinha sido positiva, pois renunciara ao sexo por uma causa, mas é também evidente que sua sexualidade reprimida o atormentava.

Maria Helena também refletiu sobre ansiedades mais profundas que Daniel enfrentava. "Eu acho que ele forjou uma personalidade que não abria essa parte da vida dele. E eu acho que com o Cláudio, pela primeira vez, era uma pessoa viável. Porque ele já estava no exílio, não fazia parte de nenhuma organização, todas as pessoas que estavam com ele não tinham nenhum problema, então de repente ele se vê naquela situação: aqui pode. E eu acho que isso causou certo susto nele." Como Daniel havia decidido reprimir sua sexualidade para aderir à O., tinha vivenciado uma série de paixões por homens heterossexuais que não tinham a menor possibilidade de ir adiante. Longe do Brasil, aos poucos percebeu que Cláudio poderia de fato ser seu parceiro e talvez, como especula Maria Helena, isso tenha rompido o padrão das paixões por pessoas que jamais poderiam retribuir seu amor. Os repetidos afetos "impossíveis" que sentia e a rejeição consistente que sofria aberta ou indiretamente também parecem ter reforçado sua timidez e insegurança natural com relação a esses assuntos pessoais, o que dificultava para ele vislumbrar um relacionamento amoroso com Cláudio, potencialmente disponível. O fato de Cláudio ser muito bonito não ajudava, pois Daniel se considerava pouco atraente.

Maria Helena fez um retrato vívido: "O Cláudio desmunhecava, botava os vestidos, se pintava, a homossexualidade do Cláudio era muito tranquila para ele. Ele até se chamava de Maria da Glória, porque ele fazia as compras lá em casa, dizia: 'Maria da Glória vai à feira', e trazia uns cestos de coisas, de frutas." Segundo Maria Helena, Daniel reprimia tanto sua homossexualidade que, ela imaginava, o amigo não havia se assumido sem rodeios para Maria do Carmo – observação que foi confirmada durante a pesquisa para este livro.[24] Envolver-se amorosamente com Cláudio inevitavelmente levaria Daniel à sua liberação total. Também é possível que, para ele, seu envolvimento com Cláudio significasse reconhecer o fim de uma fase da sua vida, ao passo que não assumir a relação simbolizava, tanto consciente quanto inconscientemente, sua independência como indivíduo e seu comprometimento com a causa revolucionária. Assim, o início do relacionamento marcou uma nova fase em sua vida; além disso, também significava deixar para trás as atitudes que restringiam sua orientação emocional e sexual, mas que haviam se tornado maneiras familiares e, portanto, confortáveis, de interagir com os outros.

Embora Daniel sentisse imensa saudade do Brasil, enfim havia encontrado um espaço de liberdade em Portugal que lhe permitia mais criatividade e, inclusive, maior abertura quanto a seus sentimentos e sua confiança para confrontar a norma do comportamento heterossexual compulsório – que estava impregnado na ideologia esquerdista que o aprisionara no Brasil. Muitos exilados, por serem obrigados a viver fora de seu país e de sua cultura, relatam a sensação de estarem suspensos no tempo e no espaço, como se o fluxo normal da vida estivesse pausado. Dizem sentirem-se sujeitos ao movimento das coisas, sem se relacionarem de verdade com as outras pessoas e com o ambiente ao redor. Em muitos aspectos, essa era a situação em que Daniel se encontrava desde fevereiro de 1969, quando fugiu para o Rio de Janeiro, embora aquele exílio fosse, de fato, um isolamento interno e psicológico.

Daniel escondera sua homossexualidade das pessoas ao seu redor desde meados da década de 1960; viver clandestinamente apenas intensificou sua alienação emocional interna. Naquele mundo sombrio, tinha que lidar com a dissonância entre as ações necessárias e seus verdadeiros sentimentos e desejos. Além do mais, enfrentava a situação estressante de, como revolucionário, não permitir que muitas das pessoas com quem interagia soubessem de seu envolvimento em atividades políticas subversivas. Isso significava projetar, aos seus companheiros, o personagem de um guerrilheiro comprometido, que sobrepujava segredos sobre sua identidade sexual, e criar personalidades falsas para as demais pessoas, de modo que pudesse operar na clandestinidade.

Em seu livro de memórias, ele conta como inventava personagens e histórias que o acobertavam, por exemplo, em conversas no ônibus entre uma cidade e outra durante as viagens em missão revolucionária. Admitiu que sentia êxtase criativo ao tecer histórias de vida que pareciam lógicas, consistentes e sem contradições internas, para não levantar suspeitas. Ao que tudo indica, ele era bom nisso.[25] Sua experiência em ocultar sua homossexualidade em prol da figura revolucionária deve ter facilitado ainda mais o processo constante de invenção de novas identidades. Não obstante, ao mesmo tempo, isso criava um distanciamento profundo entre ele e o mundo à sua volta.

Viver em Portugal durante a Revolução dos Cravos, sem qualquer medo real de prisão, era uma experiência libertadora. Falar abertamente sobre ser gay ao seu círculo de amigos e assumir publicamente seu relacionamento com Cláudio o forçava a sair daquele casulo tecido com tanto esmero. Também significava deixar para trás os laços de dependência que, para sobreviver, estabelecera com outros, que haviam sido fundamentais para a vida na clandestinidade. Em Portugal, pela primeira vez desde que entrara na Faculdade de Medicina, Daniel era livre para escolher seus amigos, a natureza de suas interações e o momento e o modo como queria compartilhar informações pessoais. Ele podia fazer tudo isso sem se preocupar com sua segurança ou com os perigos relacionados às revelações íntimas. Além disso, não precisava mais depender da vontade de apoiadores e de estranhos para ajudá-lo a se esconder e protegê-lo.

As transformações políticas que ele vivenciou desde os meses de autorreflexão solitária no apartamento fechado também contribuíram para uma reavaliação dos seus relacionamentos com amigos e colegas. No tempo em que viveu em Lisboa, Daniel percebeu que tinha pouco em comum com muitos antigos companheiros, embora no passado tenha arriscado sua própria vida para livrá-los da prisão. "Não consigo ter um papo muito agradável com gente que fica curtindo de revolução brasileira", confessou a Lúcia em uma segunda carta. "Além do mais, tenho uma certa vergonha de estar 'aposentado'." Também enfrentou outra realidade decepcionante: "Acho que os brasileiros em geral não aceitam muito bem o fato de eu ter assumido com toda a tranquilidade o meu homossexualismo [sic]."[26]

Daniel mencionou sua condição de "aposentado" diversas vezes a Lúcia e admitiu sem pestanejar a culpa que sentia por ter desistido da promessa revolucionária para o Brasil. Porém, acrescentou: "Ainda por cima vivo com um cara, que nem fumo erva, que não transo pelas casas de outros brasileiros por aqui." Muitos de seus companheiros exilados que viveram a Revolução dos Cravos compreendiam que sua atuação política em Portugal estava relacionada à militância anterior e mantinham os preconceitos tradicionais da esquerda com relação à homossexualidade, como um "desvio pequeno-burguês" ou "um produto da decadência burguesa".[27] Ser aberto com relação à sua homossexualidade no meio esquerdista ainda era novidade e, como notou Daniel, muitos companheiros não engoliram a notícia com facilidade. Outros brasileiros que viviam no exterior haviam escolhido uma nova vida, com menos comprometimento político, e gostavam de fumar maconha de vez em quando, uma prática que era desdenhada por muitos da esquerda. Daniel não se sentia bem em nenhum dos subgrupos de exilados brasileiros, de modo que Cláudio e ele se retiraram das redes sociais dos exilados brasileiros e viviam uma vida relativamente pacata, com alguns amigos próximos.[28] Mudaram-se para um charmoso apartamento antigo, na outra margem do Tejo, com os amigos Maria Helena e Liszt Vieira, que naquele ponto eram um casal.[29] Daniel explica que a "antiga casa era uma casa muito grande e vivia invadida. Literalmente invadida. Nunca tivemos em casa menos de dez pessoas. Como eu preciso sempre de um pouco de solidão, mudamos."[30]

Embora Daniel não tenha concluído o curso durante o exílio na Europa, ele chegou a se matricular na Faculdade de Medicina. Também trabalhava escrevendo artigos para a *Modas e bordados*, uma revista semanal tradicional "feminina", suplemento do jornal *O século*. Maria Antónia Palla, jornalista esquerdista renomada, havia começado a mudar o conteúdo da revista cerca de um mês antes da Revolução dos Cravos, passando a incluir ideias feministas, particularmente voltadas ao planejamento familiar e ao aborto.[31] "Qual final poderia ser melhor para a história de um terrorista aposentado do que acabar na redação de *Modas e bordados*, nostalgicamente olhando as senhoras da redação a tecer infindáveis crochés portugueses?", brinca Daniel em uma carta a Lúcia. "Não se assuste" – assegurou-lhe – "a revista é muito séria. Foi uma tentativa de tomar uma revista basicamente reacionária e apresentar através dela uma nova proposta para as mulheres leitoras (a revista tem quase um século de existência). Não tentamos fazer as leitoras se tornarem 'revolucionárias'" – explicou – "mas por enquanto pelo menos tentamos neutralizar um setor da pequena burguesia."[32]

Como em muitas outras situações em que exilados brasileiros buscaram emprego ou outra assistência, Daniel conseguiu o trabalho por meio de contatos pessoais. Maria Antónia Fiadeiro, uma militante de esquerda que vivera em exílio no Brasil de 1968 a 1974, conhecera Maria do Carmo no Rio de Janeiro e era uma das editoras da revista.[33] Ele perguntou sobre a possibilidade de trabalho. Fiadeiro pediu uma amostra de sua escrita; gostou e o contratou como *freelancer*. Mais tarde, Daniel tornou-se membro do corpo editorial. Essa experiência foi politicamente transformadora para ele.

As principais preocupações das organizações às quais Daniel pertencera voltavam-se para a estratégia de guerrilha revolucionária. A base marxista dessas ideias privilegiava a classe trabalhadora, embora, na prática, após 1968, esse setor da esquerda revolucionária tenha realizado poucas ações entre o proletariado. Questões como o tratamento desigual das mulheres, na esquerda e na sociedade de modo geral, e o racismo eram considerados problemas secundários, que seriam resolvidos após a tomada do poder, durante a construção de uma nova sociedade socialista.

Na Europa, Daniel descobriu novas ideias revolucionárias; entre elas, o feminismo. Durante seus primeiros meses em Portugal, parece ter ignorado o fato de que muitas mulheres, como a amiga Maria do Carmo, com frequência vivem sobrecarregadas com a dupla jornada de trabalho, dentro e fora de casa, sem o apoio do homem. Mas, ao longo daquele ano, sua visão sobre a forma cristalizada de construção dos papéis de gênero foi mudando gradualmente. Daniel ainda tinha uma visão de mundo anti-imperialista e anticapitalista e considerava-se alinhado a movimentos revolucionários em todo o mundo, mas seu trabalho na *Modas e*

Bordados o colocara em contato com mulheres esquerdistas que discutiam a discriminação e a opressão da mulher, o que o levou a repensar ou a expandir os parâmetros tradicionais da ideologia marxista. O processo recente de aceitação da própria homossexualidade e da revelação dos seus sentimentos sexuais e românticos aos seus companheiros mais próximos encaixou-se perfeitamente nesse contato com ideias feministas. Isso lhe proporcionou um novo referencial para compreender a política.

A fim de trabalhar para o jornal, Daniel precisava legalizar sua situação, o que exigia a criação de uma narrativa de suas antigas atividades políticas no Brasil, de maneira que pudesse obter documentos com seu nome verdadeiro. De acordo com os arquivos do Ministério da Administração Interna, ele "abandonou o Brasil por motivos políticos, depois de ter tomado parte em manifestações públicas, reuniões e crítica direta através dos jornais contra o atual regime brasileiro. Estes atos motivaram perseguições, por parte da polícia política, que o obrigaram a andar refugiado por diversas partes do território do seu país".[34] Essa explicação descrevia suas atividades políticas em termos gerais e encobria a maioria dos detalhes sobre sua vida revolucionária. Essa conduta era de se esperar, pois, para obter residência legal na Europa, os exilados eram aconselhados a ater-se à história de que eram apenas estudantes ativistas perseguidos injustamente.[35]

O relatório ainda declarava: "Depois de lhe terem sido imputadas acusações, sem provas, foi-lhe organizado o respectivo processo que, com consequente julgamento, à revelia teve como decisão a sentença de prisão perpétua. Verificando então, que era impossível permanecer no Brasil sem, mais tarde ou mais cedo, ser preso, para cumprimento da pena que lhe tinha sido imposta, resolveu vir para a Europa, mormente para Portugal, em virtude da mudança política operada no 25 de abril de 1974." A história estava correta em termos gerais, mas o relatório – e, presumivelmente, a história contada às autoridades – deixava de mencionar os verdadeiros motivos pelos quais o brasileiro havia recebido tal sentença. Para explicar por que não tinha documentos, Daniel contou aos agentes do governo que alguém no Brasil lhe emprestara um passaporte. Ele mudou a foto e pegou um voo do Rio de Janeiro a Paris. Então, viajou de trem até Portugal e, depois, devolveu o passaporte à pessoa que lhe emprestara. Não está claro se a polícia portuguesa acreditou em sua história, mas, de toda forma, ele jamais conseguiu legalizar sua situação.[36]

Mesmo sem documentos legalizados, pela primeira vez em seis anos Daniel pôde usar seu nome verdadeiro. Ele assinava os artigos que escreveu para a *Modas e Bordados* como "H. de Carvalho". O uso da inicial "H.", em vez de seu nome completo, provavelmente pretendia ocultar das leitoras da revista o gênero do autor. Entre abril e outubro de 1975, escreveu mais de uma dezena de artigos sobre assuntos variados. A linguagem de seus textos ainda apresentava ideias e terminologia marxistas – como é natural na escrita de alguém com seu passado político e que vivia entre os turbulentos levantes revolucionários de Portugal. No entanto, agora ele abordava assuntos que nunca haviam sido mencionados nas pilhas de documentos que ele e outros escreviam sobre táticas, estratégias e a revolução socialista.

Os conhecimentos de Daniel em medicina também vieram a calhar. Ele podia escrever com tranquilidade sobre saúde, em especial sobre questões reprodutivas – e talvez esse tenha sido um dos motivos pelo qual fora contratado. Por exemplo, em um dos seus primeiros artigos, "O tempo que eu passei no útero da minha mãe", ele inventou um "Diário íntimo de um feto", no qual descreveu com criatividade o processo gestacional, para informar sobre as complexidades da gravidez.[37] Em um dos artigos, inclusive, defendeu com firmeza o direito da mulher ao aborto seguro.[38] Em outro, discutiu a nova política de saúde global do governo.[39] Analisou, em uma das colunas, o papel da mulher no ambiente de trabalho, a importância do tempo de lazer e os efeitos positivos dos esportes para a melhoria da saúde. A descrição do racismo como uma doença social e de racistas como doentes mentais também apareceram em outro texto.[40]

Em 1975, que foi declarado pela Organização das Nações Unidas o Ano Internacional da Mulher, Daniel escreveu uma série de colunas intitulada "30 dias de mulher pelo mundo", que incluiu a cobertura e uma avaliação crítica da I Conferência Mundial sobre a Mulher, realizada na Cidade do México.[41] Em um dos textos, indicou os pontos fracos da delegação portuguesa que, segundo ele, nada fizera para se destacar durante a reunião no México. Em outro artigo, ainda comprometido com a lógica marxista, em que a opressão de classes se sobrepõe à opressão de gênero, criticou o discurso de uma representante portuguesa que discutiu o desenvolvimento sem relacioná-lo aos meios e relações da produção e promoveu a ideia de solidariedade internacional entre as mulheres, como se elas pudessem ser definidas como um grupo unificado em si, sem qualquer distinção de classe.[42]

De modo geral, ele permaneceu do lado das feministas socialistas nos debates políticos dentro do movimento feminino. No entanto, escreveu um artigo interessante sobre Marilyn Monroe, seu "amor idealizado" – como Maria do Carmo descreveu a estrela de quem Daniel tanto falava na clandestinidade. O ensaio consistia em uma análise complexa da mídia como produtora de *símbolos sexuais* e de seu papel que reitera ideias conservadoras sobre sexo. Começa energicamente: "Uma mulher é uma mulher. Em certas condições, criadas pela sociedade, torna-se escrava do homem, dona de casa, prostituta, objeto, semideusa. Marilyn era uma mulher. Tornou-se coisa, mercadoria. Mito. Por quê? Continua a ser apresentada como símbolo. A sua história continua como mera narrativa de uma fábula, onde o humano e particularmente o humano FEMININO é substituído por fantasmas de objetos. Por quê?"[43] O artigo se diferencia de forma estranha em comparação a outras colunas que escreveu, talvez porque ele se concentra em uma mulher que era desconsiderada pelo movimento feminista internacional por reproduzir e reiterar os papéis tradicionais dos gêneros.

Ao mesmo tempo, Daniel deixou transparecer sua fascinação pela "deusa do sexo" loura, como muitos homens gays de sua geração que se identificavam com a fragilidade, a vulnerabilidade e o trágico fim de Marilyn Monroe – visto que eles próprios estiveram no papel marginalizado, com uma vida complicada e emocionalmente difícil.[44] O artigo saiu dois meses depois que Daniel e Cláudio iniciaram seu caso romântico. Esse ensaio perspicaz sobre Marilyn, um ícone gay, pode também ser uma maneira de sugerir publicamente sua homossexualidade.

A análise é bastante sofisticada: de modo implícito, o capitalismo produz e promove "uma idealização da sexualidade feminina, através de uma beleza física" bem como "uma liberdade sexual ardentemente desejada e igualmente temida". A simplicidade infantil de Marilyn e sua sexualidade animalesca, segundo ele, promovem o mito do "sexo livre, natural, sem repressões". Ao mesmo tempo, sua sexualidade beira o escândalo, e seu fim trágico é a moral de uma fábula que marca os limites da transgressão e as terríveis consequências da liberdade sexual. Daniel continua: "Um enorme mecanismo de informação (e deformação) ideológica divulgava Marilyn como 'sexo', ao mesmo tempo que insistia no fato disso ser 'imoral' e 'infame'. Que leva à infelicidade e à desgraça." As reflexões sobre a mídia de massa, a cultura, o sexo, as mulheres, a moralidade e o papel da publicidade na criação e reiteração dos mitos marcam sua jornada de distanciamento das formulações marxistas reducionistas sobre as classes. E apontam na direção de análises tão eruditas quanto os melhores escritos feministas da época, embora não haja indicações de que ele tenha tido qualquer contato com tais trabalhos.[45]

Enquanto Daniel aprimorava seus talentos literários e expunha suas perspectivas políticas como escritor para uma revista feminina, Cláudio conseguiu um emprego no MFA, preparando e ilustrando panfletos e outros materiais educativos. O governo revolucionário havia resolvido concentrar sua atenção nas regiões pobres do norte de Portugal, organizando brigadas de alfabetização de adultos que iam até as pequenas cidades e usavam a abordagem pedagógica de Paulo Freire para educar os camponeses. Daniel contou a Lúcia que Cláudio e ele estavam trabalhando em um livro sobre novas ideias relacionadas à educação, influenciados por Freire. O livro, que não chegou a ser publicado, se chamaria *A escola morreu! Viva a escola!*, uma crítica ao sistema educacional burguês e uma proposta de um "método dialético do ensino".[46]

Além de trabalhar nas campanhas de alfabetização do MFA, Cláudio juntou-se a Daniel como colaborador da *Modas e Bordados*, produzindo ilustrações para diversos artigos sobre saúde e corpo. É interessante notar que, embora Daniel revelasse aos poucos sua homossexualidade aos amigos brasileiros, permaneceu discreto quanto à sua vida pessoal e seu passado político enquanto trabalhava para a revista. Maria Antónia e Daniel nunca conversaram sobre a época em que ele era revolucionário no Brasil, e tampouco ele revelou a ela seu relacionamento com Cláudio. Ela presumiu que os dois fossem apenas bons amigos.[47]

Nada surpreendente, aliás. Após guardar a sete chaves no Brasil o segredo de sua identidade sexual, Daniel tinha o dom de avaliar com cuidado em quem podia confiar ou a quem desejava confidenciar-se. Como escreveu a Lúcia, também era uma novidade muito grande abraçar de peito aberto sua homossexualidade. Alguns de seus amigos brasileiros lhe pareciam perplexos diante de seu relacionamento com Cláudio. Profundos laços de amizade haviam sido formados em tempos excessivamente perigosos e, sem dúvida, devido à solidariedade e respeito por Daniel, seu companheirismo era mais forte do que o comportamento conservador em relação à homossexualidade, vigente na esquerda internacional. Talvez como medida de autopreservação, ele apenas permanecesse alerta, ao mesmo tempo que se distanciava dos antigos companheiros que pareciam não haver acompanhado a mudança dos tempos.

Em 1975, além de trabalhar para a revista, começou dois outros projetos, mas, do mesmo modo que ocorreu com a Faculdade de Medicina e o livro sobre novas metodologias de ensino, eles nunca foram concluídos. Ao fim do ano, escreveu a Lúcia contando que havia publicado um livro de poemas, embora ninguém que vivera com ele em Portugal se lembre disso, o que nos leva a crer que era mais uma intenção do que um fato.[48] Ele também dividiu seu entusiasmo sobre a preparação de um manuscrito sobre a Revolução Portuguesa, que não chegou a se concretizar, embora tenha escrito que já tinha um editor.[49] Mesmo que esses empreendimentos nunca tivessem se realizado, a maneira entusiasta como Daniel os descreveu, bem como sua criatividade nas questões sobre a mulher, revelam que ele estava satisfeito com sua oportunidade de escrever com afinco sobre novos assuntos bem distantes da linguagem e ideologia marxista que ditavam o conteúdo dos muitos documentos políticos que havia escrito na clandestinidade. "Consegui ter uma certa maturidade intelectual," confessou a Lúcia, "pernóstica e misantrópica, é bem verdade, mas de qualquer forma uma segurança intelectual maior e mais 'profissional.'"[50]

Pode haver uma explicação para o fato de Daniel não ter chegado a concluir seus diversos planos literários. Em 11 de setembro de 1975, no segundo aniversário do golpe chileno, Ângelo morreu em um acidente de motocicleta em Paris. A notícia o devastou e, dois meses mais tarde, ele comentou com Lúcia que o "absurdo" daquilo foi o maior marco daquele ano.[51] Embora Daniel tivesse acabado de encontrar o amor da sua vida, a perda de Ângelo suplantara em grande parte a alegria que sentia em seu novo relacionamento.

Daniel sentiu-se emocionalmente incapaz de ir a Paris para o enterro, então Maria Helena, que havia se tornado amiga próxima de Maria Luisa Advis, companheira de Ângelo, representou Herbert e Cláudio na ocasião. De acordo com Maria do Carmo, Maria Luisa Advis preferia que ela não comparecesse, de modo que Mário Japa foi em seu lugar.[52] Segundo os relatos, o enterro foi um momento extremamente emotivo, e Carmela Pezzuti, que seguira o filho na política revolucionária, teve uma dificuldade inominável de aceitar a morte dele.[53] Cinco anos depois, escreveu em seu livro de memórias: "Ângelo escapou da cadeia no Brasil; escapou do golpe no Chile; mas não escapou da sua ânsia de viver demais. Não viveu para ver nenhum resultado."[54] Maria Helena achava que Daniel tinha caído em uma depressão leve após a morte de Ângelo, exacerbada pela situação política que se desvelava em Portugal.

Ao final de 1975, as forças esquerdistas radicais haviam perdido para os setores do Exército e da população geral que queriam desacelerar o ritmo da Revolução. Em 25 de novembro de 1975, grupos mais conservadores passaram a controlar o governo. Logo depois, soldados invadiram o apartamento de Daniel, Cláudio e Maria Helena à procura de armas que poderiam estar guardadas ali.[55] Embora não tivessem nada para ser encontrado, a busca os abalou profundamente e, assim, começaram o plano de sair de Portugal. Maria do Carmo e Mário Japa foram convidados a ir a Angola, para apoiar o país recém-independente.[56] Por um tempo, Cláudio sugeriu que fossem para a África também.[57] No fim das contas, optaram por mudar-se para Paris. Em parte, foi uma maneira de Daniel desafiar a morte "burra" de Ângelo, como ele próprio dizia. Além disso, não queria ver os cravos vermelhos da Revolução Portuguesa murcharem, como vira murchar suas esperanças de uma revolução semelhante contra o regime militar brasileiro.[58] Daniel acabava de fazer 29 anos e precisava de um descanso da política revolucionária.

NOTAS

1. Herbert Daniel, *Passagem para o próximo sonho*, p. 144.
2. Casos 42, 47, 75 e 158, BNM.
3. Janaína de Almeida Teles, org., *Mortos e desaparecidos políticos*.
4. Ronaldo Costa Couto, *História indiscreta da ditadura*; Bernardo Kucinski, *Abertura*.
5. Thomas Skidmore, *The politics of military rule*, pp. 178-80; James N. Street, "Coping with energy shocks", pp. 128-47.
6. Timothy J. Power e Timmons Roberts, "Compulsory voting", pp. 795-826.
7. Maria D'Alva Gil Kinzo, *Oposição e autoritarismo*, pp. 153-63.
8. Fernando Jordão, *Dossiê Herzog*.
9. Pedro Estevan da Rocha Pomar, *Massacre na Lapa*.
10. Herbert Daniel, carta a Lúcia Velloso, 7 de junho de 1975, AA.
11. Herbert Daniel, *Passagem para o próximo sonho*, pp. 143-144.
12. Maria Helena Tejo, entrevista. Outras citações pertencem à mesma entrevista.
13. Américo Freire, "Ecos da estação Lisboa".
14. Ronald H. Chilcote, *The Portuguese revolution*; Hugo Gil Ferreira e Michael W. Marshall, *Portugal's revolution;* Hammond, *Building popular power*, Maxwell, *The making of portuguese democracy*.
15. Maria Helena Tejo, entrevista.
16. Maria do Carmo Brito, entrevista n. 2.
17. Herbert Daniel, *Passagem para o próximo sonho*, p. 144.
18. Lúcia Velloso, carta a Herbert Daniel, 30 de junho de 1975, AA.
19. Herbert Daniel, carta a Lúcia Velloso, 7 de junho 1975, AA.
20. Maria do Carmo Brito, entrevista n. 2; Shizuo Ozawa, entrevista; Alfredo Sirkis, entrevista; Liszt Vieira, entrevista n. 1.
21. Carlos Minc, entrevista.
22. Cleide Brunelli Caldas, entrevista.
23. Herbert Daniel, *Meu corpo daria um romance*, pp. 242-243.
24. Maria do Carmo Brito, entrevista n. 2; Shizuo Ozawa, entrevista.
25. Herbert Daniel, *Passagem para o próximo sonho*, p. 74.
26. Herbert Daniel, carta a Lúcia Velloso, 7 de setembro 1975, AA.
27. James N. Green, "Who is the macho who wants to kill me?", pp. 450-51.
28. Carlos Minc, entrevista.
29. Maria Helena Tejo, entrevista.

30. Herbert Daniel, carta a Lúcia Velloso, 7 de setembro de 1975, AA.
31. Maria Antónia Fiadeiro, entrevista a António J. Ramalho.
32. Herbert Daniel, carta a Lúcia Velloso, 7 de junho de 1975, AA.
33. Maria Antónia Fiadeiro, entrevista a António J. Ramalho.
34. "Herbert Eustáquio de Carvalho", Ministério de Assuntos Internos, ACL. MAI GM SE 007.12 CX 0544, MAI.
35. Herbert Daniel, *Passagem para o próximo sonho*, pp. 151-152.
36. *Ibid.*, p. 148.
37. "O tempo que eu passei no útero da minha mãe", *Modas e Bordados*.
38. "Aborto clandestino é crime", *Modas e Bordados*.
39. "Ausência de dor não é saúde", *Modas e Bordados*.
40. "O trabalho do descanso", *Modas e Bordados*; "Bilheteira no subsolo;" "Fazer deporte;" "Racismo."
41. "30 dias de mulheres pelo mundo", *Modas e Bordados*.
42. "Conferência de México", *Modas e Bordados*.
43. "Marilyn Monroe", *Modas e Bordados*.
44. Debra Castillo e John Rechy, "Interview with John Rechy", p. 122; Richard Dyer, *Heavenly bodies*.
45. Consulte, por exemplo, Laura Mulvey, "Visual pleasure and narrative cinema".
46. Herbert Daniel, carta a Lúcia Velloso, 7 de junho 1975, AA.
47. Maria Antónia Fiadeiro, entrevista a António J. Ramalho.
48. Herbert Daniel, carta a Lúcia Velloso, 28 de dezembro de 1975, AA.
49. Herbert Daniel, carta a Lúcia Velloso, 7 de setembro de 1975, AA.
50. Herbert Daniel, carta a Lúcia Velloso, 28 de dezembro de 1975, AA.
51. *Ibid.*
52. Maria do Carmo Brito, entrevista n. 2; Shizuo Ozawa, entrevista.
53. Maria Luisa Advis, entrevista.
54. Herbert Daniel, *Passagem para o próximo sonho*, p. 145.
55. Maria Helena Tejo, entrevista.
56. Martha Vianna, *Uma tempestade como a sua memória*, p. 149.
57. Herbert Daniel, *Meu corpo daria um romance*, p. 248.
58. Herbert Daniel, *Passagem para o próximo sonho*, pp. 148-149.

13. Marginália (1976-1979)

> "Não era um cara com ideias feitas, com ideias preconcebidas.
> Era um cara permanentemente questionando coisas. [...]
> Mas, sobretudo, tinha uma capacidade de ironia fantástica."
> Jean Marc von der Weid, 13 DE AGOSTO DE 2010[1]

Em janeiro de 1976, Daniel, Cláudio e Maria Helena mudaram-se para um apartamento de um quarto em Paris. Após dez anos intensos de "revolução", a mente e o corpo de Daniel estavam cansados do ardor político, e ele queria colocar seus documentos em ordem (e talvez, simbolicamente, a sua vida também). Por sorte, Liszt Vieira, que também havia se mudado para a França, embora separado de Maria Helena, conseguiu dominar as complexidades do procedimento de inscrição no sistema de refugiados da ONU e veio lhes prestar assistência, servindo como guia e tradutor. Daniel e Cláudio repetiram as mesmas histórias que contaram à polícia portuguesa. Felizmente, a enxurrada de refugiados chilenos na Europa tinha oferecido argumentos para que fosse criada uma narrativa crível sobre a sistemática perseguição política na América Latina. Isso possibilitou que ambos conseguissem asilo político sem, contudo, levantar suspeitas quanto ao passado subversivo de Daniel. Por fim, os dois receberam documentos de viagem da ONU que legalizavam a permanência de ambos na França.[2]

Logo após a chegada a Paris, Daniel contraiu sífilis, como ele próprio registrou em seu primeiro livro de memórias. Ele obteve tratamento em uma clínica de saúde pública,[3] mas não chegou a indicar se fora infectado por Cláudio. A despeito da origem da doença, o casal mantinha um "relacionamento aberto", e Cláudio nunca ocultou sua liberdade sexual. Maria Helena recorda: "Cláudio saía para comprar uma Coca-Cola e sumia. Voltava três horas depois. 'Onde você estava?' 'Encontrei um cara aí e fui.' [...] Depois que eles ficaram juntos, aí sim tiveram transas paralelas, aquelas coisas abertas."[4] Apesar do acordo entre os dois, Daniel tinha ciúmes das escapadas de Cláudio, e isso causava pequenas desavenças.

Nos anos entre a sua adesão à O. e o estabelecimento em Paris, Daniel desenvolveu uma série de amizades íntimas; uma após a outra, elas assumiram um papel único em sua vida. Todas essas pessoas tornaram-se amigos íntimos e confidentes, e ele precisava da atenção e lealdade deles. O comprometimento obstinado à causa revolucionária, a natureza precária de suas atividades clandestinas, a instabilidade do exílio e, mais tarde, novas adaptações no retorno ao Brasil – tudo isso fez com que essas amizades se rompessem em algum momento. A partir de meados de 1980, entretanto, Cláudio foi a única constante em sua vida. Continuaram parceiros inseparáveis, mesmo que a atração sexual mútua tivesse diminuído com o tempo.[5]

Foi preciso quase nove meses para Daniel e Cláudio estabelecerem-se plenamente na França e encontrarem trabalho. Cláudio conseguiu um emprego fixo como designer gráfico para a Confederação Geral do Trabalho, dirigida pelo Partido Comunista. Trabalhava longas horas produzindo materiais que promoviam as atividades e a ideologia do Partido Comunista Francês – ele abominava a organização.[6] Daniel conseguiu um emprego no vestiário do Continental, um clube gay localizado próximo ao teatro da Ópera Nacional de Paris. O Continental tinha uma piscina onde os homens nadavam nus e um restaurante elegante com garçons e mesas cobertas com impecáveis toalhas brancas. O local dispunha de outras instalações, como uma sala de televisão, banho de vapor, três saunas quentes, uma academia e alguns cubículos onde se podia ter relações sexuais. Servia uma clientela de luxo: homens casados com mulheres e não assumidos em relação à sua sexualidade, turistas internacionais e franceses de classe média em busca de relações sexuais anônimas.[7]

Em suas memórias, Daniel relata que um conhecido ator brasileiro foi ao clube certa noite e tentou seduzi-lo, chegando a oferecer 100 francos por um programa. Embora não tenha cedido aos avanços, admitiu que apreciara "a satisfação cálida de ser desejado, e desejado intensamente e tanto que valha dinheiro".[8] Em Portugal, adquiriu confiança em sua aparência física; trabalhar na sauna, exercitar-se com regularidade e comer bem transformou seu corpo. Num mundo gay onde um rosto bonito, um belo corpo e o *sex appeal* eram bens valiosos, perceber que ele era de fato atraente fortalecera sua autoestima.

Daniel descreveu seu novo emprego: "Ganhava pouco e dava um duro como nunca dera na vida. Não fora forçado por miséria ou dura necessidade do exílio. Foi uma ruptura."[9] De fato, era difícil imaginar uma atividade que fosse mais dissemelhante de sua antiga ocupação – revolucionário – do que aquela. Daniel observou que muitos exilados viviam numa nebulosa Terra do Nunca, à espera de um retorno quimérico ao Brasil que lhes permitisse dar continuidade à luta. "Recusei-me a sobreviver na fumaça de reuniões fechadas e solenemente inúteis, onde se discute tudo para não decidir nada." A vida de Daniel tinha sido insular; o trabalho político que fazia era isolado da realidade que o cercava. Agora, no exílio, passara a abominar a luta interna, incessante, as negociações por baixo dos panos e os debates sem fim. "A vida no exterior não modificara os principais problemas dos grupos de esquerda. Pelo contrário, acentuara o dogmatismo, cristalizara o sectarismo", observou.[10]

Seu novo trabalho também lhe permitiu afirmar seus desejos eróticos, deu-lhe oportunidade de explorar um mundo oculto que queria compreender. Apesar disso, adentrou com ambivalência nessa segunda vida clandestina – da sociabilidade entre pessoas do mesmo sexo e da sexualidade sem limites – e acabou por rejeitá-la. "Se escapei de uma seita, não foi para cair num gueto", escreveu, mais tarde.[11]

"Gueto" não era uma terminologia incomum para descrever os espaços ocupados pela sociabilidade homoerótica – bares, clubes, restaurantes, saunas ou cantos de parques públicos – nos círculos gays radicais da França no início da década de 1970. Na sequência das revoltas de maio de 1968, uma série de novos movimentos eclodiu na cena política, inclusive o feminismo militante, que desafiava o machismo da esquerda. No início de 1971, lésbicas e homens gays formaram a Front Homosexuel d'Action Révolutionnaire (Frente Homossexual de Ação Revolucionária – FHAR). Eclética em sua composição política e com uma estrutura organizacional frouxa, tendia na direção de críticas anarcolibertárias à esquerda ortodoxa, à política tradicional e ao Estado. Como muitos membros ativos da FHAR vieram da esquerda, ela tornou-se um alvo destacado para ações e protestos extravagantes contra o conservadorismo de suas posições políticas.[12] O "gueto" – o mundo comercial de bares, casas noturnas e saunas – era um outro ponto de crítica. Em um manifesto, a FHAR afirmou: "Uma casa noturna é um reino de dinheiro. Lá, você dança com outros homens – avaliam um ao outro, como mercadorias: a sociedade *heterocop* [heterossexual e repressora] nos explora. O medo persiste. Batidas policiais regulares, reprimendas legais."[13]

Chamar de "guetos" os espaços de convívio entre pessoas gays sugere isolamento, mas, como estudiosos argumentam, esses são locais apropriados ou ocupados como uma "zona livre", na qual é possível interagir sem estar sujeito a tanta repressão e estigmatização.[14] Os empreendedores não demoraram a perceber que esses locais de sociabilidade e sexualidade entre pessoas do mesmo sexo poderiam se tornar um mercado rentável. Ao mesmo tempo em que Daniel criticava o gueto gay parisiense, os ativistas LGBTQIAPN+ nos Estados Unidos celebravam a relativa liberdade concedida a eles no Castro, bairro em São Francisco, ou no Greenwich Village, em Nova York, nos quais uma concentração de residentes gays e lésbicas sustentava os estabelecimentos abertos à comunidade LGBTQIAPN+, criando uma presença visível. Dezenas de milhares de pessoas escolhiam morar ali porque esses espaços proporcionavam a sensação de abertura e liberdade. Na sociedade francesa, entretanto, esses locais de sociabilidade homossexual aberta eram escassos. Havia muitos bares e outros espaços voltados para os homossexuais, mas não havia áreas urbanas, como nos Estados Unidos, cuja população afirmava a identidade gay. Assim, na França, o termo "gueto" era usado para descrever a separação e o isolamento de indivíduos homossexuais em um estabelecimento específico – no caso do ambiente frequentado por Daniel, uma casa de banhos. Talvez ele também desdenhasse dos "guetos" porque o faziam lembrar demais da vida na clandestinidade. Ironicamente, mesmo que a trabalho, ele cumpria turnos de até 13 horas nesse gueto.[15]

Depois de alguns meses no Continental, Daniel encontrou trabalho na Tilt, uma sauna menos luxuosa, localizada à rue Sainte-Anne – local de comércio regular durante o dia e de bares e casas noturnas gays à noite. Embora a FHAR tenha se dissolvido antes de 1974, organizações militantes sucessoras, tal como o Groupe de Libération Homosexuel (Grupo de Liberação Homossexual – GLH), decretaram aquela rua como a de mercantilização do gueto.[16] A Tilt, que abriu as portas em 1974, foi a primeira sauna nitidamente gay sem a pretensão de se passar por um "clube" no qual as aventuras gays apenas "aconteciam". Foi o primeiro lugar da França a exibir filme pornô gay aos clientes. Oferecia sauna finlandesa seca e *dark room*, aos fundos, para a prática de sexo anônimo.[17] Ele trabalhou lá no auge do estabelecimento, mas não deixava de criticar seu caráter alienante.

Durante esse período, Daniel começou a escrever seu primeiro livro, *Passagem para o próximo sonho*. Quando não estava ocupado com o trabalho, rascunhava o texto que se tornou um dos relatos mais originais do movimento revolucionário brasileiro, apresentando críticas pungentes sobre os erros e fracassos da luta armada. O manuscrito também guia o leitor em um tour por uma sauna gay e fornece sólida descrição antropológica das empreitadas orgíacas dos frequentadores, combinada a uma análise sofisticada da construção de identidades homossexuais e de sua perspectiva pessoal sobre a natureza desse gueto. Quando foi publicado no Brasil, em 1982, certamente causou espanto, em particular para aqueles que esperavam ler sobre as aventuras de um rebelde que participou de treinamento de guerrilha e sequestrou embaixadores.

Embora Daniel não cite fontes que possam ter influenciado suas ruminações sobre a homossexualidade, é provável que conhecesse o trabalho de Guy Hocquenghem, escritor e militante, líder da FHAR. De acordo com o jornalista Frédéric Martel, o artigo de Hocquenghem, "La révolution des homosexuels" (A revolução dos homossexuais), publicado em janeiro de 1972, "serviu de exemplo para o movimento homossexual na França". Nesse texto, Hocquenghem conta em detalhes suas peripécias sexuais adolescentes e sua militância na esquerda francesa com uma "mistura instável de culpa e revolta".[18] No mesmo ano, o autor publicou um pequeno livro, *Le désir homosexuel (O desejo homossexual)*, uma crítica teórica de identidades homossexuais que não difere das ideias de Daniel sobre o assunto, em especial no que concerne à crítica de Hocquenghem de que "o estabelecimento da homossexualidade como uma categoria à parte e sua repressão andam lado a lado".[19] Ele desenvolve essa ideia em seu manuscrito e argumenta que qualquer organização política de homossexuais que luta contra a "repressão sexual" apenas reforça seu relacionamento com o gueto e a sua cisão da sociedade.[20] *Le désir homosexuel* circulou amplamente na França, de modo que é difícil imaginar que Daniel não o tenha lido.

Outras publicações da época, como *Le gai pied*, podem ter também influenciado suas ideias. Esse periódico mensal apresentava uma ampla variedade de artigos sobre a vida gay na França. Michel Foucault publicou um ensaio na primeira edição, e é quase certo que Daniel tenha ao menos folheado a revista durante os turnos de trabalho. Embora nem Hocquenghem nem Foucault – nem qualquer outro autor gay – tenha sido citado em textos de *Passagem para o próximo sonho*, as ideias dos dois, sem dúvida, pairavam no ar para que fossem apropriadas.

Suas observações refletem críticas afiadas à mercantilização da homossexualidade, similares às dos militantes e teóricos gays franceses. "Sodoma é uma cidade" – escreveu Daniel – "Capitalista. O que quer dizer, em resumo, um mercado. [...] O gueto homossexual hoje em dia, nos países desenvolvidos, é antes de tudo um conjunto de comércios. Bares, cinemas, restaurantes [...] [oferecendo] todas as atrações possíveis do consumo."[21] Ao trabalhar em um pequeno, porém vibrante, centro comercial de sociabilidade gay, ele pôde ver com nitidez como o capitalismo absorve esse nicho de mercado. Em seu livro, ele compartilhou essa percepção com o leitor, oferecendo-lhe um passeio pela sauna. O guia é um homem provinciano que teria ido a Paris em busca de sexo. O estabelecimento garantia a essa figura fictícia anônima a oportunidade desejada, "em diversos sabores", pela módica quantia de cinquenta francos a entrada.

Daniel abominava o modo como os estabelecimentos gays "extremamente lucrativos" serviam a clientela homossexual, "da livraria à loja de periquitos".[22] Porém, suas críticas ignoravam o outro lado da moeda. Esses espaços, embora mercantilizados, possibilitavam relativa liberdade dentro de uma sociedade hostil, de modo similar ao que a Dinossauro pode ter representado para determinados rapazes em Barbacena. Ele não menciona, no entanto, se esse homossexual fictício, em busca de uma noite de prazer sem limites em Paris, tinha pouca ou nenhuma opção a não ser um encontro fortuito na sauna, em um banheiro ou em parque público. Se a sauna parisiense e o parque público de uma cidade interiorana podiam proporcionar a um homem a mesma facilidade para obter sexo anônimo, o preço da entrada da sauna garantia ao cliente sedento não apenas a possibilidade de escolher um parceiro entre tantos, mas também proteção contra a polícia.

Uma livraria gay, por sua vez, proporcionava o acesso a trabalhos literários que não estariam disponíveis em outras lojas de cidades pequenas ou livrarias locais. Da mesma maneira, restaurantes frequentados por gays e lésbicas eram espaços nos quais amigos podiam se reunir para dar risadas, desmunhecar, se assim desejassem, e até mesmo demonstrar afeto, sem medo de que suas ações escandalizassem os outros. A indisposição de Daniel com o gueto, embora constituísse uma crítica justificada ao capitalismo de consumo, ignorava o modo como esses espaços proporcionavam um lugar seguro para as pessoas afirmarem sua homossexualidade enquanto viviam em uma sociedade inimiga dessa orientação sexual.

Há um traço marxista em sua crítica ao gueto, que atribui uma "consciência falsa" a seus frequentadores. "A luta contra a 'repressão sexual', a organização dos homossexuais como interesse social definido, tem como respaldo as forças sociais interessadas no pleno funcionamento do gueto. O gueto clama pela liberdade de se formar. Estranha liberdade: a de se amarrar a um mercado particular, a de se constituir como engrenagem numa sociedade que aparentemente recusa esse gueto!"[23] Daniel considerava essa uma situação paradoxal, que se relacionava à capacidade de o capitalismo gerar lucro de formas contraditórias e absurdas.

É de se estranhar que ele nunca tenha escrito sobre o movimento dos direitos homossexuais que se desenvolveu na França nos anos 1970. Embora a FHAR tenha se dissolvido antes da chegada de Daniel a Paris, o GLH mantinha o tom radical e crítico do antigo movimento – bem como grande parte das disputas internas entre seus membros. Um grupo ramificado, o GLH-Politique & Quotidien (Grupo de Liberação Homossexual – Política & Cotidiano – GLH-P&Q), militava ativamente em Paris, inclusive realizando protestos, quando, em 27 de janeiro de 1978, o Ministério da Cultura vetou a sessão de um filme durante um festival de cinema gay.[24]

Em resposta, Jean Le Bitoux, líder do GLH-P&Q, publicou um anúncio no jornal esquerdista *Libération,* convocando o público para uma manifestação na rue Sainte-Anne, onde se localizava a sauna em que Daniel trabalhava. Anos depois, Bitoux admitiu que seu grupo esperava uma "Christopher Street francesa", isto é, uma revolta de gays, lésbicas e trans semelhante à de Stonewall, que ocorreu em Nova York em junho de 1969. Na Sainte-Anne, após cerca de uma centena de pessoas bloquear o trânsito e começar a construir uma barricada com paralelepípedos, a polícia chegou para prender os manifestantes. O pessoal de segurança dos bares e das saunas gays impediu a entrada dos manifestantes em fuga. Por fim, o protesto não chegou a provocar grande reação das pessoas do "gueto".[25]

Em *Passagem para o próximo sonho*, ele também apresenta uma micronologia da sua vida, em terceira pessoa – o nível de detalhamento dos fatos varia de acordo com o período. No primeiro ano de exílio em Paris, Daniel descreve as complexidades e frustrações das tentativas de usar as expressões francesas de forma apropriada. O ano de 1977 está em branco, ao passo que o ano seguinte apresenta duas frases simples. "1978 – Paris é certamente a mais linda cidade do mundo e oferece todas as vantagens imagináveis. Aí, ele viveria, calmo."[26]

Mas por que não há qualquer menção aos grupos ativistas gays de Paris? Mesmo que Daniel não estivesse trabalhando na noite em que os ativistas fizeram a tentativa de conscientizar os clientes do "gueto" gay, ele certamente teria ouvido as notícias em seu próximo turno. Talvez estivesse cansado de participar de qualquer atividade política e procurasse evitá-las no exílio, até porque, é possível que visse a luta interna dos grupos gays e lésbicos esquerdistas como uma reprodução das eternas batalhas ideológicas que ele havia vivenciado no Brasil. Talvez Daniel considerasse esses grupos radicais mais uma manifestação do poder do gueto de segregar e isolar as pessoas da sociedade, e preferisse, em vez disso, gozar de uma vida tranquila com Cláudio, de modo que pudesse trabalhar, ler e escrever em paz.[27]

Qualquer que seja a explicação, enquanto Daniel escrevia seu livro de memórias, do outro lado do Atlântico novos movimentos políticos fervilhavam em sua terra natal. A promessa de liberalização política de Geisel de fato estava sendo cumprida, embora de maneira irregular. Em 1975, Therezinha Zerbini fundou o Movimento Feminino pela Anistia (MFPA) em São Paulo, que clamava pela libertação de prisioneiros políticos e pelo direito dos exilados de retornar ao Brasil. Ao longo dos quatro anos seguintes, um novo movimento nacional – Comitê Brasileiro pela Anistia (CBA) – exigiria a "anistia ampla, geral e irrestrita".[28] Aproveitando-se dessa nova conjuntura política, ativistas de esquerda começaram a publicar jornais "alternativos" que combatiam a censura e criticavam a ditadura.[29] Os estudantes reorganizaram entidades universitárias antes banidas e participaram de protestos nos *campi* contra o regime. Em 1977, milhares de pessoas levaram os protestos às ruas de São Paulo, e a falta de reação da polícia na ocasião revelou sua postura defensiva. No ano seguinte, os metalúrgicos de São Paulo entraram em greve, exigindo aumento de salário e colocando em xeque as políticas salariais cujos reajustes não acompanham a inflação e o banimento das paralisações trabalhistas.[30] Entre 1975 e 1978, movimentos feministas e de consciência negra também surgiram.[31]

Daí, no início de 1978, um grupo de intelectuais gays do Rio de Janeiro e de São Paulo fundou um jornal mensal, o *Lampião da esquina*. O editorial do primeiro número afirmava com otimismo: "Brasil, março de 1978. Ventos favoráveis sopram no rumo de uma certa liberalização do quadro nacional em ano eleitoral, a imprensa noticia promessas de um Executivo menos rígido, fala-se na criação de novos partidos, de anistia, uma investigação das alternativas propostas faz até com que se fareje uma 'abertura' do discurso brasileiro. Mas um jornal homossexual, para quê?"[32] Aguinaldo Silva, o editor-chefe da publicação, concordava com a crítica política de Daniel sobre a vida gay urbana: "É preciso dizer não ao gueto e, em consequência, sair dele. O que nos interessa é destruir a imagem-padrão que se faz do homossexual, segundo a qual ele é um ser que vive nas sombras, que prefere a noite, que encara sua preferência sexual como uma espécie de maldição, que é dado aos ademanes e que sempre esbarra, em qualquer tentativa de se realizar mais amplamente enquanto ser humano, neste fator capital; seu sexo não é aquele que ele desejaria ter." O primeiro editorial do tabloide seguia declarando que se tornaria "a voz a todos os grupos injustamente discriminados – dos negros, índios, mulheres..."[33]

Alcançando logo um circulação mensal de 10 mil cópias, o *Lampião*, como acabou ficando conhecido, inspirou a fundação do primeiro grupo ativista gay e lésbico brasileiro, o Somos: Grupo de Afirmação

Homossexual.[34] Em 8 de fevereiro de 1979, o Centro Acadêmico do Departamento de Ciências Sociais da Universidade de São Paulo, dirigido pela corrente estudantil Vento Novo, de orientação esquerdista e libertária, convidou representantes do Somos para participar de uma semana de debates sobre "minorias", conceitualizadas como mulheres, negros, indígenas e homossexuais. A noite sobre homossexualidade provocou uma discussão acalorada entre as centenas de pessoas que compareceram ao evento realizado em uma grande sala de aula da universidade.

Eduardo Dantas, que fez a cobertura do evento para o *Lampião*, comentou que aquela havia sido uma data histórica: "Afinal, não se tem lembrança de um debate tão livre e polêmico sobre um assunto que as autoridades policiais e grande parte da sociedade brasileira ainda consideram tabu."[35] Durante a discussão, membros da plateia, representantes de diferentes organizações de esquerda semiclandestinas, argumentaram que gays e lésbicas estavam travando "lutas secundárias" que dividiam o movimento contra a ditadura. Os integrantes do Somos replicaram que a esquerda era homofóbica e hostil com suas demandas. Dantas concluiu seu artigo apontando: "Apesar das contradições levantadas durante o debate, [...] a conclusão geral foi de que a marcha pela liberdade – social, racial, sexual – é uma só. Cada grupo minoritário deverá unir-se, organizar-se com seus integrantes, lutando por uma democracia de fato no Brasil. Só assim se conseguirá a tal felicidade, ampla e irrestrita, para todos."[36] A última frase de Dantas, que se apropriou do *slogan* do movimento brasileiro pela anistia, refletia o éthos do movimento, uma vez que o entusiasmo em torno desses grupos emergentes criou a sensação de que o país finalmente rumava para uma democracia inclusiva.

Três meses depois, a comunidade brasileira exilada em Paris realizou um debate semelhante sobre a homossexualidade. A própria ideia de se realizar uma discussão sobre o assunto era tão controversa que por pouco não causou uma ruptura permanente do Comitê Brasileiro pela Anistia sediado na capital francesa.

Paris abrigava a maior concentração dos expatriados brasileiros na Europa, cerca de 370 oficialmente exilados. Outras pessoas, intolerantes à situação política no Brasil, viviam e circulavam em Paris entre os *émigrés*. O CBA tentou formar uma frente unida de todos os grupos de esquerda brasileiros que tinham militantes na França. Apesar de suas diferenças políticas, concordaram com a luta pela anistia geral para todos os exilados e prisioneiros políticos, e realizavam eventos para mobilizar o apoio à causa entre os franceses.[37]

Em paralelo a essa atividade unificada entre os emigrados políticos brasileiros, um grupo de mulheres exiladas fundou o Círculo de Mulheres Brasileiras, em 1976.[38] Influenciadas pelas feministas europeias, começaram a refletir sobre o comportamento machista dos homens que integravam grupos revolucionários e fundaram um espaço autônomo em que pudessem discutir essas questões. Como observa a historiadora Denise Rollemberg, a chegada dos exilados brasileiros na Europa "ocorreu no contexto da derrota do projeto político e individual que havia dado uma determinada identidade a essas mulheres".[39] Para muitas, o processo de repensar seu relacionamento com o movimento já havia começado no Chile. A ex-militante Glória Ferreira lembrou-se: "A Europa possibilitou uma abertura intelectual, emocional. Não íamos mais voltar dentro de meses, um ano. Tínhamos que nos abrir."[40] Maria Helena aderiu ao Círculo das Mulheres Brasileiras, fundado logo após a sua chegada em Paris com Daniel e Cláudio. "A gente resolveu fazer um trabalho a partir de duas coisas: nos conhecer melhor, nós, mulheres, do ponto de vista da afetividade [...] – a gente discutia tudo, o tempo todo, aborto, sexualidade, tudo; [...] e a gente resolveu mostrar aos companheiros como tinha que ser."

A introdução das ideias feministas em pequenos grupos de conscientização, a elaboração de documentos, panfletos e manifestos, e a participação em atividades políticas junto ao feminismo francês acabou criando um efeito cascata em toda a comunidade brasileira de exilados. Os argumentos tradicionais de que a opressão das mulheres só seria eliminada após uma revolução socialista ou que as ideias feministas dividiam o movimento revolucionário, ao colocar os companheiros uns contra os outros, perdeu terreno para discussões sobre dinâmicas de poder nos relacionamentos, tratamento desigual de homens e mulheres na política e o comportamento machista de muitos companheiros de luta. Esses debates expuseram muitos revolucionários brasileiros a novas maneiras de pensar o corpo, a sexualidade, a reprodução, a criação dos filhos e os relacionamentos, além de abrir caminho para uma discussão mais séria sobre a homossexualidade.

Certo dia, durante o trabalho, Daniel surpreendeu-se com um telefonema do Grupo Cultural do CBA, que o convidou a participar de uma discussão pública sobre homossexualidade. O Grupo Cultural organizava eventos sobre teatro, arte e literatura com os brasileiros que passavam por Paris. Sua outra missão, de acordo com Jean Marc von der Weid, presidente do CBA, era fazer contatos com artistas e intelectuais franceses que poderiam apoiar a campanha pela anistia. Era um coletivo eclético; alguns dos membros, como Glória Ferreira e Vera Sílvia Magalhães, haviam sido libertados da prisão na troca pelos embaixadores alemão e suíço. No ano anterior, o Grupo Cultural havia proposto um evento especial com o diretor de teatro e militante da esquerda Augusto Boal, mas diversos líderes do CBA, incluindo Von der Weid, opuseram-se à ideia, argumentando que a missão do Comitê era relacionar-se com a sociedade francesa exclusivamente no que concernia à anistia, e não realizar eventos em português para um público limitado.[41] Vera Sílvia, que havia participado do sequestro do embaixador dos EUA, discordou com veemência e argumentou que o tipo de atividade que o Grupo Cultural propunha visava fomentar o debate e a discussão entre os imigrantes brasileiros. A disputa foi levada a uma reunião geral do CBA, que endossou a realização do evento.[42]

Diversos meses depois, o Comitê Cultural propôs a realização dos debates sobre homossexualidade. Parte da liderança do CBA se opôs imediatamente, insistindo que o tema nada tinha a ver com seus objetivos e que esses debates não deveriam ser realizados sob os auspícios da organização. Por outro lado, outros argumentaram que a questão era importante e merecia uma conversa. Após estabelecer o precedente de patrocinar os eventos culturais que não estivessem diretamente relacionados à campanha de anistia, a maioria dos participantes, em uma reunião geral do CBA contestada com fervor, votou a favor, inclusive Von der Weid.

Daniel e Cláudio participavam de uma ou outra atividade que o CBA organizava e, em geral, mantinham distância das brigas políticas. Agora, estavam no olho do furacão. Apesar da decisão democrática de realizar o debate, o tema continuou a causar discórdia entre os membros. "De verdade, ingenuamente pensáramos que o preconceito aberto e medieval já não existisse, naquele meio, naquele tempo", escreveu em seu livro de memórias. "Raramente o preconceito contra a homossexualidade (em geral, e a sexualidade em particular) se mostra assim, na esquerda, como agressividade aberta."[43] A disputa a respeito da realização ou não do debate tornou-se tão intensa que Von der Weid convocou Daniel e os membros do Grupo Cultural para uma reunião, a fim de encontrar uma maneira de superar o impasse. Por fim, todos concordaram em organizar o evento sem o apoio do CBA.[44]

Em sua carta a Lúcia, Daniel explicou que a proposta original era um painel que incluiria um psicanalista. "Já fui contra de cara. [...] O assunto é político e é assim que deve ser tratado. Minha proposta: um debate político sobre a homossexualidade, sem nenhum disfarce."[45] Explicou sua abordagem: "Não se trata de introduzir nenhum discurso homossexual na esquerda. Ela tem um. [...] A questão é *criticar* este discurso herdado de ideologias exóticas." Ele preparou o documento "Homossexual: defesa dos interesses" para a apresentação, que depois foi publicado em um pequeno periódico que circulava entre os exilados, *Notas Marginais*.[46] Em sua carta a Lúcia, Daniel confessou que o evento tinha despertado sua ansiedade. "Vai ser barra pesada, como tem sido barra pesada explicar o que penso, tentar dar uma visão politicamente coerente dum assunto que até agora só deu risadinha ou discurso ideológico vazio na base de 'pobre oprimido.'"[47]

O debate "Homossexualidade e política" foi realizado em 29 de maio de 1979 na Maison du Brésil, a Casa do Brasil, uma residência e espaço cultural localizada na Cité Université. Glória Ferreira se lembra de preparar caipirinhas, que eles serviram na entrada – a bebida de imediato alegrou o clima geral. Ferreira projetou *slides* em uma parede com imagens de pessoas do mesmo sexo interagindo: "Não necessariamente homossexual, jogadores de futebol, situações e fotos conhecidas." Também tocou a canção "Ilegal, imoral ou engorda", de Erasmo Carlos e Roberto Carlos, cujo refrão diz: "Será que tudo o que eu gosto é ilegal, é imoral ou engorda?"[48]

Cláudio criou um convite provocativo, com o desenho de um banheiro público, com pichações nas paredes, e a chamada: "Se você É, vem que tem."[49] Ele também decorou o pequeno auditório com painéis, nos quais afixou páginas de revistas de pornografia gay. A frase "Estamos no mesmo banheiro", jogo de palavras com a expressão "estamos no mesmo barco", também decorava uma parede.[50] Segundo Von der Weid, a sala ficou lotada com a presença de mais de duzentas pessoas. Com os membros do Grupo Cultural na primeira fila, Daniel apresentou suas ideias. O tempo apagou, ou distorceu, muitas lembranças das testemunhas daquela noite. Ferreira recordou que Daniel começou o debate perguntando aos membros do Grupo Cultural por que eles eram heterossexuais. Ela se lembra que Helinho, um dos membros do Grupo Cultural, respondeu: "Eu sou 'crioulo', pobre, de esquerda, se eu ainda fosse homossexual seria uma catástrofe." Para Von der Weid, Daniel fez uma "apresentação extremamente intelectualizada", abordando o assunto com teoria complexa. "Quando ele terminou, o público ficou em silêncio sem saber se aplaudia ou não."

Então, o debate começou. Ferreira rememora: "Foi incrível. As pessoas mais duronas, as que haviam sido contra o evento, começaram a falar de si, dos seus problemas, dos seus preconceitos. O tema ainda era um tabu na esquerda. Foi realmente um *happening*."[51] No livro de memórias, ele conta como falou de suas próprias experiências com a repressão de sua sexualidade durante seu ativismo na esquerda: "O silêncio é a forma do discurso duma certa parcela da esquerda sobre a homossexualidade. É uma forma de exilar os homossexuais. A forma mais sutil da censura consiste na imposição da autocensura."[52]

Nas entrevistas para este livro, realizadas 35 anos após o evento, todos contaram sobre um incidente que Daniel também descreveu em seu livro de memórias. Valneri Neves Antunes, conhecido como Átila, seu codinome na clandestinidade, havia participado do treinamento de guerrilha com Daniel no Vale do Ribeira e sido totalmente contra a realização do debate. Não obstante, foi até lá para expressar seu posicionamento: "Não tenho nada contra você. Sou contra a homossexualidade. Quero discutir isso" – de acordo com Daniel, é o que ele teria dito.[53] Como a conversa não foi gravada, e a memória dos participantes do evento é admitidamente falha, é possível que os detalhes da troca de palavras tenham sido floreados. Conforme Von der Weid, Átila teria expressado: "'Daniel, você falou, falou, falou, e não entendi porra nenhuma do que você disse. Eu quero saber o seguinte: Tu é viado ou não é viado?' Aí o Daniel disse,

'Olha, Átila, se você quer as coisas nestes termos, eu sou viado.' Ele disse: 'Porra, você nunca teria dito isso no Vale do Ribeira.' [...] Ele disse: 'Claro, Átila, eu conheço você e os outros. Jamais diria isso naquele espaço.' Aí houve uma certa risada." Após o fim da discussão, a reunião virou uma festa, com dança e tudo o mais. Miriam Grossi lembra-se de ter visto mulheres dançando juntas.[54] Segundo Von der Weid, em determinado momento, até Átila dançou com Daniel.

Podemos presumir que a fala de Daniel naquela noite foi semelhante ao conteúdo do documento "Homossexual: defesa dos interesses", que havia escrito e distribuído dias antes.[55] Ele descreveu a reação: "Os documentos que eu escrevi circularam bastante, mas teve muita coisa que não foi compreendida. Dizem que estão muito 'abstratos' ou 'teóricos'. Mais ou menos concordo. Mas como queria dar uma argumentação sólida, não tive saída."[56]

O ensaio foi uma contribuição original e densa para o diálogo sobre homossexualidade. As ideias apresentadas exigem alto grau de abstração, e acabaram tornando o texto difícil de ser compreendido. Nele, Daniel sustenta que a homossexualidade é uma categoria inventada ao longo dos dois últimos séculos, com a função de reforçar a ideia de "normalidade", ao apontar para um "outro" desviante. Ele critica o modo como a sexualidade de uma pessoa é usada para identificar todo o seu ser e atribui esse processo ao capitalismo. "Ao 'aceitar' a minoria, lutar pelos seus direitos, o que se está fazendo é, sob a forma do protesto e da rebeldia, veicular o próprio discurso do capitalismo, da própria repressão que se quer combater."[57] Ele rejeita a noção de que exista um único protótipo de homossexualidade. Mas, acima de tudo, critica o gueto. "O interesse do homossexual é exatamente não ser fechado num grupo de interesses comuns, num certo gueto homossexual, numa 'minoria social' dos homossexuais."[58] Em suma: "Por isso os homossexuais não devem se constituir em movimentos, ou organizações, mas enquanto homossexuais, enquanto pessoas, ou, melhor dito, enquanto *militantes políticos*, 'individualmente', lutarem contra *todas* as tentativas de construir um gueto homossexual, todas as tentativas de reduzir o homossexual a um totem sexual."[59]

Embora não afirme de modo explícito no ensaio, Daniel parecia determinado a não ser relegado ao papel de homossexual. Essa foi uma das razões pela qual decidiu reprimir sua sexualidade para aderir ao movimento revolucionário. No fim dos anos 1960, estava claro para ele que a esquerda, de modo geral, não aceitaria sua homossexualidade. Quando enfim teve coragem de confrontar os preconceitos da esquerda, recusou-se a crer que sua sexualidade representasse todo o seu ser. Em vez de ver o potencial do "gueto", ou das formas de sociabilidade dos gays e lésbicas, como força construtiva que poderia originar um movimento político capaz de derrubar as paredes do preconceito que tornam os territórios gays tão atraentes e desejáveis, ele culpa o gueto por produzir e reproduzir esse preconceito. Essa rejeição precoce da política de identidade – numa época em que mal existia um movimento homossexual brasileiro e que os tipos de debate sobre homofobia na esquerda e na sociedade em geral ainda eram incipientes – pode ser lida como um desejo de pertencer e sentir-se incluído, em vez de isolado e posto de lado. O raciocínio de Daniel, no entanto, diferia daquele dos ativistas brasileiros que tentavam forjar um novo movimento político para desafiar a homofobia e reformular os estereótipos tradicionais sobre os homossexuais. Como podemos ver, sua posição mudaria aos poucos ao longo do tempo.

Enquanto o debate em Paris terminara em festa, em 1979, a esquerda brasileira, no exílio e em casa, continuava bastante hostil à homossexualidade.[60] A resposta de Lúcia à carta de Daniel expressa parte da reação no Rio de Janeiro: "Já tinha ouvido falar do debate sobre a homossexualidade. Só que, evidentemente, o que chega é pichação. Fico absolutamente puta. E fico com ganas de esganar as pessoas que me falam de você com aquele tom de desconfiança, porque você assume a postura que tem assumido. Imagino que você tenha sofrido e ainda sofra um bocado com isso. Acho que desde 1971, quando começamos a conversar sobre sua homossexualidade, tenho desejado sempre que você encontre a melhor maneira possível para não ser uma pessoa frustrada, e podendo, com o mínimo de sofrimento."[61] Lúcia expressou também seu orgulho pela participação do amigo no painel, e apelou para que ele continuasse a luta.

Os relatos sobre o debate controverso ainda circulavam em toda a comunidade exilada e entre os ativistas de esquerda no Brasil, quando outro evento político mudou depressa o foco da atenção das pessoas. Diante da crescente pressão sobre o governo pela aprovação de uma lei de anistia, pouco mais de um mês após o evento na Casa do Brasil, o quinto presidente militar, João Batista Figueiredo (1979-1985), apresentou um projeto de lei sobre o tema ao Congresso. Entre outras disposições, previa anistia geral às pessoas acusadas de "crimes políticos" que se encontravam detidas, escondidas ou no exterior. Um item do projeto incluía anistia aos agentes do Estado envolvidos em torturas e assassinatos, sob uma disposição vaga acerca de "crimes conexos", um termo que protegia esses oficiais contra futuras perseguições. Ao mesmo tempo, o documento excluía os que haviam sido condenados pelos crimes gerais de "terrorismo, assalto, sequestro e atentado pessoal".[62] Essa não era a anistia ampla, geral e irrestrita pela qual o CBA lutava. Os membros da oposição no Congresso condenaram a inclusão de torturadores como beneficiários da anistia prevista na lei. Insistiram também que os que haviam lutado contra o regime militar fazendo uso de táticas violentas deviam ser libertados da prisão ou deixassem de ser processados pelas ações cometidas.[63]

Na prática, a nova lei permitia que a maioria dos exilados retornasse ao Brasil, e muitos começaram a jornada de volta quase imediatamente após a aprovação da lei pelo Congresso. Daniel, entretanto, encaixava-se na categoria dos excluídos da Lei da Anistia Política de 1979. Viu seus amigos partirem, mas ele próprio continuava preso em Paris.

NOTAS

1. Jean Marc von der Weid, entrevista. Outras citações de Jean Marc von der Weid pertencem à mesma entrevista.
2. Herbert Daniel, *Passagem para o próximo sonho*, pp. 151-153.
3. *Ibid.*, p. 147.
4. Maria Helena Tejo, entrevista. Outras citações pertencem à mesma entrevista.
5. Magaly Mesquita, entrevista n. 2.
6. Herbert Daniel, *Meu corpo daria um romance*, p. 249.
7. Michael Sabalis, entrevista; Herbert Daniel, *Passagem para o próximo sonho*, p. 155.
8. Herbert Daniel, *Passagem para o próximo sonho*, p. 161.

9. *Ibid.*, p. 153.
10. *Ibid.*, p. 154.
11. *Ibid.*, p. 155.
12. Jacques Girard, *Le mouvement homosexuel en France*, pp. 81-111.
13. *Ibid.*, p. 21. Tradução nossa.
14. John D'Emilio, *Sexual politics, sexual communities*; George Chauncey, *Gay New York*; James N. Green, *Beyond carnival*.
15. Herbert Daniel, *Passagem para o próximo sonho*, p. 178.
16. Scott Gunther, *The elastic closet*, p. 77; Jacques Girard, *Le mouvement homosexuel en France*, pp. 127-48.
17. Michael Sabalis, entrevista. Tradução nossa.
18. Frédéric Martel, *The pink and the black*, p. 13.
19. Guy Hocquenghem, *Homosexual desire*, p. 55.
20. Herbert Daniel, *Passagem para o próximo sonho*, p. 173.
21. *Ibid.*
22. *Ibid.*
23. *Ibid.*
24. Le Bitoux, "The construction of a political and media presence", p. 256.
25. *Ibid.*
26. Herbert Daniel, *Passagem para o próximo sonho*, p. 145.
27. Sheila Gomes Gliochi, entrevista.
28. Haike Silva, *A luta pela anistia*.
29. Bernardo Kucinski, *Jornalistas e revolucionários*.
30. James N. Green, "Liberalization on trial".
31. Marilu Alvarez, *Engendering democracy*; Michael George Hanchard e Vera Ribeiro, *Orfeu e o poder*.
32. *Lampião da Esquina*, "Saindo do gueto", 1978, p. 2.
33. *Ibid.*
34. James N. Green, "The emergence of the Brazilian gay liberation movement"; Edward MacRae, "Homosexual identities in transitional Brazilian politics"; João S. Trevisan, *Perverts in paradise*, pp. 133-154; Júlio Assis Simões e Regina Facchini, *Na trilha do arco-íris*; e James N. Green, "O Grupo Somos, a esquerda e a resistência à ditadura".
35. Eduardo Dantas, "Negros, mulheres, homossexuais e índios nos debates da USP", p. 9.
36. *Ibid.*
37. Jean Marc von der Weid, entrevista.

38. Denise Rollemberg, *Exílio*, Capítulo Sete.
39. *Ibid.*, 208.
40. Glória Ferreira citada em Denise Rollemberg, *Exílio*, p. 208.
41. Jean Marc von der Weid, entrevista.
42. Glória Ferreira, entrevista.
43. Herbert Daniel, *Passagem para o próximo sonho*, pp. 214-215.
44. Jean Marc von der Weid, entrevista.
45. Herbert Daniel, carta a Lúcia Velloso, 28 de maio de 1979, AA.
46. Herbert Daniel, "Defesa dos interesses?"
47. Herbert Daniel, carta a Lúcia Velloso, 28 de maio de 1979, AA.
48. Glória Ferreira, entrevista. Outras citações pertencem à mesma entrevista.
49. Herbert Daniel, *Passagem para o próximo sonho*, p. 213.
50. Denise Rollemberg, *Exílio*, pp. 223-35.
51. Entrevista a Glória Ferreira, citada em Denise Rollemberg, *Exílio*, p. 225.
52. Herbert Daniel, *Passagem para o próximo sonho*, p. 217.
53. *Ibid.*, p. 218.
54. Miriam Grossi, entrevista.
55. Herbert Daniel, "Homossexual: defesa dos interesses?"
56. Herbert Daniel, carta a Lúcia Velloso, 28 de maio de 1979, AA.
57. Herbert Daniel, "Homossexual: defesa dos interesses?", p. 18.
58. *Ibid.*, p. 21.
59. *Ibid.*
60. James N. Green, "Who is the macho who wants to kill me?"; James N. Green e Renan Quinalha, *Homossexualidade e a ditadura brasileira*.
61. Lúcia Velloso, carta a Herbert Daniel, 9 de junho de 1979, AA.
62. Presidência da República, Casa Civil, Subchefia para Assuntos Jurídicos, Lei n. 6.683, 28 de agosto de 1979, <www.planalto.gov.br/ccivil_03/leis/l6683.htm>.
63. Janaína de Almeida Teles, "As disputas pela interpretação da lei de anistia de 1979".

14. De volta ao Rio (1981-1982)

> "Neste momento eu quero dizer pouco,
> ouvir muito e aprender mais."
> Herbert Daniel, 9 DE OUTUBRO DE 1981[1]

À medida que a notícia da esperada Lei da Anistia circulava em Paris, Daniel e Cláudio preparavam o retorno, com entusiasmo. Após a entrada em vigor da lei, no entanto, tornou-se claro que Daniel não seria contemplado, pois estivera envolvido em ações com vítimas fatais. Em 1972, ele fora condenado *in absentia* a uma longa pena de prisão por sua participação nos sequestros dos embaixadores. Embora um apelo tenha reduzido a pena, ainda enfrentava a possibilidade de encarceramento por uma década ou mais.[2] Ironicamente, a maioria dos 110 presos políticos que ele havia ajudado a libertar das prisões brasileiras, e que haviam sido banidos do país permanentemente, tinha agora permissão para retornar sem a ameaça de prisão. Essa garantia não existia para Daniel.

Assim, ele logo transformou sua situação pessoal em uma campanha política para mostrar como a exclusão de alguns revolucionários da Lei da Anistia era uma forma de retardar a consolidação da democracia brasileira. Em carta aberta, enfatizou como os generais ainda permaneciam no controle. "Importante que existam os não anistiados. Não por nós, que temos pouco significado, mas como exemplo e aviso às verdadeiras forças democráticas: continuam em vigor o exílio, a prisão política, o regime de exceção."[3] Já naquele mês, Daniel tinha ido à embaixada brasileira solicitar um passaporte, mas seu pedido fora negado. "Me recuse o passaporte, ou seja, me recuse o direito à cidadania, abuso característico do regime policialesco onde o desrespeito aos direitos elementares é a forma de fazer executar a lei."

Daniel também rejeitava a ideia de que as pessoas que haviam desafiado o regime militar precisassem pedir perdão. "Nunca erramos por nos opor ao governo ditatorial, e a anistia vem para provar que se houve abuso e crime não foi da parte dos opositores." Ele argumentava que não era necessário justificar por que havia participado da luta armada. Embora tenha admitido que a escolha política se provara ineficaz, recusou-se a desmerecer suas atividades revolucionárias do passado. Pelo contrário, apontou ao futuro: "A Anistia não deve vir como o último ato de um erro político, mas o primeiro momento de uma renovação, onde a autocrítica não seja apenas uma declaração de intenções, mas a comemoração de avanços da Democracia."

Como mencionado na introdução a este livro, a carta aberta não foi lida em uma reunião nacional do Comitê Brasileiro pela Anistia. De acordo com o editor do *Lampião da Esquina*, Aguinaldo Silva, a oposição concentrou-se em alguns ativistas que repudiavam o pedido de apoio de Daniel, que soube desses comentários ao ler o jornal,[4] por ele ser *bicha*.[5] Quer esta versão dos eventos esteja correta ou não, ele insistiu que o CBA nacional não deveria ser responsabilizado pelas atitudes de alguns membros.[6]

Ainda assim, como admitiu em correspondência a Ana Maria Muller, advogada brasileira que ele queria contratar, sua carta aberta teve "pouca publicidade nos jornais brasileiros".[7] Muller havia sido recomendada por amigos; era uma advogada progressista envolvida no movimento de anistia, e Daniel esclareceu sua situação a ela em uma carta escrita à mão. "Voltei de novo ao consulado em fevereiro e o cônsul Roberto Pires Coutinho me comunicou que [sic] 'pesa sobre o senhor uma condenação' embora não me tenha precisado qual."[8] Ele foi instruído a enviar uma carta formal ao consulado e, ao mesmo tempo, teve o segundo pedido de passaporte negado. Daniel explicou a Muller que ele procurava seu aconselhamento legal para questionar, no tribunal, os limites da Lei da Anistia. Muller concordou em representá-lo e, assim, teve início o processo jurídico.

Agora, à medida que os amigos partiam de volta ao Brasil, Daniel se abatia cada vez mais. Em seu relato sobre esse período em *Passagem para o próximo sonho*, encontra-se uma breve inscrição: "1980 – Nada de novo. A maior parte dos brasileiros retornaria. O exílio é o mesmo. A solidão é que parece nova."[9] Sua espera, no fim das contas, duraria ainda quase dois anos. No fim de março de 1980, compartilhou suas frustrações em outra mensagem curta a Lúcia: "Oi, tô aqui. Ainda. Tá duro, muito duro, aguentar esta primavera de neve, esta espera de um verão que nunca me pareceu tão impossível. [...] E eu que queria voltar em agosto, fazia planos. Já sei que não vou poder. [...] De vez em quando eu e o Cláudio falamos das coisas que amaríamos ver no Brasil. Entre elas, claro, você."[10]

Daniel estava sem esperanças e, com uma crescente ansiedade, voltou a ganhar o peso que havia perdido.[11] Em abril de 1981, respondeu uma carta de sua família explicando por que suas cartas não chegavam com a mesma frequência. "Não tenho o que escrever. Não tenho cabeça, nem paciência. Estou com a 'cuca fundida'. É dureza suportar o exílio. Sempre foi, mas agora está pior. Prefiro não escrever, pois não quero ficar mandando cartas com minhas angústias. Se mando lhes dizer que estou muito ruim, o que é que vocês poderão fazer? [...] Sempre procurei escrever cartas ligeiras, dizendo que tudo ia bem. Mas no exílio *nada nunca* vai bem. Tudo é triste, tudo é duro, tudo é horrível."[12] Seguiu, lamentando que provavelmente seria a última pessoa a retornar. "Todo mundo se 'esqueceu', como se eu tivesse ficado aqui nestes dois últimos anos por prazer, como se estivesse em férias." Ele estava desesperado para retornar ao Brasil. "Não estou me divertindo, nem viajando. Estou no exílio, não posso ser anistiado, não posso fazer nada senão esperar. Isto é um abuso – mais um – da ditadura. Mas ninguém diz nada disso e ficam esperando que a ditadura resolva meu problema, 'conceda um perdão.'"

Então, em maio de 1981, seu recurso jurídico enfim foi aceito. Sua pena foi reduzida para três anos e meio e, em seguida, anulada, por ter prescrito. Mas nem assim conseguia um passaporte. Uma onda de publicidade, no entanto, ajudou-o. Em julho de 1981, a revista *Veja* publicou um artigo de uma página, escrito por Pedro Cavalcanti, com uma foto na qual Daniel é retratado olhando para uma rua parisiense; ele estava um pouco acima do peso e com os cabelos encaracolados e bagunçados. Sob a chamada "Exilados" e o título "Ele vive de bicos", o artigo anunciou que a *Veja* havia encontrado uma versão real de Sebá, "o último exilado político" em Paris – um personagem criado por Jô Soares para o programa *Viva o Gordo*, da Rede Globo. Sebá, apelido de Sebastião, era um pária político desajustado morando em Paris. Ao lado da foto de Daniel, foi veiculada a de Jô Soares caracterizado como o personagem – ao telefone, usando boné e cachecol para simbolizar os invernos frios parisienses –, sugerindo a semelhança entre as duas figuras; uma real, e a outra inventada. Segundo o artigo, Daniel era a encarnação do personagem cômico de Jô. O subtítulo anunciava: "Sebá existe e é porteiro de uma sauna em Paris."[13]

Em esquetes regulares transmitidos pela televisão, Sebá falava francês com sotaque nordestino exagerado. Quando ligava para o Brasil, de telefones públicos avariados que permitiam ligações ilícitas de longa distância, ele descobria que estava sempre muito atrasado quanto às mudanças que ocorriam no país. Além disso, sua namorada, Madalena, continuava no Brasil e sempre adiava a compra de sua passagem para voltar ao país, alegando que a taxa de câmbio de dólar não parava de subir. Isso fazia com que Sebá continuasse na Europa, supostamente como o último exilado, levando-o a suspeitar que Madalena o havia trocado por outro.[14] Daí o bordão do personagem: "Madalena, você não quer que eu volte!" O artigo da *Veja* parecia confirmar a semelhança dos esquetes cômicos de Jô com a realidade que Daniel vivia, e a combinação dos dois acabou marcando o mineiro como o "último exilado" do Brasil.

No entanto, Daniel, diferentemente de Sebá, não desejava retornar ao Brasil para se reencontrar com a namorada. Em um tom que refletia uma mudança modesta da cobertura da imprensa, o artigo revelava a homossexualidade do exilado de maneira respeitosa e positiva, sem qualquer subtexto irônico ou depreciativo. O relacionamento com Cláudio era descrito como "um dos casamentos mais sólidos da praça". Esse uso afirmativo da terminologia ao se referir a uma relação entre pessoas do mesmo sexo praticamente não existia na mídia, apesar da emergência do movimento pelos direitos dos gays e das lésbicas em 1978. Nesse sentido, Daniel era um dos poucos indivíduos dispostos a levar sua homossexualidade a público, e o artigo o transformou em uma espécie de celebridade nacional, um ex-revolucionário com uma virada incomum no enredo da sua vida.

Como na maioria dos relatos jornalísticos posteriores sobre a carreira política de Daniel, seu passado era resumido de maneira sucinta: estudante de Medicina em 1968, membro da VAR-P e da VPR, foi um guerrilheiro treinado por Carlos Lamarca. O artigo o descreveu como alguém que abaixava a voz quando falava de seu passado revolucionário e também fez referência ao debate que ocorrera em Paris, sobre homossexualidade. "A relação que o liga a Cláudio Mesquita, seu parceiro de apartamento, já obrigou Carvalho a responder a um longo interrogatório de membros do comitê Brasil-Anistia", explicou o repórter da *Veja*. "Ficou aborrecido com o incidente, mas agora se anima com informações de que a esquerda brasileira é menos intolerante com os hábitos sexuais de seus aliados." O repórter relatou o comentário de Daniel: "Já era tempo de isso acontecer."

Daniel não ficou muito satisfeito com o artigo e escreveu uma carta aberta aos editores da *Veja*, criticando seu conteúdo. Embora a revista nunca tenha publicado sua repreensão, o cartunista político de esquerda Henrique de Souza Filho, o Henfil, reeditou as objeções em uma coluna de *O Pasquim*, o popular periódico alternativo semanal, com o título "O último exilado".[15] Agora tanto a *Veja* quanto *O Pasquim* lhe premiavam com o título, que parecia ter pegado.

Na carta, três críticas foram apresentadas. Em primeiro lugar, o ex-militante nunca baixava a voz quando falava de sua participação na esquerda; pelo contrário, escreveu: "Costumo tentar elevar a voz, porque é preciso gritar para não esquecer uma época da qual nosso povo tem ainda tão pouca informação. Não quero 'apagar' nenhum passado. Quero, pelo contrário, falar muito dele, para esclarecer um dos mais terríveis momentos da história do país. Não sou eu quem quer esquecer, são os torturadores." Daniel também censurou a revista por não escrever sobre o apelo dos que permaneciam exilados desde a aprovação da Lei da Anistia, que ele considerava uma imposição arbitrária. Por fim, criticou o artigo por referir-se a um suposto "interrogatório" do Comitê Brasileiro pela Anistia sobre sua vida particular. "Houve, isto sim, um debate a respeito da homossexualidade, onde se manifestaram opiniões contraditórias. Nunca sofri interrogatório nenhum e nenhuma agressão pessoal do CBA enquanto organismo. A invenção desta atitude do CBA por *Veja* é simplesmente difamatória e ofende milhares de brasileiros que se dedicaram sinceramente à luta pela Anistia e pela Democracia." Esse comentário final indicava como Daniel continuava a operar nos parâmetros da esquerda brasileira.

Quando, ao final de maio, Daniel e Cláudio receberam notícias de que todas as acusações contra Daniel tinham sido retiradas, eles despacharam de modo precipitado alguns de seus pertences ao Brasil. Nos meses seguintes, o governo brasileiro não dava sinais da chegada do passaporte. Portanto, no início de agosto, Cláudio foi obrigado a ir ao Brasil para retirar seus pertences na alfândega.[16] A partida do companheiro deixou Daniel desesperadamente só. Numa carta à mãe, em que a parabenizava pelo quinquagésimo aniversário, expressou suas frustrações: "A solidão me transtorna, e eu tento conservar o maior sangue frio. Paciência porque eu sou paciente. Não é assim que eles vão me fazer quebrar. Resisto, embora me sinta completamente privado de amigos e companheiros."[17] Em seguida, lembrou-se da ausência de Cláudio: "Foi a primeira vez que passamos tanto tempo separados. E não tínhamos certeza se seriam dois meses ou dois anos. Escrevi-lhe diariamente. Telefonávamo-nos duas ou três vezes por semana. Estávamos muito tristes."[18]

Em julho, mais uma vez o passaporte foi solicitado. De novo, o cônsul enrolou. Assim, o CBA parisiense interveio e fez um apelo a "todas as forças democráticas brasileiras e internacionais para levar adiante esta campanha" e forçar o governo a emitir o passaporte. Também enviaram uma delegação ao consulado brasileiro com representantes franceses de cinco organizações políticas e em apoio aos direitos humanos. Essa combinação de esforços no Brasil e no exterior enfim forçou as autoridades a fornecerem documentos oficiais para que Daniel retornasse ao Brasil.[19]

Em 8 de outubro de 1981, ele embarcou em um voo da Swiss International Air Lines com uma passagem fornecida pelo Alto Comissariado das Nações Unidas para Refugiados. Desembarcou no Galeão, no Rio de Janeiro, na manhã seguinte. Prevendo possíveis problemas com as autoridades, dois congressistas da oposição e advogados pelos direitos humanos – Raimundo de Oliveira e Antônio Modesto da Silveira – estavam de prontidão, bem como a advogada, Ana Maria Muller. Quando Daniel desceu do avião, a Polícia Federal o deteve por cerca de uma hora, porque seu nome aparecia em uma lista de "indesejáveis". Depois que a equipe de advogados esclareceu a situação, ele pôde entrar na sala de espera. Antes de deixar Paris, Daniel havia entrado em uma dieta rígida e exercitava-se regularmente.[20] Parecia bem. As câmeras da televisão filmaram sua chegada. Seu pai e ele permaneceram enredados em um abraço regado a lágrimas por vários minutos. Alguém começou a cantar.

Daniel recorda-se que parecia um sonho surrealista que incluía pessoas de todas as fases da sua vida, "menos os mortos".[21] Por sua vez, Cláudio não conseguia se conter e chorava sem parar. A ausência de dona Geny era notável. Ela havia decidido não ir ao Rio de Janeiro receber o filho, pois sentia-se incapaz de lidar com a emoção do reencontro após tantos anos de separação.[22]

Embora o epíteto de "Último exilado" continuasse a ser associado a Herbert Daniel, ele era cada vez mais identificado como o ex-revolucionário que havia declarado sua homossexualidade ao mundo. Como veremos, Daniel fez uma série de críticas às noções correntes sobre a sexualidade entre pessoas do mesmo sexo que reproduzia discursos médico-jurídicos e reforçavam a ideia de que o "homossexual" era uma personalidade patológica específica. Ele também tinha ressalvas quanto à natureza do movimento emergente pelos direitos gays no Brasil. Não obstante, o fato de falar sem pudor sobre seu relacionamento com Cláudio e referir-se a si mesmo como homossexual na imprensa incitava uma curiosidade voyeurística sobre esse antigo líder de guerrilha.

As campanhas de propaganda do governo contra a esquerda armada haviam inventado a ideia de que oponentes radicais da ditadura eram indivíduos viris, imprudentes e perigosos, que recorriam à violência cega e irrestrita para alcançar seus objetivos. Além disso, a cultura dentro da maioria das organizações clandestinas promovia um éthos de masculinidade que supostamente estaria embutido na própria revolução. A oposição armada exigia disciplina e extremo sacrifício pela causa, além do advento de, nas palavras dos líderes revolucionários cubanos, um *hombre nuevo* que, motivado pela moralidade socialista, estivesse disposto a executar tarefas perigosas para derrubar a ditadura e resolver os problemas socioeconômicos do país.[23] Essas duas imagens unidas – uma produzida pelo regime militar e a outra, pela esquerda – haviam forjado uma figura revolucionária estereotipada que simplesmente não combinava com a personalidade de Daniel.

Em contraste com a imagem predominante do guerrilheiro revolucionário – um heterossexual hipermasculino –, ele era tímido, falava de maneira mansa e era gay; sem dúvida não irradiava a bravura, autoconfiança e agressividade associadas ao estereótipo promovido pelos oponentes radicais do regime. E isso o tornava fascinante, porque permanecia ilegível a um público que se mantinha preso a estereótipos e a um binarismo simplificador, que postulava duas figuras distintas para representar estilos de vida opostos: o revolucionário másculo e o homossexual passivo e afeminado.

Naqueles dois anos desde que a Lei da Anistia entrara em vigor, o movimento gay e lésbico havia começado a desafiar os estereótipos dominantes sobre a homossexualidade. Jornalistas e editores simpatizantes à causa haviam começado a publicar artigos menos imbuídos de representações tradicionalmente pejorativas, e nesse contexto Daniel era uma figura intrigante por muitos motivos. Primeiro, porque ele decerto não se encaixava na categoria de homossexual superficial, afeminado, com trejeitos e interessado em moda e fofoca. Na época, o estereótipo desse homossexual masculino era representado por estilistas e participantes de concursos de fantasia de luxo no Carnaval, tal como Dener, Clodovil Hernandes e Clóvis Bornay. O ex-revolucionário não estava ligado a nada disso.

Além do trabalho teórico que havia desenvolvido no movimento de esquerda, Daniel apresentava naquele momento uma crítica articulada e fundamentada da luta armada sem, no entanto, negar que esse tivesse sido um meio legítimo de oposição à ditadura. Ele desestabilizou todos os pressupostos sobre quem tinham sido as pessoas envolvidas na oposição revolucionária. Não se conformava com a representação tradicional do homossexual nem do herói revolucionário. Em suma, Herbert Daniel não correspondia a nenhuma das representações padronizadas de homens homossexuais ou às imagens construídas pelo regime para despersonalizar, e portanto desumanizar, os membros da esquerda revolucionária. E mais: insistia em falar de política. Suas ideias eram inovadoras, fundamentadas e vanguardistas. Com certeza, seu discurso não era o que as pessoas pareciam esperar de um revolucionário que virou atendente de sauna gay.

Daniel não foi o primeiro ex-guerrilheiro a formular uma crítica sistematizada de seu passado revolucionário e do machismo impregnado na esquerda. Fernando Gabeira, que participara do sequestro do embaixador dos EUA, havia retornado ao Rio em 1979; foi recebido com muita pompa. Seu relato sobre suas aventuras revolucionárias, publicado no livro que se tornou best-seller, *O que é isso, companheiro?*, havia lhe rendido fama instantânea. Ainda assim, não era imune às críticas por parte da esquerda. O apoio que demonstrava ao feminismo e ao movimento gay e lésbico – em particular em uma entrevista publicada no *Lampião da Esquina* e na controversa sunga de crochê lilás cavada que usara em Ipanema – alimentava as especulações de que ele era gay. Como o próprio Gabeira explicou: "Creio que depois dessa entrevista aumentaram os rumores a meu respeito [sobre minha sexualidade]. Alguns velhos amigos me cumprimentavam pela sinceridade e achavam até que meu depoimento poderia ajudá-los numa reavaliação de sua trajetória de machos. Outros não acompanharam meu ritmo. Aceitavam-me como terrorista, não como homossexual."[24] Na realidade, ele não era gay, mas isso parecia ser irrelevante para algumas pessoas que acreditavam que apenas um homossexual poderia apoiar gays e lésbicas.

Gabeira havia retornado dois anos antes de Daniel e pôde captar o clima do país à medida que vivenciava o renascimento cultural ligado às promessas da liberalização política. Quando o mineiro foi recebido no Rio de Janeiro, as ideias que Gabeira havia pregado no fim de 1979 sobre meio ambiente, feminismo, igualdade de gênero e tolerância à homossexualidade não eram mais novidade. Como Daniel comentou em *Fêmea sintética*, seu segundo livro: "Curiosamente muitos têm me dito que voltei 'atrasado'. Este papo de 'exilado retornado' está fora de moda."[25] Não obstante, a abertura de Daniel com relação à sua homossexualidade era algo bem novo, especialmente para alguém com sua experiência de vida.

Após algum tempo no Rio de Janeiro, Daniel viajou a Belo Horizonte para um encontro emocionante com sua mãe, irmãos, parentes e amigos. Gostou de ver sua mãe e seu irmão caçula, Hélder – ele nem o conhecia muito bem. Mas, após uma visita intensa, logo retornou ao Rio. Lá, ele e Cláudio alugaram um apartamento pequeno no bairro de Laranjeiras, a cerca de oito quadras da praia do Flamengo, e começaram a organizar a vida a dois.[26]

Uma das primeiras tarefas de Daniel era conseguir que seu manuscrito fosse publicado. Havia concluído *Passagem para o próximo sonho* em maio de 1981 e estava ansioso para vê-lo impresso. Como o livro de Gabeira, um grande sucesso inesperado, havia sido publicado pela editora Codecri, ele foi procurar um dos fundadores da casa editorial, que também era seu amigo: Henfil, que de pronto concordou em fechar o contrato. Ele também assinou o texto de orelha, muito elogioso e divertido. Cláudio ficou responsável pelo design de capa. Assim, *Passagem para o próximo sonho* foi lançado em março de 1982.

Ao contrário do êxito comercial que Gabeira obteve com *O que é isso, companheiro?*, e que Alfredo Sirkis conseguiu com *Os carbonários* – ambos livros de memória sobre a atividade revolucionária –, *Passagem para o próximo sonho* não foi bem aceito pelos leitores.[27] Apesar da cobertura da imprensa na ocasião do lançamento, não houve segunda edição. A produção literária de Daniel é praticamente desconhecida para a geração atual de ativistas brasileiros pelas causas das pessoas LGBTQIAPN+ e das pessoas que vivem com HIV/aids. Por outro lado, estudiosos do regime militar citam o livro com frequência, pois sua análise da luta armada é sensível e comovente. Não obstante, é um livro difícil. O subtítulo *Um possível romance autocrítico* revela sua natureza ambígua: não é uma autobiografia clássica nem uma obra de ficção. Usando a língua portuguesa de forma complexa e apurada, Daniel agrada os leitores experientes, mas permanece um tanto impenetrável para o público leigo.

Passagem para o próximo sonho é dividido em quatro seções com títulos simbólicos – "Só", "S.O.S.", "Sol" e "Solo". A narrativa se desdobra numa ordem cronológica irregular, indo e voltando no tempo à medida que o autor descreve sua trajetória de vida: da luta interna com sua homossexualidade antes, durante e depois de sua participação na esquerda revolucionária, passando pelo seu total isolamento na clandestinidade, até o exílio e a promessa de voltar para casa.

De modo distinto das histórias de aventura lineares, de Gabeira e de Sirkis, escritas com alguma comicidade ao modo de um romance policial, o texto de Daniel contempla as complexidades e incertezas das pessoas que pegaram em armas e, depois, encontraram-se na clandestinidade, distantes do povo de que desejavam se aproximar. Em "Só", ele introduz a ideia de um exílio interno, que não é pessoal, mas coletivo: "Não seria melhor dizer claramente que neste intervalo está o verdadeiro início do exílio? Que aí, neste 'isolamento político', nesta incapacidade de abrir um diálogo *atual*, a esquerda armada viveria seu primeiro exílio."[28] De acordo com o autor, enquanto a oposição radical era incapaz de ter um "diálogo" com o povo brasileiro – e, portanto, estava "sozinha" –, a ditadura tinha um bom "monólogo" com a população.

O título da segunda seção, "S.O.S.", faz referência ao sinal em código Morse que indica um pedido de ajuda. Ali, Daniel escreve sobre suas atividades políticas e explica a decisão de reprimir sua homossexualidade. É possível perceber em todo o texto observações afiadas sobre o movimento de guerrilha estar fora de sintonia com a realidade. Nas entrelinhas, lê-se o argumento de que a esquerda revolucionária precisava de ajuda – que nunca veio – para se libertar do seu dilema. Da mesma maneira, o autor precisava de ajuda para resolver o estorvo de ter sentido a necessidade de reprimir sua homossexualidade para aderir ao movimento revolucionário e permanecer nele. Seu relato sobre os primeiros momentos com Cláudio prenuncia que nesse relacionamento encontrou uma saída para seus conflitos. Pequenas fábulas e outras histórias que representam a primeira incursão de Daniel na escrita ficcional são espalhadas por esta e outras seções.

Grande parte dos fatos apresentados na terceira seção, intitulada "Sol", desenrola-se, presumivelmente, à luz do dia. O autor, que na época em que se encontrava exilado, não precisava viver nas sombras da cidade, como acontecia durante a clandestinidade. Essa seção relata predominantemente as experiências de Daniel nas saunas gays parisienses, sem notar a ironia de que ele trabalhava à noite, em um local escuro e enfumaçado.

A última seção faz referência ao desejo de retornar à sua terra natal. Ele descreve o debate sobre homossexualidade que aconteceu na Casa do Brasil e conta sua frustração por não dominar a língua francesa que, em última instância, significava um constante afastamento do ambiente ao seu redor. Daniel conclui o texto com uma frase que explica o título da obra: "Não estou voltando. Vou. Quem sabe poderemos encontrar nosso Brasil na curva do próximo sonho?"[29] Apesar de sua avaliação do passado parecer negativa, o título e tom do livro são otimistas e espelham sua visão sempre esperançosa sobre a vida.

Entre as reportagens de jornal sobre o lançamento do livro, encontra-se uma longa entrevista ao *Estado de Minas*, que proporciona diversas pistas sobre como Daniel entendia sua própria produção literária. Ele descreve o livro como "um romance sobre a assombrosa década de [19]70, onde as coincidências são semelhanças intencionais. É o roteiro de uma personagem, eu, no meio de outros personagens, nós, uma visão autocrítica da minha vida." E continua: "Procurei me fotografar, mas sem me retratar. Não tenho desculpas a pedir, mas experiências a partilhar." Questionado sobre o motivo pelo qual combinou uma análise da luta armada com uma discussão sobre sexualidade, Daniel articulou uma versão da noção feminista dos anos 1970 de que "o pessoal é político": "Não fui eu que juntou as duas coisas. Foi a vida. Não há política onde não esteja presente a sexualidade e não há relação sexual onde não existam opções políticas. Um grave engano é separar questões políticas gerais e problemas de ordem íntima." Questionado sobre o que buscava naquele momento, respondeu: "Aprender, dialogar, ouvir. Contribuir como puder. Estou buscando a solidariedade, forma mais alta do amor. Mas esta é uma busca sem fim, que se renova sempre. Sabe? Estou em plena passagem para os próximos sonhos."[30]

Daniel parecia gostar dessa agitação na mídia, que até lhe rendeu uma nota na seção "Gente" da revista *Veja*.[31] A reportagem afirmava que ele pretendia se matricular na Faculdade de Medicina da UFMG para concluir o curso, mas que não tinha planos de filiar-se a um partido político. O ex-guerrilheiro, entretanto, nunca concluiu sua formação em medicina e, na verdade, já havia se afiliado ao Partido dos Trabalhadores (PT).[32]

Apesar da atenção focada naquele novo autor promissor, adaptar-se ao Rio de Janeiro não foi tão fácil quanto o casal esperava. Além de Daniel ganhar peso novamente, ambos começaram a brigar. Então, Daniel conheceu um jovem chamado Paulo, e os dois tiveram um caso. Mais tarde, escreveu que os problemas que Cláudio e ele tiveram foram resultado do choque do retorno ao Brasil.[33] Quando estavam na Europa, Cláudio havia sido muito mais livre, e agora era Daniel quem escolhia vivenciar um relacionamento mais aberto. Talvez o fato de que alguém o considerasse atraente, mesmo enquanto ganhava peso, tenha contribuído também para que ele se relacionasse com Paulo. O caso durou cerca de um ano, e ao longo daquele período o comprometimento emocional com Cláudio permaneceu.

Logo após lançar *Passagem para o próximo sonho*, Daniel conseguiu um trabalho na Codecri. Gustavo Barbosa o contratou como editor interno. Como ele adorava ler, o trabalho era perfeito. Tudo o que tinha que fazer era peneirar manuscritos de um armário cheio de originais enviados à editora e escrever pareceres, recomendando ou não a publicação. Daniel era responsável pelos livros de ficção e de política, e participava de um pequeno comitê que tomava as decisões editoriais.[34] Barbosa se lembra de como ele era bom nesse trabalho. "Era mais do que sua tremenda inteligência e sabedoria. Seu conhecimento de literatura e pensamento político eram extremamente profundos e estavam relacionados à sua capacidade de articular ideias com bastante agilidade."[35] Daniel ia ao escritório, pegava os manuscritos e retornava, para lê-los e elaborar os pareceres em casa.

Em meio a pilhas de manuscritos, deparou-se com um calhamaço envolto por fita adesiva e que, de algum modo, parecia um acordeom. A autora, Eliane Maciel, tinha 16 anos e acabara de dar à luz um menino. No ano anterior, havia brigado com a família no Rio de Janeiro e fugido para o interior, onde vivia com parcos recursos, juntando o pouco que conseguia para sobreviver, enquanto tentava evitar que a polícia a descobrisse e a levasse à força à casa dos pais. Daniel adorou o depoimento cru da jovem rebelde que tentava viver enquanto confrontava os costumes conservadores do pai militar e da mãe dona de casa. Ele recomendou a publicação do livro à Codecri, e os editores aprovaram.

Eliane lembra-se que seu primeiro encontro com Daniel foi mágico. "É uma das cenas inesquecíveis da minha vida. Aquela pessoa baixinha, gordinha, com a mão no bolso, ele tinha a mania de andar sempre com a mão no bolso, sempre olhando para o pé, óculos redondinhos, quieto, sentou-se no banco lá do outro lado, olhou para mim e deu um sorriso."[36] Naquele dia, conversaram por horas a fio; foi o tipo de conversa que Daniel tinha quando vivia na clandestinidade, quando transformava reuniões rápidas em longas discussões sobre arte, cinema e literatura. "Ele não fez absolutamente uma crítica. Ele não fez absolutamente nenhuma sugestão. Ele não deu nenhum palpite para o original. Ele só disse o seguinte: 'Olhe, precisa enxugar. E você tem de dizer o que é para enxugar, porque eu não sei te dizer, a tua história é a tua história, não é sabonete, não é algo que possa ser partido pela metade.'"

De muitas maneiras, o livro de Eliane Maciel – intitulado *Com licença, eu vou à luta (é ilegal ser menor?)* – apresenta um retrato dos filhos da ditadura, criados sob um regime autoritário, obrigados a viver conforme a norma sociocultural.[37] Contando sua própria história, Maciel captura a raiva e as frustrações da juventude que tentava escapar aos limites rígidos – um dos efeitos da ditadura. O livro foi um sucesso instantâneo: vendeu mais de um milhão de exemplares. No processo, Daniel e ela tornaram-se amigos próximos. "O Herbert Daniel foi uma figura absolutamente fundamental para quem eu sou", lembra-se com afeto, emocionada. "Ele foi uma pessoa que fez parte da minha formação humana, da minha capacidade de ver o mundo com mais largueza, com menos preconceito, com mais capacidade de inclusão." Como ambos eram insones, ao longo dos anos caminhariam juntos pela praia na madrugada, conversando. "Falamos sobre as angústias, sobre outras vidas, sobre o medo, sobre as coisas que eu não podia entender ainda." Mais uma vez, Daniel encontrara uma amiga e confidente mulher, com quem podia compartilhar seus pensamentos mais íntimos. Eliane Maciel atribui o relacionamento dos dois à capacidade que Daniel possuía de demonstrar compaixão e compreensão pelos outros.

O trabalho na Codecri oferecia a ele a oportunidade de descobrir novos talentos literários e, ao menos em uma ocasião, uma nova melhor amiga. Mas também lhe permitia flexibilidade e segurança financeira para que se dedicasse a outro interesse de longo prazo: a política. A Lei da Anistia de 1979 foi parte de uma estratégia geral da ditadura para ceder o poder ao governo civil aos poucos, de maneira orquestrada. A vitória espetacular do MDB no Congresso, em abril de 1974, havia alarmado os generais. Em abril de 1977, a pouco mais de um ano das eleições, os militares fecharam o Congresso temporariamente para fazer alterações na Constituição, sem qualquer resistência política. O Pacote de Abril, como ficou conhecido, criou os chamados "políticos biônicos" – senadores nomeados pelo governo para ocupar um terço das cadeiras do Congresso, garantindo a Ernesto Geisel o controle do Poder Legislativo. O pacote também reduziu o número de votos necessários para alterar a Constituição – de dois terços dos votantes para uma maioria simples –, mantendo a força da Arena para manipular as leis e permanecer no poder.

Nas eleições de 1978, foram eleitos 23 "políticos biônicos" e outros 22 senadores, que assumiram pelo voto direto. Com essa manobra, a Arena manteve a maioria no Senado, mas os candidatos do MDB receberam 5 milhões de votos a mais do que o partido da direita, prova de que a oposição continuava crescendo em força, em particular no Sudeste urbanizado. Como consequência, os militares adotaram uma nova tática, seguindo a máxima de Nicolau Maquiavel, "Dividir para governar". Com a anistia de 1979, antigos líderes políticos haviam retornado do exterior. Era hora então de aprovar uma nova legislação que separasse a Arena e o MDB e permitisse a formação de novos partidos políticos. O objetivo era fragmentar a oposição.

Ao mesmo tempo, uma onda de greves dos operários do ABC paulista, liderada pelo presidente do Sindicato dos Metalúrgicos, Luiz Inácio Lula da Silva, desafiou as políticas retrógradas do governo e o banimento das greves. Essa militância trabalhista renovada levou à fundação do Partido dos Trabalhadores, uma das novas organizações de oposição, fundada após a dissolução do bipartidarismo pelos militares. Nos primeiros anos, o PT reuniu grandes setores do movimento sindicalista, organizações de base lideradas por forças progressivas dentro (e fora) da Igreja Católica, uma nova geração de ativistas da esquerda e ex-militantes revolucionários que retornaram do exílio.[38]

Todas essas mudanças políticas tiveram impacto direto sobre Daniel. Dois meses depois de chegar ao Rio, Liszt Vieira foi visitá-lo. Ao mesmo tempo sério e irônico, Vieira informou a Daniel que planejava candidatar-se a deputado estadual pelo PT. Daniel, que acabara de se filiar ao partido, empolgou-se com a ideia e de imediato ofereceu sua ajuda para a campanha.

Pela primeira vez desde 1965, em 1982 houve eleição direta para governador. Uma variedade de novos partidos políticos também disputou cadeiras no Congresso, além de cargos estaduais. Em junho de 1982, em plena campanha eleitoral, Daniel notou que as pessoas que trabalhavam com Vieira eram "estranhamente incríveis". Em vez de dedicar tempo a reuniões infindáveis, como era de costume no seu início de carreira política em meados de 1960, "aglomeram-se e levam em frente". Embora houvesse poucos gays e lésbicas no comitê da campanha, elaboravam "uma plataforma integrando as 'questões do nosso tempo', principalmente ecologia e sexualidade, dentro de uma concepção de democracia como alternativa da vida".[39]

O material eleitoral produzido para a campanha era original e singular. Dizia: "Lutamos contra todas as formas de violência e preconceito." "Lutamos pelo direito de todos à terra, ao trabalho e à liberdade. Queremos uma sociedade socialista, libertária, democrática e ecológica, onde não haja exploradores e onde se respeite a dignidade de cada um e o meio ambiente." O programa apresentava uma agenda socialista tradicional, mas também contemplava a questão ecológica e da discriminação – ideias relutantemente adotadas por setores minoritários da esquerda. Vieira se lembra da tensão entre o desenvolvimentismo da esquerda e as preocupações com o meio ambiente. "Quando voltamos do exílio, a esquerda daqui, do Brasil, o próprio PT, dizia: no Brasil não tem questão ecológica, só tem questão social."[40]

A campanha tentou contradizer essa noção de forma criativa. Cláudio, por exemplo, projetou um longo mural que envolvia todo o Largo do Machado, próximo ao Centro do Rio, e os voluntários executaram a pintura. As imagens retratavam o ambiente urbano e os serviços sociais pelos quais lutavam. Fernando Nogueira da Costa, um jovem economista radical que conheceu Daniel durante a campanha de 1982, lembrou-se de que o mural retratava uma "cidadade feliz" – um jogo entre as palavras feliz, cidade e felicidade, que sugere uma relação etimológica entre elas. O colorido mural tornou-se marca registrada da campanha e contrastava marcadamente com o vermelho em geral usado nas propagandas de partidos de esquerda.[41]

Daniel também lançou um novo *slogan* político: "Qualquer maneira de amor vale a pena", emprestado do verso da canção "Paula e Bebeto", de Milton Nascimento e Caetano Veloso, de 1975. O texto que acompanhava a palavra de ordem no material de divulgação merece destaque: "Estamos a fim de conquistar nossos direitos de amar e viver melhor e mais. Os homossexuais não são cidadãos de segunda categoria. Hoje, no nosso país, os preconceitos fazem com que a homossexualidade seja considerada 'oficialmente', um 'transtorno sexual'. Mas transtornados sexuais são os que ainda não entenderam que toda sexualidade é sempre boa e bela, e que é preciso amar com alegria. Sem medo. Todo preconceito só serve para criar violência e opressão. Homossexuais, negros, mulheres e todos os explorados e oprimidos: vamos construir com o PT uma sociedade socialista, libertária, democrática e ecológica. Não tenha vergonha. Não vote enrustido. Vote em você. Vote PT. Se você não faz, ninguém vai fazer por você: o PT somos nós. Fora com os preconceitos."[42]

Apesar de o material eleitoral ter sido produzido com orçamento limitado, o conteúdo era bastante revolucionário. Pessoas como Liszt Vieira e Herbert Daniel, antes imersas na ideologia marxista tradicional, preocupadas com a questão de exploração das classes, desenvolveram o que os estudiosos hoje chamam de "transversalidade", ou seja, uma análise que apresenta a conexão entre condições econômicas, sociais e culturais que marginalizam determinados setores da sociedade sob justificativas fundamentadas em ideologias profundamente arraigadas e disseminadas.[43] Em 1982, poucos ativistas, em meia dúzia de campanhas eleitorais, mencionaram de relance a opressão da homossexualidade, relacionando-a a questões enfrentadas por outros setores da sociedade. A campanha de Vieira, por outro lado, apresentava a questão como tema central, não um assunto secundário.

Não é surpreendente o fato de que militantes, tanto no PT quanto da esquerda de modo geral, zombassem da campanha de Vieira por seu apoio à causa ambiental e aos direitos dos homossexuais. Apelidaram-no, para provocar, de "Viado Verde". Em vez de tratar o termo como um insulto, a campanha decidiu abraçar a alcunha com orgulho e referir-se a Vieira como "Viado Verde", embora ele próprio não fosse gay. A tentativa de desmoralizar a campanha foi um tiro pela culatra, pois, na verdade, melhorou o reconhecimento do nome de Vieira entre os eleitores.[44]

À medida que as eleições se aproximavam e as atividades da campanha se impulsionaram, Daniel dividia seu tempo entre a criação de materiais eleitorais criativos durante o dia e a escrita de resenhas sobre os manuscritos para a Codecri à noite. Cláudio continuou fazendo o design de pôsteres e de outros materiais a serem distribuídos. Ao mesmo tempo, Daniel, que tinha ganhado peso mais uma vez, começou uma dieta rígida. Ao longo da década seguinte, travaria uma batalha incessante com seu corpo e autoimagem.

DE VOLTA AO RIO

Em 1982, o PT era relativamente fraco no Rio de Janeiro. Leonel Brizola, ex-governador do Rio Grande do Sul e deputado pelo estado do Rio de Janeiro antes do golpe de 1964, continuava sendo um líder popular. Ele havia retornado do exílio em Portugal e fundado o Partido Democrático Trabalhista (PDT), que causou uma fissura significativa no apoio que o Partido do Movimento Democrático Brasileiro (PMDB) – surgido após a dissolução do MDB pelos militares – tinha na capital fluminense. Como a eleição de representantes federais e deputados estaduais baseava-se na representação proporcional, candidatos ao governo do estado e ao senado que lideravam a legenda de um partido eram importantes para contar votos para todas as demais instâncias. Lysâneas Maciel, o candidato a governador pelo PT, havia sido um político intransigente do MDB e ativista pelos direitos humanos, que perdeu seu mandato no Congresso em 1976 devido à oposição à ditadura. Vladimir Palmeira, o candidato petista a senador, havia sido líder estudantil em 1968. Apesar do histórico reconhecido dessas figuras como combatentes contra a ditadura, esses dois líderes de legenda não conquistaram o apoio esperado. Foi Brizola quem ganhou a eleição para governador. No entanto, para a surpresa de todos, Liszt Vieira recebeu 10.301 votos e foi eleito a uma das setenta cadeiras da legislatura do estado, juntamente com outra candidata do PT, Lúcia Arruda, que concorreu com uma plataforma feminista.

Não é necessário dizer que Daniel estava radiante. Parece que a urna era a nova arma para mudar o Brasil.

NOTAS

1. "Exilado chega de Paris e diz que não é o último", *O Estado de S. Paulo* (10 de outubro de 1981).
2. Apelação ao Supremo Tribunal Militar, n. 39,544, BNM.
3. Herbert de Carvalho [Herbert Daniel], "O que é isso, companheiros?", p. 10.
4. *Ibid.*
5. Herbert Daniel, *Passagem para o próximo sonho*, p. 229.
6. *Ibid.*
7. Herbert Daniel, carta a Ana Maria Muller, 4 de março de 1980, AA.

8. *Ibid.*
9. Herbert Daniel, *Passagem para o próximo sonho*, p. 146.
10. Herbert Daniel, carta a Lúcia Velloso, 21 de março de 1980, AA.
11. Herbert Daniel, *Meu corpo daria um romance*, p. 285.
12. Herbert Daniel, carta a sua família, 24 de abril de 1981, AA.
13. Pedro Cavalcanti, "Ele vive de bicos", *Veja*, 1980.
14. Mônica Schpun, "Le Regard décalé de l'exilé sur le Brésil post-amnistie".
15. Herbert Daniel, "Carta ao editor da *Veja*".
16. Herbert Daniel, *Meu corpo daria um romance*, p. 346.
17. Herbert Daniel, carta a Geny Brunelli de Carvalho, 31 de agosto de 1981, AA.
18. Herbert Daniel, *Meu corpo daria um romance*, p. 346.
19. "Herbert Eustáquio de Carvalho", Deops Ficha, p. 3, Apesp/Deops; "Comissão Brasileira de Anistia-Paris, Circular n. 1, F 633 006 CBA Paris, BDIC.
20. Herbert Daniel, *Meu corpo daria um romance*, p. 351.
21. "Exilado volta após sete anos", *Jornal do Brasil*, 10 de outubro de 1981; "A emoção no retorno do penúltimo exilado", *O Estado de S. Paulo*, 10 de outubro de 1981.
22. Cf. James N. Green, "Who is the macho who wants to kill me?"
23. Fernando Gabeira, *Entradas e bandeiras*, p. 99; Fernando Gabeira, "Fernando Gabeira fala", pp. 5-8; Cláudio Novaes Pinto Coelho, *Os movimentos libertários em questão*; Mário Augusto Medeiros da Silva, *Os escritores da guerrilha urbana*; Tania Pellegrini, *Gavetas vazias*.
24. Herbert Daniel, *Meu corpo daria um romance*, p. 352.
25. *Ibid.*, p. 285
25. Veriano Terto Jr., entrevista n. 1.
26. Alfredo Sirkis, *Os carbonários. Em busca do tesouro*, de Alex Polari, alterna entre a história de sua carreira revolucionária e as subsequentes provações na prisão. O livro teve uma recepção limitada.
27. Herbert Daniel, *Passagem para o próximo sonho*, p. 22.
28. Herbert Daniel, *Passagem para o próximo sonho*, p. 243.
29. Nogueira, "Herbert Daniel pede passagem pelo sonho", p. 6.
30. "Gente", *Veja*, p. 81.
31. Herbert Daniel, *Meu corpo daria um romance*, p. 357.
32. *Ibid.*
33. Gustavo Barbosa, entrevista; Vanja Freitas, entrevista.
34. Tradução nossa.
35. Eliane Maciel, entrevista. Outras citações pertencem à mesma entrevista.

36. Eliane Maciel, *Com licença, eu vou à luta.*
37. Margaret Keck, *The workers' party and democratization in Brazil.*
38. Herbert Daniel, *Meu corpo daria um romance,* p. 359.
39. Liszt Vieira, entrevista n. 1.
40. Fernando Nogueira, entrevista.
41. "Qualquer maneira de amor vale a pena", 1986, AA.
42. Samira Kauchakje, "Solidariedade política e constituição de sujeitos", pp. 667-696.
43. Liszt Vieira, entrevista n. 2; Fernando Nogueira, entrevista.

15. Palavras, palavras, palavras (1983-1985)

> "Daniel era transparente, amigável, carinhoso...
> Um humor delicioso chovesse ou fizesse sol; poderia estar
> acontecendo as coisas mais barras-pesadas do mundo."
> Cristina Montenegro, 2010[1]

As eleições de 1982 marcaram um ponto de virada no processo controlado de abertura política, após a vitória de nove candidatos a governador do PMDB, o principal partido da oposição. Essas vitórias, além do sucesso eleitoral de Brizola no Rio, foram um registro da crescente fraqueza do apoio popular ao regime militar. Os três principais partidos da oposição – PMDB, PDT e PT – conquistaram 52,3% dos votos ao Congresso na Câmara dos Deputados, além de elegerem a maioria dos candidatos ao Senado.[2] A ditadura agora estava acuada.

Daniel via a nova situação política com otimismo.[3] Aceitou com entusiasmo quando Liszt Vieira o convidou para ocupar o cargo de assessor. Em meados da década de 1980, essa passou a ser apenas uma entre as diversas atividades que desempenhou, enquanto combinava seu interesse pela política aos seus talentos como escritor.

Em 1967, Daniel havia abandonado a promessa de uma carreira como dramaturgo e crítico de cinema para se dedicar à causa revolucionária. Oito anos mais tarde, quando vivia exilado em Portugal, começou a aperfeiçoar seu talento literário. Deixou de lado o jargão marxista e desenvolveu um novo estilo para abordar novos assuntos que não apenas a luta contra o regime militar.[4] O fruto dessa transição, *Passagem para o próximo sonho*, lhe rendeu a reputação de memorialista um tanto barroco bem como um autorreflexivo crítico da esquerda. Os textos da campanha eleitoral para a candidatura de Liszt Vieira revelavam sua visão política inovadora para a jovem democracia brasileira. Nos ensaios, livros, romances e na peça que foram publicados nos anos seguintes, ele expressava seus pensamentos com relação ao feminismo, ao seu corpo, à (homos)sexualidade, à aids e às formas alternativas de pensar a política. Pelos seus experimentos com diferentes gêneros literários, tornou-se conhecido como um autor multifacetado, embora nem sempre bem-sucedido comercialmente.

O segundo livro de Daniel, *A fêmea sintética*, foi lançado no início de 1983 e apresenta uma crítica a uma sociedade dominada pelos homens.[5] Foi seu primeiro romance de ficção científica – gênero em que, ainda na clandestinidade, Dilma, Maria do Carmo e ele se refugiavam para se distrair do cotidiano tenso.[6] Como na edição de *Passagem para o próximo sonho*, Cláudio fez o design da capa. A dedicatória indica nomes de 132 mulheres, a começar por dona Geny, que sempre foi primordial em sua vida. A lista de mulheres – jovens, idosas, vizinhas, parentes, companheiras e confidentes – indica a importância das amizades com o sexo oposto em sua vida.

Como o enredo é muito complexo, é difícil resumir o livro. Mas, em linhas gerais, pode-se dizer que a trama gira em torno das façanhas de Eduardo Soares de Guerra, conhecido como Duda, um estudante de medicina sexualmente frustrado, politicamente conservador e herdeiro de uma grande fortuna. O protagonista vive solitário em um quarto de pensão, até que se apaixona por uma linda jovem chamada Edna. Depois de reunir coragem, decide abordá-la. Mas, como a aproximação acontece na rua, durante a noite, ele acaba sendo mal interpretado, e sua tentativa de aproximação termina em briga. Como consequência, Duda é acusado de assédio sexual e, para não ser pego, é enviado pela mãe à Europa, onde conclui os estudos. Após alguns anos, retorna ao Brasil com o nome de dr. Guerra e se associa a Hans, um amigo de seu pai que fugira da Alemanha devido ao seu envolvimento com experimentos médicos nos campos de extermínio nazistas. Dr. Guerra e seu sócio criam a empresa Genetic Project, especializada em produzir seres humanos em laboratório. Exilados revolucionários e um golpe militar aparecem como subenredos – inspirados na própria história de Daniel – e, de maneira pouco precisa, são entrelaçados à narrativa principal. Por fim, dr. Guerra cria uma mulher sintética ideal, batizada de "Edna". Ela é linda e dedicada a ele por completo. Contudo, o amor incondicional da fêmea sintética passa a entediar o médico – que, a essa altura, está perturbado e a mata, desenvolvendo leucemia em Edna. O médico então enterra a mulher em um túmulo luxuoso, que pode ser visto da janela do quarto dele, para que lamente aquela morte por todo o sempre. A idealização obsessiva da juventude continua a assombrar dr. Guerra até sua velhice.

As ideias com as quais ele construiu *A fêmea sintética* estão presentes em outros de seus escritos.[7] A narrativa, cujo contexto é a engenharia genética, apresenta uma crítica à idealização e à opressão da mulher, vista como um ser suplementar ao homem, e não o sujeito independente e autônomo que é. É uma ficção científica feminista que critica os papéis tradicionais de gênero, embora os personagens principais sejam homens e as personagens mulheres não se apresentem como criaturas fortes e soberanas. Leila Míccolis, que colaborou com Daniel em seu projeto literário seguinte, não gostou muito do trabalho: "Ele escreveu um trabalho de ficção muito frio, na minha opinião, e que não era bem o seu estilo. Eu não o vejo no livro."[8] A imprensa também não se entusiasmou com *A fêmea sintética*, que teve apenas uma única edição.

O terceiro livro, publicado naquele mesmo ano, era um trabalho pouco extenso, escrito com Leila Míccolis, poeta emergente nos círculos literários do Rio.[9] O título, *Jacarés e lobisomens: dois ensaios sobre a homossexualidade*, refere-se ao dito popular com sentido pejorativo: "Mulher com mulher dá jacaré, homem com homem dá lobisomem." O primeiro dos dois ensaios de Daniel contidos na obra, sobre a construção social da homossexualidade, é uma reflexão inovadora que antecipa a teoria queer, critica identidades sexuais fixas, rejeita a comercialização de redutos gays – ou seja, o gueto – e se opõe à hipermasculinidade de homens homossexuais, que, segundo ele, reitera noções binárias rígidas sobre gênero e sexualidade. O segundo ensaio que compõe o volume, sobre como responder à questão do HIV/aids, é bastante atual.

Míccolis conheceu Daniel pouco depois de seu retorno do exílio e considerou entrevistá-lo para o *Lampião da Esquina*. Até o término das atividades do periódico, em 1983, foi a única jornalista mulher a integrar a equipe. Apesar de a entrevista nunca ter acontecido, ficaram amigos – os dois criticavam a maneira com que o movimento homossexual organizado reforçava o papel dos gêneros e restringia os desejos sexuais polimórficos naturais das pessoas. "Foi paixão amiga à primeira vista, porque ele tinha muitas das minhas ideias, não é? Porque ele era contra guetos, contra o assumir pelo assumir, ele era contra uma série de posturas que na época eram muito comuns."

Havia pouca literatura sobre homossexualidade produzida para o público brasileiro, e *Jacarés e lobisomens* apresentava ideias inéditas, que ainda não haviam circulado nas páginas de *Lampião da Esquina* – que havia interrompido a veiculação em 1981 – nem sido discutidas entre os ativistas do movimento homossexual, na época em formação. "Falamos de um sexo novo – ou melhor, de 'novos sexos' – sem estatutos", dizia a introdução.[10] "*Novos* porque é a sexualidade renovada cotidianamente de cada um. O plural se explica pela diversidade não só de atitudes, gostos, escolhas, mas principalmente de histórias." E afirmava que a sexualidade e o gênero são fluidos, não fixos: "A multiplicidade de sexos, que escrevendo aqui procuramos desvendar, serve para derrubar fábulas de um bipartidarismo sexual que confunde sexualidade e genitalidade." Essas perspectivas contradiziam de maneira direta o discurso dominante entre os ativistas.

Daniel abre o primeiro ensaio, "Os anjos do sexo", com observações a respeito de uma *drag queen* que interpretava uma versão rouca de Marilyn Monroe, no Carnaval. Notando a habilidade de a figura entreter seu público com alfinetadas verbais e comentários irônicos, ele destaca a natureza socialmente construída das expressões de gênero e os preconceitos contra homens afeminados. Também sublinha que é misógina a forma como muitos homens se vestem como mulheres, pois produzem uma idealização estereotipada da feminilidade.

Em seguida, retorna à piada que havia contado em diversas ocasiões, sobre dois homens – a *bicha* e Jorge – que faziam sexo embaixo de um viaduto. O que os companheiros da VPR acreditavam ser uma anedota engraçada, embora de mau gosto, que Daniel repetia sem parar – para desviar suspeitas de sua própria homossexualidade ou para insistir que aquilo não era da conta de ninguém –, tornou-se o fio central de uma meditação em dezessete páginas sobre atitudes sociais com relação ao papel dos gêneros e à sexualidade. Daniel desconstrói de maneira meticulosa os diferentes elementos da piada e fecha com a conclusão de que "o sexo é a continuação da política por outros meios".[11] Após ficar fixado pela piada durante anos, usou-a no livro como um modo de criticar os preconceitos sociais acerca das caricaturas de homens afeminados e do contexto cultural que faz com que a piada pareça engraçada.

Em seguida, o livro apresenta uma breve visão geral da história da homossexualidade, indicando muitas das ideias que Michel Foucault produziu na época, embora sem citar o francês ou qualquer outro autor. Os argumentos hoje são familiares a qualquer um que tenha estudado a história da sexualidade, mas no início da década de 1980 eram radicais e inovadores. A homossexualidade, argumenta, é uma categoria inventada no fim do século XIX para controlar e conter a sexualidade. "A criação do grupo ou gueto não decorre de diferenças preexistentes nos indivíduos, que o poder regula e controla. No caso dos homossexuais, é a própria criação da diferença que é a esfera de ação própria do poder."[12] Daniel também questiona a noção da criação de um movimento gay que luta pelos seus direitos, visto que esse esforço é uma barreira entre os homossexuais e o restante da sociedade.

O apelo pelo fim da discriminação a homossexuais, que fora uma das propostas inovadoras da plataforma eleitoral de Liszt Vieira em 1982, assume uma posição secundária nesse ensaio, que abre caminho para uma crítica densa e, às vezes, de difícil compreensão, do que veio a ficar conhecido como política de identidade. Tanto o *Lampião da Esquina* quanto os doze grupos que compunham o movimento homossexual naquele momento foram construídos com base na convocatória para que homens e mulheres assumissem o desejo sexual pelo mesmo sexo, desafiando as atitudes preconceituosas e a condenação moral da sociedade.[13] O texto questiona o valor da segmentação dos homossexuais em organizações, pois, em sua opinião, a construção e a afirmação de uma identidade homossexual reforça as noções rígidas sobre o que é ser homossexual. Suas ideias também se diferenciam das disputas dentro do movimento, que ocorriam enquanto pessoas de esquerda defendiam alianças estratégicas com setores da esquerda e outras argumentavam a favor de um movimento "autônomo".[14] Embora Daniel não tivesse abraçado o movimento, ainda reservava críticas à esquerda, devido à sua visão tradicional com relação à homossexualidade. Seus comentários são próprios de alguém que conheceu de perto e compartilhou ideias com a esquerda – e lembram seus escritos de Paris: "Ao falar da sexualidade, enquanto homossexual, não se faz uma tentativa de introduzir um discurso homossexual na esquerda, mas *uma crítica ao discurso homossexual que a esquerda tem*."[15] Segundo Míccolis, o livro não teve críticas favoráveis nem foi aclamado pelo público. "Os homossexuais nos atiravam pedras porque nós não nos assumíamos homossexuais. E ao mesmo tempo os heterossexuais achavam que nós estávamos fazendo gênero. Então foi horrível."

Entretanto, no fim do livro, há um ensaio de doze páginas intitulado "A síndrome do preconceito", que foi a primeira análise crítica e profunda sobre HIV/aids produzida no Brasil. Daniel decidiu incluir o pequeno ensaio à maneira de um posfácio. Seus estudos de medicina haviam lhe proporcionado o conhecimento técnico para compreender a natureza da doença. As ideias que os jovens estudantes de medicina desenvolveram na UFMG em substituição a práticas médicas ultrapassadas ofereciam a ele uma base para a avaliação da resposta social ao HIV/aids, quando a mídia começou a transmitir informações errôneas sobre o que foi chamado de "o câncer gay".[16] O ensaio nota a natureza alarmista da cobertura da imprensa, a associação imediata e direta do HIV/aids à homossexualidade, o pânico provocado pela falta de informações claras sobre a doença e a falha dos membros do "gueto" em responder politicamente a essa ameaça à saúde.

O texto também contém duas ideias revolucionárias, que foram brevemente mencionadas, mas que mais tarde se tornariam os conceitos-chave por trás do próprio ativismo de Daniel para enfrentar a doença. O primeiro preceito para evitar que os aspectos médicos da síndrome sejam excessivamente evidenciados é criar uma rede de solidariedade em apoio às pessoas que vivem com HIV/aids. Sua segunda indicação é que homossexuais e pessoas infectadas com o vírus colaborem de modo ativo com profissionais de saúde e representantes do governo para buscar maneiras de evitar novas infecções e de encontrar a cura. Ele argumenta: "Naturalmente isto implica uma postura do corpo médico a outros corpos sobre os quais se considera com direito de manipulação, como 'competente', sem aceitar a reciprocidade de intervenção."[17] No início da década de 1980, não havia a noção de direitos dos pacientes, tampouco era comum que pessoas adoecidas se engajassem no conhecimento sobre a própria doença e na defesa de maneiras de tratá-la e curá-la. O ensaio planta as sementes para uma resposta política ao HIV/aids que revolucionaria a relação entre médicos e pacientes.

Cerca de um mês antes da publicação de *Jacarés e lobisomens*, a revista semanal *IstoÉ* publicou uma entrevista de três páginas com Daniel que, em parte, tinha a função de promover o livro.[18] O entrevistado delineia um dos temas principais: a homossexualidade só existe no plural; é um equívoco dizer que homens gays preferem sexo anônimo a relacionamentos íntimos; os papéis tradicionais dos gêneros reforçam formas de opressão.[19] Quando questionado sobre o movimento homossexual, responde de modo enfático: "Prefiro pensar num movimento de libertação que lute por uma nova ideia de corpo. Nele estariam os homossexuais, as mulheres, as crianças, os negros – todos aqueles que, de uma forma ou de outra, sentem necessidade de rediscutir a discriminação aos corpos."[20] Talvez, devido à sua avaliação dos erros cometidos pela esquerda revolucionária na década anterior, ele também critique a natureza vanguardista do movimento homossexual "em que alguns poucos bons, que se consideram iluminados a respeito do sexo, vão levar à grande massa a consciência sobre o corpo".[21]

A avaliação de Daniel é desconcertante. Tanto ele quanto o repórter pareciam crer que a esquerda brasileira de repente passou a aceitar o desejo entre pessoas do mesmo sexo e expressões de gênero distintas das consideradas "normais" e "naturais", o que com certeza não era o caso. Em resposta ao comentário do jornalista, de que "Não há partido de esquerda, hoje, que não tenha a sua fração homossexual", o ex-guerrilheiro é categórico: "A esquerda hoje glorifica o movimento homossexual. Mas ser homossexual não transforma ninguém em profeta de um mundo melhor."[22] Embora a Convergência Socialista tivesse formado uma facção gay e lésbica em 1979, e os militantes do PT, em São Paulo, tivessem feito tentativas malsucedidas de se organizar internamente durante a campanha para as eleições de 1982, o restante da esquerda ainda era bastante hostil (ou indiferente) ao movimento homossexual.[23] Em parte, é por isso que a campanha de Liszt Vieira tinha sido tão inovadora: ela se destacava como uma nova maneira de abordar a discriminação. Não está claro por que Daniel e o repórter da *IstoÉ* tinham a impressão de que, de algum modo, as atitudes da esquerda com relação à homossexualidade tinham mudado. Para o entrevistado, talvez essa fosse uma maneira de repudiar o movimento, como apenas uma tendência em voga, mas sem conteúdo sério. Ele poderia se posicionar à esquerda, com uma perspectiva radical, que rejeitava a política de identidade bem como as supostas "ideias messiânicas, que a esquerda tenta a todo custo impor aos homossexuais".[24]

Mais uma vez, em 1984, Daniel abordou o assunto da homossexualidade em um artigo para *O Pasquim*, sobre a controvérsia em torno da reaparição de José Anselmo dos Santos (Cabo Anselmo). O líder da revolta dos marinheiros, que ocorreu imediatamente antes do golpe de 1964, ficou exilado em Cuba entre 1966 e 1970, quando retornou ao Brasil para unir forças com a VPR. Após se tornar informante da polícia, foi o responsável por entregar dezenas de revolucionários, que foram capturados e assassinados pelo governo. Sob proteção e com apoio das autoridades, submeteu-se a uma cirurgia plástica que alterou sua identidade. Vivera de maneira incógnita por uma década e, em março de 1984, concedeu uma longa entrevista ao jornalista investigativo Octávio Ribeiro, na qual deu detalhes sobre seu papel como infiltrado do governo, justificando sua postura.[25] A conversa foi publicada em um número especial da *IstoÉ* e, mais tarde, no livro *Por que eu traí (confissões de Cabo Anselmo)*.[26]

O retorno do ex-cabo, que suscitou a cobertura da traição dentro da esquerda, veio à tona no momento em que o país vivenciava uma grande agitação política. No fim de 1983 surgiu o movimento que ficou conhecido como Diretas Já, que reivindicava a criação de uma emenda constitucional que tornasse possível a realização de eleições presidenciais diretas.[27] Nas manifestações que se espalharam por todo o país, proeminentes políticos de oposição e celebridades clamavam lado a lado pelo retorno do governo democrático. Em 10 de abril daquele ano, um milhão de pessoas protestou em frente à Igreja da Candelária, no Rio de Janeiro, e, uma semana depois, 1,5 milhão de manifestantes tomou o centro de São Paulo. Em 25 de abril, a Proposta de Emenda Constitucional (PEC) nº 05/1983, que ficou conhecida pelo nome de seu proponente, o deputado federal Dante de Oliveira, e tinha o objetivo de reinstaurar as eleições presidenciais diretas, foi votada no Congresso, com 298 votos a favor, 65 votos contra e 112 abstenções. Por falta de quórum, contudo, o projeto não foi aprovado. Assim, pela sexta vez em vinte anos, o Congresso escolheu o presidente por meio de processo eleitoral indireto.

Nesse contexto, Daniel decidiu pontuar questões levantadas pela entrevista de Cabo Anselmo à *IstoÉ*, contrapondo-se a algumas ideias, como a de que a derrota da esquerda revolucionária se deveu ao fato de o movimento estar "ferido por dentro".[28] O artigo para *O Pasquim* foi organizado em duas partes. Em outubro de 1974, apenas um mês depois de exilar-se em Paris, ele entrevistou Ângelo Pezzuti para registrar sua versão dos eventos em torno da visita de Anselmo ao Chile no fim de 1971 e suas suspeitas de o ex-cabo ser um infiltrado do governo. A decisão de publicar a entrevista uma década mais tarde ofereceu um contraponto ao depoimento de Anselmo à *IstoÉ*, no qual o traidor defende suas ações. Pezzuti apresenta detalhes sobre o desertor visto pela esquerda e inclui informações sobre a política interna dos membros da VPR que operavam do exílio no Chile entre 1971 e 1973. Ângelo opinou sobre o momento em que o ex-cabo teria resolvido colaborar com a polícia e sobre o modo como Onofre Pinto, líder da VPR no Chile, repudiou as sérias suspeitas de Ângelo e Maria do Carmo a respeito da confiabilidade de Anselmo. Ele também argumentou que Anselmo e Onofre Pinto eram gays. O primeiro havia sido pego diversas vezes tentando seduzir revolucionários. A homossexualidade de Onofre Pinto explicaria por que havia se recusado a aceitar as indicações de que Anselmo havia passado "para o outro lado".[29]

É difícil apontar com exatidão quando as suspeitas da homossexualidade de Cabo Anselmo apareceram na esquerda. É provável que tudo tenha começado em janeiro de 1973, com a informação de que a polícia assassinou seis membros da VPR no Recife, após a delação do ex-cabo. Pezzuti indicou que um marinheiro que servira com Anselmo revelou que o cabo mantivera relações homossexuais na Marinha, o que lhe causara "problemas".[30] Ele também afirmou que Anselmo tentara seduzir um dos seis militantes que mais tarde se encontraram com ele em Recife e teve que se explicar aos companheiros em Cuba.[31] Além disso, Pezzuti insistiu que Onofre Pinto, que havia autorizado o envio de militantes de Cuba para o Recife e rejeitado qualquer acusação de que Anselmo fosse informante, era um homossexual "típico", o que fazia com que sua opinião sobre Anselmo fosse tendenciosa.

Ao contrário de outros escritos, em que Daniel aborda sua identidade sexual de maneira mais vaga, nesse artigo ele a afirma com veemência: "Pessoalmente, como homossexual, fiquei bastante espantado com os primeiros comentários que ouvi, 'explicando' o caso, assim que cheguei no exílio em 1974. Insistia-se *demais* no fato de Anselmo ser 'homossexual.'"[32] Ele sustenta que, para os esquerdistas, essa é uma justificativa fácil para as ações traiçoeiras do cabo, visto que se baseia, de modo simplista, no estereótipo do homossexual. Além disso, defende que não existe o homossexual prototípico, tampouco a orientação sexual torna os indivíduos predispostos ou não a determinada ação. Ele também critica o que, hoje, é conhecido como homofobia: "O preconceito contra o homossexual provoca reações espantosas. Ou provoca nojo como se fosse uma espécie de deformação. Ou faz rir, por razões muitas vezes idênticas. O preconceito é tão grave num quanto noutro caso."[33]

Em vez de apontar que as afirmações da esquerda sobre a orientação sexual de Anselmo foram uma maneira de depreciá-lo, Daniel aceita a suposição de Pezzuti como fato. Ao mesmo tempo, recusa-se a considerá-lo uma *bicha*. Argumenta que o ex-cabo negou sua própria sexualidade e que essa repressão internalizada, imposta por uma sociedade machista, foi uma das motivações para sua traição. "Não o caracteriza como homossexual, mas como um indivíduo em conflito feroz com a sua sexualidade", indica.[34] Em outras palavras, não a sua sexualidade, mas a sociedade homofóbica e a esquerda igualmente preconceituosa explicariam a traição. Em comentário à parte, Pezzuti indica que Daniel havia pensado na possibilidade de escrever um livro sobre Anselmo.[35] Não o fez e, até hoje, em alguns círculos da esquerda, rumores sobre a homossexualidade do ex-militar ainda persistem como a explicação por sua deslealdade.

Daniel continua discutindo as tensões entre a homossexualidade e a esquerda no seu livro seguinte, *Meu corpo daria um romance: narrativa desarmada*, publicado em agosto de 1984. O volume de quatrocentas páginas apresenta novas informações semiautobiográficas sobre seu passado revolucionário, seu relacionamento com Cláudio, o tempo em que esteve exilado e as intercala com ruminações sobre a homossexualidade e seu corpo.[36] Também contém uma interessante narrativa em *mise en abyme*, sobre um episódio que hoje seria chamado de agressão homofóbica.

A narrativa começa com a descrição de um incidente que durou onze minutos – relatado, de maneira um pouco modificada, onze vezes ao longo do livro. Um personagem – talvez inspirado no próprio autor – despede-se com um beijo na boca de um "amigo" homem, antes de embarcar em um ônibus. Os passageiros o olham com hostilidade. Até mesmo dois jovens trajando camisetas políticas – uma com a estrela vermelha do PT e a outra com a bandeira do movimento trabalhista polonês, Solidarność – antagonizam-se com o personagem porque ele é, pelo visto, gay. "Vi... a... do...", murmura alguém, só para provocar. Daniel é claro. A indiferença dos passageiros em relação a essa agressão revela falta de autêntico comprometimento com a justiça social. No texto, os militantes de esquerda podem apoiar trabalhadores abstratos na Polônia e identificar-se com o movimento trabalhista em São Paulo, mas são incapazes de defender alguém que está sendo atacado no ônibus. Na verdade, os ativistas não são a solução, mas parte do problema.

Em cada uma das onze versões do incidente os detalhes mudam, como se o autor tivesse experimentado diferentes maneiras de contar a história do jeito certo, fornecendo onze alternativas sobre um único momento. As diferentes iterações apresentam diversas respostas que a pessoa ofendida imagina, enquanto senta-se desconfortavelmente no ônibus. O reconto da história também enfatiza a violência cotidiana que homossexuais vivenciam ao manifestarem comportamentos diferentes da norma da masculinidade heterossexual.

Outro tema principal, o relacionamento ambivalente de Daniel com seu corpo e sua sexualidade, é tecido ao longo do livro. Em vinhetas, ele descreve com algum detalhe suas primeiras aventuras com o mesmo sexo, seu amor apaixonado por Erwin Duarte, sua luta na clandestinidade para reprimir desejos gays, sua liberdade no exílio e o relacionamento aberto com Cláudio no Rio de Janeiro. Ele explica como lidou com sua homossexualidade "em silêncio".[37] Também discute seu tormento com relação à percepção que tinha de si como uma pessoa feia, perguntando-se se haveria se tornado guerrilheiro se tivesse nascido bonito. "Seria 'outro' homossexual. Até mesmo uma bicha escrota."[38]

Essa confissão pode oferecer um *insight* sobre os motivos que faziam com que Daniel desprezasse o "gueto". Não era só porque não se importava com a última moda e nunca se sentia confortável dançando – dois interesses intimamente associados à vida urbana gay em Paris e no Rio nas décadas de 1970 e 1980. Ele sabia que a beleza e os signos de riqueza eram muito valorizados nos lugares que reuniam homossexuais. Com um raciocínio autoflagelador doloroso, o autor se pergunta se o fato de ter escondido a sua homossexualidade por tanto tempo e a culpa que sentia pelos seus desejos sexuais fizeram com que se tornasse ainda mais feio.[39] O amor mútuo entre Cláudio e Daniel o ajudou a superar os sentimentos negativos com relação ao próprio corpo e ao visual. "Já descobrimos que vivemos juntos mas não por necessidade. [...] Optamos pela vida em comum, pois sempre temos ainda muito a nos dizer e nunca houve silêncio entre nós."[40] Essa devoção mútua explica por que o livro é dedicado ao seu companheiro de vida.

Da mesma maneira que *Passagem para o próximo sonho*, *Meu corpo daria um romance* não segue uma ordem cronológica rígida nem um estilo narrativo simples. Leila Míccolis considera que Daniel tenha extrapolado nesse livro: "Ele pula essa linearidade, essa cronologia, essa coisa mais certinha mesmo. [...] Ele diz: 'Eu não quero mais saber o que é ficção e o que é realidade. Isso sou eu. É eu. Sou eu. O que eu queria viver, o que eu poderia viver. O meu passado real, o meu passado que talvez pudesse viver, o meu futuro que eu talvez viverei.'" Se essa avaliação estiver correta, usar o livro como fonte histórica torna-se tarefa complexa, em especial porque Míccolis acredita que Daniel tenha começado a misturar biografia e ficção: "Muitas vezes você não sabe onde em que ponto começa a ficção e a realidade. E isso era um pouco ele. Ele era meio delirante. Ele gostava dessa mistura na própria vida dele. Muitas vezes eu dizia: 'Isso é a realidade ou isso é ficção?' Aí ele ria e falava: 'Já nem sei mais.'"

Ainda assim, os relatos das histórias sobre a vida na clandestinidade com Cláudio e os interlúdios em Portugal e Paris, contados ao longo da obra, coincidem com os fatos encontrados em cartas da época e com as memórias compartilhadas pelos amigos. Alguns nomes foram alterados a fim de proteger a identidade das pessoas que fazem parte do passado de Daniel. Erwin Duarte, por exemplo, torna-se Renzo. Podemos também presumir alguma licença poética no relato dos seus dias de clausura no apartamento escuro em Niterói e quando conta sobre o dia em que

Cláudio escreveu o bilhete que propunha o relacionamento romântico sexual. Ainda assim, sua narrativa biográfica parece mais próxima da realidade do que da ficção.

Não obstante, deixa ao menos uma história pela metade. Quando descreve sua vida como revolucionário sexualmente reprimido, Daniel conta um incidente sobre um membro importante da organização, a quem chama de Alencar e que, como ele, sentia que precisava esconder sua homossexualidade. De acordo com o ex-guerrilheiro, Alencar tinha responsabilidades consideráveis no Colina e, em determinado momento, cantou Ângelo, que o rejeitou "porque não gostava de ser forçado".[41] Ao que parece, Alencar e Daniel nunca se deram muito bem. "Ele me achava muito feio, pois me disse isso duas ou três vezes brincando e eu sabia que era muito a sério, e eu percebia no olho dele, aquilo, sabia que era, tanto quanto sei que ele sabia que eu era, ele também, tenho certeza, partiu pra abstinência homossexual, era um clandestino feroz, assim como eu."[42]

Então, Daniel conta uma história envolta em tanta ambiguidade – talvez para esconder a identidade de Alencar – que de certa forma dificulta precisar quando o incidente ocorreu. Em determinado momento, talvez em 1969, a VAR-Palmares realizou uma reunião numa casa no meio da floresta, e era a vez de Daniel ser o vigia noturno. Ao patrulhar a área, ouviu um barulho que vinha de uma pequena cabana próxima à casa. Com lanterna e pistola em punho, aproximou-se, em estado de nervosismo, e abriu a porta. A luz revelou dois homens, com as calças arreadas; Alencar era penetrado pelo outro. Ele escreveu: "Depois de um segundo de estupor, tropeçando nas calças, como dois garotinhos pegos em flagrante, e no dia seguinte fingiram que eu nem existia, mas não me encaravam, e ficou assim uma coisa esquisita entre nós como se eu tivesse feito uma enorme sacanagem com eles, até mesmo no dia da despedida o Alencar me olhou de um jeito que parecia assim que se eu contasse qualquer coisa ele me trucidava."[43]

Não tão importante quanto descobrir a identidade de Alencar é o que a história diz sobre o clima de homofobia que afetava a todos da esquerda revolucionária que desejavam o mesmo sexo. Daniel sentiu que precisava reprimir sua sexualidade e ser abstinente por quase cinco anos, enquanto a preocupação de Alencar com a possibilidade de Daniel revelar seu segredo (o segredo deles) parecia aterrorizá-lo. A esquerda não tinha monopólio sobre suas atitudes homofóbicas, apenas refletia atitudes sociais dominantes. Ainda assim, enquanto arriscavam a vida a fim de derrubar a ditadura e construir uma nova sociedade socialista, a esquerda revolucionária permanecia incrivelmente "não revolucionária" quando se tratava de repensar os costumes sexuais e sociais tradicionais.

Meu corpo daria um romance teve menos êxito comercial do que *Passagem para o próximo sonho*, talvez porque a moda das memórias de revolucionários já tivesse passado, ou porque a estrutura não linear do livro parecesse difícil para as pessoas acostumadas a narrativas mais convencionais. Mas o autor produzia em velocidade vertiginosa. Depois de aclamado como diretor do *Show Medicina* em 1967, Jota Dangelo, o fundador do evento, escreveu-lhe um bilhete de felicitação elogiando a criatividade com que usava as palavras. Dezessete anos mais tarde, Daniel enfim retornou ao teatro com igual vigor. Em novembro de 1984, publicou sua primeira peça e começou a organizar a produção em um palco do Rio de Janeiro.

O título *As três moças do sabonete* é uma referência direta a um poema de 1931 do escritor modernista Manuel Bandeira, chamado "Balada das três mulheres do sabonete Araxá."[44] Nos versos originais de Bandeira, o poeta vê um cartaz publicitário das três lindas mulheres e pergunta: "São prostitutas, são declamadoras, são acrobatas?/ São as três Marias?" O questionamento se transforma no mote da peça de Daniel. A ambiguidade das possíveis histórias de vida que Bandeira vê nessas três modelos comerciais é reformulada em uma história dramática retirada da biografia do autor. O subtítulo, *Uma apologia sobre os anos Médici*, localiza a peça no início dos anos 1970, no auge da repressão política.

O protagonista, Tiago, é um belo revolucionário que viu o colapso de sua organização. Fugiu para uma cidade pequena em Minas Gerais em busca da ajuda de João, seu melhor amigo da faculdade e antigo simpatizante da causa. João havia perdido o emprego na universidade por motivos políticos e retornou à cidade natal com a esposa e os filhos pequenos. O protagonista logo confessa a seu amigo que é homossexual e, mais adiante na peça, conta também que era apaixonado por ele nos tempos da faculdade. Da mesma maneira que Erwin Duarte reagiu quando Daniel declarou seu amor, João aceita a confissão do amigo com alguma compaixão, embora não entenda bem a homossexualidade.

Outra narrativa, que pega carona nessa história, gira em torno de Lulu, um homem gay dono de um salão de beleza, e sua jovem prima, Tina – cujo nome de batismo é Fausto –, que sonha em ir ao Rio de Janeiro para se submeter à cirurgia de redesignação sexual. Os dois pertencem a uma família proeminente e, embora ridicularizados por serem *bichas*, ainda gozam de certa proteção vinda do ostracismo social. Zé Barbosa, o assistente de Lulu, negro e afeminado, por sua vez, não tem tanta sorte. Não é branco, é pobre e de masculino nada tem – ele é maltratado por Lulu e Tina e sofre da marginalização social por ter pele escura e ser *viado*. Direne, a estridente, desbocada e moralmente questionável amiga de Lulu, é a quarta integrante do grupo. Eles trocam zombarias exageradas e agressivas, utilizando gírias grosseiras, comuns aos círculos homossexuais, o que deve ter divertido e chocado muitas pessoas da plateia. O quarteto também expressa certo desdém por seus integrantes, o que lembra o sucesso dos anos 1970 na Broadway, *Os rapazes da banda* (*Boys in the band*), que chegou aos palcos brasileiros um ano após sua estreia nos EUA. O espetáculo apresenta um grupo de homossexuais que se odeiam e alfinetam um ao outro por toda a noite.[45]

Numa virada estranha e um tanto improvável, o arrojado jovem Tiago, que vivera em celibato durante todo o tempo em que permaneceu na clandestinidade e anseia por contato humano, apaixona-se por Zé Barbosa – um rapaz que não é inteligente e tampouco atraente. Ao fim, a polícia cerca a cidade em busca de Tiago e o mata. Na cena final, com as luzes acesas, os atores se apresentam, com seus nomes verdadeiros, e contam o destino dos seus personagens. O negócio de Lulu vai à falência, mas sua mãe presenteia-o com uma loja de roupas femininas bem-sucedida e ele, então, contrata Direne. Tina se muda para o Rio de Janeiro, mas não faz a cirurgia. Zé Barbosa aparece mais tarde em Bom Despacho (cidade em que Daniel nasceu), mas não se sabe ao certo que fim levou. Tiago está na lista de desaparecidos desde 1973. João, por motivos não esclarecidos, comete suicídio em 1976; antes de sua morte, nomeia o filho recém-nascido como Tiago.

Almir Martins, que estrelou como o protagonista da peça, lembra-se de Daniel com carinho. Ele se recorda da primeira vez que encontrou Cláudio e Daniel no Rio, em 1982 ou no início de 1983, a caminho da feira do bairro. "Eu vi dois homens de blusinha bem colada, apertadinha, shortinho bem curtinho, cavado na bunda, e tamanquinho, com um cesto na mão indo para a feira... Eu nunca tinha visto nada igual, então os segui, escutando a conversa."[46] Para Martins, que saíra da conservadora cidade de São Carlos, em São Paulo, para trabalhar como ator no Rio de Janeiro, o casal era uma novidade fascinante. O par vivia como se não se importasse com o que os outros pensavam. Depois, Martins conheceu Daniel em um almoço na casa de Gustavo Barbosa e Vanja Freitas. Barbosa havia sido chefe do ex-guerrilheiro na Codecri, e Freitas, que trabalhava como atriz, era uma amiga próxima.[47] Após conversar com Almir Martins nesse almoço, Daniel anunciou que havia encontrado a pessoa que faria o papel de Tiago.

Como o enredo tratava das próprias experiências de Daniel como revolucionário e fugitivo, é possível que o personagem principal espelhasse o autor, embora tivesse sido moldado como um atraente jovem revolucionário, talvez como uma maneira de rebater a imagem negativa que o autor tinha de si. Não obstante, Martins lembra-se bem de que ele deixava claro que não se via no Tiago, mas no pobre, negro e feioso Zé Barbosa. "Se ele colocasse um ator parecido com ele declarando o seu amor por João, ridicularizaria a situação", argumenta Martins. Uma vez que a intenção de Daniel não era ser sarcástico ao explicar suas intenções literárias, sua identificação com Zé Barbosa refletia o constante sentimento negativo com relação à sua feminilidade, seu corpo e sua autoimagem. O personagem também lhe deu a oportunidade de retratar a história de um revolucionário impetuoso que se apaixona por uma pessoa não atraente. É significativo o fato de que ele se identificasse como "pardo" – conforme a linguagem corrente na época –, o que indica que sua herança racial aos poucos tornava-se parte integrante de sua identidade, embora o assunto quase nunca fosse abordado em seus escritos ou de fora explícita em seu discurso.

A peça ficou em cartaz no Teatro Delfim por dois meses, com boa bilheteria. No entanto, uma crítica devastadora publicada no jornal

O Globo arruinou Daniel completamente. Martins se lembra de que um dos problemas da produção era o diretor, Milton Gonçalves, já um ator proeminente, que concordara em dirigir a peça. "Ele simplesmente não tinha sensibilidade para o tema. Foi uma escolha equivocada."[48] Severino J. Albuquerque, estudioso do teatro brasileiro, aponta duas razões para o fracasso da peça: "O desfavor que acometeu as peças com temática política [...] em uma época em que o público frequentador do teatro redirecionava seu interesse pelas questões sociais para as individuais, rejeitando os tipos de peças dos anos 1970 e início dos anos 1980, que apresentavam imagens estereotipadas dos homossexuais como 'homens fracos e afeminados' – como os personificados por Lulu, Tina e Zé Barbosa."[49] Quando terminou o contrato com o teatro, a peça saiu de cartaz e jamais voltou ao palco.

Entretanto, isso não desestimulou Daniel a continuar o trabalho como dramaturgo. Quase de imediato, começou a dirigir uma peça infantil, sobre sexualidade, chamada *Cegonha?!... Que cegonha!...* Foi um sucesso, ficou em cartaz nos teatros do Rio por dois anos. Era uma adaptação da produção paulista *Cegonha boa de bico*, de Marilu Alvarez. Cristina Montenegro, que integrava o mesmo grupo teatral que Almir Martins, lembra que Daniel usou seus encantos para convencer a dramaturga a autorizá-lo a modificar a peça, o que incluía eliminar os personagens adultos e tornar o papel dos gêneros mais fluido e igualitário. Também insistiu em incluir ao menos um personagem negro, o que revelava sua sensibilidade ao racismo institucional – uma questão ainda controversa em meados dos anos 1980.[50] Dando continuidade à parceria criativa com Daniel, Cláudio assinou o figurino e a cenografia.

A peça refletia a nova abordagem de Daniel à política. Em uma crítica publicada no jornal *O Globo*, explicou que era "uma peça sobre educação sexual que não ensina e tampouco dá respostas – simplesmente mostra uma abordagem".[51] Em vez de pregar uma verdade mastigada a um público pouco informado – que se beneficiaria de um trabalho de conscientização –, o dramaturgo apresentava possibilidades, formas alternativas de pensar e novas inclinações sobre o assunto. Desde o início de sua carreira literária, ele experimentara diversas maneiras de comunicar novas ideias aos outros. O clima político e cultural do país, que se transformava com rapidez, proporcionava a ele uma nova oportunidade de fazer isso.

Após a derrota da Emenda Constitucional Dante de Oliveira, em 1984, para permitir eleições presidenciais diretas, os partidos políticos da oposição escolheram Tancredo Neves como o único candidato contra a opção militar. Neves, que atuara brevemente como primeiro-ministro entre 1961 e 1962, fora eleito governador de Minas Gerais duas décadas mais tarde. A princípio, parecia que sua candidatura era um gesto simbólico. O Partido Democrático Social (PDS) – que sucedeu à Arena –, direitista e pró-militar, tinha a maioria no Congresso, o que praticamente garantia a eleição do seu candidato. Entretanto, uma divisão interna inesperada no PDS e a ida do senador José Sarney para a Frente Liberal alterou as possibilidades. Sarney havia sido presidente da Arena em 1979 e encabeçava o recém-criado PDS no ano seguinte. Insatisfeito com o candidato que o PDS provavelmente escolheria, deixou o partido para formar uma aliança com a coligação eleitoral de Tancredo. Sarney, leal defensor da ditadura, tornou-se o candidato à vice-presidência da oposição, trazendo consigo votos suficientes para que Neves fosse eleito o primeiro presidente civil após 21 anos.[52]

Então, na véspera da posse, Neves foi hospitalizado devido a uma infecção intestinal. Sarney logo assumiu como vice-presidente e, em seguida, como presidente interino. Durante 37 dias, o país acompanhou as reportagens diárias sobre o estado de saúde de Tancredo. O presidente faleceu em 21 de abril de 1985, e Sarney assumiu como o 31º presidente do Brasil. Após uma década de luta pela restauração da democracia e da aparente vitória da oposição, as rédeas do poder estavam nas mãos de um político que por muito tempo advogou pela ditadura. Para Daniel, esse resultado deve ter sido uma ironia amarga.

Com os militares fora do poder, as eleições de 1986 ao Congresso tornaram-se o veículo para a escolha de representantes de uma Assembleia Constituinte que escreveria uma nova constituição. Liszt Vieira decidiu tentar uma cadeira no Congresso para participar do processo. Pediu a Daniel para candidatar-se sob sua legenda como deputado estadual, oferta que foi aceita com entusiasmo. Agora tinha uma nova plataforma sobre a qual poderia discutir suas ideias acerca da transformação do Brasil.

NOTAS

1. Cristina Montenegro, entrevista.
2. Kurt von Mettenheim, *The Brazilian voter*, pp. 108-113.
3. Herbert Daniel, "Confissões de um eleitor semivirgem"; Herbert Daniel, "Computa que partiu"; "1983: Aquela que virá".
4. Herbert Daniel, "As vésperas de AI-5exo"; "Os brotos invisíveis".
5. Herbert Daniel, *A fêmea sintética*, 1983.
6. Dilma Rousseff, entrevista.
7. Herbert Daniel, "Erasmus e a lenda do pequeno polegar".
8. Leila Míccolis, entrevista. Outras citações pertencem à mesma entrevista.
9. Leila Míccolis e Herbert Daniel, *Jacarés e lobisomens*.
10. *Ibid.*, p. 10.
11. *Ibid.*, p. 45.
12. *Ibid.*, p. 48.
13. James N. Green, "More love and more desire".
14. James N. Green, "Desire and militancy".
15. Leila Míccolis e Herbert Daniel, *Jacarés e lobisomens*, p. 67.
16. "Pesquisa determina entre homossexuais quem tem 'câncer gay'". *Jornal do Brasil*, 9 de junho de 1983.
17. Leila Míccolis e Herbert Daniel, *Jacarés e lobisomens*, p. 126.
18. Herbert Daniel, "O gueto desmitificado".
19. Essas ideias são desenvolvidas mais extensamente em Herbert Daniel, "Do tabu a tabuado," *O Pasquim* 16, n. 852, em que faz uma crítica ao livro *Os homoeróticos*, por Délcio M. de Lima.
20. Herbert Daniel, "O gueto desmitificado", p. 84.
21. *Ibid.*
22. *Ibid.*
23. James N. Green, "Desire and militancy".
24. Herbert Daniel, "O gueto desmistificado", p. 84.
25. A abertura dos arquivos do Deops revelou extensa infiltração em grupos da esquerda de ativistas que "mudaram de lado", desde a década de 1930. Ao passo que a decepção causada por Anselmo possa ter surtido consequências particularmente desastrosas, ela compunha um padrão mais abrangente.
26. Otávio Ribeiro, "A confissão do cabo"; Otávio Ribeiro, *Por que eu traí*.
27. Lucília de Almeida Delgado, "Diretas-Já: vozes das cidades"; e Domingos Leonelli e Zenaide Machado de Oliveira, *Diretas já*.

28. Herbert Daniel, "Cabo Anselmo: a desmoralização da verdade", p. 4.
29. Ângelo Pezzuti, entrevista a Herbert Daniel, em Herbert Daniel, "Anselmo: de cabo a rabo", p. 11.
30. *Ibid.*
31. Em 1981, Marco Aurélio Borba escreveu um pequeno livro chamado *Cabo Anselmo: a luta armada ferida por dentro*, publicado sem notas ou fontes, que indicava que Anselmo havia tido um longo histórico de atividade homossexual na Marinha, na embaixada do México – onde solicitou asilo político em 1964 – e em Cuba. Consulte pp. 22, 24, 59, 68.
32. Herbert Daniel, "Anselmo: de cabo a rabo", p. 8.
33. *Ibid.*, p. 8.
34. *Ibid.*, p. 9.
35. Ângelo Pezzuti, entrevista a Herbert Daniel, em Herbert Daniel, "Anselmo; de cabo a rabo", p. 11.
36. Felipe Areda, "A narrativa desarmada de Herbert Daniel".
37. Herbert Daniel, *Meu corpo daria um romance*, p. 121.
38. *Ibid.*, p. 126.
39. *Ibid.*, pp. 126-127.
40. *Ibid.*, pp. 235-236.
41. *Ibid.*, p. 196.
42. *Ibid.*, pp. 196-197.
43. *Ibid.*, p. 198
44. Herbert Daniel, *As três moças do sabonete*.
45. Severino J. Albuquerque, *Tentative transgressions*, p. 35.
46. Almir Martins, entrevista. Outras citações pertencem à mesma entrevista.
47. Herbert Daniel apadrinhou o filho primogênito de Vanja Freitas e Gustavo Barbosa, Lourenço, tendo levado o papel a sério. Vanja Freitas, entrevista.
48. Almir Martins, entrevista.
49. Severino J. Albuquerque, *Tentative transgressions*, pp. 109-110.
50. Cristina Montenegro, entrevista; "Proposta detalhada da montagem", AA.
51. "O mito da cegonha, numa peça infantil", *O globo*, 28 de maio de 1985, p. 10.
52. Thomas Skidmore, *The politics of military rule*, pp. 250-253.

16. A política do prazer (1986-1988)

> "Não há democracia se ela para na porta da
> fábrica ou na beira da cama."
> Herbert Daniel, 1986[1]

A eleição de Liszt Vieira para deputado federal em 1982 marcou o início de uma nova fase da vida política de Daniel. Ele produzia discursos, elaborava propostas políticas e comparecia a reuniões para desenvolvimento das estratégias legislativas, ao mesmo tempo que se tornava conhecido como um escritor promissor.[2] Seu salário mensal estabilizou sua situação econômica e a de Cláudio, e os dois se mudaram para um apartamento no bairro de Santa Teresa, no Rio de Janeiro. O trabalho de Daniel como conselheiro político também ajudou a consolidar suas próprias críticas acerca das tendências conservadoras da esquerda tradicional. Mais tarde, seu papel como candidato, em 1986, proporcionou-lhe uma oportunidade única de desenvolver e refinar uma agenda política alternativa.

Uma das metas eleitorais de Vieira era disseminar o programa radical que Daniel e o comitê eleitoral haviam desenvolvido. Logo após sua posse, ele fez uma série de discursos na Assembleia Legislativa. Um deles, realizado em 25 de agosto, Dia do Soldado, prestou homenagem a Carlos Lamarca. Embora pareça claro que isso fosse causar escândalo em diversos setores da sociedade, Sérgio Pinho, antigo militante da VAR-Palmares que integrava a equipe de Vieira, disse, em entrevista para este livro, que deputados, imprensa e público não deram tanta atenção ao tributo em memória do revolucionário patriota.[3] Ainda assim, o discurso sobre Lamarca e declarações sobre outros assuntos eram maneiras de rearticular as questões abordadas nos materiais de sua campanha eleitoral.

No entanto, algumas das ideias defendidas pela campanha de Liszt Vieira não eram muito populares entre lideranças ativistas do PT e de outros setores da esquerda. No início da década de 1980, recessão e inflação crescentes reforçaram o foco da esquerda em questões econômicas.

Vieira lembra-se do clima político no PT: "Houve três grandes correntes: os sindicalistas, que dividiram o mundo entre patrões e empregados; a esquerda ideológica, que dividia o mundo entre a burguesia e o proletariado; e o setor da base da Igreja, que dividiu o mundo entre o opressor e o oprimido. [...] Não tinha outro discurso. De repente, eu fiz um discurso sobre minorias, ecologia."[4] Os líderes do PT no Rio de Janeiro e muitos de seus apoiadores ainda estavam imersos numa visão de mundo que enfatizava dicotomias unidimensionais: "Mas como falar desse assunto quando o meio ambiente ainda era um tema de pouca credibilidade? Eles acharam que as questões ecológicas haviam sido importadas da Europa e não tinham nada a ver com o Brasil, onde a questão socioeconômica era mais importante."

Alfredo Sirkis também se lembra das dificuldades de introduzir a questão ecológica nos debates políticos: "Nos anos 1980, éramos 'inimigos do desenvolvimento', 'românticos' aos olhos da comunidade empresarial, da mídia e dos políticos tradicionais. A esquerda era feroz: 'Meio ambiente é coisa de país rico. Aqui temos que resolver a fome e a miséria primeiro, para depois cuidar dessas frescuras e perfumaria.'"[5] De fato, muitas das ideias que Vieira, Sirkis e outros apresentaram acerca da questão ambiental eram novidade nos debates políticos do país, embora alguns grupos no Rio de Janeiro e em São Paulo trabalhassem nessa direção.

Não obstante, diversos processos ajudaram a ampliar o debate político. O movimento das Diretas Já incorporou à vida do país uma nova geração de ativistas, muitos dos quais também se preocupavam com o meio ambiente.[6] A poluição da água e do ar, a falta de áreas verdes nas cidades e os perigos que representava a usina nuclear de Angra I, no estado do Rio de Janeiro, surgiram como questões urgentes.[7] Nesse sentido, a campanha de Vieira trazia uma visão incrivelmente inovadora e obteve o apoio de muitas pessoas que se concentravam em problemas que a maior parte da esquerda até então ignorava.

Nas eleições de 1985 para a prefeitura do Rio de Janeiro, o PT apoiou Wilson Farias, líder sindical, que recebeu menos de 1% dos votos. Essa derrota devastadora motivou a proposta de uma nova abordagem nas eleições de 1986. Desiludidos com a ênfase cega em ideias marxistas que mantinham outras questões à margem, vários ativistas começaram a discutir alternativas políticas. O Partido Verde alemão e o movimento antinuclear na Europa serviram como exemplos de novas coligações progressistas bem-sucedidas. Ao longo do ano de 1985, indivíduos e grupos uniram-se para discutir a fundação de um novo partido. Para alguns, a questão era sair do PT, que consideravam sectário e politicamente limitado. Para outros, o envolvimento ativo na política partidária era novidade. Herbert Daniel estava envolvido com profundidade nessas discussões.[8]

Em janeiro de 1986, o Partido Verde (PV) foi fundado oficialmente no Teatro Clara Nunes, na capital fluminense. Um painel de intelectuais proeminentes e figuras públicas apresentou as justificativas para a criação daquele novo partido. Quatro estiveram envolvidos na luta armada e viveram em exílio: Fernando Gabeira havia sido membro do MR-8; e Carlos Minc, Alfredo Sirkis e Herbert Daniel eram antigos membros da VPR. Entre os fundadores estavam ainda a famosa atriz de televisão Lucélia Santos, o psicanalista Luiz Alberto Py e o ambientalista Guido Gelli. Segundo Gabeira, "Grande parte do grupo havia trabalhado em outros partidos de esquerda, como o PT e o PDT, e essas pessoas apresentaram críticas sobre a dificuldade de levantar questões ambientais nesses espaços."[9]

Infelizmente, ninguém filmou o evento e tampouco há transcrições dos discursos. Daniel não deixou registros de sua fala. O programa eleitoral de Vieira, em 1982, abordava questões ambientais, e a ideia de uma "vida alternativa" indicava a recusa ao consumo excessivo, o que se encaixava bem no modo de vida que Daniel levava há tempos. Jamais preocupado com posses materiais, ele não usava roupas de grife e não gastava dinheiro em itens não essenciais. Nesse sentido, era como os pais, que viviam uma vida frugal. Eliane Maciel recorda: "O Daniel era um cara extremamente na dele, tímido até, simples, com toda uma crítica à sociedade de consumo, ficando irritado quando o Cláudio queria comprar carro. Dizia: 'Comprar carro por quê? As pessoas andam de ônibus!'"[10] É possível supor que a combinação de suas constantes reservas quanto à natureza sectária e rígida de setores da esquerda e sua afinidade com muitos dos valores embutidos no movimento ambientalista tenham sido as razões pelas quais unira suas forças às de outras pessoas para fundar o partido.

Enquanto os advogados do PV iniciavam o processo de legalização, acordos dentro do PT garantiram que Fernando Gabeira fosse nomeado candidato a governador pela coligação PT-PV. A essa altura, Gabeira era uma celebridade na mídia, e diversas forças políticas acreditavam que ele poderia fortalecer a presença eleitoral da esquerda.[11] Liszt Vieira optou por candidatar-se ao Congresso, e Daniel concordou em candidatar-se a deputado estadual, ambos pela mesma coligação.

De acordo com o código eleitoral brasileiro, um candidato é escolhido por representação proporcional, e os membros das legislaturas estaduais e federais são escolhidos com base em dois critérios: a soma do total de votos recebidos pela coligação partidária e o número real de votos que os candidatos individuais à legislatura recebem em relação a outros candidatos ao mesmo cargo naquela coligação. Assim, construir um eleitorado no estado do Rio de Janeiro, e não apenas na capital, era muito importante para que a vitória de Daniel fosse possível. Ele decidiu concorrer como candidato abertamente gay, o que alimentou esperanças de que reuniria número suficiente de votos entre homossexuais.

O ativismo gay e lésbico se afirmara nos idos de 1978 e, depois de passar por um período de estagnação, entrou em declínio no início da década de 1980. Uma grande recessão econômica forçou muitos ativistas a se concentrar em resolver problemas cotidianos, como o do trabalho.[12] A notícia do surgimento da aids veio acompanhada de muita confusão, e os grupos lutaram para responder a uma ofensiva de reportagens homofóbicas, repletas de informações contraditórias, que disseminavam o pânico entre a população e geravam ansiedade nos homens gays. Alguns ativistas passaram a concentrar esforços em informar sobre a prevenção e o tratamento da síndrome e em como responder à taxa cada vez maior de infecção entre homens gays;[13] outros deixaram a militância. As divisões internas do movimento também foram responsáveis por atravancar seu crescimento.[14] Em 1986, apenas dois grupos eram legalmente registrados: o Grupo Gay da Bahia (GGB), sediado em Salvador, e o Triângulo Rosa, no Rio de Janeiro. Havia também alguns grupos dispersos, que reuniam poucos integrantes.[15]

Será, então, que Daniel conseguiria que homens gays e lésbicas aderissem à sua proposta eleitoral? Durante décadas, o Rio de Janeiro atraiu pessoas que se descobriam sexualmente atraídas pelo mesmo sexo, que consideravam o ambiente familiar opressor e o clima social nas pequenas cidades, hostil.[16] Não há estatísticas do número de gays e lésbicas entre os 9 milhões de habitantes do estado do Rio na década de 1980, mas com certeza havia ao menos alguns milhares – o que correspondia a uma quantidade de votos suficientes para eleger Daniel. Entretanto, poucas pessoas se declaravam homossexuais fora do círculo de amigos, e não havia garantias de que pessoas gays votariam em candidatos gays.[17]

Daniel era membro fundador do Triângulo Rosa – Cláudio era vice-presidente – e pediu apoio político a João Antônio Mascarenhas, que também fundara o grupo em 1985 e havia sido membro do conselho editorial do *Lampião da Esquina*.[18] Fluente em inglês, João mantinha correspondência intensa com organizações internacionais, além de também se comunicar com alguns grupos gays brasileiros.[19] As reuniões do Triângulo Rosa eram realizadas em seu confortável apartamento, em Ipanema.[20] Em outubro de 1985, o grupo decidiu por unanimidade endossar a campanha eleitoral de Daniel.[21]

Apesar de ter reunido um pequeno grupo de pessoas, a candidatura de Daniel inspirou apoio entusiasmado. O presidente do GGB, Luiz Mott, enviou à campanha uma carta de apoio assinada pelos membros da organização. O documento dizia: "Consideramos de importância crucial na história dos movimentos de defesa dos direitos humanos no Brasil a coragem e determinação de Herbert Daniel, o primeiro candidato a declarar publicamente que defenderá os interesses de direitos civis dos cidadãos e cidadãs homossexuais."[22] Fernando Gabeira também fez uma declaração seis semanas antes da eleição afirmando que "consideremos inadmissível toda e qualquer ação que discrimine cidadãos por razão de sua orientação sexual, expressão que define as questões relativas à homossexualidade, heterossexualidade e bissexualidade, sem tentar classificar medicamente nenhum tipo 'padrão' de comportamento sexual, buscando garantir a autonomia do cidadão nos seus direitos ao uso do seu próprio corpo e ao gozo de sua sexualidade." A carta continua, afirmando enfaticamente que a proposta considerava uma "ação governamental ampla que atinja, neste caso, a área de educação, informação, saúde, justiça e política. É preciso garantir direitos, estimular a livre organização dos movimentos homossexuais e punir toda e qualquer violência discriminatória". A declaração é concluída com uma promessa de apoio à inclusão, na nova Constituição, de um item que proíba a discriminação com base na orientação sexual.[23]

Foi uma declaração notável, uma vez que incorporava todas as principais demandas do movimento gay e lésbico: o uso do termo "orientação sexual", que era uma maneira de contradizer as ideias conservadoras da religião, medicina e psicologia sobre a homossexualidade; o reconhecimento da existência de diversos desejos sexuais normais; a condenação da discriminação e violência; e o apoio ao movimento. Ainda assim, Gabeira e a coligação PT-PV representavam apenas um pequeno segmento da população, e muitos esquerdistas não compartilhavam de sua visão sobre a homossexualidade. De todo modo, a declaração do candidato a governador revelava a crescente influência das ideias do movimento em ao menos algumas forças progressistas.

Inspirado pelo sucesso da vitória eleitoral de Vieira em 1982, a campanha de Daniel também desenvolvia um programa amplo. Em entrevista publicada no *OKzinho*, o boletim produzido pela Turma OK, um grupo social e cultural gay, ele declarou: "Combater os preconceitos só é possível quando nos dispomos a participar na transformação da sociedade, criando uma vida alternativa. Precisamos coletivamente implantar uma democracia libertária e ecológica."[24] Como a declaração sugere, o então candidato distanciava-se das formulações marxistas que se concentravam só no conflito entre classes e abraçava valores que destacavam a liberdade. Ao mesmo tempo, acreditava na integração das questões ecológicas a uma compreensão holística da mudança social, que promovesse os comprometimentos cotidianos individuais com a transformação do pensamento e do comportamento. Em outras palavras, ele não era um candidato com apenas uma proposta; via a ação política e as transformações sociais como um resultado da interação concreta das pessoas com o mundo à sua volta.

Na opinião de Daniel, o esforço para criar relações entre os problemas específicos que os gays e as lésbicas enfrentavam e outras questões sociais significava, em última instância, a conquista dos direitos gays: "Nós, os homossexuais, temos que aparecer na vida política. Ao atuar como homossexuais, não só defendendo nossos direitos, mas interferindo em toda a vida social, demonstraremos radicalmente nossa opção pela liberdade e nossa vontade de reorganizar nossa convivência cotidiana, para que ela seja plena de solidariedade." Se uma década antes ele argumentava que a mudança social ocorreria apenas por meio de transformações estruturais socioeconômicas radicais, mediante a derrubada do capitalismo e o estabelecimento de um governo revolucionário, agora considerava que essas transformações estavam relacionadas à ação dos indivíduos, inclusive à empatia e ao apoio da comunidade. Além disso, embora rejeitasse noções unilaterais do "homossexual", ele usava o termo como uma identidade coletiva de pessoas com uma agenda política comum. Essa abordagem política se tornaria ainda mais evidente no fim da década de 1980, quando Daniel desenvolveu uma nova linguagem para argumentar sobre as maneiras mais eficazes de lutar contra o HIV/aids.

No material de sua campanha, foi delineada uma série de medidas que ele prometia empreender se fosse eleito, incluindo a apresentação de uma lei que proibisse a discriminação com base na orientação sexual. Daniel também reconhecia que providências legais não eram em si suficientes para mudar a intolerância inveterada. "Apesar de não ser considerada nem crime e nem doença no Brasil, a homossexualidade tem contra ela preconceitos de origens muito profundas na cultura do país. Então, além das leis, é preciso usar outro campo de atuação, que é o de fazer da Assembleia Legislativa uma caixa de ressonância, atuando sempre contra o preconceito e os abusos."[25] Por fim, oferecia seu apoio incondicional ao movimento gay e lésbico e sua disposição para apresentar suas ideias e propostas na legislatura.

É possível ver essa mudança de atitude com relação ao movimento homossexual como um estratagema eleitoral, considerando sua resistência a grupos organizados disposta em seus escritos anteriores. Entretanto, a transformação parece refletir a experiência acumulada de Daniel e sua compreensão das mudanças políticas daquele momento, em que ele se encontrava bem imerso na sociedade brasileira após anos de clandestinidade e exílio. Quando retornou ao Rio de Janeiro em 1981, o país havia mudado dramaticamente, e a resposta entusiasmada à campanha eleitoral de Vieira em 1982 revelou o fato de que novas ideias políticas e movimentos sociais tomavam a cena. O crescimento e a força dessas perspectivas incentivaram Daniel a repensar algumas das duras críticas que havia feito ao movimento homossexual alguns anos antes. Ao mesmo tempo, ele continuava a desafiar a noção de identidades sexuais fixas e a crença de que havia uma "essência homossexual".[26]

O material eleitoral era chamativo e colorido. Além de reutilizar o *slogan* da campanha de 1982, "Qualquer maneira de amor vale a pena", ele criou a frase que consta da epígrafe deste capítulo, "Não há democracia se ela para na porta da fábrica ou na beira da cama", que resume as tentativas de Daniel para integrar as discussões sobre democracia, política de classes e sexualidade. Sugere também que todas as pessoas, até aquelas da classe trabalhadora, podem ter desejo pelo mesmo sexo. Esse sentimento havia sido capturado cinco anos antes por um grupo de ativistas em São Paulo ligado ao Somos: Grupo de Afirmação Homossexual, que aderiu à maciça manifestação de 1º de Maio de 1980, em meio à greve geral, portando uma gigantesca faixa na qual se lia: "Abaixo a discriminação aos/às trabalhadores/as homossexuais."[27] Ambas as mensagens confrontavam a ideia preconcebida à qual muitos esquerdistas e líderes sindicais ainda se apegavam: não havia homossexuais na classe operária e, *se* existisse, representaria o comportamento doentio, pervertido ou imoral que devia ser ignorado ou eliminado. Embora Luiz Inácio Lula da Silva tenha declarado na convenção de fundação do PT, em 1981, que os homossexuais eram bem-vindos ao partido, na prática a liderança pouco fez para transformar a afirmação em realidade.[28] A mensagem de Daniel desafiava a inércia política da esquerda.

Supondo que gays e lésbicas votariam num candidato gay, boa parte dos materiais da campanha era direcionada especificamente àquele público e era distribuída em clubes noturnos da capital do estado. Um pequeno folheto apresentava, além da frase "Qualquer maneira de amar vale a pena", em negrito: "Já me xingaram de muitos nomes, porque sou homem e amo outro homem. Mas quem me xinga só prova sua estupidez machista. Sou homossexual, sim, e isto não me torna pior ou melhor do que ninguém. [...] Precisamos afirmar quem somos, como somos e o que queremos. Somos muitos, vamos afirmar nossa vontade de liberdade. Somos muitas, vamos provar que temos força."[29] O texto também relaciona a questão gay a outras: "Nossa luta é a mesma que usa todos os explorados e oprimidos para criar uma democracia onde não mais existem cidadãos de segunda categoria." A suposição política era clara:

para lutar contra a discriminação a homossexuais, era preciso construir alianças com outros setores da sociedade.

Outro folheto da campanha afirmava: "Nós somos a maioria", listando uma série de questões relacionadas ao programa de Daniel, desde a defesa do direito ao aborto, que era ilegal no Brasil (e em 2025, durante a finalização da segunda edição deste livro, ainda é ilegal), à proteção do direito à terra dos indígenas. Todos os itens começam com "Somos quem", seguido de uma posição política fraseada com criatividade que articula um alicerce da plataforma. Foi uma maneira engenhosa de mapear os princípios da campanha, que girava em torno da inclusão. "Somos a maioria" também contrariava uma fórmula elaborada em alguns círculos da esquerda que consideravam mulheres, negros, homossexuais e indígenas como "minorias" separadas. Nesse sentido, a campanha procurava construir uma maioria coletiva, em vez de alcançar conjuntos dispersos e atomizados de pessoas que competem por reconhecimento e direitos. Ainda assim, a linguagem utilizada no material nem sempre era de fácil compreensão e muitas vezes se assemelhava à encontrada em *Passagem para o próximo sonho* e *Meu corpo daria um romance*. Eram textos densos, poéticos e poderiam soar inacessíveis ao leitor comum.

Os voluntários eram a espinha dorsal da campanha – e eles guardam boas memórias da experiência. Sílvia Ramos lembra-se: "Foi muito divertido, quase irresponsável. Me deu um tremendo prazer."[30] André Luiz Vieira de Campos, na época um jovem professor, ofereceu seus serviços à campanha como voluntário porque havia convergência da questão da homossexualidade às causas esquerdistas.[31] Outros aderiram ao projeto porque já eram amigos próximos de Daniel e queriam apoiá-lo. A escritora Eliane Maciel, a atriz Cristina Montenegro e a poeta Leila Míccolis se lembram com saudades da energia e do entusiasmo que a campanha gerou.[32]

O ativista Lula Ramires reconhece o impacto duradouro da campanha de Daniel sobre sua vida. A princípio, fora atraído ao PT em São Paulo por meio de suas experiências na esquerda da Igreja Católica. Mudou-se para o Rio de Janeiro em 1985. Ali, ele enfim aceitou sua homossexualidade e passava boa parte do seu tempo livre socializando em boates gays. Ramires conta que, de modo geral, era emocionante participar da empreitada – ele se ofereceu para distribuir folhetos a possíveis eleitores gays –,[33] mas às vezes era frustrante fazer a panfletagem na noite, devido à reação do público. "O PT era um partido novo, com essa imagem de radical e subversivo", lembra-se, destacando que muitas das pessoas de classe média com quem falava eram bastante conservadoras.[34] Ramires se recorda de como compartilhou suas frustrações com Daniel em uma reunião do comitê da campanha, que o ouviu com paciência e, em seguida, tentou tranquilizá-lo contando suas próprias experiências com homens gays conservadores em Portugal, que almejavam o retorno do regime de Salazar após a Revolução dos Cravos de 1974.[35]

Essa conversa ocorreu durante uma das reuniões de rotina do comitê da campanha, que eram realizadas em uma escola pública próxima do centro do Rio de Janeiro. Esses encontros eram os pilares da campanha eleitoral, e quem os coordenava era Sheila Gomes Gliochi, que conheceu Daniel em Paris e se tornou sua amiga próxima. Mais tarde, ela trabalhou com Daniel na campanha de Vieira, compondo sua equipe após a vitória eleitoral de 1982.[36] As reuniões semanais funcionavam como um fórum no qual os voluntários discutiam o programa político da candidatura, planejavam diversas atividades e nutriam a campanha com energia. Daniel participava dos encontros em clima de igualdade, recebendo os voluntários com entusiasmo e compartilhando ideias e experiências. Lula Ramires se lembra do quanto aprendeu com as histórias sobre o passado do ex-guerrilheiro e a atenção que o candidato dava à opinião alheia, de forma que o grupo sempre pudesse chegar a um consenso quanto aos próximos passos.[37]

Os recursos financeiros representavam um sério desafio. A fim de levantar fundos para produzir o material de campanha, os voluntários organizavam todos os meses festas criativas e divertidas, em boates do Rio de Janeiro e de Niterói. Cláudio, como sempre, dava apoio artístico. Um pôster que ele desenhou trazia uma imagem icônica de Marilyn Monroe, a divindade erótica que Daniel tanto adorava. Outro fazia referência ao célebre romance gay *O beijo da mulher aranha* e anunciava a participação de grandes artistas, atores e intelectuais cariocas. Esses pôsteres, além de fazer uso de símbolos e imagens que pudessem atrair o público gay, também indicavam que a campanha estava na vanguarda da cultura brasileira – e gay. Era uma tentativa de ultrapassar o gueto, mas, ironicamente, empregava a linguagem do próprio grupo.

André Luiz Vieira de Campos passou a organizar eventos em seu apartamento, no bairro de Santa Teresa, convidando amigos para conversar com Daniel sobre a campanha. Ele também se lembra de levar Daniel a um bar lésbico frequentado pela classe operária na Baixada Fluminense, para que ele conversasse com potenciais eleitoras.[38] Leila Míccolis, por sua vez, organizou saraus chamados "Amor não é assunto pessoal"; em cada evento apresentavam-se 22 poetas iniciantes ou já reconhecidos. Além disso, a campanha organizou um grande fórum político sobre sexualidade no fim de junho, que coincidiu com comemorações internacionais do aniversário de 17 anos da Rebelião de Stonewall. O evento da campanha contou com a participação especial de Marilena Chaui, professora de filosofia na USP, e Lorna Washington, uma das *drag queens* mais famosas do Rio de Janeiro. O evento, que contou com o patrocínio do Triângulo Rosa, foi realizado em um auditório universitário lotado. Ramires se lembra de que Marilena Chaui delineou como a esquerda conceitualizava as minorias e então desconstruiu essa ideia preconcebida, revelando o quanto isso tolhia os direitos de setores sociais marginalizados. O humor exagerado de Lorna Washington deu um tom festivo à discussão e era uma mostra do respeito que Daniel adquirira dessa importante *performer*.[39]

Ramires também se lembra com carinho do último evento para arrecadação de fundos, ao fim da campanha, realizado no Leblon, bairro de classe alta. Ele estima que cerca de 1.500 pessoas preencheram o amplo espaço. Os cantores e compositores Caetano Veloso e Gilberto Gil marcaram presença e endossaram a campanha de Daniel, assim como a cantora Marina Lima, que encerrou uma canção dizendo: "Tenho orgulho de ser gay."[40] Em suma, todo o esforço eleitoral era dinâmico e energético. Ramires estava seguro de que Daniel venceria.

A campanha do PT-PV organizou duas grandes manifestações na capital do estado, planejadas para gerar interesse na imprensa para a candidatura a governador de Fernando Gabeira, o que ajudaria a legenda como um todo. A primeira, "Fala, mulher", reuniu 80 mil pessoas em marcha no Centro e levantou questões relacionadas à violência doméstica, ao direito ao aborto e ao tratamento igualitário das mulheres. O segundo evento reuniu cerca de 100 mil pessoas que "abraçaram" a Lagoa Rodrigo de Freitas, na zona sul da cidade, a fim de protestar contra a poluição da água.[41] Ambas as manifestações atraíram muitos apoiadores da classe média, que formavam a base eleitoral da campanha de Gabeira.

Na apuração dos votos para governador, Fernando Gabeira teve 529.603 votos, ou apenas 7,8% do total. Moreira Franco, o candidato moderado do PMDB, venceu a disputa. O PT elegeu para o Congresso Vladimir Palmeira, ex-ativista estudantil e revolucionário, e Benedita da Silva, ativista negra carioca, nascida na favela da Praia do Pinto, removida dos bairros do Leblon e Lagoa durante a ditadura militar, e criada na favela do Chapéu-Mangueira, no Leme. Carlos Minc, o ex-militante da VPR que aderira ao PV com Daniel e candidatara-se na legenda da coligação PT-PV, conseguiu um número considerável de votos, que lhe garantiu uma cadeira na Câmara dos Deputados. Como era professor universitário, membro do sindicato, líder do movimento ecológico e apoiador proeminente da reforma agrária, Minc construíra uma base eleitoral forte.[42] Liszt Vieira, entretanto, não conseguiu votos suficientes para se eleger. Daniel também não teve votos suficientes, apenas 5.485: 2.643 a menos do que precisava.

Os resultados foram devastadores para Lula Ramires, que havia investido imensa energia na campanha. Ainda parecia desencorajado quando, duas semanas após a derrota, compareceu a uma reunião em que os resultados seriam avaliados. Daniel foi quem o animou. De acordo com a reconstituição que Ramires fez da conversa, ele teria dito: "Lula, é assim mesmo, a gente ainda está dentro de um gueto. A gente ainda precisa falar para a sociedade. Não conseguiu falar ainda. A gente tem que continuar tentando." De acordo com Ramires, "Era a coisa que mais me surpreendeu. Eu estava derrotado. Ele, que era candidato e tinha todo o direito de sentir derrotado, me disse 'Não, companheiro, a luta só está começando', como se dissesse que a luta não começa hoje e não vai terminar amanhã."

Como Ramires, o presidente do Triângulo Rosa, Antônio Carlos Mascarenhas, também ficou bastante frustrado com a derrota. Ele ainda tinha esperanças de obter votos suficientes dos membros da Assembleia Constituinte que eram a favor da inclusão de uma provisão na nova Constituição que proibisse a discriminação com base na orientação sexual.[43] Nos dezoito meses seguintes, liderou um esforço incansável que conseguiu obter o apoio de 25% dos membros da Assembleia e de todos os representantes de cada um dos partidos de esquerda. Apesar de ter realizado a campanha de maneira incansável, através de correspondência intensa com representantes de vários partidos políticos, o esforço falhou. Ainda assim, para ele, era mais um passo na longa estrada rumo à igualdade.[44]

Gabeira se lembra da dimensão da desilusão de muitos ativistas do PV com a derrota de Daniel. "Uma das coisas de que nos lamentamos na campanha foi exatamente ele não ter sido eleito, porque, realmente, se comparado com o nível de todos os outros candidatos eleitos, ele era uma enorme contribuição à política do Rio de Janeiro e até do Brasil." Gabeira notou, no entanto, que Daniel era uma pessoa tímida e isso pode ter sido um dos fatores que impediram seu sucesso como candidato.[45]

Todos os entrevistados para este livro afirmam que, ao contrário de muitos que o apoiavam, Daniel não ficou desmotivado com os resultados da eleição. Ele estava acostumado a agir nas margens das causas aparentemente impossíveis. Embora não tivesse conseguido tantos votos quanto gostaria, a campanha atingiu milhares de pessoas. Era o diálogo com "o povo" que ele não pôde ter enquanto guerrilheiro afastado das massas. Embora reconhecesse que suas ideias vanguardistas haviam alcançado e convencido poucos, continuava otimista. Ao mesmo tempo, precisava enfrentar a situação mais imediata e prática. Agora, ele estava desempregado, com dívidas da campanha para pagar e precisava encontrar um trabalho.

Cláudio estava trabalhando como designer gráfico freelance. Ao longo de 1987, Daniel procurou trabalhos como redator para cobrir as despesas que, felizmente, eram modestas. No fim do ano, Sílvia Ramos o convidou para unir-se a uma organização pelos direitos das pessoas que vivem com HIV/aids, que havia acabado de surgir: a Associação Brasileira Interdisciplinar de Aids (Abia). Uma das primeiras funções de Daniel foi editar o boletim da associação; o primeiro número saiu em janeiro de 1988. Mais uma vez, Daniel tinha a oportunidade de usar sua criatividade e talento literário para informar pessoas a respeito de uma causa importante.

Quatro anos antes, no início de 1983, Vieira, Ramos e Daniel passaram uma semana juntos no interior, enquanto Daniel terminava de escrever *Jacarés e lobisomens*, que continha seus ensaios pioneiros sobre o HIV/aids. Sílvia Ramos se lembra de discutir a síndrome com Daniel. "Naquela época eu estava fazendo uma leitura muito forte sobre Foucault e achava que a aids tinha relação com o processo de disciplinar os corpos. Eu me lembro muito bem que Herbert Daniel, que era libertário, dizia: 'Calma, tem um vírus por aí e vem muito forte, não é brincadeira, não.'"[46] Até aquele momento, Sílvia Ramos não havia pensado muito em homossexualidade ou aids, e a resposta enfática de Daniel deixou nela uma forte impressão. Com o tempo, tornaram-se bons amigos. Depois que trabalharam juntos na campanha política de Daniel, quando abriram vagas na Abia, ela logo pensou nele.[47]

As primeiras infecções por HIV ocorreram no Brasil provavelmente em meados da década de 1970, se não antes. Em 1981, a imprensa brasileira começou a publicar artigos sobre uma nova doença peculiar. Em 1983, os primeiros relatos sobre casos de infecção por HIV no Brasil começaram a aparecer na mídia; homens gays e hemofílicos eram apontados como grupo de risco. Uma cobertura pouco correta e sensacionalista causou pânico e confusão entre os que se consideravam vulneráveis à infecção. Isso também gerou preconceito, que levou à discriminação a pessoas a quem a mídia associava à nova enfermidade. Sem informações claras e confiáveis à disposição da sociedade, antigos membros do grupo Somos abordaram a Secretaria de Saúde do Estado de São Paulo cobrando uma resposta à crescente epidemia.[48] Quase imediatamente, um grupo de trabalho, sob a direção do dr. Paulo Teixeira, desenvolveu a primeira estratégia de saúde pública brasileira para resolver a questão do HIV/aids.[49] Em novembro de 1984, ativistas gays, profissionais da saúde pública e outros interessados se reuniram para fundar o Grupo de Apoio à Prevenção da Aids (Gapa). A organização visava educar o público sobre a doença, fornecer assistência jurídica aos que enfrentavam a discriminação e encaminhar as pessoas adoecidas a serviços sociais e de caridade.[50] Muitos desses ativistas vieram a se tornar líderes nacionais da luta contra o HIV/aids.

No Rio de Janeiro, a reação à epidemia foi um pouco mais lenta. Com o fechamento do *Lampião*, em 1981, e a dissolução, até o fim de 1983, dos dois principais grupos políticos – Somos-Rio e Auê –, não havia, de fato, um agrupamento de ativistas que pudesse responder a essa nova crise.

Ao fundar o Triângulo Rosa, em 1985, Mascarenhas abriu mão do ativismo em torno do HIV/aids porque acreditava que a imprensa associava muito a doença à homossexualidade, o que contribuía ainda mais para a estigmatização dos homossexuais. Entretanto, nem todos concordavam com ele. Paulo Fatal, membro do Triângulo Rosa, começou a trabalhar com a Secretaria da Saúde em campanhas de prevenção do HIV/aids. Isso levou à formação do Gapa-Rio, que seguia a mesma abordagem a ações pela prevenção, educação e contra a discriminação e oferecia as metodologias desenvolvidas pelo Gapa-São Paulo.[51]

A Abia, no entanto, acabou tendo uma missão diferente. A ONG cresceu e passou a abarcar outras causas além de encontrar uma resposta eficaz ao HIV/aids. Como outros grupos, representava uma convergência de muitos interesses e de diferentes pessoas. A organização elaborava políticas, realizava pesquisas e disseminava informações sobre a doença. As principais forças da nova organização eram Herbert de Souza, o Betinho, e Walter Almeida.

Herbert de Souza foi um líder fundador do Ação Popular no início da década de 1960. Forçado à clandestinidade em 1964, acabou em exílio no Chile, em 1971. Após a tomada militar, Betinho buscou asilo político no Canadá e mais tarde mudou-se para o México. Ao retornar ao Brasil, com a Lei da Anistia de 1979, ele e outros criaram o Instituto Brasileiro de Análises Sociais e Econômicas (Ibase), organização de cidadania ativa, sem fins lucrativos, e empresa de consultoria progressista que trabalhava em assuntos que iam desde a reforma agrária e o meio ambiente até questões de raça e gênero.[52] Durante sua longa carreira como ativista político, Betinho precisou também lidar com o fato de que era hemofílico e, em 1985, descobriu que havia sido infectado pelo vírus da aids por meio de uma transfusão de sangue. Seus dois irmãos – o músico Francisco Mário de Souza, conhecido como Chico Mário, e Henfil, o cartunista político que escrevera a orelha de *Passagem para o próximo sonho* – também contraíram o vírus por transfusão de sangue. Chico Mário faleceu em 1987 e Henfil, no ano seguinte.[53]

Walter Almeida, médico de Betinho, também teve papel crucial no estabelecimento da Abia. Durante uma visita aos EUA em 1985, fez contato com a International Interdisciplinary Aids Foundation (Fundação

Internacional Interdisciplinar pela Aids – IIAF) e considerou estabelecer uma afiliada brasileira que serviria como base de informações e pesquisa, visto que a doença parecia espalhar-se exponencialmente. Juntos, Betinho e ele trabalharam sem descanso para reunir figuras públicas importantes, políticos, cientistas sociais, especialistas em saúde pública e líderes de movimentos sociais para discutir como responder à aids. O resultado foi a Abia, criada oficialmente em 1987. Betinho ofereceu a Sílvia Ramos um contrato de trabalho que atrelava o salário dela à arrecadação de fundos. Duas concessões do governo permitiram que Ramos abrisse um escritório em um espaço alugado na frente do Ibase e instalasse telefones e computadores. Uma bolsa da Fundação Ford lhe forneceu os recursos para contratar pessoal. Betinho tornou-se presidente da Abia; Ramos era diretora executiva.[54]

A princípio, Betinho tinha ressalvas quanto à contratação de Daniel, sugerida por Ramos, pois sentia que era uma escolha muito radical para uma associação que dependia de recursos de fundações internacionais, entidades governamentais, empresas privadas e que, ao mesmo tempo, desenvolvia maneiras de convencer o Estado a adotar uma política proativa no combate à aids. Ramos, por outro lado, sentia que Daniel era a pessoa perfeita para a tarefa. Embora o perfil de Betinho como ativista social de longa data, com moral impecável e credenciais progressistas, lhe permitisse trazer a público o problema da contaminação dos bancos de sangue no Brasil, o vírus também tinha efeitos devastadores nos homens gays e, no Rio de Janeiro, Daniel era um escritor talentoso e "publicamente" homossexual. Silvia Ramos estava convencida de que sua presença garantiria que a associação alcançasse um dos grupos mais afetados pelo vírus. Betinho, então, cedeu à insistência. Entretanto, Silvia ainda não tinha certeza se Daniel aceitaria ocupar um cargo na equipe, pois era uma personalidade conhecida. Quando fez a proposta, de acordo com Ramos, ele respondeu imediatamente: "Silvia, estou precisando muito de dinheiro. Aceito trabalhar na Abia por qualquer coisa. Acabei de fazer a campanha. Estamos com enormes dívidas. E todo dinheiro para mim é bem-vindo."[55]

O domínio lírico que Daniel tinha da língua portuguesa pode ser percebido nos textos do *Boletim Abia*. Ao contrário de alguns de seus trabalhos anteriores, sua escrita passou a ser clara e direta, embora exibisse certa sofisticação graciosa. Talvez seja sua melhor prosa, e as frases finais do primeiro editorial são um exemplo disso, como quando cita letras de uma canção popular para chegar a um ponto poético: "Viver é fabricar a vida. Ela pode, é verdade, ser vivida de *qualquer* maneira. Mas assim não vale a pena. A vida tem de ser vivida da *melhor* maneira. Com ternura, sim, com indignação, também, contra o mal e a mentira. Com poesia e humor."[56] Essas palavras carregam uma mensagem que Daniel refinaria e desenvolveria ao longo dos quatro anos seguintes. Elas resumem a história de vida de quem se empenha para vivenciar cada capítulo novo com intensidade e paixão, combinando a consciência das injustiças sociais e o desejo de combatê-las. Sem cura à vista para a aids, a questão tornou-se: como as pessoas poderiam viver com a doença? Como elas poderiam dar conta? Como poderiam sobreviver psicologicamente, em especial quando a mídia e a sociedade em geral acreditavam que a notícia de que o diagnóstico de infecção pelo vírus HIV era uma sentença de morte?

Se celebrar a vida é a principal mensagem do primeiro boletim da Abia, a segunda edição fornece uma estratégia política para lidar com o HIV/aids. Rejeitando a linguagem belicosa para combater a doença, Daniel escreve: "Não se trata de uma guerra, que exigiria a presença de heróis e vítimas; trata-se, sim, de um esforço que pede a participação de irmãos. A solidariedade é o instrumento fundamental na tarefa de eliminar a epidemia, valorizando a vida."[57] O apelo à solidariedade desejava ganhar a simpatia e o apoio de amplos setores da sociedade para as pessoas que vivem com a doença. Requeria o enfrentamento de medos irracionais quanto à suposta transmissão casual do vírus por meio do contato social normal. Também significava confrontar a discriminação. Foi um apelo por uma abordagem diferente ao envolvimento com a aids e às pessoas afetadas por ela.

Ao mesmo tempo, o boletim adentrou uma polêmica sobre a maneira de informar o público, que já havia polarizado os ativistas. Daniel e outros criticavam com veemência as campanhas alarmistas do governo que pretendiam chocar as pessoas e assim provocar a mudança do comportamento sexual. Alguns, como Luiz Mott, presidente do GGB, pensavam diferente.

Ele escreveu uma carta à Abia em nome do GGB questionando um artigo do segundo número do boletim, que delineava onze das maiores críticas às campanhas do governo contra o HIV/aids. No texto, Daniel argumentou que as fontes oficiais haviam apresentado informações incorretas sobre a doença e fornecido medidas inadequadas e ineficazes de lidar com o vírus. Ele insistiu: "Quem semeia pânico, colhe epidemia." Mott, opondo-se a essa abordagem, escreveu que era uma pena que a campanha do governo não tinha sido "mais agressiva e dramática" no retrato que fez dos efeitos da aids sobre as pessoas.[58]

Em vez de responder à desaprovação de Mott a partir da perspectiva política da organização, Daniel apontou no editorial da edição seguinte do *Boletim Abia* que o governo "continua insistindo na tecla do medo, do susto, da arrogância. A experiência mundial tem provado – e não só no caso da aids – que todas as campanhas de promoção de saúde não funcionam quando baseadas na publicidade do terror".[59] Ele continuou, defendendo que "Em relação à aids, uma das distorções mais prejudiciais das políticas de informação é uma associação direta e imediatista da doença com a morte. [...] Nas campanhas do governo, bem como em todas as iniciativas oficiais no Brasil sobre a aids, o grande esquecido é o infectado pelo HIV ou o doente de aids". Daniel conclui o editorial com um comentário provocante: "Oficialmente, *já está morto*, já que a fórmula que dirige toda a política governamental sobre aids faz coincidir *infecção pelo HIV = morte*."[60]

Ao longo de 1988, muitas das críticas de Daniel à política oficial de saúde pública contra a aids concentravam-se no caráter indeciso do governo Sarney (1985-1989). Daniel bombardeava sua passividade e inação da mesma maneira que os ativistas contra a aids dos EUA insistiam que a semelhante indiferença do governo de Ronald Reagan (1981-1989) significava a morte das pessoas infectadas. Em 1987, o Aids Coalition to Unleash Power (Coalizão Aids para Libertar o Poder), conhecido pela sigla Act Up, de Nova York, traduziu essa ideia na frase "Silence = Death" (Silêncio = Morte). Logo depois, o Act Up desenvolveu um mantra mais positivo: "Action = Life" (Ação = Vida). Daniel tinha essas articulações internacionais em mente quando escreveu os editoriais do boletim, que moldaram a abordagem da Abia ao HIV/aids. Os elementos-chave desse pensamento estratégico já constavam em seu ensaio de 1983, "A síndrome do preconceito", mencionado no capítulo anterior. Em 1988, muitas de suas ideias estavam mais maduras e, apesar de perspectivas semelhantes já terem sido elaboradas nos EUA e na Europa, além de terem circulado com rapidez entre os ativistas no mundo, suas ideias sobre como lidar com a aids são bastante originais. As experiências passadas como estudante de medicina, ativista clandestino, guerrilheiro, exilado político e candidato esquerdista, bem como suas interações pessoais muito calorosas, parecem ter convergido na criação de uma abordagem estratégica moderna e inovadora para combater a doença.

Enquanto isso, a Abia conquistou uma vitória em 1988 por meio do trabalho em uma ampla coligação para convencer a Assembleia Constituinte a incluir uma provisão na nova Constituição que regulava os bancos de sangue brasileiros, proibindo a comercialização de produtos sanguíneos e aumentando os controles de contaminação.[61] Ao mesmo tempo, a Abia buscou o apoio de empresas privadas, sindicatos e agências governamentais para convencê-los a envolver-se em campanhas educacionais sobre o HIV/aids.[62]

O ano foi produtivo para Daniel – ele canalizava sua criatividade política e via resultados positivos. No entanto, desde o final de dezembro daquele ano, vinha sentindo-se mal. Desconfiava de pneumonia. Uma febre arrastou-se por noites sem descanso, o que levou Daniel e Cláudio a marcarem uma consulta no início de janeiro de 1989 com um médico indicado por um amigo.

NOTAS

1. Herbert Daniel, material da campanha de 1986, AA.
2. Liszt Vieira, entrevista n. 2.
3. Sérgio Pinho, entrevista.
4. Liszt Vieira, entrevista n. 2.
5. Alfredo Sirkis, citado em Ana Cristina D'Ângelo, "Verdes desde o início".
6. Eduardo J. Viola, "O movimento ecológico no Brasil", pp. 5-26.
7. Kathryn Hochstetler e Margaret E. Keck, *Greening Brazil*, pp. 83-89.

8. Tibor Rabóczkay, *Repensando o Partido Verde brasileiro*, pp. 52-54; Fernando Gabeira, "A ideia do Partido Verde no Brasil", pp. 163-180.
9. Fernando Gabeira, "A ideia do Partido Verde no Brasil", p. 154. Citado em inglês no original; tradução nossa.
10. Eliane Maciel, entrevista.
11. Tibor Rabóczkay, *Repensando o Partido Verde brasileiro*, p. 54.
12. Eduardo Toledo, entrevista; James N. Green, "The emergence of the Brazilian gay and lesbian movement".
13. Jorge Belloq, entrevista; Veriano Terto Jr., entrevista n. 1; Lindinalva Laurindo-Teodorescu e Paulo Roberto Teixeira, *Histórias da aids no Brasil*, vol. 2, pp. 31-38.
14. Edward MacRae, *A construção da igualdade*.
15. João Antônio Mascarenhas, "Carta Circular", 29 de agosto de 1986, TRC/AEL; João Antônio Mascarenhas, "The situation of homosexuals in Brazil".
16. James N. Green, *Beyond carnival*, capítulo 4.
17. Lula Ramires, entrevista.
18. Robert Howe, "João Antônio Mascarenhas", pp. 294-96.
19. João Antônio Mascarenhas, "Letter to Gregory Siemenson", Coordenador de Pesquisa, Anistia Internacional, Londres, Inglaterra, 3 de dezembro de 1986, TRC/AEL.
20. João Antônio Mascarenhas, entrevista.
21. Cláudio Alves de Mesquita, carta a *Le gai pied*, 29 de julho de 1986, TRC/AEL.
22. Grupo Gay da Bahia, "Nosso candidato Herbert Daniel", 20 de agosto de 1986, TRC/AEL.
23. Fernando Gabeira, carta ao Triângulo Rosa, 3 de outubro de 1986, TRC/AEL.
24. João Antônio Mascarenhas, "Os dois lados do beijo", p. 1.
25. *Ibid.*
26. Herbert Daniel, "Quase Plataforma Herbert Daniel", *Deixa aflorar* (1986), 7, AA.
27. James N. Green, "O Grupo Somos".
28. "Abertura ainda não chegou ao povo", *Folha de S.Paulo*, 28 de setembro de 1981; James N. Green, "Desire and militancy".
29. Herbert Daniel, "Qualquer forma de amor vale a pena", 1986, AA.
30. Sílvia Ramos, entrevista.
31. André Luis Vieira de Campos, entrevista.
32. Eliane Maciel, entrevista; Cristina Montenegro, entrevista; Leila Míccolis, entrevista.

33. Lula Ramires, entrevista.
34. Lula Ramires, entrevista. Outras citações pertencem à mesma entrevista.
35. *Ibid.*
36. Sheila Gomes Gliochi, entrevista.
37. Lula Ramires, entrevista.
38. André Luis Vieira de Campos, entrevista.
39. *Ibid.*
40. Lula Ramires, entrevista; André Luis Vieira de Campos, entrevista.
41. Fundação Herbert Daniel, "Recuperação da memória sonora e visual do Partido Verde".
42. Carlos Minc recebeu 24.641 votos. Carlos Minc, entrevista.
43. João Antônio Mascarenhas, entrevista.
44. João Antônio Mascarenhas, *A tripla conexão*; Câmara, *Cidadania e orientação sexual*.
45. Fernando Gabeira, entrevista.
46. Sílvia Ramos, entrevista.
47. Logo após a campanha eleitoral, Herbert Daniel escreveu um artigo especial sobre a aids. Herbert Daniel, "Eu mudei os meus hábitos sexuais".
48. Lindinalva Laurindo-Teodorescu e Paulo Roberto Teixeira, *Histórias da aids no Brasil*, vol. 1, pp. 42, 48.
49. Paulo Teixeira, entrevista; Nunn, *The politics and history of aids treatment in Brazil*, pp. 34-37.
50. Lindinalva Laurindo-Teodorescu e Paulo Roberto Teixeira, *Histórias da aids no Brasil*, vol. 2, pp. 33-34, 41-42.
51. João Antônio Mascarenhas, entrevista; Veriano Terto Jr., entrevista n. 1; Lindinalva Laurindo-Teodorescu e Paulo Roberto Teixeira, *Histórias da aids no Brasil*, vol. 2, pp. 60-61.
52. Carlos Fico, *Ibase*; Herbert José de Souza e Emir Sader, *No fio da navalha*.
53. Lindinalva Laurindo-Teodorescu e Paulo Roberto Teixeira, *Histórias da aids no Brasil*, vol. 2, pp. 65-67.
54. *Ibid.*, pp. 67-68; Richard Parker e Veriano Terto Jr., *Solidariedade*, pp. 13-20; Sílvia Ramos, entrevista.
55. Silvia Ramos, entrevista.
56. [Herbert Daniel], "Pra início do voo".
57. [Herbert Daniel], "Quem semeia pânico, colhe epidemia".
58. [Herbert Daniel], "Onze críticas a uma campanha desgovernada". Luiz Mott, "Correspondências".

59. [Herbert Daniel], "E como fica o Pinto Fernandes".
60. *Ibid.*
61. [Herbert Daniel], "Sangue novo".
62. *Boletim Abia*, n. 2 (abril de 1988), pp. 17-18.

17. Quarenta segundos (1989-1992)

> "Quarenta segundos. Foi o tempo que
> ele me deu para absorver a notícia."
> Herbert Daniel, 1989[1]

A consulta médica de Daniel, marcada para 9 de janeiro de 1989, seguiu os procedimentos comuns. O médico colheu uma amostra de catarro e deixou Daniel e Cláudio na sala de espera. Quando enfim chamou Daniel ao consultório, deu seu diagnóstico sem demora: "*Pneumocystis carinii*, indício seguro de imunodeficiência." O doutor rabiscou uma receita para Daniel e disse que pediria um teste para "a outra doença". Custou 40 mil cruzados, ou cerca de 80 dólares. A consulta terminou em menos de um minuto.[2]

Daniel encontrou-se com Cláudio na sala de espera em estado de choque. O diagnóstico do médico sinalizava que ele tinha aids. Ele não esperava ouvir essa notícia, e muito menos recebê-la de maneira tão abrupta. Em alguns poucos segundos, já havia se convencido de que morreria em cerca de dois anos. Quando contou seu prognóstico a Cláudio, ele respondeu: "Vamos entrar no elevador." Daniel repetiu. "Como? Acabei de te dar a notícia de que vou morrer em dois anos e você quer que eu entre no elevador?" Cláudio retrucou: "Bom, você não vai ficar nos próximos dois anos no hall do médico. Vamos para casa."[3]

Daniel rapidamente mudou de ideia quanto à projeção do tempo que lhe restava de vida. Mais tarde, descobriu que havia contraído tuberculose ganglionar, e não pneumonia, como o médico diagnosticara. Ainda assim, a informação sobre sua saúde virou seu mundo de cabeça para baixo, e não demorou muito para ele perceber que tinha uma nova missão: afirmar que ainda estava vivo e politizar o fato de que vivia com aids. Décadas de envolvimento apaixonado na política lhe deram a força e a persistência para iniciar essa nova luta com vigor e clareza. Na Abia, ele já havia começado a elaborar uma série complexa de críticas à política do governo contra o HIV/aids e oferecia estratégias alternativas para lidar com a doença. A notícia de que ele estava infectado com o vírus gerou nova urgência às questões sobre as quais escrevia desde que começara o trabalho lá, no fim de 1987.[4]

Um mês após receber a notícia assombrosa, Daniel registrou sua importante visita ao médico no *Boletim Abia*. "Quarenta segundos de aids" tornou-se o primeiro de muitos ataques provocadores à profissão médica, por sua indiferença fria aos pacientes soropositivos. "Quarenta segundos. Foi o tempo que ele me deu para absorver a notícia. Foi o suficiente para me dar sobretudo o horror de ver diante de mim, naquela clínica, indiferença, talvez uma certa maldade: não estaria ele se 'vingando' de mim por ser eu homossexual e merecer receber um castigo?"[5] O artigo encerra: "Saí daquele consultório transtornado. Quarenta segundos de aids! Escapei. Cláudio, meu companheiro, me esperava aqui fora. Meus amigos me esperavam. A vida me esperava. E livrei-me daquela pavorosa doença que me matou por quarenta segundos. Escapei. Com a convicção de que é preciso libertar desse jugo outros doentes. A aids real é um caso muito sério para ser tratada por 'médicos', por essa medicina que a aids veio provar que faliu. De resto, é a vida. A cada quarenta segundos. Intensamente."[6] Essas palavras e seu significado subjacente tornaram-se a mensagem que passaria ao mundo ao longo dos próximos três anos.

Logo após compartilhar a notícia com seus amigos e colegas de trabalho, Daniel resolveu ir a público. Escolheu o *Jornal do Brasil*, um dos maiores jornais do país, para um ensaio especial intitulado "Notícias de outra vida". Uma breve nota biográfica indicava que o escritor, com 42 anos de idade, já havia lutado em muitas frentes: como guerrilheiro, no exílio e como candidato a um cargo público. Agora, seria "o primeiro intelectual homossexual brasileiro a falar publicamente sobre sua doença".[7] Na manchete principal, o trecho: "Quando adoeci, com uma infecção típica da aids, percebi que a pergunta a ser respondida é se há vida, e qual, antes da morte." Ao inverter a pergunta sobre a natureza da vida após a morte, focou a atenção das pessoas no presente; ao fazê-lo, repudiou a sentença de morte associada ao diagnóstico da doença.

Daniel já havia apontado nas publicações da Abia do ano anterior que no Brasil ainda pairava uma noção sombria de que a infecção pelo HIV equivalia a uma certidão de óbito provisória. Agora, ele vivenciava esse sentimento. No artigo do *Jornal do Brasil*, desenvolveu todos os pontos que se tornaram temas das entrevistas subsequentes que ele concederia e dos artigos que escreveria: "De um momento para outro o simples fato de dizer 'Eu estou vivo' tornou-se um ato político. Afirmar a minha qualidade de cidadão *perfeitamente* vivo é uma ação de desobediência civil. Por isso repito constantemente, desde que soube que estava com aids, que sou vivo e cidadão. Não tenho nenhuma deficiência que me imuniza contra os direitos civis. Apesar de farta propaganda em contrário."[8]

Diversos temas destacam-se nesse ensaio abrangente. Daniel repudia o uso do neologismo "aidético", baseado em diabético. O termo indicava a relação inevitável que se fazia entre uma pessoa que vivia com HIV/aids e a própria doença, como se a pessoa e a doença se fundissem. Além disso, o resultado do trabalho, feito pela imprensa, de aproximar as ideias de "pessoa soropositivo" e "morte" havia sido efetivo. O escritor procurava desconstruir a ideia da morte inevitável, ao mesmo tempo que rejeitava as imagens negativas identificadas com a expressão "aidético".[9] Além disso, argumentava que a discriminação às pessoas com HIV/aids era mais mortal do que a própria doença. O preconceito e a marginalização condenavam, como ele chamou, à "morte civil", à perda dos direitos de existir, de ser e de estar vivo.

Foi exatamente a confrontação de como a mídia brasileira e a opinião pública tratavam as pessoas soropositivos que tornou a mensagem de Daniel tão potente. Em vez de se tornarem vítimas da doença, as pessoas deveriam agir ativamente, insistir que tinham os mesmos direitos civis, políticos, sociais e humanos, do mesmo modo que qualquer outra pessoa. Daniel apresentou um *slogan* para a campanha em defesa das pessoas com HIV/aids que afirmava a vida em detrimento da morte. Ele embarcou na ofensiva contra aqueles que queriam negar a ele e a outros o direito de viver, mesmo quando a aids parecia significar a morte. As palavras de Daniel, por mais simples que fossem, ofereciam esperança, dignidade e uma abordagem positiva no confronto com a doença. No contexto brasileiro, suas ideias eram revolucionárias.

Daniel concentrou tantas atividades em 1989 que é difícil imaginar como ele conseguiu dormir naquele ano. No fim de maio, fundou o Grupo pela Valorização, Integração e Dignidade do Doente de Aids (Pela Vidda), uma organização não governamental voltada a pessoas que vivem com HIV/aids. No início de junho, participou, em Montreal, da Quinta Conferência Internacional da Aids, na qual chamou atenção pela sua participação ardorosa nas atividades. Enquanto participava de infindáveis reuniões em torno da causa da aids no Brasil, conseguiu encontrar tempo para terminar *Vida antes da morte/Life before death*, um pequeno volume, escrito em inglês e português, publicado pela Abia, que resumia suas ideias a respeito da aids, além de apresentar os efeitos da doença sobre a sociedade brasileira.[10] Em julho, foi convidado para uma reunião em Genebra, patrocinada pelo Programa Global de Aids, da OMS, e pela Comissão das Nações Unidas para os Direitos Humanos. De volta ao Brasil, participou com entusiasmo dos preparativos para duas reuniões nacionais de ONGs para discutir a questão da aids, uma em julho e outra em outubro. Nelas, envolveu-se em controvérsias com outros ativistas sobre a direção e o programa do movimento. Por dois meses, uma equipe de televisão acompanhou a vida cotidiana de Cláudio e Daniel durante a produção de um documentário que mostrava o relacionamento íntimo, duradouro e carinhoso do casal. Além disso, Daniel foi indicado para candidatar-se pelo PV na primeira eleição presidencial democrática desde 1960. Ao longo daquele ano, continuou a publicar artigos para o *Boletim Abia*, bem como outros que apareciam na imprensa oficial. De acordo com os relatos, a intensidade de suas atividades igualava, senão ultrapassava, seus empreendimentos entre 1968 e 1971 no movimento de guerrilha. Ao final do ano, estava exausto, e o vírus já dava mostras em seu corpo.

A fundação do Grupo Pela Vidda tornou-se a atividade principal daquele ano. Exigia muito da energia interminável de Daniel e o ajudava a lidar com seu próprio diagnóstico.[11] O acrônimo para o nome do grupo tornou-se o *slogan* que Daniel promoveu em resposta a representações preconceituosas a respeito da aids. Devido à importância do seu papel na Abia, as duas organizações desenvolveram uma parceria próxima. A Abia cedeu ao Pela Vidda uma pequena garagem nos fundos de sua sede, para que o grupo conduzisse suas operações; por sua vez, a nova organização mobilizava as pessoas a envolver-se em protestos públicos e outras atividades.

O Pela Vidda baseava-se nas experiências das primeiras organizações pelos direitos dos homossexuais, círculos de conscientização feministas e dinâmicas de grupo participativas, empregadas nos movimentos sociais que se proliferavam no fim dos anos 1970 e 1980, durante o processo de democratização. Idealizado por Daniel, um grupo de discussão semanal, conhecido como Tribuna Livre, oferecia às pessoas a oportunidade de questionar as últimas notícias da doença. Funcionava também como um grupo de apoio.[12] Desde o início, a personalidade do ex-guerrilheiro dominava. Veriano Terto Jr., que havia sido membro do Somos-Rio, no início dos anos 1980, lembra-se do seu papel fundamental na consolidação do grupo: "Daniel capitaneando sempre as reuniões, [...] talvez duas ou três horas falando sem pausa, quinze pessoas entre a gente. A gente escutava. Às vezes no início as pessoas traziam uma espécie de depoimento. [...] Falavam um pouco da sua vivência, do que estava acontecendo com elas." Quando questionado se a proeminência de Daniel evocava reações negativas, Terto Jr. explicou: "Não, porque ele falava tão bem, ele falava de uma forma tão brilhante que as pessoas ficavam ouvindo aquilo. [...] Eu acho que isso nunca atrapalhou o crescimento, ao contrário, o grupo foi crescendo."[13] Júlio Gaspar, que se tornou ativista do Pela Vidda quando o grupo expandiu-se para São Paulo, em 1990, refletiu sobre a natureza da organização: "O Pela Vidda partia de uma postura diferente, menos assistencialista – a aids é um problema de todos nós, sejamos ou não soropositivos. Tinha essa postura de trabalhar mais com o indivíduo soropositivo. Isso foi muito forte, muito bonito, desenvolver o amor próprio dos doentes que se sentiam em fim de carreira, isso foi uma coisa maravilhosa."[14]

Cinco mil brasileiros foram diagnosticados com aids em 1989. Destes, 4.419 eram homens e 581 eram mulheres. Em 79% dos casos documentados, a transmissão ocorreu por meio de relações sexuais com outros homens.[15] A grande imprensa já havia substituído a linguagem usada para se referir à doença – "a praga gay" –, mas Daniel ainda reconhecia os efeitos dessa terminologia sobre os homossexuais.[16]

Durante anos, Herbert Daniel evitou o gueto gay e criticou o movimento homossexual. Seu envolvimento com o tema da aids, em especial após a campanha eleitoral, e seu envolvimento com a Abia mudaram essas perspectivas. Se, em um primeiro momento, ele havia rejeitado a aceitação de apenas uma identidade homossexual, agora enfrentava uma situação em que preconceitos enraizados tinham um efeito profundo sobre gays que viviam com o HIV/aids.[17] Quando ele decidiu abraçar sua condição de soropositivo de maneira semelhante aos ativistas gays e às lésbicas que optaram por afirmar a própria sexualidade, ele acabou se deparando com atitudes negativas. O pânico e a desinformação haviam ofuscado toda e qualquer discussão séria sobre o impacto da aids sobre homens homossexuais. "A imposição do silêncio sobre a vida sexual do doente é, por outro lado, um elemento prejudicador das atividades de prevenção da epidemia", escreveu. "Onde os homossexuais tomaram maior consciência da importância da epidemia, melhor reagiu a comunidade como um todo diante da doença. Por isto, uma discussão aberta da sexualidade (obviamente fundamental ao se tratar de uma infecção sexualmente transmissível) é um elemento chave nas políticas de prevenção da aids. Isto vem faltando sistematicamente no Brasil."[18]

Daniel também criticou a falta de ação do governo: "Até agora a resposta oficial do governo brasileiro tem sido, para dizer o mínimo, irrelevante e tímida. Declarações equivocadas sobre as caraterísticas da epidemia, somadas a atitudes absenteístas, fazem-nos concluir que o governo ainda não levou a sério o enfrentamento da epidemia."[19] Sua reação a esse "desastre" potencial era apelar para a mobilização da sociedade civil e à criação de meios alternativos de pressionar o governo. "Se não enfrentado AGORA, em breve não terá mais solução."[20]

O programa do Pela Vidda, idealizado por Daniel, articulava uma agenda voltada à ação. Os objetivos da organização foram indicados com clareza: "Combater a solidão, a marginalização e a discriminação em que vivem o soropositivo e o doente de aids no Brasil; acompanhar criticamente as políticas governamentais relativas ao controle e combate da epidemia de aids; fornecer informação específica para doentes e soropositivos, bem como ajudá-los nas opções que devem fazer diante da sua situação; lutar permanentemente para garantir a completa cidadania, o pleno gozo dos direitos civis do soropositivo e do doente; garantir, de todas as formas, a completa participação social do soropositivo e do doente."[21] O grupo era gerido por voluntários, e apesar da tendência de Daniel a dominar as discussões, as reuniões abertas proporcionavam às pessoas a oportunidade de trocar ideias, informações e experiências.

Além das reuniões do Pela Vidda que se concentravam na vida com HIV/aids, Daniel também criou uma cúpula semanal chamada de Reunião Política-Administrativa, para abordar as questões práticas cotidianas relativas à organização. Às vezes, eram reuniões longas e arrastadas, em que todos tinham o direito de expressar sua opinião sobre uma questão política ou decisão administrativa. Essas assembleias representavam oportunidades democráticas de plena participação e tornaram-se parte importante da cultura institucional do grupo. Márcio José Villard, líder de longa data do Pela Vidda, atribui sua natureza participativa e inclusiva ao comprometimento de Daniel com processos igualitários de tomada de decisão, que ofereciam a todas as pessoas que aderiam ao grupo uma participação real na determinação de sua direção e atividades.[22]

Em parte, o sucesso imediato do Pela Vidda se deveu à resposta adequada à aids, que Daniel vinha elaborando desde 1983. "Contra a solidão, a solidariedade – esta parece ser a fórmula mais simples do único medicamento capaz de curar a aids", escreveu logo após a fundação do grupo.[23] Embora pudesse parecer uma resposta ingênua para as pessoas afetadas com o vírus, a declaração abarca uma noção complexa do que era necessário para lidar com todos os componentes sociais, políticos e médicos da doença. Daniel reconhecia que, embora os cientistas não soubessem como destruir o HIV, ainda era possível melhorar a vida dos soropositivos. Era necessário divulgar informações corretas sobre a doença e como evitá-la, o que significava também criticar os materiais falsos, mal-intencionados e alarmistas.[24]

Daniel trabalhava na Abia durante o dia escrevendo e passava as noites em reuniões do Pela Vidda, cultivando um grupo que chegou a ter cem membros em menos de um ano.[25] Ele também aproveitava os contatos internacionais da associação para buscar novas perspectivas sobre como combater a epidemia. Devido à crescente importância da Abia, um representante foi convidado a participar do Comitê Organizador do I Encontro Internacional de Organizações Não Governamentais em Montreal. O comitê tinha a tarefa de preparar a reunião "Oportunidades de Solidariedade", que seria realizada imediatamente antes da V Conferência

Internacional da Aids, cujo tema oficial era "O desafio científico e social". Os encontros consecutivos representaram a primeira assembleia internacional de especialistas em aids, que incluiu ativistas sociais e permitiu que membros de ONGs apresentassem pesquisas, ideias e experiências. A Abia conseguiu levantar fundos para enviar uma grande delegação brasileira, com representantes de diferentes organizações pela luta contra a aids.[26] Daniel apresentou um trabalho intitulado "O impacto social da aids no Brasil".[27] Ele também participou com entusiasmo da reunião anterior à conferência, junto com pessoas de trezentas organizações.[28]

A Conferência de Montreal marcou um ponto de virada para o ativismo internacional da causa. A falta de uma resposta efetiva do governo dos EUA à epidemia levara à formação, em 1987, da Aids Coalition to Unleash Power (Coalizão Aids para Libertar o Poder), conhecido pela sigla Act Up, um grupo de ação direta radical. O Act Up e seus pares canadenses prepararam uma intervenção no evento de Montreal, que levou a se repensar o estado da pesquisa em aids. Os ativistas argumentaram que as pessoas com HIV/aids deveriam estar intimamente envolvidas nas discussões sobre as prioridades da pesquisa. Para provar seu ponto, trezentas pessoas tomaram o palco durante a cerimônia de abertura; elas erguiam faixas que indicavam, entre outras palavras de ordem, "Silence = Death". Tim McCaskell, soropositivo, pegou o microfone e anunciou que a conferência estava sendo inaugurada "em nome das pessoas com aids no Canadá e no mundo".[29] Os organizadores da conferência conseguiram negociar um acordo que permitiu que os ativistas participassem de todas as atividades, o que abriu caminho para o envolvimento das pessoas com aids e seus aliados em futuras conferências.[30]

Os membros da delegação brasileira lembram-se com riqueza de detalhes da presença de Daniel. Gabriela Leite, fundadora da Rede Brasileira de Prostitutas, citou o impacto do seu discurso sobre o próprio comprometimento dela com o ativismo. "Daniel foi para a frente e disse: 'Eu fui guerrilheiro, um guerrilheiro homossexual assumido, hoje assumo outra coisa, que sou uma pessoa que está com aids, sou soropositivo.'"[31] É improvável que Daniel tenha de fato afirmado que fora abertamente gay em seus tempos de guerrilheiro, mas o aparente lapso de memória de Gabriela Leite revela como o mito sobre o passado dele o cercava. Ela continua: "Nunca me esqueço, ele gordinho, pequenininho, lá na frente, levantou a mão e falou a vida dele, e ali naquele momento eu fiquei muito emocionada, ali eu entrei no movimento da aids."

A conferência em Montreal deu novo ânimo às atividades dos ativistas brasileiros; após seu retorno ao Rio de Janeiro, Daniel incentivou o estabelecimento de uma rede nacional. Entre 1987 e 1989, já haviam sido organizadas cinco reuniões de grupos Gapa de diferentes regiões do país, e a proposta de Daniel indicava incluir, na mesma rede, os cinquenta grupos brasileiros pela causa da aids.[32] Assim surgiu a Rede Brasileira de Solidariedade (ONGs/aids). A primeira reunião foi realizada em Belo Horizonte, com representantes de catorze organizações, logo depois da conferência realizada em Montreal. Foi agendada para outubro uma reunião de acompanhamento, que contou com a participação de 38 grupos.[33] No II Encontro da Rede Brasileira de Solidariedade, os organizadores leram uma carta de apoio do dr. Jonathan Mann, diretor do Programa Global de Aids da Organização Mundial de Saúde, e depois seguiu-se à aprovação de dois documentos importantes: "Princípios constitucionais da Rede Brasileira de Solidariedade (ONGs/aids)" e a "Declaração dos direitos fundamentais da pessoa portadora do vírus da aids", que Daniel elaborara.[34] Uma terceira reunião foi realizada em abril de 1990, em Santos, na qual diferenças políticas levaram à dissolução da Rede.

Um dos pesquisadores consultados indica que as tensões dentro da Rede deviam-se ao fato de que alguns grupos defensores dos direitos de homossexuais, que tinham poucos recursos financeiros e atuavam em outras causas além da aids, contrastavam com a Abia e organizações próximas, as quais gozavam de farto financiamento.[35] Os relatos históricos da Abia sobre o período explicam a separação entre as associações políticas, que incluíam a Abia e o Pela Vidda, e as associações assistencialistas e organizações voltadas para os direitos dos homossexuais.[36] Outro pesquisador aponta para as tensões entre os ativistas que relutavam em receber apoio do governo, como Daniel, e os que não viam problema em receber financiamento do Estado.[37] Cristiana Bastos, pesquisadora da Abia durante esse período, argumentou que essas diferenças não eram tão relevantes quanto as mudanças internacionais que ocorreram no trabalho em relação à aids naquele período, incluindo uma reorientação das prioridades globais para a África e uma queda no financiamento de redes nacionais e internacionais organizadas.[38]

Daniel estava no centro da controvérsia sobre apoiar ou não as campanhas educacionais sobre a aids produzidas pelo governo. Isso acabou provocando um debate acalorado entre Luiz Mott, do GGB, e os integrantes da Abia e do Pela Vidda, sobre a abordagem do governo indicada no *slogan* "Aids mata".[39] Mott argumentava que o termo tinha valor educacional, porque assustava as pessoas desinformadas, levando-as a buscar conhecimento sobre o vírus da aids e a tomar precauções.[40] Daniel contra-argumentava que a ideia "Aids = Morte" (diferentemente do *slogan* da Act Up, "Silêncio = Morte", que apontava a indiferença do governo) precisava ser alterada na campanha, de modo que pudesse informar como viver com a aids: "Isto nos dá uma perspectiva completamente original na abordagem da epidemia. Desde a modificação do uso das terapias que passam a considerar que, mesmo se não é possível, hoje, retirar do corpo ainda o HIV, a aids é uma doença tratável (nada de doença incurável), até a integração do soropositivo, doente ou não, na sociedade. O portador do vírus é um cidadão, não é uma carga ou um trambolho provisório."[41] Até hoje, Mott critica a postura de Daniel.[42] Em muitos de seus textos, Daniel insiste: "A aids tem na esperança sua cura e na solidariedade a vacina." Mott replica: "Pura retórica, tanto que não lhe bastaram para resistir à aids. Esperança e solidariedade são sentimentos maravilhosos, mas incapazes de controlar a pandemia da aids. O correto é: 'A aids tem na informação sua vacina e na prevenção a sua cura.'"[43]

Em seus escritos, Daniel sempre enfatizou a importância de disseminar informações corretas nos esforços para prevenção. Seu apelo à solidariedade, no entanto, pretendia humanizar as pessoas afetadas; estava no cerne da campanha e mobilizava o apoio para combater tanto a discriminação quanto a doença em si.[44]

Ao mesmo tempo que Daniel confrontava seus oponentes políticos no movimento da aids, ele liderou campanhas de ação direta elaboradas para atrair a atenção da mídia e provocar discussão pública. Em 1º de dezembro de 1988, no Dia Mundial de Luta contra a Aids, a Abia afixou uma longa faixa com a palavra "Solidariedade" impressa em robustas letras vermelhas aos pés da estátua do Cristo Redentor. Após Daniel retornar de Montreal, a Abia, o Pela Vidda e outros grupos organizaram uma campanha contra a companhia aérea Varig, que vinha fazendo testes para detectar HIV em seus funcionários e demitindo os soropositivos,[45] e a divulgação sobre o tema, conseguida devido à campanha, forçou a empresa a abolir a prática.[46] No ano seguinte, as duas instituições e outros grupos organizaram manifestações ruidosas em frente ao Ministério da Saúde, para protestar contra a falta de ação do governo diante das questões da aids e, em 1991, os ativistas cobriram o obelisco da avenida Rio Branco, no Centro do Rio de Janeiro, com um preservativo masculino feito de plástico, medindo 15 m de altura, como parte de uma campanha que reforçava que é possível lutar contra a aids com humor.[47]

Como Daniel não escondia sua condição, era sempre procurado pela imprensa.[48] Seu artigo publicado no *Jornal do Brasil*, "Notícias do outro mundo", emocionou a jornalista Mônica Teixeira profundamente. Ela havia sido contratada pela TV Manchete para produzir documentários televisivos para o programa *Manchete Urgente* e entrou em contato com Daniel para fazer uma reportagem sobre pessoas que vivem com HIV/aids.[49] As filmagens duraram dois meses, e o documentário foi ao ar no fim do ano, com 11% de audiência. Teixeira se lembra: "A reportagem tem pelo menos duas conversas. Uma sobre a aids e outra sobre ser homossexual, como era ser homossexual naquele momento. São dois assuntos. Isso era muito novo na televisão brasileira."[50]

O programa começa com um *close* em Daniel, seu rosto redondo e os óculos com armação metálica. "Sou escritor, homossexual e doente com aids", declara ele com serenidade.[51] O programa especial produzido para televisão tem 45 minutos de duração e apresenta entrevistas em profundidade com Daniel e Cláudio. Os dois falam abertamente sobre o amor entre os dois, o relacionamento de 18 anos e o que pensam sobre homossexualidade, aids e morte. Cláudio descreve a "pegação" no Parque do Flamengo e expressa o medo sobre como será a vida após a partida do companheiro. Por sua vez, Daniel explica como decidiu viver depois de receber o diagnóstico de aids e descreve em detalhes a discriminação social que força as pessoas a esconder sua sexualidade. A tranquilidade ao falar de si como soropositivo, de revelar a maneira como veio a compreender a morte e de expressar a ternura de seu relacionamento com Cláudio sem dúvida comoveram bastante o público.

Antes da reportagem, a mídia brasileira nunca tinha abordado a homossexualidade e a aids de maneira tão positiva, aberta e sem qualquer traço sensacionalista – embora hoje possamos perceber que havia preconceitos próprios daquele contexto. Mônica Teixeira lembra: "[Não era comum] Falar assim, [saber que] essas duas pessoas [gays] moram juntas. Eles repetem algumas vezes isso de 'ser o parceiro', 'o parceiro da minha vida.'" O ativista Márcio José Villard, que estava em processo de aceitar sua homossexualidade, lembra-se do impacto do programa: "Quando eu assisti ao programa em casa, o meu impacto era aquele de surpresa, de novidade. Primeiro porque no Brasil não estávamos vivendo um momento de debate totalmente ampliado, e a questão de homossexualidade não tinha destaque. Era muito camuflado e muito disfarçado."[52] A transparência de Daniel com relação à sua sexualidade era novidade, e a maneira franca com que discutia a vida com aids era algo que poucos brasileiros haviam visto ou tinham ouvido falar. O programa foi exibido novamente ao menos uma vez. Como resultado das filmagens, Daniel e Mônica tornaram-se amigos próximos. Ela o visitava toda vez que ia ao Rio de Janeiro e esteve com ele no dia de seu falecimento.

O relacionamento íntimo entre Daniel e Cláudio, capturado nas filmagens, permaneceu inabalável nos dois anos e meio seguintes. Embora a vida sexual do casal tenha perdido o vigor no início dos anos 1980, se não antes, os dois continuavam inseparáveis. No documentário *Homens*, concluído após a morte de Daniel, Cláudio explica que, quando o desejo sexual dos dois se dissipou e então desapareceu, o relacionamento "assumiu uma outra dimensão... A sexualidade apontou a nossa relação sem ser o ponto fulcral dela. Não era o mais importante, não era o mais fundamental na relação da gente".[53]

Ao longo dos anos 1980, Eliane Maciel observou o casal de perto e notou que Daniel tinha ciúme dos diversos parceiros sexuais de Cláudio. "Mas, ao mesmo tempo, ele o deixou livre, como se estivesse dizendo: 'Você quer ir. Vá. Mas você vai voltar, porque eu sou a pessoa que segura a barra.' Então foi assim. Ele sentia ciúme, mas nunca proibiu Cláudio de fazer qualquer coisa."[54] De acordo com Ângela Pezzuti, sua irmã – Carmela, mãe de Ângelo – caracterizava a relação entre Cláudio e Daniel como simbiótica: eles dependiam um do outro.[55] Nesse sentido, continuavam sendo um casal apaixonado apesar das escapadas sexuais de Cláudio.

Eles também consideraram adotar uma criança. De acordo com Ângela Pezzuti, a ideia partiu principalmente de Cláudio. "A filha de uma empregada de uma amiga minha ficou grávida e não queria a criança, então o Cláudio veio aqui [em Belo Horizonte] conhecê-la. Ela falou que daria a criança para ele adotar. Ele preparou todos os papéis. [...] Deu toda a assistência [de que ela precisava]."[56] Porém, quando ele foi ao hospital assinar os papéis da adoção, a mãe tinha mudado de ideia. Eliane Maciel recorda outros detalhes da história. Segundo ela, um parente religioso da jovem mãe a convencera a ficar com o bebê, que nasceu fraco, com muitos problemas de saúde, e acabou falecendo. Cláudio e Daniel ficaram devastados, perguntando-se se a intenção de adotar a criança poderia ter influenciado um trabalho de parto prematuro da mãe e o nascimento de um bebê doente.[57]

Depois que os planos de o casal adotar uma criança foram frustrados por uma terrível fatalidade, os dois mergulharam em suas respectivas paixões. Em 1987, Daniel tinha terminado outro romance; desta vez, sobre a aids: *Alegres e irresponsáveis abacaxis americanos*. O subtítulo, *Imagens de dias de medo*, comunicava o tema do romance: um exame do preconceito social, dor e sofrimento das pessoas que lidam com a doença – vale lembrar que "dias" é um anagrama de "aids".[58] No livro, Daniel aborda muitas das críticas sobre relacionar aids e morte, que, mais tarde, articulou nos boletins da Abia e em seu ativismo como presidente do Pela Vidda.[59]

Cláudio continuou trabalhando como designer gráfico freelance e chegou a abrir a empresa A 4 Mãos, com Beatriz Salgueiro dos Santos. A sócia adorava trabalhar com Cláudio. "Ele era muito cativante, fácil de lidar, generoso, alegre."[60] A Abia e o Pela Vidda acabaram contratando os serviços gráficos da A 4 Mãos, que produzia pôsteres, panfletos e outras publicações, incluindo um livro de quadrinhos voltado ao público jovem[61] e um outro, que foi escrito para marinheiros e marinheiros mercantes.[62]

A situação política dinâmica em 1989 atraiu Daniel de volta ao ativismo partidário. A Constituição de 1988 previa para o ano seguinte as primeiras eleições presidenciais desde 1960. Vinte e dois partidos apresentaram candidatura. A princípio, houve uma tentativa de negociar uma coligação composta por Luiz Inácio Lula da Silva, do PT, como o candidato à presidência, e Fernando Gabeira, do PV, para vice. Em meados de 1989, quando as forças do PT rejeitaram a nomeação de Gabeira em favor de um político mais tradicional, o PV decidiu colocar seu próprio candidato na corrida para promover o programa e a visibilidade nacional do partido. Herbert Daniel então foi escolhido pré-candidato à Presidência da República.[63]

Numa declaração que anunciava sua pré-candidatura, Daniel reconhecia que o PV ainda se encontrava em estágio prematuro: "Ele é um partido em formação, ele é um partido do século futuro, é o futuro que nós vamos começar nesta próxima década a criar, a montar."[64] Daniel explicou que a cor verde simboliza a vida. Também insistiu que abordar os problemas ambientais com seriedade é questão de vida ou morte para a civilização de modo geral, e requer que se sonhe, além de simplesmente apresentar soluções técnicas. "Nós temos que apelar para a utopia, para o sonho, para a nossa vontade de querer transformar o mundo, e nós vamos conseguir", argumenta. A linguagem idealista do seu discurso lembra os sentimentos que acarretaram seu comprometimento com a revolução duas décadas antes. Embora os apoiadores do PV fossem poucos, em número, a compreensão do contexto mais amplo e a disposição em lutar por objetivos claros garantiam a vitória.

Daniel descreveu sua pré-candidatura como simbólica, visto que o PV acabara de se arraigar no Brasil e era pouco conhecido pelo grande público. Lançar uma figura que declarara publicamente viver com HIV e assume ser gay com orgulho era audaz, em especial porque a maioria da esquerda, além da vasta maioria da sociedade brasileira, ainda tinha ideias conservadoras sobre relações homoafetivas. Numa entrevista, ele comenta: "Quero discutir o grande absurdo que é as pessoas não permitirem que homossexuais, por exemplo, possam ser candidatos. Como se a opção sexual [sic] pudesse qualificar ou desqualificar alguém. Enquanto isso, as pessoas que escondem sua sexualidade podem se candidatar a qualquer coisa."[65]

O plano de sair como candidato, no entanto, não duraria muito. Alguns membros do PV tinham ressalvas a Daniel, devido a seus constantes problemas de saúde, e ele acabou por se retirar da disputa. Fernando Gabeira, que veio a substituí-lo, recebeu menos de 1% dos votos no primeiro turno.

Durante sua pré-candidatura, Daniel utilizou-se do fato de ter HIV para fins políticos. Em carta aberta a Fidel Castro, criticou a política de Cuba em relação à aids, que incluía testes forçados e um esquema de quarentena dos soropositivos. Ele evocou seu próprio passado revolucionário como uma das razões de sua mensagem ao líder cubano: "Eu quero lhe falar como se houvéssemos nos conhecido em um dos caminhos da Revolução Latino-Americana da década de 1960, com os pés ainda enlameados, levando a esperança que carregava as armas em nossas mãos, nossos espíritos cheios das suas palavras, que nos diziam que era possível mudar o mundo, torná-lo mais bonito."[66] Daniel explicou que sua doença o levou a aceitar a nomeação como candidato à Presidência do PV "a fim de alertar a sociedade brasileira sobre as questões fundamentais na construção da democracia, um sistema em que todos exercem plenamente o direito às diferenças individuais na luta permanente contra todas as desigualdades sociais", ele fecha sua carta com um apelo: "Eu lhe peço, companheiro Fidel, para mudar o programa cubano sobre a aids. Primeiramente, é preciso libertar esses prisioneiros políticos. Depois, é necessário implementar um programa baseado no princípio revolucionário da solidariedade. Eu só espero que Cuba não se deixe derrotar pelo preconceito."

Jorge Alberto Bolaños Suárez, embaixador cubano em Brasília, respondeu argumentando que os cubanos presos nos centros de detenção haviam concordado com o isolamento. Em resposta, Daniel questionou se eles de fato concordaram livremente com sua detenção e insistiu que a abordagem de Cuba à doença não era de modo algum recomendada por especialistas em saúde pública internacionais e ativistas dos direitos humanos. Ademais, sugeriu que Cuba solicitasse a realização de um seminário sobre as pesquisas científicas atuais sobre aids por meio do Programa Global de Aids da Organização Mundial da Saúde. Também reiterou seu apelo para que as pessoas soropositivas fossem libertadas e tratadas com dignidade e respeito.[67]

A troca de correspondências com um representante do governo cubano não foi divulgada pela imprensa brasileira. De todo modo, marcou o rompimento definitivo de Daniel com a tendência de muitos esquerdistas reterem a idealização mítica da Revolução Cubana, anos após a queda da luta armada no Brasil. Daniel admite em sua carta a Fidel Castro que foi "seguidor sincero de Che Guevara".[68] O governo cubano recebera muitos de seus companheiros depois de serem libertados das prisões brasileiras, perpetuando a aura da infalibilidade da Revolução Cubana. Durante os anos 1960, parece não ter havido no Brasil um debate entre a esquerda sobre as políticas antigays de Cuba, e não há indicações de que Daniel estivesse ciente delas quando abraçou as ideias de Castro e Guevara. O exílio, sua experiência com o envolvimento no trabalho político à medida que o Brasil voltava a se aproximar da democracia e o fato de ter contraído HIV remodelaram seus pressupostos sobre o modelo revolucionário que havia inspirado sua ação entre 1960 e início de 1970. Embora permanecesse comprometido com a mudança social radical, insistia que ela deveria ser combinada com formas de democracia que respeitassem a singularidade dos indivíduos.

A defesa intransigente das pessoas soropositivas em Cuba empreendida por Daniel ecoou num contexto diferente no Brasil. Em 1989, três meses depois de Daniel ter recebido seu diagnóstico, o jovem e bem-sucedido cantor e compositor Agenor de Miranda Araújo Neto, o Cazuza, admitiu à imprensa que tinha aids.[69] A história de Cazuza chocou e emocionou toda a nação. O anúncio de sua doença serviu como catalisador que viria a humanizar as pessoas que vivem com HIV/aids e sensibilizar o público sobre a doença. Ao contrário de Daniel, entretanto, Cazuza esquivava-se das perguntas sobre sua sexualidade e não deu apoio ao novo movimento LGBTQIAPN+, que emergia de um período de relativa fraqueza. Tampouco procurou grupos que trabalhavam na causa da aids. Daniel criticava fervorosamente a maneira como a mídia tratava o assunto entre celebridades brasileiras: "Cada um tem o direito de dizer se está ou não com aids. [...] Acho criminosos os boatos que surgem em torno dessa ou daquela pessoa porque, no fundo, esses mexericos significam bisbilhotar a sexualidade de um ser humano."[70] Cazuza faleceu em julho daquele ano – em 1990, seus pais, Maria Lúcia Araújo (Lucinha Araújo) e João Araújo, juntos com amigos e médicos, criaram a Sociedade Viva Cazuza, que atende crianças e adolescentes que vivem com HIV/aids.

Após a morte do cantor, Daniel tornou-se a figura pública com maior visibilidade a falar abertamente de suas experiências como soropositivo.

Daniel passou a sentir de forma mais intensa os efeitos da doença ao longo de 1990 e no início de 1991, mas tentou manter o ritmo estabelecido em 1989. Continuava produzindo o boletim da Abia, assumiu um cargo de liderança na associação e coordenou a expansão do Pela Vidda para outras cidades. Em maio de 1990, foi à IV Conferência Internacional da Aids, em Madri.[71] No ano seguinte, aderiu à Global Aids Policy Coalition (Coalizão Global de Políticas contra a Aids), liderada pelo dr. Jonathan Mann, da Harvard School of Public Health (Faculdade de Saúde Pública de Harvard).[72] O convite de Mann significava o reconhecimento da importância de Daniel como ativista internacional. Daniel também compareceu a uma reunião sobre direitos humanos voltada para a questão da aids organizada pelo Tribunal Internacional de Justiça em Haia. No encontro, encerrou seu comentário com as palavras: "Todos nós vivemos com aids. Vamos fazer da vida no nosso planeta um inventário de beleza incalculável. Juntos, vamos levantar um grito de exaltação e esperança cujo eco será ouvido em todo o mundo, para todo o sempre. Viva a vida!"[73]

Daniel continuava a campanha crítica contra a passividade do governo brasileiro ao longo de 1990 e 1991.[74] "A campanha do governo em relação à aids é imoral, injusta e covarde. Não explica nada sobre a doença e ofende os doentes", afirmou em uma entrevista a um jornal.[75] "O governo brasileiro tem agido em relação à aids com desinteresse, com uma omissão que é criminosa. As campanhas têm sido irresponsáveis, não informativas, deveriam ser modificadas radicalmente. É uma vergonha o que está acontecendo no Brasil, e isso vai aumentar muito o preconceito." Na entrevista, ele é implacável: "Imagine uma pessoa doente que, ao ligar a televisão, ouve o governo dizer que ela não tem cura, que vai morrer."

O posicionamento de Daniel contra o governo refletia as frustrações que muitos ativistas sentiam com a lenta resposta do Estado à doença. Fernando Collor de Mello, o primeiro presidente brasileiro eleito democraticamente num período de três décadas – e impedido em 1992, três anos depois de ser eleito –, prometera eliminar os gastos dispendiosos do governo e controlar a economia, mas foi incapaz de conter a inflação desenfreada, que alcançou 1.783% em 1990 e desestabilizou a vida das pessoas. As políticas circunspectas indicadas no Programa Nacional de DST/Aids também frustraram os ativistas. Veriano Terto Jr. recorda-se: "Gente morrendo em porta de hospital, gente sendo recusada, não tinha leito, não tinha remédio, um descaso, aqui no Rio de Janeiro principalmente."[76]

Ao mesmo tempo que Daniel e outros lançavam críticas afiadas contra a falta de ação do governo, a Abia enfrentava uma crise interna. A organização havia crescido de maneira notável por meio de financiamento externo, a começar pela Fundação Ford, o que possibilitou a contratação de Daniel.[77] Até 1990, a Abia tinha doze pessoas contratadas, o que representava um aumento no modelo financeiro e organizacional original. Betinho continuava na Presidência, mas havia renunciado às atividades diárias. Daniel acabou assumindo o cargo de diretor executivo. Entretanto, sua saúde piorava dramaticamente, e era cada vez mais difícil para ele realizar as tarefas administrativas. Mudanças na organização e outros objetivos profissionais levaram Silvia Ramos e outros a deixar a Abia em 1991. Como precisava de ajuda profissional para sustentar a Abia, Daniel recorreu a Richard Parker – antropólogo estadunidense que trabalhava com o tema da sexualidade brasileira –, indagando sua disponibilidade de buscar mais recursos para a organização.

Em 1990, Daniel e Parker trabalharam juntos na edição de uma coleção, *Aids, a terceira epidemia: ensaios e tentativas* – o título referia-se às reações sociais, culturais, econômicas e políticas à aids.[78] "Em 1991, publicamos o livro e, em seguida, ele foi internado. Ele me chamou no quarto do hospital. Estava muito doente... Ele explicou a dinâmica interna da Abia... Ele ficaria como vice-presidente, Betinho, que tinha plena confiança nele, continuaria na Presidência e queria que ele continuasse como vice-presidente. Mas Daniel estava doente e não conseguia fazer o que precisava ser feito; precisava arrecadar fundos."[79] Parker concordou em intervir, e uma significativa bolsa da MacArthur Foundation ajudou a resolver os problemas financeiros da Abia.

Ao longo de 1991, Daniel foi internado diversas vezes. Quando ficou gravemente doente, Cláudio deixou de sair para trabalhar em seu escritório e ficava em casa para cuidar do companheiro. Entre dar banho, alimentar e medicar Daniel, trabalhava em sua prancheta.[80] Como dona Geny se lembra, Cláudio cuidou dele com um carinho impressionante.

Em dezembro, o casal decidiu viajar a Belo Horizonte para visitar a família de Daniel. Foi um encontro agridoce, visto que sua saúde piorara muito. Ainda assim, a dupla fazia piadas e brincava com os sobrinhos de Daniel. Aproveitaram a comida e as festas de fim de ano. Daniel assegurava à sua mãe que estava bem.

Depois do retorno ao Rio de Janeiro, em janeiro de 1992, a saúde de Daniel deteriorou-se ainda mais, de tal modo que aos poucos começou a perder a lucidez.[81] Dilma Rousseff e a filha, Paula, o visitaram durante esse período. Embora estivesse cansado e frágil, conversaram por horas, lembrando dos velhos tempos e dos amigos. "Ele me contou a história da boate, dizendo que tudo que tinha de repressão na sua vida ele descontou naquela boate", lembra-se. "Éramos personalidades completamente diferentes. Mas a gente aceitava. [...] Ninguém julgava o outro."[82]

Daniel foi ficando enfraquecido e perdendo cada vez mais peso. Quando deixou de conseguir andar, Cláudio passou a levá-lo a passeios em uma cadeira de rodas. No entanto, com o incômodo causado pelas calçadas esburacadas, eles pararam de sair.[83] Daniel também perdeu o controle motor, de modo que até tomar sopa tornou-se um grande esforço.[84] Mônica Teixeira acredita que sua saúde definhou tanto que, em determinado momento, ele apenas parou de pensar. "Foi tudo junto. Ele não foi alguém que morreu com o corpo fragilizado e a mente em funcionamento, não foi. Ele perdeu a vitalidade intelectual... Talvez ele tenha perdido antes de perder as capacidades físicas."[85]

Em fevereiro, dona Geny foi ao Rio de Janeiro para ajudar Cláudio a cuidar de Daniel. "Limpava [a casa], cozinhava, cuidava dele enquanto Cláudio trabalhava", lembra-se.[86] Ângela e Carmela Pezzuti também fizeram questão de visitá-lo, pois Cláudio as havia avisado de que o fim se aproximava. Ângela se recorda: "A última vez que encontrei com Daniel foi na semana da morte dele... Quando chegamos no apartamento, o Cláudio nos recebeu. [...] Aí conversamos um pouco e fomos para o quarto do Daniel. Ele estava na cama já bem debilitado."[87] Carmela ficou muito abalada com o estado dele; sentou-se ao pé da cama para conversar com dona Geny e acalmar-se. Ângela aproximou-se do amigo, que lhe contou com certo cansaço: "Eu sonhei com o Ângelo e o Juarez. Só que o Ângelo era menino pequeno e o Juarez adulto, e nós começamos a conversar, mas aquelas conversas de criança." Em seguida, caiu num sono profundo.

Embora seja presunçoso interpretar um dos últimos sonhos de Daniel, pode-se dizer que Ângelo Pezzuti, Juarez Guimarães de Brito e, mais tarde, Carlos Lamarca, foram três homens que admirara e que tiveram papel importante em sua vida. Ângelo tornou-se seu confidente mais próximo na universidade. Juarez tinha sido um mentor político importante. Apesar de Lamarca ter desertado a VPR, Daniel permanecera bastante leal ao comandante. Todos faleceram relativamente jovens. Como Daniel, haviam vivido com paixão. Ele havia sobrevivido a todos eles após quase duas décadas, adaptando-se sempre às mudanças e reinventando-se no processo. E eram eles que estavam presentes na mente de Daniel ao fim da vida.

No fim de março, dona Geny retornou a Belo Horizonte por insistência de Cláudio. "As contas estavam todas atrasadas", explicou. "Naquele tempo não tinha débito automático."[88] No dia seguinte, Cláudio chamou alguns dos amigos mais próximos de Daniel ao apartamento deles, na rua Tonelero, em Copacabana. Em 29 de março de 1992, num domingo à tarde, Herbert Eustáquio de Carvalho, conhecido como Herbert Daniel, faleceu, tendo Cláudio Mesquita, seu parceiro dedicado e amoroso, ao seu lado.

NOTAS

1. Herbert Daniel, "Quarenta segundos de aids", p. 8.
2. *Ibid.*
3. Citado em Mônica Teixeira, dir., *Viva a vida*.
4. Cláudio José P. Dias, "A trajetória soropositiva de Herbert Daniel".
5. Herbert Daniel, "Quarenta segundos de aids", p. 4; Herbert Daniel, "Noite da ronda da morte".
6. *Ibid.*
7. Herbert Daniel, "Notícias de outro mundo", pp. 1-4.
8. *Ibid.* Grifo do original.
9. Lindinalva Laurindo-Teodorescu e Paulo Roberto Teixeira, *Histórias da aids no Brasil*, vol. 2, fn. 65, p. 78.

10. Herbert Daniel, *Vida antes da morte/Life before death*.
11. O termo "doente com aids" logo foi substituído por "pessoas que vivem com aids".
12. Márcio José Villard, entrevista.
13. Veriano Terto Jr., entrevista n. 2.
14. Gaspar, citado em Lindinalva Laurindo-Teodorescu e Paulo Roberto Teixeira, *Histórias da aids no Brasil*, vol. 2, p. 50.
15. Euclides Castilho, Pedro Chequer e Cláudio Struchiner, "A epidemiologia da aids no Brasil", pp. 60-63.
16. "Projeto Pela Vidda", n.d., 1, Abia.
17. Jared Braiterman, "Fighting aids in Brazil".
18. "Projeto Pela Vidda", n.d., p. 5, Abia.
19. *Ibid.*, p. 4.
20. *Ibid.*
21. *Ibid.*, p. 1.
22. Márcio José Villard, entrevista.
23. [Herbert Daniel], "Solidariedade em Rede", p. 1.
24. *Ibid.*, p. 2.
25. Veriano Terto Jr., entrevista n. 2.
26. Richard Parker e Veriano Terto Jr., *Solidariedade*, pp. 26-27.
27. V International Aids Conference, *Program*, p. 253, AA.
28. *Boletim Abia*, n. 8 (agosto 1989), p. 25.
29. Ron Goldberg, "When PWAs first sat at the high table".
30. James Hale, "After Montreal", pp. 144-146; Lars Kallings e Craig McClur, *20 Years of the International Aids Society*, p. 16.
31. Gabriela Leite, citado em Lindinalva Laurindo-Teodorescu e Paulo Roberto Teixeira, *Histórias da aids no Brasil*, vol. 2, p. 77.
32. Nelson Solano Vianna, "Aids no Brasil", p. 12.
33. Cristiana Bastos, *Global responses to aids*, pp. 68-95; Richard Parker e Veriano Terto Jr., *Solidariedade*, p. 27.
34. Jane Galvão, "Aids e ativismo".
35. Luiz Mott, "Letter to President of Abia", 15 de setembro de 1989, Abia.
36. Richard Parker e Veriano Terto Jr., *Solidariedade*, p. 27.
37. Richard Parker, "Public policy, political action, and aids in Brazil".
38. Cristiana Bastos, *Global response to Aids*, pp. 80-83.
39. Lindinalva Laurindo-Teodorescu e Paulo Roberto Teixeira, *Histórias da aids no Brasil*, vol. 2, p. 126.

40. Luiz Mott, "Letter to President of Abia".
41. [Herbert Daniel], "A vida e o direito à vida", p. 3.
42. Luiz Mott, correspondência por e-mail com o autor, 16 de julho de 2013. AA.
43. Luiz Mott, *Boletim do GGB*, p. 426.
44. Herbert Daniel, "O primeiro AZT a gente nunca esquece"; Cláudio Accioli, "Betinho e Herbert Daniel"; e Herbert Daniel, "We are all people living with aids".
45. [Herbert Daniel], "Grupo Pela Vidda".
46. Veriano Terto Jr., conversa com o autor, 17 de junho de 2016, notas.
47. Richard Parker e Veriano Terto Jr., *Solidariedade*, p. 30; Carlos Minc, entrevista.
48. Ver Ana Cristina Miguez, "Escrito com Aids lidera combate à doença".
49. Mônica Teixeira, entrevista n. 1.
50. Mônica Teixeira, entrevista n. 2.
51. Citado em Mônica Teixeira, dir., *Viva a vida*.
52. Márcio José Villard, entrevista.
53. *Homens*, 1993.
54. Eliane Maciel, entrevista.
55. Ângela Pezzuti, entrevista n. 2.
56. *Ibid.*
57. Eliane Maciel, entrevista.
58. Herbert Daniel, *Alegres e irresponsáveis abacaxis americanos*.
59. Antônio Carlos Borges Martins, "Aids, vida e morte".
60. Beatriz Salgueiro, entrevista.
61. Cláudio Mesquita, *Que qui é essa tal de aids*.
62. Cláudio Mesquita, *Qual é o porto seguro contra a aids?*
63. Fernando Gabeira, entrevista.
64. Herbert Daniel, <www.fvhd.org.br/video/video/show?id=3115145: Video:1145>.
65. Cláudia Reis, "Tenho aids, mas continuo vivo", p. 11.
66. Herbert Daniel, "Aids in Cuba"; Herbert Daniel, "Carta aberta a Fidel Castro". Traduzida do inglês. Tradução nossa.
67. Herbert Daniel, carta a Jorge A. Bolaños Suárez, 21 de agosto de 1989, Abia.
68. Herbert Daniel, "Carta aberta a Fidel Castro".
69. Lucinha Araújo e Regina Echeverria, *Cazuza: só as mães são felizes*.
70. "A luta em público contra a aids", *Veja*.
71. *Boletim Abia*, n. 11 (julho de 1990), p. 34.

72. "Coalizão global de políticas contra a aids", *Boletim Abia*. Mann coordenava o programa contra a aids da Organização Mundial da Saúde, mas abandonou o cargo devido à divergência com as ações da ONU contra a aids.
73. Pascual Ortells, "Brazil: a model response to aids". Tradução nossa.
74. Herbert Daniel, "Trégua para tristes tigres sem trigo"; "AZT: o preço da omissão"; "Vivendo e aprendendo com aids".
75. Paulo César Silva, "O governo não cumpre o seu papel".
76. Veriano Terto Jr., citado em Lindinalva Laurindo-Teodorescu e Paulo Roberto Teixeira, *Histórias da aids no Brasil*, vol. 1, p. 172.
77. Peter Fry, entrevista.
78. Herbert Daniel e Richard Parker, *Aids, a terceira epidemia*.
79. Richard Parker, entrevista. Tradução nossa.
80. Beatriz Salgueiro, entrevista.
81. *Ibid.*
82. Dilma Rousseff, entrevista.
83. Richard Parker, entrevista.
84. Beatriz Salgueiro, entrevista.
85. Mônica Teixeira, entrevista n. 2.
86. Geny Carvalho, entrevista n. 2.
87. Ângela Pezzuti, entrevista n. 2.
88. Geny Carvalho, entrevista n. 2.

Epílogo
O que sobrou

> "Amor e luta, estas duas palavras melhor
> definem a sua personalidade."
> Cláudio Mesquita, 1992[1]

A morte de Daniel deixou Cláudio devastado. Ele não contraiu o vírus do HIV enquanto o parceiro estava doente – aliás, as pessoas achavam irônico o fato de Cláudio ter sido muito mais livre que Daniel e não ter se infectado. Então, num ato autodestrutivo durante o luto pela partida do seu companheiro de vida, ele infectou-se de propósito. Beatriz Salgueiro, sócia na empresa de design, lembra-se: "Ele achava uma injustiça o Daniel, mais sentimental, ter dado o azar de ter se contaminado. Aí ele começou a procurar relacionamentos de risco."[2] A irmã de Cláudio, Magaly, lembra-se do dia em que ele buscou o resultado do exame, um ano após a morte de Daniel. O irmão teria lhe dito: "Eu peguei aids porque quis. Tinha sexo com pessoas soropositivas para pegar aids, porque não quis viver mais."[3] O pai de Cláudio falecera em decorrência de um ataque cardíaco, e Mônica Teixeira se lembra de, em certa ocasião, durante uma visita ao amigo após a morte de Daniel, ouvir Cláudio vangloriar-se com bastante seriedade de que estava comendo muita manteiga de manhã para ver se morria. "A morte de Daniel matou Cláudio", lembra.[4]

No vídeo *Homens*, produzido pela Abia em 1993, em que estrelavam três pessoas com aids, Cláudio descreve sua dor: "Você enxerga quando você fecha um olho, mas o mundo fica diferente. Cada olho vê de um jeito, e a imagem dos dois se completa fazendo uma imagem só. Eu acho que a vida da gente foi um pouco disso. Eu estou me sentindo cego de um olho quando vejo o mundo. [...] O meu futuro é uma aprendizagem nova, quer dizer. Eu tenho que aprender a me mexer no mundo com um olho só."[5] Em 1991, Daniel apresentava uma avaliação otimista de si mesmo enquanto vivia com aids. "Eu sempre digo: morrer todos nós vamos. Todos, não vai escapar ninguém. O importante não é morrer e sim viver. Toda vida tem que ser vivida com tal intensidade, com uma tal beleza, que no momento que esta pessoa morra, a gente comemore a vida dela, e não chore apenas a sua perda. Eu aprendi isso a minha vida inteira e a aids acentuou isso."[6] No documentário *Homens*, Cláudio repete algo semelhante: "Você não está morta no momento em que descobre que tem aids. Você morre no momento em que você morre. E a prova evidente disso e prova mais concreta disso foram os três anos de vida do Daniel."

Daniel deveria falar na VIII Conferência Internacional da Aids em Amsterdã, em julho de 1992. Cláudio foi em seu lugar e leu o texto "The soul of a citizen" (A alma de um cidadão), que Daniel havia preparado.[7] Após evocar a mensagem sobre viver cada dia com plenitude, citou Daniel: "A única eternidade possível é a troca de luz entre cada um dos atores humanos que entram no palco: este ato de transmissão é o que chamamos de solidariedade! [...] A nossa passagem pelo tempo é o coração que regula coisas pequenas e fundamentais – pois o planeta, o nosso planeta, que tem as dimensões exatas da nossa humanidade, bate como um coração. A vida não vence. Ela acontece."[8]

Menos de um ano após a morte de Daniel, Cláudio escreveu um ensaio curto em que lamentava o fato de não conseguir desfrutar o Carnaval daquele ano porque Daniel não estava ali para compartilhar a experiência com ele. "Eu tinha razão ao afirmar, quando soubemos que ele estava doente, que após sua morte nunca mais o Carnaval seria o mesmo para mim. Nem a vida, nem o mundo. E não são. No entanto, as coisas continuam acontecendo como sempre, só que as vejo diferente: solidão."[9]

Todos os esforços, inclusive encontrar um namorado novo com quem viveu por algum tempo, não foram suficientes para reverter a depressão que acometeu Cláudio. De acordo com Veriano Terto Jr., um amigo próximo do casal, "Ele perdeu muito da vitalidade. O Cláudio era uma pessoa muito exuberante, um cara bonito, e eu o vi muito recolhido."[10] Cláudio simplesmente não conseguiu ouvir os conselhos do amado parceiro sobre como continuar vivendo; de acordo com seu desejo, sofreu um infarto e faleceu em 30 de outubro de 1994.

Quando Daniel se foi, o Brasil acabara de presenciar o fim do governo militar. O país ainda estava no estágio inicial de construção de um éthos

EPÍLOGO: O QUE SOBROU

democrático que levaria ao respeito às diferenças. Naquele processo, Daniel forçou os limites da esquerda para muito além da sua zona de conforto, desafiando as pessoas a repensar pressuposições calcificadas há milênios. As discussões que propunha sobre cidadania e aids serviram como um apelo pela tolerância democrática, empatia e compaixão.

O dr. Jonathan Mann, o precursor visionário e mundialmente aclamado pela luta global contra a aids, dedicou seu vigoroso tomo de mil páginas, *Aids in the world (A aids no mundo)*, publicado em 1992, a Herbert Daniel. Em sua homenagem, cita o ensaio que Cláudio leu na conferência de Amsterdã: "Espero que um dia, quando a morte finalmente vier, por acaso ou devido a alguma infecção causada pelo vírus, ninguém diga que fui derrotado pela aids. Eu consegui viver com a aids. A aids não me derrotou."[11] Em um gesto de apoio à abordagem perspicaz de Daniel sobre como confrontar a doença, Mann escreveu: "Para Herbert Daniel e os muitos outros que morreram e que vivem, não derrotados pela aids."[12] Não poderia haver reconhecimento maior da contribuição de Daniel à discussão global sobre as formas de combate à doença e o apoio às pessoas que vivem com HIV/aids.

Dois anos depois, a cidade de Belo Horizonte homenageou Daniel – e outros ex-revolucionários –, dando seu nome a uma pequena rua: Rua Herbert Eustáquio de Carvalho. Fica próxima ao aeroporto da cidade e não muito longe do Parque Ecológico da Pampulha, onde estão algumas das primeiras construções modernistas do Brasil. Uma década mais tarde, o governo da cidade reconheceu postumamente a atuação de Daniel, condecorando-o com a Medalha Tributo à Utopia. Foi publicada uma curta biografia de Daniel, escrita por Cláudio, que conta a história da luta com a sua sexualidade, seus sentimentos com relação ao seu corpo e a homofobia da esquerda. Cláudio nota que, paradoxalmente, Daniel havia publicado seis livros para a aclamação da crítica, mas vendera poucas cópias. O sétimo livro, *Vida antes da morte/Life before death*, um tratado sobre a aids – seu livro mais curto e mais bem-sucedido comercialmente – foi publicado em cinco línguas.[13]

Em reconhecimento ao legado de Daniel, o PV brasileiro criou em 2007 a Fundação Verde Herbert Daniel, uma entidade sem fins lucrativos com a missão de realizar ações, projetos e programas; organizar seminários, debates e simpósios; e realizar pesquisa e estudos relacionados à cultura, à política e ao meio ambiente. Embora a política atual dos partidários verdes tenha se desviado do programa e das práticas dos anos iniciais, quando Daniel era membro ativo, em honra à sua memória o site da Fundação hospeda um vídeo de seis minutos do discurso de Daniel explicando os motivos da sua candidatura à Presidência em 1989.[14]

Este volume foi aberto com os relatos do meu primeiro encontro com a mãe de Daniel; assim, parece-me apropriado concluí-lo com alguns breves comentários de dona Geny sobre seu filho. Ela teve uma vida difícil. Vivenciou a pobreza na infância, seguida de um início de casamento feliz que rapidamente se transformou no cumprimento de uma série de tarefas assistenciais: primeiro, os cuidados com a sogra, cronicamente doente; depois, com o sogro e, finalmente, com seu marido. Fez tudo isso enquanto continuava sendo uma mãe dedicada aos três filhos e uma avó amorosa. Tudo isso está escrito nas rugas de sua testa. Ainda assim, toda vez que se despedia de mim após uma visita à sua casa, sempre arrumada, mostrava um brilho no olhar. Se é possível herdar e adquirir características dos pais, Daniel com certeza herdou a sagacidade e o humor ácido do pai e a determinação e a persistência da mãe. Tanto Daniel quanto seu irmão Hamilton tinham em si um senso de responsabilidade e de construção do próprio destino insuflado pela mãe. Embora a vida tenha levado Hamilton numa direção diferente da do irmão mais velho, dona Geny insistia em manter a família unida, e o amor e respeito que Hamilton, Hélder – o irmão caçula – e toda a família tinha por Daniel é notável.

Ao longo de nossas conversas, dona Geny ofereceu muitas explicações sobre os motivos pelos quais a vida do filho teve tal sorte. Embora reconhecesse que Cláudio havia cuidado do filho com amor e zelo depois de adoecer, acreditava que ele havia induzido seu filho à homossexualidade. Da mesma maneira, de acordo com a opinião dela sobre o passado do filho, Lamarca foi a causa de suas atividades subversivas, embora a verdade seja que Daniel envolvera-se na política esquerdista clandestina três anos antes de conhecer o capitão revolucionário. Ela se recorda: "Eu dizia a meu filho: 'Você não sabe nem trocar uma lâmpada, como é que vai enfrentar o mundo?' Não acreditava que ele fosse."[15]

EPÍLOGO: O QUE SOBROU

É fácil discordar da versão de dona Geny sobre alguns episódios na vida de Daniel, afinal, é prerrogativa de uma mãe defender os filhos, independentemente do que os outros digam. Porém, de certa maneira – e, talvez, não intencionalmente – ela pode ter notado algo crucial. A trajetória de Daniel revela o poder das forças históricas que moldaram sua vida e a de tantos jovens que amadureceram sob o regime militar, buscaram diversas formas de desafiar a ditadura e, então, repensaram radicalmente a política do poder, a sexualidade e o corpo no fim do século XX no Brasil. Apesar de Daniel ter sido o que nos parece uma personalidade um tanto singular e atípica, a forma como escolheu viver a vida reflete o espírito de uma geração – com todas as suas complexidades e contradições.

NOTAS

1. Cláudio Mesquita, "Declaração proferida no velório de Herbert Daniel", AA.
2. Beatriz Salgueiro, entrevista.
3. Magaly Mesquita, entrevista n. 1.
4. Mônica Teixeira, entrevista n. 2.
5. Abia, *Homens*.
6. Paulo César Silva, "O governo não cumpre o seu papel", p. 5.
7. In Herbert Daniel e Richard Parker, *Sexuality, politics, and aids in Brazil*, pp. 154-157.
8. *Ibid.*, p. 154. Tradução nossa.
9. Cláudio Mesquita, "Legado".
10. Veriano Terto Jr., entrevista n. 2.
11. Tradução nossa.
12. Jonathan Mann, Daniel Tarantola, Thomas Netter, orgs. *Aids in the world*.
13. Cláudio Mesquita, "Herbert Eustáquio de Carvalho".
14. Fundação Verde Herbert Daniel, <www.fvhd.org.br/page/herbert-daniel>.
15. Geny Carvalho, entrevista n. 1.

Posfácio

> "Foi o melhor dos tempos, foi o pior dos tempos, foi a era da sabedoria, foi a era da tolice, foi a era da crença, foi a era da incredulidade, foi a estação da luz, foi a estação da escuridão, foi a primavera da esperança, foi o inverno do desespero."
> Charles Dickens, *Um conto de duas cidades*, 1859

Lançamos a primeira edição de *Revolucionário e gay* no Brasil em 2018, às vésperas das eleições presidenciais, que resultaram num pesadelo de quatro anos e quase em um golpe militar. Desde então, a força dos movimentos de extrema direita aumentou na Europa e também nos países-chave das Américas, incluindo os Estados Unidos, minha terra natal.

Nestes tempos difíceis, aqueles que acreditam na democracia, na igualdade e na justiça social tentam descobrir a melhor forma de derrotar a ascensão das forças conservadoras, que acontece em todo o mundo e se empenha em destruir as mudanças progressistas que ocorreram no Brasil nas últimas décadas, desde o fim do regime militar. Ao mesmo tempo em que milhões de pessoas se sentem desesperadas, também há um desejo por esperança. Neste momento, a trajetória de vida de Herbert Daniel talvez possa nos oferecer algumas lições sobre como lidar com a atual situação mundial.

Durante sua vida extraordinária, Daniel manteve um tom de otimismo sobre as possibilidades de mudanças sociais radicais desde que entrou para uma organização revolucionária em 1967 até sua morte, por complicações causadas pela aids, em 1992. A crença no futuro foi equilibrada com sua disposição para repensar suas ideias políticas. Ele conseguiu inventar novas maneiras de elaborar e comunicar a agenda da esquerda durante o processo de democratização, e desenvolver uma nova abordagem radical para o enfrentamento da epidemia de HIV/aids no final dos anos 1990. Durante todo o processo, Daniel nunca abandonou os valores fundamentais que orientaram sua militância política.

A paixão insaciável que tinha por literatura, cinema e história marcou o início de sua jornada intelectual antes do engajamento político. Como aconteceu com tantos outros da mesma geração, a natureza cada vez mais autoritária do regime militar após 1964 atraiu Daniel para ideias marxistas revolucionárias. Porém, os conflitos internos que tinha com sua própria orientação sexual, e o caráter conservador da maior parte da esquerda brasileira na década de 1960 em relação à homossexualidade, causaram uma verdadeira crise pessoal.

Por um lado, a pequena organização revolucionária à qual se filiou em Belo Horizonte lhe proporcionou um novo círculo de amigos, e uma perspectiva de enfrentar e derrotar a ditadura que assolava o país. Em concomitância, ele percebeu que precisava esconder sua homossexualidade para ser um membro respeitado no grupo. Camuflar a sexualidade para a família, amigos e colegas foi, infelizmente, uma resposta compreensível tanto ao clima homofóbico do regime autoritário quanto à reprodução de noções católicas tradicionais de gênero e sexualidade combinadas com atitudes igualmente conservadoras e moralistas das esquerdas.

No final dos anos 1960, uma leitura extremamente otimista – alguns diriam incrivelmente ingênua – da situação política inspirou-o, e também a muitos outros, a abandonar os estudos e ingressar em organizações que imaginavam ser transformadoras para o país. Daniel assumiu a luta contra a ditadura militar com entusiasmo e fervor. Considerou o treinamento de guerrilha no Vale do Ribeira no começo de 1970 como uma das experiências mais emocionantes e esperançosas nesse período de sua vida. Quando os militares cercaram a área e Daniel conseguiu escapar, imediatamente reconstruiu a Vanguarda Popular Revolucionária, que havia sido dizimada pela repressão. Ele também desempenhou um papel fundamental no sequestro dos embaixadores da Alemanha e da Suíça, ato que levou à libertação de 110 prisioneiros políticos.

Por sua dedicação ao ideal de uma revolução e pelos seus talentos intelectuais, Daniel ascendeu à liderança máxima de uma das organizações mais importantes da luta armada. E quando a organização ruiu

POSFÁCIO

em 1971, insistiu em permanecer no Brasil e continuar a luta contra o regime militar.

Foi somente quando se refugiou em Niterói, fechado em um apartamento por vários meses, que teve mais tempo para refletir sobre suas atividades nos cinco anos anteriores. Nesse processo, Daniel começou a desenvolver uma crítica às experiências que teve na clandestinidade. Ao mesmo tempo, teimosamente, ou melhor, com esperança, tentou reestruturar a atuação política e recrutar novos membros para um projeto de resistência ao regime militar, sem dar continuidade à estratégia de luta armada contra o inimigo, que considerava um beco sem saída.

Em seu primeiro livro, *Passagem para o próximo sonho*, escrito enquanto trabalhava em uma sauna gay em Paris, e publicado no Brasil em 1982, Daniel oferece uma leitura positiva em relação ao futuro. Embora o sonho de derrubar a ditadura e promulgar mudanças socioeconômicas radicais motivasse a ele e a outros milhares, teve agilidade intelectual para entender que as esquerdas precisariam repensar como iriam operar. Não era para abandonar o sonho, mas sim inventar outro que fosse mais viável. Foi com essa clareza intelectual e política que Daniel abraçou o feminismo em Portugal; participou de um debate em Paris sobre a homossexualidade realizado na presença da esquerda exilada; e ofereceu uma maneira radicalmente diferente de pensar sobre o tipo de sociedade pela qual lutou ao retornar do exílio em 1981.

O envolvimento de Daniel na campanha eleitoral do ex-guerrilheiro Lizst Vieira para se tornar membro da Assembleia Legislativa do Rio de Janeiro em 1982, revolucionou a linguagem relacionada às questões de racismo, sexismo e LGBTQIAPN+fobia. A decisão de Daniel de se candidatar à Assembleia Legislativa do Rio de Janeiro em 1986 foi ainda mais explícita ao oferecer um programa radical que incluía apoio intransigente a questões centrais às demandas do movimento LGBTQIAPN+. Embora não tenha sido eleito, a campanha ofereceu uma perspectiva pioneira e otimista sobre como a esquerda brasileira poderia expandir sua agenda tradicional para pensar criativa e criticamente em formas de lidar com a discriminação e a marginalização, que não faziam parte do programa da maioria das forças progressistas na década de 1980.

Até então, o Partido dos Trabalhadores, liderado por Luiz Inácio Lula da Silva, era relativamente pequeno e também fraco em influência política. Muitos de seus líderes insistiam em um programa tradicional de esquerda, que enfatizava a classe trabalhadora e os debates econômicos. Questões relacionadas à sexualidade, raça, gênero e meio ambiente eram deixadas em segundo plano, a serem resolvidas com o fim da ditadura ou mesmo após uma revolução socialista.

Daniel não tinha tempo a perder. Dada a relutância do Partido dos Trabalhadores em abordar essas questões, ele e outros ativistas com quem militou durante os anos na clandestinidade, no exílio em Portugal e na França, ou em seu retorno ao Rio de Janeiro, decidiram formar o Partido Verde, em grande parte para promover uma agenda ambiental.

Após sua derrota eleitoral em 1986, Daniel passou a trabalhar na Abia (Associação Brasileira Interdisciplinar de Aids), organização não governamental recém-fundada na capital carioca, que buscava lidar com os danos à saúde e à humanidade causados pelo HIV, e que existe até hoje. Mesmo antes de se descobrir HIV positivo, Daniel trabalhou incansavelmente para pressionar o governo a implementar políticas mais humanas e eficazes de combate à aids, e que não estigmatizassem os infectados pelo vírus.

Nesta luta, Daniel revolucionou a maneira como ativistas falavam e escreviam sobre HIV/aids, pensando a relação dos infectados com suas existências. "Viva a vida", o *slogan* cunhado por Daniel representa não apenas uma negação da maneira como outros setores associavam HIV/aids à morte. Ele e seus aliados inverteram o discurso do Ministério da Saúde para enfatizar a vida em detrimento da morte.

O processo de abraçar sua sexualidade desenvolveu-se lentamente ao longo do tempo, e esteve ligado às maneiras como encorajava os outros a repensarem posições das esquerdas sobre o assunto, como refletido nas campanhas eleitorais da década de 1980. Infelizmente, Daniel morreu no momento em que o movimento LGBTQIAPN+ consolidava uma nova fase de crescimento que contribuiria para mudar radicalmente as atitudes públicas positivas em relação à homossexualidade.

Ao longo do processo de pesquisa, escrita e publicação desta biografia, as pessoas me interrogaram sobre qual seria sua atitude ou resposta aos

POSFÁCIO

eventos políticos atuais. Sempre me recusei a especular, pois nunca me senti no direito de falar em seu nome. Ainda assim, sei que Herbert Daniel teria ficado surpreso ao ver centenas de milhares de pessoas participando das Paradas do Orgulho em todo o país. E certamente ele estaria entre os mais de dois milhões de pessoas que compareceram ao show de Lady Gaga no Rio de Janeiro em maio de 2025.

Como mencionado na introdução deste livro, Daniel e eu vivíamos vidas paralelas e compartilhávamos a mesma relação complexa com as esquerdas. Quando retornei ao Brasil em 1993, para começar a pesquisar o que se tornaria meu primeiro livro, *Além do Carnaval: a homossexualidade masculina no Brasil do século XX*, fiquei surpreso ao ver quantos ativistas LGBTQIAPN+ se identificavam com as esquerdas. Embora tivesse falecido no ano anterior, Daniel desempenhou um papel crucial nessa mudança.

Ao ingressar no mundo da política eleitoral durante a transição para a democracia na década de 1980, Daniel estava otimista e esperançoso. Ele trouxe pragmatismo à sua política, que era, em grande parte, a negação das maneiras como se envolveu em mudanças sociais radicais durante os anos na clandestinidade revolucionária. A luta não era mais para transformar a oposição ao regime militar em um movimento revolucionário que abriria o caminho para o estabelecimento de um Estado socialista. Tratar da crise de HIV/aids no Brasil exigia oferecer soluções concretas para os problemas enfrentados pelas pessoas com o vírus. Ele fez isso nos últimos anos de vida, mantendo princípios-chave que enfatizavam a garantia do respeito.

Hoje, precisamos ser otimistas e esperançosos quanto ao futuro da humanidade, ao mesmo tempo em que somos pragmáticos, e estamos preparados para oferecer soluções concretas para questões urgentes.

Nesse sentido, a história de vida de Daniel, especialmente as maneiras como reinventou sua agenda política, pode servir de inspiração para aqueles que enfrentam a extrema direita no Brasil e em outros lugares do mundo.

Viva a vida! Viva Herbert Daniel!

James N. Green
Nova York, 4 de maio de 2025

Agradecimentos

Este livro não teria sido possível sem o apoio editorial, intelectual e moral de Moshe Sluhovsky, meu companheiro de vida. Sou-lhe muito grato por seu amor e sua paciência e por sua insistência em tolerar meu excessivo entusiasmo, minhas peculiaridades e ideias mirabolantes.

Uma vasta rede de pessoas está ligada a este projeto, a começar por Jeffrey Escoffier, com quem participei, em 1974, de um grupo de estudos socialista gay – um tanto malsucedido – na Filadélfia. Meus colegas do grupo June 28 Union, que atuavam na Área da Baía de São Francisco e agora estão dispersos e, em grande parte, falecidos, formaram um grupo de apoio importante na tentativa de conciliar as complexidades das esferas política e pessoal à medida que organizamos o evento Gay Solidarity with the Chilean Resistance (Solidariedade Gay à Resistência Chilena), em setembro de 1975. Da mesma maneira, sou grato aos que a mim se juntaram em São Paulo para integrar o primeiro grupo LGBTQIAPN+ em um partido de esquerda sul-americano, particularmente Hiro Okita e Carlos Ricardo da Silva, bem como os membros do Somos, a primeira organização brasileira para os direitos homossexuais, que marcharam em 1º de maio de 1980 sob o lema "Abaixo a Discriminação de Trabalhadores Homossexuais". Muitos anos depois, quando retornei à pós-graduação, John D'Emilio, que recebeu o Stonewall Book Award em 1984 por sua obra *Sexual politics, sexual communities* (*Políticas sexuais, comunidades sexuais*), considerada a história definitiva do movimento homófilo nos Estados Unidos de 1940 a 1970, foi um leal mantenedor do meu trabalho, e eu agradeço muito a confiança depositada em mim.

Ângela Pezzuti, Beto Vasconcelos, Cristina Montenegro, Denise Rollemberg, Jesse Jane, Ivan Seixas, Lúcia Velloso, Maria do Carmo Brito, Monica Arruda, Sérgio Xavier Ferreira, Veriano Terto Jr. e Zenaide

Machado forneceram-me contatos vitais para desvelar esta história. Eu também gostaria de agradecer a Isabel Leite e a Yama Arruda pelas transcrições cuidadosas de dezenas de entrevistas; António J. Ramalho pela pesquisa e realização de uma entrevista por mim em Portugal; e a Américo Oscar Guichard Freire, pelo fornecimento de cópias dos registros policiais portugueses.

Muitas pessoas, inclusive leitores anônimos, forneceram sugestões úteis a versões do manuscrito: Andre Pagliarini, Barbara Weinstein, Ben Cowan, Caroline Landau, Claudia Kedar, Isadora Mota, Javier Fernandez, Justina Hwang, Kenneth Serbin, Luke Smith, Marc Hertzman, Márcia Bassettos Paes, Michael Gale, Michele Mericle, Natan Zeichner, Pablo Ben, Ryan Jones, Sandra Hardy e Yesenia Barrigan. É igualmente importante mencionar meus colegas Amy Remensnyder e Nancy Jacobs, da Brown University, e em especial os historiadores da área de estudos latino-americanos: Daniel Rodriguez, Doug Cope, Evelyn Hu-DeHart, Jennifer Lambe, Jeremy Mumford, Neil Safier e Roquinaldo Ferreira. Sou grato a Mary Beth Bryson, Julissa Bautista e Cherrie Guerzon, do Departamento de História, pela assistência durante meu trabalho neste texto. Preciso agradecer a Michael Gale e Dylan Blau Edelstein pela pesquisa que realizaram por mim no Brasil. Ramon Stern, gerente administrativo da Brazil Initiative, em Brown, foi extremamente paciente comigo no período de conclusão do manuscrito. Lamento que Thomas E. Skidmore não tenha vivido para ler o trabalho concluído, pois incentivou o projeto com entusiasmo, mas agradeço o apoio de Felicity Skidmore desde que cheguei à Brown University.

Meus colegas brasileiros continuam a demonstrar sua amizade incondicional. Dentre eles, Amélia Teles, Beatriz Kushnir, Carlos Fico, Daria Jaremtchuk, Durval Muniz de Albuquerque, Henrique Carneiro, Janaína Teles, João Moreira Salles, João Roberto Martins Júnior, Lilia Schwarcz, Lula Ramires, Luiz Morando, Marcelo Torelly, Márcio Caetano, Marisa Fernandes, Marlon Weichert, Mônica Schpun, Nádia Nogueira, Paulo Abrão, Paulo Roberto Pepe, Renan Quinalha, Ronaldo Trindade, Silvia Miskulin, Tânia Pellegrini e Wilson da Silva. Ruth Fine, Claudia Kedar e Manuela Consonni, da Hebrew University of Jerusalem, que generosamente me receberam em seu programa durante os anos em que equilibrei o trabalho na redação deste texto com a estruturação do programa de estudos brasileiros naquela universidade. Michel Gherman tem sido um colaborador dedicado em muitas iniciativas, acadêmicas ou não, e me ajudou a pensar sobre as falhas das esquerdas brasileiras em abordar as diversas formas de discriminação.

Como sempre, Lauro Ávila Pereira apoiou fielmente a minha pesquisa, em particular na ocasião em que liderou uma equipe dedicada no Arquivo Público do Estado de São Paulo. Da mesma maneira, Sátiro Nunes, do Arquivo Nacional (Brasil), ajudou-me diligentemente a encontrar materiais valiosos, assim como Elaine Zanatta do Arquivo Edgard Leuenroth, da Unicamp, e Ethel Mizrahy, do Centro da Memória da Faculdade de Medicina da Universidade Federal do Rio de Janeiro. Vicente Arruda Câmara Rodrigues e Inez Terezinha Stampa, do Projeto Memórias Reveladas do Arquivo Nacional, concederam generosamente imagens para este volume, assim como Almir Martins, Beatriz Kushnir, Cristina Montenegro, Ethel Mizrahy, Fabiano Carnevale, Fernando Nogueira, Geny Brunelli de Carvalho, Isabel Leite, Magaly Mesquita, Martina Spohr Gonçalves, Miguel Mesquita, Sérgio Ferreira, Veriano Terto Jr. e Vladmir Sacchetta.

Martinha Arruda e Edmea Jafet continuam a oferecer gentil hospitalidade durante as minhas visitas ao Rio de Janeiro e São Paulo. Em Belo Horizonte, Andrea Moreira Lima, Carlos Magno, Elizabeth Maria Leite e Vitor Santana graciosamente abriram seu lar durante a minha pesquisa. Da mesma maneira, Marcelo Torelly foi um caloroso anfitrião em Brasília.

Agradeço em especial a Karen Krahulik e Susan Allee por me permitirem participar de sua vida e da vida de sua filha, Sonya.

Uma bolsa de pesquisa e escrita do American Council of Learned Societies (Conselho Americano de Sociedades de Aprendizado), um financiamento da American Philosophical Society (Sociedade Filosófica Americana), uma bolsa de pesquisa em Ciências Humanas da Brown University e uma bolsa a professores visitantes do Programa de Estudos Latino-Americanos da Princeton University possibilitaram o primeiro rascunho do meu trabalho.

Devo gratidão especial à minha irmã, Marycarolyn G. France, que na infância me contou histórias para dormir, que forjaram um amor por narrativas sedutoras, e me incitou a escrever meus próprios contos (históricos). Suas diversas edições do texto ajudaram a melhorá-lo imensamente.

Por fim, devo particularmente à família de Herbert, por me permitir escrever esta biografia de seu amado filho e irmão, Bete.

Cronologia

1946	14 de dezembro	Herbert Eustáquio de Carvalho nasce em Bom Despacho, Minas Gerais, filho de Geny Brunelli de Carvalho e Geraldo Feliciano de Carvalho.
1949	14 de janeiro	Hamilton Brunelli de Carvalho nasce em Belo Horizonte.
1949	17 de junho	Cláudio Mesquita nasce em Poços de Caldas, Minas Gerais.
1952		Herbert entra no primário, na Escola Chopin.
1960	29 de setembro	Hélder Nazareno de Carvalho nasce em Belo Horizonte.
1961	fevereiro	É fundada a Polop. Herbert inicia os estudos no Colégio Tiradentes da Polícia Militar de Minas Gerais.
1961	25 de agosto	O presidente Jânio Quadros renuncia ao cargo.
1961	7 de setembro	O vice-presidente João Goulart assume o governo.
1964	1º de abril	Com o apoio de forças civis conservadoras, a maioria das Forças Armadas derruba o governo de João Goulart.
1965	março	Herbert entra na Faculdade de Medicina da UFMG.
1967	28 de março	Herbert adere a um grupo dissidente da Polop.
1967	setembro	Durante a IV Conferência Nacional da Polop, os apoiadores da luta armada separam-se e formam uma nova organização.
1968	março	A VPR é fundada em São Paulo.

	28 de março	A morte do estudante secundarista Edson Luís, no Rio de Janeiro, provoca manifestações estudantis em todo o país.
	abril	Os dissidentes da Polop de Minas Gerais formam um novo grupo, que chamam de "O.".
	4 de maio	Herbert é preso e rapidamente liberado durante a ocupação estudantil da Faculdade de Medicina.
	julho	A O. elege o primeiro comando nacional; na sequência, Herbert é incorporado à liderança.
	outubro	A O. se torna Comandos de Libertação Nacional (Colina).
	13 de dezembro	O presidente Costa e Silva institui o Ato Institucional n. 5, que fecha o Congresso, expande os poderes executivos e elimina o *habeas corpus*.
1969	14 de janeiro	Herbert participa de um assalto a banco em Sabará, Minas Gerais.
	2 de fevereiro	Herbert passa a viver clandestinamente no Rio de Janeiro, onde acaba por assumir o codinome Daniel.
	junho	A VPR, Colina e outros militantes se fundem e formam a VAR-P.
	18 de julho	No Rio de Janeiro, a VAR-P furta o cofre do ex-governador de São Paulo, Ademar de Barros, que continha US$2.600.000.
	setembro-outubro	Num congresso clandestino da VAR-P, Daniel e outros separam-se da organização e vêm a reconstituir a VPR.
1970	fevereiro	Daniel junta-se ao líder da VPR, Carlos Lamarca, e outros dezessete militantes num campo de treinamento de guerrilha no Vale do Ribeira, interior de São Paulo.
	20 de abril	O campo de treinamento do Vale do Ribeira é descoberto; Daniel esquiva-se da prisão e foge para o Rio de Janeiro.

CRONOLOGIA

	11-16 de junho	Daniel participa do sequestro do embaixador alemão e consegue a libertação de quarenta presos políticos, que são expatriados para a Argélia.
	junho ou julho	Daniel e Inês Etienne juntam-se a Carlos Lamarca no comando nacional da VPR.
	7 de dezembro	Daniel participa do sequestro do embaixador suíço e permanece na casa onde a vítima é mantida em cativeiro.
1971	13 de janeiro	O embaixador suíço é liberado em troca de setenta presos políticos que são expatriados para Santiago, no Chile.
	fevereiro	Um médico diagnostica equivocadamente Daniel com leucemia.
	agosto	Zenaide Machado e Daniel escrevem uma declaração anunciando a desmobilização da VPR e pedem a convocação de um congresso no exterior.
	novembro	Escondido em Niterói, no Rio de Janeiro, Daniel conhece Cláudio Mesquita.
1972		Daniel e Cláudio trabalham na agência de publicidade de Magaly, irmã de Cláudio, no Rio de Janeiro.
1973	2 de março	Durante o Carnaval, Daniel e Cláudio fogem do Rio de Janeiro.
	7 de março	Daniel e Cláudio chegam a Barbacena, Minas Gerais, e escondem-se na casa da tia de Daniel.
	junho	Daniel e Cláudio abrem a discoteca Dinossauro em Barbacena, Minas Gerais.
1974	7 de setembro	Com passaportes falsos, Daniel e Cláudio deixam o Brasil, viajando para a Argentina e, em seguida, Paris.
	21 de outubro	Daniel, Cláudio e amigos mudam-se para Portugal.
	15 de novembro	O MDB, partido político da oposição, tem vitória arrasadora nas eleições ao Congresso.

1975	24 de maio	Daniel e Cláudio têm relações sexuais pela primeira vez.
	11 de setembro	Ângelo Pezzuti falece em decorrência de um acidente de motocicleta, na França.
1976	8 de janeiro	Daniel e Cláudio mudam-se de Lisboa para Paris.
	setembro	Daniel começa a trabalhar no Continental, uma sauna gay de luxo.
1977	janeiro	Daniel consegue um emprego na Tilt, uma sauna gay, onde escreve seu livro de memórias.
1978	abril	*Lampião da esquina*, o primeiro jornal gay comercial do Brasil, é publicado.
1979	8 de fevereiro	Os membros da Somos, a primeira organização pelos direitos homossexuais do Brasil, participam de um debate público na USP.
	29 de maio	Daniel fala em um evento sobre homossexualidade realizado na Casa do Brasil, em Paris, para a comunidade exilada.
	29 de agosto	O Congresso brasileiro aprova a Lei da Anistia, que liberta a maioria dos presos políticos e permite o retorno da maior parte dos exilados ao Brasil.
	26 de outubro	Daniel escreve uma carta aberta sobre os exilados não contemplados pela Lei da Anistia.
1980	março	O *Lampião da esquina* publica a carta aberta de Daniel.
1981	3 de setembro	O *Jornal do Brasil* publica o primeiro artigo sobre a aids no Brasil.
	9 de outubro	Daniel chega ao Rio de Janeiro após sete anos de exílio.
1982	março	*Passagem para o próximo sonho* é publicado sob a autoria de Herbert Daniel.
	novembro	Liszt Vieira é eleito deputado federal pelo Partido dos Trabalhadores.

CRONOLOGIA

1983		Daniel publica *A fêmea sintética*.
	outubro	Daniel publica *Jacarés e lobisomens* com Leila Míccolis.
1984	agosto	*Meu corpo daria um romance* é publicado.
	novembro	*As três moças no sabonete* é publicado.
1985	maio	O espetáculo *Cegonha?!... Que cegonha!...* é produzido no Rio de Janeiro.
1986	15 de novembro	Herbert Daniel obtém 5.485 votos na corrida para deputado federal, mas não é eleito.
	21 de dezembro	A Abia é fundada no Rio de Janeiro.
1987	dezembro	Daniel começa a trabalhar na Abia.
1988	junho	A Assembleia Constituinte aprova provisões que regulamentam os bancos de sangue.
	1º de dezembro	No Dia Mundial da Luta contra a aids, Daniel e outros organizam uma ação na estátua do Cristo Redentor, no Rio.
1989	8 de janeiro	Daniel recebe o diagnóstico de que está infectado com HIV.
	maio	Daniel funda o Grupo Pela Vidda.
	junho	Daniel participa da V Conferência Internacional da Aids, em Montreal.
		A Abia publica *Vida antes da morte/Life before death*.
1990		Daniel torna-se diretor executivo da Abia.
1991		Daniel e Richard Parker publicam *Aids: the third epidemic*.
1992	29 de março	Herbert Eustáquio de Carvalho (Herbert Daniel) falece no Rio de Janeiro.
1994	30 de outubro	Cláudio Mesquita falece em decorrência de um infarto, no Rio de Janeiro.

Bibliografia

Artigos de Herbert Daniel em ordem cronológica

"O tempo que eu passei no útero da minha mãe". *Modas e Bordados*, n. 3298 (30 de abril de 1975), pp. 7-10.

"Ausência de dor não é saúde". *Modas e Bordados*, 3300 (14 de maio de 1975), pp. 9-10.

"Racismo: doença social, racista: doente mental". *Modas e Bordados*, n. 3302 (maio 28 de 1975), pp. 11-12.

"O trabalho do descanso". *Modas e Bordados*, n. 3303 (4 de junho de 1975), pp. 9-11.

"Aborto clandestino é crime". *Modas e Bordados*, n. 3306 (25 de junho de 1975), pp. 10-11.

"Marilyn Monroe". *Modas e Bordados*, n. 3311 (30 de julho de 1975), pp. 15-16.

"30 dias de mulheres pelo mundo". *Modas e Bordados*, n. 3311 (30 de julho de 1975), pp. 46-47.

"Conferência de México". *Modas e Bordados*, n. 3315 (27 de agosto de 1975), pp. 46-47.

"Bilheteira no subsolo". *Modas e Bordados*, n. 3319 (24 de setembro de 1975), pp. 42-43.

"Fazer deporte". *Modas e Bordados*, n. 3320 (1º de outubro de 1975), pp. 13-16.

"Homossexual: defesa dos interesses?". *Notas Marginais*, n. 3 (1979). Reimpresso em *Niterói* 8, n. 2 (1º semestre de 2008), pp. 15-21.

"O que é isso, companheiros?". *Lampião da Esquina* 2, n. 22 (março de 1980), p. 10.

"Carta ao editor da *Veja*, datada de 7 de julho de 1981", publicada no jornal *O Pasquim*, n. 632 (6 de agosto de 1981), p. 25.

"Às vésperas de AI-5exo". *Luta & Prazer* (Rio de Janeiro), n. 8 (abril/maio de 1982), p. 2.

"Os brotos invisíveis". *Luta & Prazer* (Rio de Janeiro), n. 12 (setembro de 1982), pp. 6-7.

"Confissões de um eleitor semivirgem". *Luta & Prazer* (Rio de Janeiro), n. 13, (outubro de 1982), p. 7.

"Computa que partiu". *Luta & Prazer* (Rio de Janeiro), n. 15 (dezembro de 1982), pp. 3-4.

"1983: Aquela que virá". *Luta & Prazer* (Rio de Janeiro), n. 16 (janeiro de 1983), p. 6.

"Anselmo: De cabo a rabo". *O Pasquim* 14, n. 774 (26 de abril de 1984), pp. 8-11.

"Erasmus e a lenda do pequeno polegar". *O Pasquim* 15, n. 783 (5 de julho de 1984), p. 7.

"Do tabu a tabuado". *O Pasquim* 15, n. 852 (24 de novembro de 1985).

"Eu mudei os meus hábitos sexuais". *Jornal do Brasil* (11 de janeiro de 1987), Caderno B-7.

"Pra início do voo". *Boletim Abia 1* (janeiro de 1988), p. 1.

"Quem semeia pânico, colhe epidemia". *Boletim Abia* 2 (abril de 1988), p. 1.

"Onze críticas a uma campanha desgovernada". *Boletim Abia* 2 (abril de 1988), pp. 3-5.

"Sangue novo", *Boletim Abia* 4 (setembro de 1988), pp. 1-2.

"E como fica o Pinto Fernandes". *Boletim Abia* 5 (novembro de 1988), p. 1.

"Quarenta segundos de aids". *Boletim Abia* 6 (fevereiro de 1989), p. 4.

"Notícias de outro mundo". *Jornal do Brasil* (5 de março de 1989), Caderno B-1, pp. 4-5.

"Solidariedade em Rede". *Boletim Abia* 7 (junho de 1989), pp. 1-2.

"Carta Aberta a Fidel Castro". *Boletim Abia 8* (agosto de 1989), pp. 29-30.

"Grupo Pela VIDDA – Uma experiência", *Boletim Abia* 8 (agosto de 1989), pp. 6-7.

"Letters to the Editor: Aids in Cuba". *New York Review of Books* (6 de outubro de 1989), p. 68.

"A vida e o direito à vida". *Boletim Abia 11* (julho de 1990), p. 3.

"O primeiro AZT a gente nunca esquece". *Jornal do Brasil* (30 de setembro de 1990), pp. 8-9.

"Trégua para tristes tigres sem trigo". *Jornal do Brasil* (25 de fevereiro de 1991), p. 11.

"AZT: o preço da omissão". *Última hora* (Rio de Janeiro) (2 de março de 1991).

"Vivendo e aprendendo com a aids". *Universidade Aberta do Nordeste* (Fortaleza), n. 1 (27 de setembro de 1991), p. 7.

"We are all people living with aids: myths and realities of aids in Brazil". *International Journal of Health Services* 21, n. 3 (1991), pp. 539-51.

"Noite da ronda da morte". *O Globo* (Rio de Janeiro) (8 de abril de 1992): 2º Caderno-1.

"The soul of a citizen". In: Herbert Daniel e Richard Parker, orgs., *Aids in another world? Sexuality, politics, and aids in Brazil*, Londres: The Falmer Press, 1993, pp. 154-157.

Livros/Peças teatrais de Herbert Eustáquio de Carvalho (Herbert Daniel) em ordem cronológica

Passagem para o próximo sonho: um possível romance autocrítico. Rio de Janeiro: Codecri, 1982.

A fêmea sintética. Rio de Janeiro: Codecri, 1983.

Jacarés e lobisomens: dois ensaios sobre a homossexualidade. Com Leila Míccolis. Rio de Janeiro: Achiamé, 1983.

As três moças do sabonete: um apólogo sobre os anos Médici. Rio de Janeiro: Rocco, 1984.

Meu corpo daria um romance: uma narrativa desarmada. Rio de Janeiro: Rocco, 1984.

Alegres e irresponsáveis abacaxis americanos. Rio de Janeiro: Espaço e Tempo, 1987.

Vida antes da morte/Life before death. Rio de Janeiro: Jaboti, 1989.

Aids, a terceira epidemia: ensaios e tentativas. Com Richard Parker. São Paulo: Iglu, 1991.

Aids in another world? Sexuality, politics, and aids in Brazil. Com Richard Parker. Londres: The Falmer Press, 1993.

Entrevistas com Herbert Daniel (em ordem cronológica)

Nogueira, Giselle. "Herbert Daniel pede passagem pelo sonho". *Estado de Minas* (1º de abril de 1982), p. 6.

Castello, José. "O gueto desmistificado: preconceito e machismo entre os homossexuais". *Isto É* (27 de julho de 1983), pp. 82-84.

Mascarenhas, João Antônio. "Os dois lados do beijo: o do candidato a deputado estadual e o do amigo Herbert Daniel a João Antônio Mascarenhas". *OKzinho* (Rio de Janeiro) 3, n. 5 (3 de junho de 1986), pp. 1-2.

Miguez, Ana Cristina. "Escritor com aids lidera combate à doença". *O Dia* (4 de abril de 1989), p. 10.

Reis, Cláudia. "Tenho aids, mas continuo vivo". *Afinal* (1º de agosto de 1989), pp. 9-11.

Braiterman, Jared. "Fighting aids in Brazil". *Gay Community News* (Nova York) 17, n. 39 (15-21 de abril de 1990), pp. 10-11.

Silva, Paulo César S. "O governo não cumpre o seu papel". *Tribuna da Imprensa* (8 de julho de 1991), p. 5.

Biografias e memórias

Amaral, Ricardo Batista. *A vida quer é coragem. Trajetória de Dilma Rousseff – a primeira presidenta do Brasil.* Rio de Janeiro: Primeira Pessoa, 2011.

Borba, Marco Aurélio. *Cabo Anselmo: a luta armada ferida por dentro.* 2ª ed. São Paulo: Global Editora, 1984.

Dos Santos, José Anselmo. *Cabo Anselmo: minha verdade, autobiografia.* São Paulo: Matrix, 2015.

Gabeira, Fernando. *O que é isso, companheiro? Depoimento.* Rio de Janeiro: Codecri, 1979.

_____. *Entradas e bandeiras.* Rio de Janeiro: Codecri, 1981.

Green, James N. "Desire and Revolution: Socialists and the Brazilian Gay Liberation Movement in the 1970s". In: Stites Mor, Jessica (org.). *Human rights and transnational solidarity in cold war Latin America.* Madison: University of Wisconsin Press (Critical Human Rights Series), 2013, pp. 239-67.

BIBLIOGRAFIA

José, Emiliano e Miranda, Oldack. *Lamarca: o capitão da guerrilha*. São Paulo: Global, 1989.

Lungaretti, Celso. *Náufrago da utopia: vencer ou morrer na guerrilha. Aos 18 anos*. São Paulo: Geração Editorial, 2005.

Maciel, Eliane. *Com licença, eu vou à luta (é ilegal ser menor?)*. Rio de Janeiro: Codecri, 1982.

Magalhães, Mário. *Marighella: o guerrilheiro que incendiou o mundo*. São Paulo: Companhia das Letras, 2012.

Menkes, Roberto. "Ribeiro". In: Ferrer, Eliete, org., *68: a geração que queria mudar o mundo: relatos*. Brasília: Ministério da Justiça, Comissão de Anistia, 2011, pp. 332-336.

Paiva, Maurício. *O sonho exilado*. 2ª ed. Rio de Janeiro: Mauad, 2004.

_____. *Companheira Carmela: A história de Carmela Pezzuti e seus dois filhos na resistência ao regime militar e no exílio*. Rio de Janeiro: Mauad, 1996.

Patarra, Judith Lieblich. *Iara: reportagem biográfica*. Rio de Janeiro: Rosa dos Tempos, 1992.

Pedroso Junior, Antônio. *Sargento Darcy, lugar-tenente de Lamarca*. Bauru: Centro de Estudos Sociais, Políticos e de Preservação da História, 2003.

Polari, Alex. *Em busca do tesouro: Uma ficção política vivida*. Rio de Janeiro: Codecri, 1982.

Ribeiro, Otávio. *Por que eu traí: confissões de Cabo Anselmo*. São Paulo: Globo, 1984.

Sirkis, Alfredo. *Os carbonários: memórias da guerrilha perdida*. Rio de Janeiro: BestBolso, 2008.

Vianna, Martha. *Uma tempestade como a sua memória: a história de Lia, Maria do Carmo Brito*. Rio de Janeiro: Record, 2003.

Vieira, Liszt. *A busca: memória da resistência*. São Paulo: Hucitec, 2008.

Filmes e DVDs

Bonnie e Clyde, dirigido por Arthur Penn. Warner Bros. Seven Arts, 1967.

Em busca de Iara, dirigido por Flávio Frederico. Kinoscópio Cinematográfica, 2013.

Herbert Daniel, Fundação Herbert Daniel Partido Verde, 1989. <www.fvhd.org.br/video/video/show?id=3115145:Video:1145.
Homens, dirigido por Alfredo Alves. Grupo Pela Vidda/RJ, Grupo Pela Vidda/SP, Ibase, 1993.
Recuperação da memória sonora e visual do Partido Verde. Fundação Herbert Daniel Partido Verde. Gravação em vídeo, 2 discos, 2008.
O que é isso, companheiro?, dirigido por Bruno Barreto. Columbia TriStar, 1997.
Setenta, dirigido por Emilia Silveira, Empresa Produtora, 2013.
Viva a vida, Herbert Daniel, o amor e a aids nos anos 80, dirigido por Mônica Teixeira. TV Manchete, 1989.

Entrevistas realizadas pelo autor

Advis, Maria Luisa. 11 de julho de 2009. Paris.
Ângelo, Tereza. N. 1. 24 de maio de 2009. Belo Horizonte.
_____. N. 2. 19 de maio de 2010. Belo Horizonte.
Barbosa, Gustavo. 23 de novembro de 2010. Rio de Janeiro.
Bastos, Cristiana. 24 de agosto de 2010. Florianópolis.
Belloq, Jorge. 20 de junho de 1995. São Paulo.
Brito, Maria do Carmo. N. 1. 21 de novembro de 2008. Rio de Janeiro.
_____. N. 2. 16 de agosto de 2010. Rio de Janeiro.
Caldas, Cleide Brunelli. 27 de junho de 2009. Barbacena, Minas Gerais.
Campos, André Luis Vieira de. 15 de junho de 2016. Rio de Janeiro
Carvalho, Geny Brunelli de. N. 1, 3 de junho de 2008. Belo Horizonte.
_____. N. 2. 8 de junho de 2008. Belo Horizonte.
_____. N. 3. 6 de agosto de 2010. Belo Horizonte.
Carvalho, Hamilton Brunelli de. N. 1, 3 de junho de 2009. Belo Horizonte.
_____. N. 2. 8 de junho de 2008. Belo Horizonte.
_____. N. 3. 6 de agosto de 2010. Belo Horizonte.
Carvalho, Hélder Nazareno de. 8 de junho de 2008. Belo Horizonte.
Carvalho, Lenice Leandro de. 3 de junho de 2009. Belo Horizonte
Cachapuz, Paulo Brandi de Barros. 10 de agosto de 2010. Rio de Janeiro.
Dowbor, Ladislau. 27 de julho de 2010. São Paulo.
Durão, Carlos Eduardo Saavedra. 23 de junho de 2011. Rio de Janeiro.

BIBLIOGRAFIA

Duarte, Erwin Resende. 5 de junho de 2008. Belo Horizonte.
Espíndola, Elaine de Mourão Costa. 6 de junho de 2009. Belo Horizonte.
Espíndola, Nilton. 6 de junho de 2009. Belo Horizonte.
Espinosa, Antônio Roberto. 29 de novembro de 2010. São Paulo.
Ferreira, Gloria. 13 de agosto de 2010. Rio de Janeiro.
Ferreira, Sérgio Xavier. 10 de maio de 2010. Rio de Janeiro.
Fiúza, Cleto José Praia. 8 de setembro de 2010. Rio de Janeiro.
Freitas, Vanja. 23 de novembro de 2010. Rio de Janeiro.
Fry, Peter. 23 de outubro de 2010. Rio de Janeiro.
Gabeira, Fernando. 29 de junho de 2016. Rio de Janeiro.
Garibaldi, Aretuza. 9 de junho de 2009. Rio de Janeiro.
Gliochi, Sheila Gomes. 27 de maio de 2010. Rio de Janeiro.
Gradel, José. 15 de maio de 2010. Rio de Janeiro.
Grossi, Míriam. 24 de agosto de 2010. Florianópolis.
Huebra, Vera Lígia. 23 de junho de 2011. Rio de Janeiro.
Joué, Maria Elisalva Oliveira. 8 de julho de 2010. Entrevista por Skype.
Lafoz, Sonia. 21 de maio de 2010. Entrevista por Skype.
Lisboa, Apolo Herlinger. 24 de junho de 2008. Belo Horizonte.
Lungaretti, Celso. 15 de julho de 2011. São Paulo.
Maciel, Eliane. 14 de agosto de 2010. Petrópolis.
Martins, Almir. 21 de julho de 2011. São Carlos
Mascarenhas, João Antônio. 29 de julho de 1995. Rio de Janeiro.
Mesquita, Magaly. N. 1. 25 de junho de 2011. Rio de Janeiro.
_____. N. 2. 25 de novembro de 2015. Rio de Janeiro.
Míccolis, Leila. 10 de dezembro de 2010. Rio de Janeiro.
Minc, Carlos. 30 de junho de 2016. Rio de Janeiro.
Montenegro, Cristina. 9 de agosto de 2010. Rio de Janeiro.
Muniz, Carlos. 24 de novembro de 2015. Rio de Janeiro.
Nahas, Jorge. 20 de maio de 2009. Belo Horizonte.
Nahas, Maria José de Carvalho. 21 de maio de 2009. Belo Horizonte.
Nogueira da Costa, Fernando. 25 de outubro de 2010. Campinas.
Oliveira, Zenaide Machado de. N. 1. 26 de setembro de 2004. São Paulo.
_____. N. 2. 19 de maio de 2010. Campinas.
Ozawa, Shizuo (Mário Japa). 16 de agosto de 2010. Rio de Janeiro.
Parker, Richard. 30 de setembro de 2010. Nova York.

Pereira, Laís Soares. N. 1, 6 de janeiro de 2008. Belo Horizonte.
_____. N. 2, 6 de junho de 2009. Belo Horizonte.
Pezzuti, Ângela. N. 1, 6 de julho de 2006. Belo Horizonte.
_____. N. 2, 19 de maio de 2009. Belo Horizonte.
Pinho, Sérgio. 25 de novembro de 2010. Rio de Janeiro.
Ramires, Lula. 21 de julho de 2011. São Paulo.
Ramos, Sílvia. 14 de outubro de 2010. Rio de Janeiro.
Ratton, Helvécio. 7 de agosto de 2010. Belo Horizonte.
Rodrigues, Darcy. 21 de julho de 2011. Bauru, São Paulo.
Rousseff, Dilma. 21 de julho de 2016. Brasília.
Sabalis, Michael. 10 de janeiro de 2013. Paris, França, notas.
Salgueiro, Beatriz. 24 de junho de 2009. Rio de Janeiro.
Santos, Pitágoras dos. 5 de junho de 2009. Belo Horizonte
Seixas, Ivan. 27 de outubro de 2010. São Paulo.
Sirkis, Alfredo. 16 de maio de 2009. Rio de Janeiro.
Sousa, João Belisário de. 23 de junho de 2011. Rio de Janeiro.
Souza, Ubiratan de. 16 de junho de 2011. Porto Alegre.
Teixeira, Mônica. N. 1. 28 de julho de 2010. São Paulo.
_____. N. 2. 30 de outubro de 2010. São Paulo.
Teixeira, Paulo. 15 de junho de 1995. São Paulo.
Tejo, Maria Helena, 14 de outubro de 2010. Rio de Janeiro.
Terto Jr., Veriano. N. 1. 24 de julho de 1995. Rio de Janeiro.
_____. N. 2. 26 de junho de 2009. Rio de Janeiro.
Toledo, Eduardo. 18 de setembro de 1993. São Paulo.
Velloso, Lúcia. N. 1. 25 de maio de 2010. Rio de Janeiro.
_____. N. 2. 22 de junho de 2013. Rio de Janeiro.
Vieira, Liszt. N. 1. 28 de junho de 2006. Rio de Janeiro.
_____. N. 2. 22 de novembro de 2010. Rio de Janeiro.
Villard, Márcio José. 15 de outubro de 2010. Rio de Janeiro.
Von der Weid, Jean Marc. 13 de agosto de 2010. Rio de Janeiro

Entrevistas realizadas por outros

Brito, Maria do Carmo e Shizuo Ozawa. Entrevista concedida a Judith
    Patarra, s.d. AEL/Unicamp

BIBLIOGRAFIA

Daniel, Herbert. Entrevista concedida a Judith Patarra, s.d. AEL/Unicamp.

Dowbor, Ladislau. Entrevista concedida a Judith Patarra, s.d. AEL/Unicamp.

_____. Entrevista concedida a Marcelo Ridenti. 20 de fevereiro de 1986. AEL/Unicamp.

Espinosa, Antônio Roberto. Entrevista concedida a Judith Patarra, s.d. AEL/Unicamp.

Fiadeiro, Maria Antónia. Entrevista concedida a António J. Ramalho. 6 de maio de 2013. Lisboa, Portugal.

Gaspar, Júlio. Entrevista em Lindinalva Laurindo-Teodorescu e Paulo Roberto Teixeira, *Histórias da aids no Brasil, 1983-2003*. Vol. II. A sociedade civil se organiza pela luta contra a aids. Brasília: Ministério da Saúde, Secretaria de Vigilância em Saúde, Departamento de DST, Aids e Hepatites Virais, 2015.

Guia, João Batista Mares. Entrevista concedida a Otávio Luiz Machado, 28 de dezembro de 2001. Depoimento registrado pelo Laboratório de Pesquisa Histórica do Instituto de Ciências Humanas e Sociais/Universidade Federal de Ouro Preto, Belo Horizonte.

Leite, Gabriela. Entrevista em Lindinalva Laurindo-Teodorescu e Paulo Roberto Teixeira, *Histórias da aids no Brasil, 1983-2003*. Vol. II. A sociedade civil se organiza pela luta contra a Aids. Brasília: Ministério da Saúde, Secretaria de Vigilância em Saúde, Departamento de DST, Aids e Hepatites Virais, 2015.

Nahas, Jorge. Entrevista concedida a Marcelo Ridenti. 15 de julho de 1985. Coleção Militância Política e Luta Armada no Brasil, AEL/Unicamp.

Nahas, Maria José de Carvalho. Entrevista concedida a Lígia Garcia, Isabel Leite e Rodrigo Biagini. 11 de janeiro de 2003. Belo Horizonte, gravação em áudio.

_____. Entrevista concedida a Isabel Leite, 11 de abril de 2005. Belo Horizonte, gravação em áudio.

Pimentel, Fernando da Matta. Entrevista concedida a Marcelo Ridenti. 16 de julho de 1985. Coleção Militância Política e Luta Armada no Brasil, AEL/Unicamp.

Rodrigues, Darcy. Entrevista concedida a Judith Patarra, s.d. AEL/Unicamp.

Rousseff, Dilma. Entrevista concedida a Judith Patarra, s.d. AEL/Unicamp.
_____. Entrevista concedida a Luiz Maklouf Carvalho. In: "Dilma diz ter orgulho de ideais da guerrilha", *Folha de S.Paulo*, 21 de junho de 2005.
Romeu, Inês Etienne. Entrevista concedida a Judith Patarra, s.d., AEL/Unicamp.
Silva, Ângelo Pezzuti de. Entrevista concedida a Herbert Daniel. "Cabo Anselmo: a desmoralização da verdade". *O Pasquim* 14, n. 773 (19 de abril de 1984), pp. 4-5.
Silva, Otavino Alves da. Entrevista concedida a Valter Pomar. In: "Memória: Entrevista Otavino Alves da Silva", *Teoria e Debate*, n. 24 (março/abril/maio de 1994).
Terto Jr., Veriano. Entrevista concedida a Lindinalva Laurindo-Teodorescu e Paulo Roberto Teixeira. In: *Histórias da aids no Brasil, 1983-2003*. Vol. I. As respostas governamentais à epidemia de Aids. Brasília: Ministério da Saúde, Secretaria de Vigilância em Saúde, Departamento de DST, Aids e Hepatites Virais, 2015.

Jornais consultados

Estado de Minas
Estado de São Paulo
Folha da Tarde
Folha de S.Paulo
Jornal do Brasil
Jornal Minas Gerais
O Globo
Tribuna da Imprensa

Periódicos e boletins

Accioli, Cláudio. "Betinho e Herbert Daniel". *Manchete*, n. 1943 (15 de julho de 1989).
Barreira, Roberto. "Espero o meu irmão para a ceia de Natal", *Manchete*, n. 973 (12 de dezembro de 1970), pp. 12-13.
"Bucher: o 4º alvo do terror". *O Cruzeiro*, 42, n. 52 (22 de dezembro de 1970), p. 22.

Cavalcanti, Pedro. "Ele vive de bicos: 'Sebá' existe e é porteiro de uma sauna em Paris". *Veja* (1º de julho de 1980), p. 26.

Dantas, Eduardo. "Negros, mulheres, homossexuais e índios nos debates da USP". *Lampião da Esquina*, 10 (março de 1979), p. 9.

Editores. "Saindo do Gueto". *Lampião da Esquina*, n. 0 (abril de 1978), p. 2.

Filgueiras, Mauro. "Nos bastidores de um sucesso". *O Debate* (dezembro de 1965), s.p.

Gabeira, Fernando. "Fernando Gabeira fala, aqui e agora, diretamente dos anos 80". *Lampião da Esquina* 2, n. 18 (novembro de 1979), pp. 5-8.

"Gente", *Veja*, n. 705 (10 de março de 1982), p. 81.

Goldberg, Ron. "When PWAs First Sat at the High Table". *Poz* (julho de 1998).

Gramont, Sanche de. "How One Pleasant, Scholarly Young Man From Brazil Became a Kidnapping, Gun-Toting, Bombing Revolutionary". *New York Times Magazine* (15 de novembro de 1970), pp. 21, 43-45, 136-53.

"Hard Profound Change". *Time,* (17 de abril de 1964), p. 49.

"A luta em público contra a aids. Abatido aos poucos pela doença, o compositor Cazuza conta como resiste em nome da vida e da carreira". *Veja* (26 de abril de 1989).

Mesquita, Cláudio. "Legado". *Boletim Pela Vidda* 15 (1993), p. 3.

Mott, Luiz, org., *Boletim do Grupo Gay da Bahia, 1981-2001*. Salvador: Grupo Gay da Bahia, 2011.

"O pesadelo dos votos brancos e nulos". *Veja*, n. 116 (25 de novembro de 1970), p. 23.

Ribeiro, Otávio. "A confissão do cabo". *IstoÉ* (28 de março de 1984), pp. 24-38.

Romeu, Inês Etienne. "Relatório Inês: Dossiê da tortura". *O Pasquim*, 607 (12-18 de fevereiro de 1981), pp. 4-5, 26.

Silva, Ângelo Pezzuti da. "O tabu da virgindade em nosso contexto cultural". *PH-7*, 19, n. 3 (dezembro de 1965), p. 12.

Silva, Aguinaldo. [Nota do editor]. *Lampião da Esquina* 2, n. 22 (março de 1980), p. 10.

"O terror desafiado". *Veja,* 119 (16 de dezembro de 1970), pp. 22-25.

Truskier, Andy. "Politics of violence: the urban guerrilla in Brazil". *Ramparts*, 9 n. 4 (outubro de 1970), pp. 30-34, 39.

Vigna, Anne; Onça, Luciano e Viana, Natalia. "Napalm no Vale do Ribeira", *Agência Pública*, agosto de 2014.

Fontes secundárias

Albuquerque, Severino J. *Tentative transgressions: homosexuality, aids and the theater in Brazil*. Madison: University of Wisconsin Press, 2004.

Alencastro, Luiz Felipe de. "O golpe de 1964 e o voto popular", *Novos Estudos – Cebrap*, n. 98 (março de 2014), pp. 5-11.

Alvarez, Sonia E. *Engendering democracy in Brazil: women's movements in transitional politics*. Princeton: Princeton University Press, 1990.

Alves, Márcio Moreira. *Torturas e torturado*. 2ª ed. Rio de Janeiro: P.N., 1967.

_____. *A grain of mustard seed: the awakening of the Brazilian revolution*. Garden City, Nova York: Anchor Books, 1973.

_____. *68 mudou o mundo*, 2ª ed. Rio de Janeiro: Nova Fronteira, 1993.

Alves, Maria Helena Moreira. *State and opposition in military Brazil*. Austin: University of Texas Press, 1985.

Amnesty International. *Report on allegations of torture in Brazil*. Palo Alto: West Coast Office, Amnesty International, 1973.

Araújo, Lucinha e Echeverria, Regina. *Cazuza: só as mães são felizes*. São Paulo: Globo, 1997.

Araújo, Maria Paula. *Memórias estudantis: da fundação da UNE aos nossos dias*. Rio de Janeiro: Relume-Dumará; Fundação Roberto Marinho, 2007.

Badaró, Marcelo. "Em busca da revolução socialista: a trajetória da Polop (1961-1967)". In: Ridenti, Marcelo e Aarão Reis Filho, Daniel, orgs., *História do marxismo no Brasil, vol. V, Partidos e organizações dos anos 20 aos 60*. Campinas: Editora da Unicamp, 2002, pp. 185-212.

Baiardi, Amílcar. "O homossexualismo e a militância revolucionária". *Recôncavos: Revista do Centro de Artes, Humanidades e Letras*. 1, n. 2 (2008), pp. 5-12.

BIBLIOGRAFIA

Bastos, Cristiana. *Global responses to aids*. Bloomington e Indianapolis: Indiana University Press, 1999.

Basualdo, Carlos, org., *Tropicália: uma revolução na cultural brasileira*. São Paulo: Cosac Naify, 2007.

Borim, Jr., Dário. "Daniel, Herbert (Brazil: 1946-1992)". In: Foster, David William, org., *Latin American writers on gay and lesbian themes: a bio-critical sourcebook*. Westport, Ct.; Londres: Greenwood Press, 1994, pp. 129-35.

Câmara, Cristina. *Cidadania e orientação sexual: a trajetória do grupo Triângulo Rosa*. Rio de Janeiro: Academia Avançada, 2002.

Carli, Ana Mery Sehbe de e Brocchetto Ramos, Flávia. *Tropicália: gêneros, identidades, repertórios e linguagens*. Caxias do Sul: Educs, 2008.

Cardoso de Mello, João Manuel e Novais, Fernando A. "Capitalismo tardio e sociabilidade moderna". In: Schwarz, Lilia Moritz, org., *História da vida privada no Brasil*. Vol. 4. São Paulo: Companhia das Letras, 1998, pp. 559-658.

Cardoso, Tom. *O cofre do dr. Rui: Como a VAR-Palmares de Dilma Rousseff realizou o maior assalto da luta armada brasileira*. Rio de Janeiro: Civilização Brasileira, 2011.

Caso, Antônio. *A esquerda armada no Brasil: 1967-1971*. Lisboa: Editora Moraes, 1976.

Castello Branco, Andréa "A história contada pelos protagonistas". *Teoria e debate especial 1968* (maio de 2008), pp. 15-20.

Castilho, Euclides; Chequer, Pedro e Struchiner, Cláudio. "A Epidemiologia da aids no Brasil". In: Parker, Richard *et al.*, orgs., *A aids no Brasil*. Rio de Janeiro: Abia, IMS-UERJ, Relume-Dumará, 1994, pp. 59-67.

Castillo, Debra e Rechy, John. "Entrevista concedida a John Rechy". *Diacritics* 25, n. 1 (primavera, 1995), pp. 113-125.

Chacel, Cristina. *Seu amigo esteve aqui: a história do desaparecido político Carlos Alberto Soares de Freitas, assassinado na Casa da Morte*. Rio de Janeiro: Zahar, 2012.

Chagas, Fábio André Gonçalves das. "A vanguarda popular revolucionária: dilemas e perspectivas da luta armada no Brasil (1968-1971)". Dissertação de mestrado. Universidade Estadual Paulista, Franca, 2000.

Chauncey, George. *Gay New York: gender, urban culture, and the making of the gay male world, 1890-1940*. Nova York: Basic Books, 1994.

Chilcote, Ronald H. *The Portuguese revolution: state and class in the transition to democracy*. Lanham: Rowman & Littlefield Publishers, 2010.

Coelho, Cláudio Novaes Pinto. *Os movimentos libertários em questão: a política e a cultura nas memórias de Fernando Gabeira*. Petrópolis: Vozes, 1987.

Comissão de Familiares de Mortos e Desaparecidos Políticos, Instituto de Estudos sobre a Violência do Estado. *Dossiê ditadura: mortos e desaparecidos políticos no Brasil* (1964-85). 2ª ed., revisada e ampliada. São Paulo: IEVE e Imprensa Oficial, 2009.

Comissão Especial sobre Mortos e Desaparecidos Políticos. *Direito à memória e à verdade*. Brasília: Secretaria Especial dos Direitos Humanos, 2007.

Couto, Ronaldo Costa. *História indiscreta da ditadura e da abertura: Brasil, 1964-1985*. 3ª ed. Rio de Janeiro: Record, 1999.

Cowan, Benjamin. *Securing sex: morality and repression in the making of cold war Brazil*. Chapel Hill: University of North Carolina Press, 2016.

D'Ângelo, Ana Cristina. "Verdes desde o início". *Página 22* (10 de setembro de 2010).

Dangelo, Jota e Machado, Ângelo. *O humor do Show Medicina*. Rio de Janeiro: Livraria Atheneu Editora, 1999.

Da Silva, Mário Agosto Medeiros. *Os escritores da guerrilha urbana: Literatura de testemunho, ambivalência e transição política, (1977-1984)*. São Paulo: Annablume, 2008.

Debray, Régis. *Revolution within the revolution? Armed struggle and political struggle in Latin America*. Nova York: MR Press, 1967.

Delgado, Lucília de Almeida Neves. "Diretas-Já: vozes das cidades". In: Ferreira, Jorge e Aarão Reis, Daniel, orgs., *Revolução e democracia*. Rio de Janeiro: Civilização Brasileira, 2007, pp. 409-27.

Delgado, Márcio de Paiva. "Carlos Lacerda, Juscelino Kubitschek, João Goulart e a Frente Ampla de Oposição ao Regime Militar (1966-1968)". *Veredas da história*, Ano III, 2ª ed., 2010.

BIBLIOGRAFIA

D'Emilio, John. *Sexual politics, sexual communities: the making of a homosexual minority in the United States, 1940-1970*. Chicago: University of Chicago Press, 1983.

Dias, Cláudio José Piotrovski. "A trajetória soropositiva de Herbert Daniel (1989-1992)". Dissertação de mestrado. História da Ciência. Fundação Oswaldo Cruz. Casa de Oswaldo Cruz, 2012.

Dicionário histórico-biográfico brasileiro pós-1930. 2ª ed. Rio de Janeiro: Ed. FGV, 2001.

Dunn, Christopher. *Brutality garden: tropicália and the emergence of a Brazilian counterculture*. Chapel Hill: University of North Carolina, 2001.

_____. "Desbunde and its discontents: counterculture and authoritarian modernization in Brazil, 1968-1974". *The Americas* 70, n. 3 (29 de janeiro de 2014): 429-58.

Dyer, Richard. *Heavenly bodies: film stars and society*. 2ª ed., Nova York e Londres: Routledge, 1986.

Ferreira, Hugo Gil e Marshall, Michael W. *Portugal's revolution: ten years on*. Cambridge: Cambridge University Press, 1986.

Ferrer, Eliete, ed. *68: a geração que queria mudar o mundo – relatos*. Brasília: Ministério da Justiça, Comissão de Anistia, 2011.

Fico, Carlos. *Reinventando o otimismo: ditadura, propaganda e imaginário social no Brasil*. Rio de Janeiro: Fundação Getúlio Vargas, 1997.

_____. *Ibase: usina de ideias e cidadania*. Rio de Janeiro: Garamond, 1999.

Fico, Carlos e Araújo, Maria Paula, orgs., *1968: 40 anos depois: história e memória*. Rio de Janeiro: 7Letras, 2009.

Fitch, Melissa A. "Life before death: homophobia in two works by activist-author Herbert Daniel." *Luso-Brazilian Review*, 43, N. 2 (2006), pp. 103-118.

Fonseca, Selva Guimarães. *Caminhos da história ensinada*. Campinas: Papirus, 1993.

Forin Junior, Renato. "Confluências do teatro e da música popular no espetáculo de Maria Bethânia". *Moringa: artes do espetáculo* (João Pessoa) 4, n. 2 (julho-dezembro de 2013), pp. 131-49.

Freire, Américo. "Ecos da estação Lisboa: o exílio das esquerdas brasileiras em Portugal". *Sociologia: problemas e práticas* 64 (2010), pp. 37-57.

Gabeira, Fernando. "A ideia do Partido Verde no Brasil". In: Pádua, José Augusto, org., *Ecologia e política no Brasil*. Rio de Janeiro: Espaço e Tempo/IUPERJ, 1987, pp. 163-80.

Galvão, Jane. "Aids e ativismo: o surgimento e a construção de novas formas de solidariedade". Trabalho apresentado no seminário "Aids e Ativismo Social e Político". IMS/UERJ, Rio de Janeiro.

Gaspari, Elio. *A ditadura escancarada*. São Paulo: Companhia das Letras, 2002.

Girard, Jacques. *Le Mouvement homosexuel en France, 1945-1980*. Paris: Syros, 1981.

Gomes, Flávio dos Santos. *Palmares: escravidão e liberdade no Atlântico Sul*. São Paulo: Contexto, 2005.

Gorender, Jacob. *Combate nas trevas*. São Paulo: Ática, 1998.

Green, James N. "Liberalization on trial: the Brazilian workers' movement". North American Congress on Latin America's Report on the Americas. 13, n. 3 (maio-junho de 1979), pp. 15-25.

_____. "The emergence of the Brazilian gay liberation movement, 1977-81". *Latin American Perspectives* 21, n. 1 (inverno de 1994), pp. 38-55.

_____. "More love and more desire: the building of the Brazilian Movement". In: Adam, Barry; Duyvendak, Jan Willem e Krouwel, André, orgs., *The global emergence of gay and lesbian politics: national imprints of a worldwide movement*. Filadélfia: Temple University Press, 1999, pp. 91-109.

_____. *Beyond carnival: male homosexuality in twentieth-century Brazil*. Chicago: University of Chicago Press, 1999.

_____. "Desire and militancy: lesbians, gays and the Brazilian workers' party. In: Drucker, Peter, org., *Different rainbow: same-sex sexuality and popular struggles in the third world*. Londres: Gay Men's Press, 2000, pp. 57-70.

_____. *We cannot remain silent: opposition to the Brazilian military dictatorship*. Durham: Duke University Press, 2010.

_____. "'Who is the macho who wants to kill me?': male homosexuality, revolutionary masculinity and the Brazilian armed struggle of the 1960s and '70s". *Hispanic American Historical Review* 92, n. 3 (agosto de 2012), pp. 437-69.

_____. "O Grupo Somos, a esquerda e a resistência à ditadura". In: Green, James N. e Quinalha, Renan. *Homossexualidade e a ditadura brasileira: opressão, resistência e a busca da verdade*. São Carlos: Editora da Universidade Federal de São Carlos, 2014, pp. 177-200.

Green, James N. e Renan Quinalha. *Homossexualidade e a ditadura brasileira: opressão, resistência e a busca da verdade*. São Carlos: Editora da Universidade Federal de São Carlos, 2014.

Grossi, Yonne de Souza. "As greves de Contagem – 1968: notas para uma revisão crítica". *Cadernos Movimentos Populares Urbanos* (Belo Horizonte: FAFICH, UFMG) 1 (1979), pp. 3-54.

Gunther, Scott. *The elastic closet: a history of homosexuality in France, 1942-present*. Houndmills, Basingstoke, Hampshire; Nova York: Palgrave Macmillan, 2009.

Gurgel, Antônio de Pádua. *A rebelião dos estudantes, Brasília, 1968*. Brasília: Editora Universidade de Brasília, 2002.

Hale, James. "After Montreal, International Aids Conferences will never be the same". *Canadian Medical Association Journal* 141 (julho de 15, 1989), pp. 144-146.

Hammond, John L. *Building popular power: workers' and neighborhood movements in the Portuguese revolution*. Nova York: Monthly Review Press, 1988.

Hanchard, Michael George e Ribeiro, Vera. *Orfeu e o poder: o movimento negro no Rio de Janeiro e São Paulo (1945-1988)*. Rio de Janeiro: EdUERJ, 2001.

Hochstedler, Kathryn e Keck, Margaret E. *Greening Brazil: environmental activism in state and society*. Durham: Duke University Press, 2007.

Hocquenghem, Guy. *Homosexual desire*. Durham: Duke University Press, 1993.

Howe, Robert. "João Antônio Mascarenhas (1927-1998): pioneiro do ativismo homossexual no Brasil". In: Green, James N. e Maluf, Sonia, orgs., *Homossexualidade: sociedade, movimento e lutas*. Cadernos AEL, 10, n. 18-19 (2003), pp. 291-309.

Ibrahim, José e Campos Barreto, José. "Manifesto de balanço da greve de julho". In: Frederico, Celso, org., *A esquerda e o movimento operário, 1964-84*, vol. 1. São Paulo: Novos Rumos, 1987, pp. 180-92.

Jordão, Fernando. *Dossiê Herzog: prisão, tortura e morte no Brasil*. São Paulo: Globo Editora, 2005.

Kallings, Lars e McClur, Craig. *20 Years of the International Aids Society: HIV professionals working together to fight aids*. Genebra: International Aids Society, 2008.

Kauchakje, Samira. "Solidariedade política e constituição de sujeitos: a atualidade dos movimentos sociais". *Sociedade e Estado* (Brasília) 23, n. 3 (setembro/dezembro de 2008), pp. 667-696.

Keck, Margaret E. *The workers' party and democratization in Brazil*. New Haven: Yale University Press, 1992.

Kinzo, Maria D'Alva Gil. *Oposição e autoritarismo: gênese e trajetória do MDB (1966-1979)*. São Paulo: Editora Revista dos Tribunais, 1988.

Kucinski, Bernardo. *Abertura, a história de uma crise*. São Paulo: Brasil Debates, 1982.

_____. *Jornalistas e revolucionários nos tempos da imprensa alternativa*. São Paulo: Página Aberta, 1991.

Langland, Victoria. "Birth control pills and molotov cocktails: reading Sex and revolution in 1968 Brazil". In: Joseph, Gilbert M. e Spenser, Daniela. *From the cold: Latin America's new encounter with the cold war*. Durham: Duke University Press, 2008, pp. 308-49.

_____. *Speaking of flowers: student movements and the making and remembering of 1968 in military Brazil*. Durham: Duke University Press, 2013.

Laurindo-Teodorescu, Lindinalva e Teixeira, Paulo Roberto. *Histórias da aids no Brasil, 1983-2003*. Vol. I. As respostas governamentais à epidemia de aids. Brasília: Ministério da Saúde, Secretaria de Vigilância em Saúde, Departamento de DST, Aids e Hepatites Virais, 2015.

_____. *Histórias da aids no Brasil, 1983-2003*. Vol. II. A sociedade civil se organiza pela luta contra a aids. Brasília: Ministério da Saúde, Secretaria de Vigilância em Saúde, Departamento de DST, Aids e Hepatites Virais, 2015.

Leacock, Ruth. *Requiem for revolution: The United States and Brazil, 1961-1969*. Kent State University Press, 1990.

Le Bitoux, Jean. "The construction of a political and media presence: The Homosexual Liberation Groups in France between 1975 and 1978".

In: Merrick, Jeffrey e Sibalis, Michael (eds.). *Homosexuality in French history and culture. Journal of Homosexuality* 41, n. 3/4 (2001), pp. 249-80.

Leite, Isabel Cristina. "Comandos de Libertação Nacional: oposição armada à ditadura em Minas Gerais (1967-1969)". Dissertação de mestrado. Departamento de História, Universidade Federal de Minas Gerais, 2009.

_____. "'Apurando a subversão': um estudo de caso sobre repressão na Universidade pelos arquivos da AESI/UFMG". *Temporalidades – Revista Discente do Programa de Pós-graduação em História da UFMG*. 2, n. 1 (janeiro-julho 2010), pp. 148-56.

Leu, Lorraine. *Brazilian popular music: Caetano Veloso and the regeneration of tradition*. Aldershot, England; Burlington, Vt.: Ashgate, 2006.

Leonelli, Domingos e Oliveira, Dante. *Diretas já: 15 meses que abalaram a ditadura*. Rio de Janeiro: Record, 2004.

Lumsden, Ian. *Machos, maricones, and gays: cuba and homosexuality*. Filadélfia: Temple, 1996.

Maciel, Wilma Antunes. *O capitão Lamarca e a VPR: repressão judicial no Brasil*. São Paulo: Almada, 2006.

MacRae, Edward. *A construção da igualdade: identidade sexual e política no Brasil da "abertura"*. Campinas: Editora da Unicamp, 1990.

_____. "Homosexual identities in transitional Brazilian politics". In: Escobar, Arturo e Alvarez, Sonia E. *The making of social movements in Latin America: identity, strategy and democracy*. Boulder: Westview Press, 1992, pp. 185-203.

Magalhães, Mário. *Marighella: o guerrilheiro que incendiou o mundo*. São Paulo: Companhia da Letras, 2012.

Mann, Jonathan M.; Tartontola, Daniel J. M. e Netter, Thomas W., orgs., *Aids in the world: the global aids policy coalition*. Cambridge, MA: Harvard University Press, 1992.

Martel, Frédéric. *The pink and the black: homosexuals in France since 1968*. Trad. Jane Marie Todd. Stanford: Stanford University Press, 1999.

Martins, Antonio Carlos Borges. "Aids, vida e morte no romance *Alegres e irresponsáveis abacaxis americanos,* de Herbert Daniel", dissertação de mestrado em Literatura, Centro do Ensino Superior de Juiz de Fora, 2005.

Martins Filho, João Roberto. *Movimento estudantil e ditadura militar, 1964-68*. Campinas: Papirus, 1987.

_____. *A rebelião estudantil: México, França, Brasil, 1968*. Campinas: Mercado de Letras, 1996.

_____. "Segredos de Estado: o governo britânico e a tortura no Brasil (1969-1976)". Tese (professor titular), Universidade Federal de São Carlos, 2015.

Mascarenhas, João Antônio de Souza. *A tripla conexão: conservadorismo político, falso moralismo, machismo*. Rio de Janeiro: Planeta Gay, 1998.

Maxwell, Kenneth. *The making of Portuguese democracy*. New York: Cambridge University Press, 1995.

Médici, Emílio Garrastazu. *O jogo da verdade*. Brasília: Secretaria da Imprensa da Presidência da República, 1970.

Mesquita, Cláudio. *Qual é o porto seguro contra a aids?* Rio de Janeiro: Abia, 1988.

_____. *Que qui é essa tal de aids*. Rio de Janeiro: Abia, 1989.

_____. "Herbert Eustáquio de Carvalho". In: *Rua viva: desenho a utopia*, 2ª ed., editado por Betinho Duarte, pp. 290-297. Rona: Belo Horizonte, 2004.

Miranda, Nilmário. "A cidade operária símbolo", *Teoria e Debate Especial 1968* (maio de 2008), pp. 21-24.

Morando, Luiz. *Paraíso das maravilhas: uma história do crime do parque*. Belo Horizonte: Argumentum, 2008.

_____. "Por baixo dos panos: repressão a gays e travestis em Belo Horizonte (1963-69)". In: Green, James N. e Quinalha, Renan. *Ditadura e homossexualidades: repressão, resistência e a busca da verdade*. São Carlos: EdUFSCar, 2015, pp. 53-82.

Mota, Urariano. *Soledad no Recife*. São Paulo: Boitempo, 2009.

Mulvey, Laura. "Visual pleasure and narrative cinema", *Screen* 16 n. 3 (outono de 1975), pp. 6-18.

Nahas Júnior, Antônio. *A queda: Rua Atacarambu, 120*. Belo Horizonte: Scriptum, 2015.

Neves, Magda de Almeida. *Trabalho e cidadania: as trabalhadoras de Contagem*. Petrópolis: Vozes, 1995.

Nossa, Leonencio. *Mata! O major Curió e as guerrilhas no Araguaia*. São Paulo: Companhia das Letras, 2012.

Nunn, Amy. *The politics and history of aids treatment in Brazil*. Nova York: Springer, 2009.

Okushi, Nobuo. *O sequestro do diplomata: memórias*. São Paulo: Estação Liberdade, 1991.

Oliveira, Edgard Leite de. "Conflito social, memória e experiência: as greves dos metalúrgicos de Contagem em 1968". Dissertação de mestrado em Educação, Universidade Federal de Minas Gerais, 2010.

Oliveira, Joelma Alves de. "POLOP: As origens, a coesão e a cisão de uma organização marxista (1961-1967)". Dissertação de mestrado em Sociologia, UNESP Araraquara, 2007.

Ortells, Pascual. "Brazil: A Model Response to Aids". *Envio Digital*, n. 254 (setembro 2002).

Parker, Richard. "Public Policy, Political Activism and Aids". In: Feldman, Douglas, org., *Global Aids Policy*. Westport, Conn.: Bergin and Garvey, 1994, pp. 28-46.

Parker, Richard e Terto Jr., Veriano. *Solidariedade: a Abia na virada do milênio*. Rio de Janeiro: Abia, 2001.

Pellegrini, Tania. *Gavetas vazias: ficção e política nos anos 70*. São Carlos, S.P.: Editora da Universidade Federal de São Carlos-Mercado de Letras, 1996.

Pereira, Rômulo Medeiros, "Herbert Daniel e suas escrituras de memória: exercícios autobiográficos e traços estéticos de uma existência (1967-1984)". Dissertação de mestrado em História, Universidade Federal da Paraíba, 2013.

Pomar, Pedro Estevan da Rocha, *Massacre na Lapa: como o exército liquidou o Comitê Central do PCdoB*. São Paulo: Busca Vida, 1987.

Portela, Fernando. *Guerra de guerrilhas no Brasil: a saga de Araguaia*. São Paulo: Terceiro Nome, 2002.

Power, Timothy J. e Roberts, J. Timmons. "Compulsory voting, invalid ballots, and abstention in Brazil". *Political Research Quarterly* 48, n. 4 (dezembro de 1995), pp. 795-826.

Prado, Luiz Carlos Delorme e Sá Earp, Fábio. "O 'milagre' brasileiro: crescimento acelerado, integração internacional e concentração de renda (1967-73)". In: Ferreira, Jorge e Delgado, Lucília de A.N., orgs., *O tempo da ditadura: regime militar e movimentos sociais em fins do século XX. O Brasil Republicano*, vol. 4. Rio de Janeiro: Civilização Brasileira, 2003, pp. 207-42.

Prates, Herminio. "Gê de Carvalho, o talento a serviço da emoção e do riso", *Jornal Minas Gerais*, 9, 17 de novembro de 1987.

Rabóczkay, Tibor. *Repensando o Partido Verde brasileiro*. Cotia: Ateliê Editorial, 2004.

Ramalho, José Ricardo. "Sinais de mudança no sindicalismo brasileiro: o significado das greves de 1968 em Contagem e Osasco". In: Fico, Carlos e Araújo, Maria Paula, orgs., *1968: 40 anos depois: história e memória*. Rio de Janeiro: 7Letras, 2009, pp. 131-49.

Reis Filho, Daniel Aarão. "Classe operária, partido de quadros e revolução socialista. O itinerário da Política Operária – POLOP (1961-1986)". In: Ferreira, Jorge e Aarão Reis, Daniel, orgs., *Revolução e democracia*. Rio de Janeiro: Civilização Brasileira, 2007, pp. 53-71.

Reis Filho, Daniel Aarão e Ferreira de Sá, Jair, orgs., *Imagens da revolução: documentos políticos das organizações clandestinas de esquerda dos anos 1961-71*. São Paulo: Expressão Popular, 2006.

Ridenti, Marcelo. *O fantasma da revolução brasileira*. São Paulo: Editora da UNESP, 1993.

_____. "Ação Popular: Cristianismo e marxismo". In: Ridenti, Marcelo e Aarão Reis Filho, Daniel. *História do Marxismo no Brasil, vol. V, Partidos e organizações dos anos 20 aos 60*. Campinas: Editora da UNICAMP, 2002, pp. 213-82.

Rollemberg, Denise. *Exílio: entre raízes e radares*. Rio de Janeiro: Record, 1999.

Rosa, João Guimarães. *Grande sertão: Veredas*. 11. ed. Rio de Janeiro: José Olympio, 1976.

Santana, Marco Aurélio. "Trabalhadores, sindicatos e ditadura militar". In: Fico, Carlos e Araújo, Maria Paula, orgs., *1968: 40 anos depois: história e memória*. Rio de Janeiro: 7Letras, 2009, 150-67.

BIBLIOGRAFIA

Schneider, Nina. *Brazilian propaganda: legitimizing an authoritarian regime.* University of Florida Press, 2014.

Schpun, Mônica Raisa. "Le regard décalé de l'exilé sur le Brésil post-amnistie: Sebá, personnage de l'humoriste Jô Soares". In: Muzart-Fonseca dos Santos, Idelette e Rolland, Denise, orgs., *L'Exil brésilien en France: histoire et imaginaire.* Paris: l'Harmattan, 2008, pp. 365-74.

Serbin, Kenneth. *Needs of the heart: a social and cultural history of Brazil's clergy and seminaries.* Notre Dame: University of Notre Dame Press, 2006.

Silva, Heike R. Keber da, org., *A luta pela anistia.* São Paulo: Editora da Unesp, 2009.

Silva, Maria Elizabeth Corrêa Campos e. "Ideário do movimento estudantil de Belo Horizonte entre 1964 e 1968: Utopias e desencantos". Dissertação de mestrado em Ciências Sociais, PUC Minas, Belo Horizonte, 2001.

Simões, Júlio Assis e Facchini, Regina. *Na trilha do arco-íris: do movimento homossexual ao LGBT.* São Paulo: Editora Fundação Perseu Abramo, 2009.

Skidmore, Thomas E. *Politics in Brazil, 1930-64: an experiment in democracy,* 2ª ed. Nova York, Oxford University Press, 2009.

_____. *The politics of military rule in Brazil, 1964-85.* New York: Oxford University Press, 1988.

Solano Vianna, Nelson. "Aids no Brasil: avaliando o passado e planejando o futuro". Trabalho apresentado no seminário "Aids e ativismo político". Instituto de Medicina Social, Universidade do Estado do Rio de Janeiro, 11-13 de maio de 1992.

Sousa Neto, Júlio Anselmo de. "*Show Medicina*: 1962-1991". In: Dangelo, Jota e Machado, Ângelo, orgs., *O humor do* Show Medicina. Rio de Janeiro: Livraria Atheneu Editora, 1991, pp. 9-16.

Souza, Herbert José de e Sader, Emir. *No fio da navalha.* Rio de Janeiro: Editora Revan, 1996.

Street, James N. "Coping with energy shocks in Latin America: three responses". *Latin American Research Review* 17, n. 3 (1982), pp. 128-147.

Tavares de Almeida, Maria Hermínia e Weis, Luiz. "Carro-zero e pau-de-arara: o cotidiano da oposição de classe média ao regime militar". In

Schwarcz, Lilia Moritz, org., *História da vida privada no Brasil: contrastes da intimidade contemporânea*, vol. IV. São Paulo: Companhia das Letras, 1998, pp. 319-409.

Teles, Janaína de Almeida, org., *Mortos e desaparecidos políticos: reparação ou impunidade?* São Paulo: Humanitas-FFLCH/USP, 2001.

_____. "As disputas pela interpretação da lei de anistia de 1979", *Ideias* 1 (1º Semestre 2010), pp. 71-93.

Trevisan, João S. *Perverts in paradise*. Trad. Martin Foreman. Londres: GMP Publishers, 1986.

Veloso, Caetano. *Verdade tropical*. São Paulo: Companhia das Letras, 1997.

Ventura, Zeunir. *1968: o ano que não terminou, a aventura de uma geração*. Rio de Janeiro: Nova Fronteira, 1988.

Viola, Eduardo J. "O movimento ecológico no Brasil (1974-1986): do ambientalismo à ecopolítica". *Revista Brasileira de Ciências Sociais* 3 (1993), pp. 5-26.

Von Mettenheim, Kurt. *The Brazilian voter: mass politics in democratic transition, 1974-1986*. Pittsburgh: University of Pittsburgh Press, 1995.

Wipfler, William L. "The price of 'progress' in Brazil". *Christianity and crisis*, 6 de março de 1970, pp. 44-48.

_____. "'Progress' in Brazil revisited". *Christianity and crisis*, 6 de outubro de 1986, pp. 345-348.

Índice remissivo

A 4 Mãos, 322
Academia de Polícia Militar, 50
Ação Libertadora Nacional (ALN), 125, 131-32, 134, 142, 161, 166-68, 171, 174n, 185
Ação Popular (AP), 56-57, 67n, 75, 122, 171, 302
Advis, Maria Luisa, 204, 226, 228n
aids, 17, 22-23, 29-35, 257, 269-70, 273-74, 291, 294, 300-08, 310-35, 339, 342-43, 352-53
Aids, a terceira epidemia: ensaios e tentativas, 327, 332n
Alegres e irresponsáveis abacaxis americanos, 32n, 322, 331n
Alencar, 280-81
Aliança Renovadora Nacional (Arena), 53, 131, 167, 210, 261-62, 285
Alves, João Lucas, 74, 94, 119
América Latina (revista), 80
Ângelo, Tereza, 163, 168-70, 172, 174n, 175n, 176-77, 181-82, 185, 188n, 189n
Antunes, Valneri Neves, 142, 242-43
aparelhos (casas de segurança), 97, 105-07, 125, 128-29, 148-49, 162, 168, 176, 178, 194, 201

Araguaia, rio, 139, 154
Araújo, Carlos Franklin Paixão de, 123, 127, 132, 137n
Araújo Neto, Agenor de Miranda (Cazuza), 325
assaltos a banco *ver* Herbert Daniel, assaltos a banco; Expropriações, unidade de
Associação Brasileira Interdisciplinar de Aids (Abia), 30, 206n, 300-06, 309n, 310-11, 313-14, 316-20, 322, 326-27, 330-32n, 333, 337n, 342, 353
Asterix, 115-16
Ato Institucional: N. 1 (AI-1), 53, N. 2 (AI-2), 53, N. 5 (AI-5), 100-01, 103, 131, 161, N. 14 (AI-14), 209

Bandeirantes, Operação (Oban), 148
Barbacena, 36, 108, 202-03, 212, 215, 234, 351
Barbosa, Gustavo, 260, 266n, 283, 287n
Barcelos, Maria Auxiliadora Lara (Dodora), 58, 64, 71, 81, 83, 171
Barros, Ademar de, 129, 199, 350
Bastos, Cristiana, 318, 330n
Belloq, Jorge, 307n

Belo Horizonte, 28, 34, 37-38, 42, 44-48, 52, 56, 58-59, 62, 74-77, 81-83, 87, 90, 93-96, 98, 100, 104, 108, 110-11, 116-19, 122, 128, 130, 194, 198, 202, 204-05, 212, 256, 318, 322, 328-29, 335, 340, 347, 349

Bethânia, Maria, 183

Black Power (movimento), 65

Boletim Abia, 303, 305, 309n, 311, 313, 330n, 331n, 332n

Bonnie e Clyde – Uma rajada de balas (1967), 105, 119n

Brito, Juarez Guimarães de, 94-95, 109, 111, 113, 115-16, 122-23, 127, 129, 131, 133, 135, 149-50, 158-60, 165, 199, 204, 328-29

Brito, Maria do Carmo, 94-95, 109, 111, 113, 115-16, 120n, 122-23, 127, 131, 133, 135, 138n, 139-40, 149-50, 158, 160, 164, 173n, 174n, 175n, 194, 198-201, 204-05, 207n, 211-13, 215, 217, 220, 223, 226, 227n, 228n, 269, 276, 345

Brunelli, Adolpho, 36

Brunelli, Carmelita Delben, 36

Bucher, Giovanni, 27, 35, 147, 168-72, 174-75n, 176-78, 180-81, 198, 204, 240, 340, 351

Cabo Anselmo *ver* Santos, José Anselmo dos

Cachapuz, Paulo Brandi de Barros, 118, 120n, 138n, 173n, 176, 187-88n

Caldas, Cleide Brunelli, 203-04, 208n, 215, 227n, 349

Campos, André Luis Vieira de, 307-08n

Canadá, 302, 313, 316-18, 320, 353

Capriglione, Ana Benchimol, 129

cartaz de "procura-se", 109, 158, 198

Carvalho, Geny Brunelli de (d. Geny), 28-29, 33-35, 35n, 36-43, 48-49, 50n, 57, 60, 64-65, 67n, 79-80, 108, 120n, 202-04, 208n, 212, 253-54, 256, 260, 266n, 269, 327-29, 332n, 336, 349

Carvalho, Geraldo Feliciano de (Gê de Carvalho), 33-34, 36-43, 50n, 49-50, 60, 63, 77, 100, 108-09, 202, 253, 260, 336, 349

Carvalho, Hamilton Brunelli de, 29, 33-34, 38-40, 43, 48-50, 50n, 60, 67n, 85n, 108-09, 120n, 202, 205, 208n, 336, 349

Carvalho, Hélder Nazareno de, 33, 42, 48, 50n, 256, 336, 349

Carvalho, Lenice Leandro de, 205, 208n

Casa do Brasil, 241, 245, 258, 352

Castrismo (Debray), 74

Castro, Fidel, 65, 75, 324-25, 331n

Cazuza *ver* Araújo Neto, Agenor de Miranda

Cazuza, 325

Cegonha?!... Que cegonha!... (peça de teatro), 284, 353

censura, 22, 64, 76, 78, 100, 121, 170, 209, 237, 242

ÍNDICE REMISSIVO

Centro de Estudos de Medicina (CEM), 58-59, 64
Centro de Inteligência do Exército, 149, 151
Chácara de São Bento, Massacre da, 200
Chandler, Charles Rodney, 124
Chaui, Marilena, 298
Chile, 27-28, 169, 171, 178, 184, 192, 197-201, 204-05, 211, 225-26, 229, 239, 276, 302, 345, 351
China, 55, 154
Círculo de Mulheres Brasileiras, 239
clandestinidade, 17-18, 29-31, 34, 38, 46-48, 56-57, 59-63, 81-83, 88, 108-13, 115-16, 127-30, 143, 152, 158, 182, 185-87, 192-97, 200, 206, 214, 217-18, 223, 225, 230-32, 242, 257-58, 260, 269, 278-80, 282, 294, 302, 336, 341-43, 350
Colégio Tiradentes da Polícia Militar de Minas Gerais, 40-41, 43
Collor de Mello, Fernando, 326
Comando Secundarista (Cosec), 122-23
Comandos de Libertação Nacional (Colina), 22, 27, 34, 99-100, 103-04, 107-08, 117, 119, 123, 126-33, 139, 143, 158-59, 161, 163-64, 171, 198, 280, 350
Comitê Brasileiro de Anistia (CBA), 26, 237-41, 245, 249, 252-53
Companhia Siderúrgica Belgo Mineira, 89-90

Conferência Internacional da Aids (Montreal), 313, 316-18, 353
Conferência Internacional da Aids, IV (Madri), 326
Conferência Internacional da Aids, VIII (Amsterdã), 334-35
cônsul japonês, 148, 156n, 160, 176
Contagem, 77, 80, 88-90, 97-98, 101n, 124
Convergência Socialista, 16, 274
Copa do Mundo, 132, 161
Costa, José Raimundo da, 132, 166, 176, 179, 183
Costa e Silva, Athos Magno, 83
Costa e Silva, general Artur da, 90, 100, 131, 209, 350
Cuba, 55, 59, 65, 71, 74-75, 89, 94, 100, 125, 140, 152, 165, 173n, 179, 181, 199-200, 254, 275-76, 287n, 324-25, 331n

Dangelo, José Geraldo (Jota Dangelo), 63, 66, 68n, 281
Daniel, Herbert *ver* Herbert Daniel
Debray, Régis, 74-75, 84, 89, 143
Delizoicov, Eremias, 142
désir homosexuel, Le [*O desejo homossexual*] (Hocquenghem), 233-34
"deslocados, os", 109
Dias, Ivan Mota, 180, 182
Dinossauro (boate), 203-04, 234, 351
Dissidência da Dissidência (DDD), 123
Dissidência da VAR – Palmares (DVP), 133, 186, 192, 201

Dowbor, Ladislau, 103, 113, 119n, 120n, 128, 130, 134-35, 138n, 139, 150, 155n, 156n, 158, 164
Duarte, Erwin Resende, 69-71, 81, 84n, 95, 107, 118, 119n, 155n, 278-79, 282
Duarte, Marilda, 69
Durão, Carlos Eduardo Saavedra, 120n, 137n

embaixadores, sequestro dos, 27, 35, 116, 131-32, 147, 156n, 159-65, 167-72, 175n, 176-78, 180-81, 198-99, 204, 233, 240, 248, 255, 340, 351
Espíndola, Elaine de Mourão Costa, 44, 50n, 68n
Espíndola, Nilton, 44, 50n
Espinosa, Antônio Roberto, 123, 127-28, 130-32, 137n, 138n, 159
esquerda revolucionária, 26-28, 30-31, 133, 140, 142, 160-61, 167, 192, 196, 200, 220, 255, 257-58, 274, 276, 280-81
Exército, II (2ª Divisão), 149-52, 158
expropriações (assaltos a banco), 17, 40, 95-97, 105, 124, 128, 134, 164, 350 *ver também* Herbert Daniel, assaltos a banco; Expropriações, unidade de
Expropriações, unidade de, 96-97, 103, 106-07, 135, 143

Faculdade de Medicina, UFMG, 48-50, 52, 58, 60, 64, 69, 71, 77, 80, 83, 87, 91-92, 96-97, 171, 218-19, 225, 259, 347, 349-50
Faria Lima, Gilberto, 142-43
Fatal, Paulo, 302
fêmea sintética, A, 256, 269-70, 286n
feministas socialistas, 219, 221, 223
Fensterseifer, Delci, 142, 149
Ferreira, Aluísio Palhano Pedreira, 181
Ferreira, Glória, 239-41, 247n
Ferreira, Joaquim Câmara, 168
Ferreira, Manoel Henrique, 165
Ferreira, Sérgio Xavier, 188, 345, 347
Fiadeiro, Maria Antónia, 220, 224, 228n
Figueiredo, general João Batista, 245
Filgueiras, Mauro, 64-65, 68n
Fiúza, Cleto José Praia, 189n
Fleury, Sérgio, 148
foquismo, teoria do, 75
França, 17, 26, 28, 30, 35, 93, 205, 210-12, 215, 221, 226, 229-36, 238-40, 244-45, 248, 250-53, 273, 276, 279, 297, 341-42, 351-52
Franco, Moreira, 299
Freitas, Carlos Alberto Soares, 59
Freitas, Vanja, 266n, 283, 287n
Front Homosexuel d'Action Révolutionnaire (FHAR), 231-33, 235
Fry, Peter, 332n
Fujimori, Yoshitane, 142, 166, 168
Fundação Ford, 303, 327
Fundação Verde Herbert Daniel, 85n, 335, 337n

Gabeira, Fernando, 255-57, 266n, 290-93, 298-300, 307n, 308n, 323-24, 331n
gai pied, Le [Pé Gay], 234, 307n
Garibaldi, Aretuza, 62, 68n, 69, 81, 84n, 88, 101n, 106-08, 111, 118, 119n, 120n
Gaspar, Júlio, 314
Gê de Carvalho *ver* Carvalho, Geraldo Feliciano de
Geisel, general Ernesto, 209-10, 236, 261
Gelli, Guido, 290
Gil, Gilberto, 121, 298
Gliochi, Sheila Gomes, 246n, 297, 308n
golpe de 1964, 49, 53, 56, 59-60, 64, 78, 94, 101, 121, 123, 162, 165-66
Gonçalves, Adair, 185
Gonçalves, Milton, 284
Gondim, José Carlos de Medeiros, 191
Gopfert, Edmauro, 142, 152, 164
Gordon, Lincoln, 55
Goulart, Diana, 190-91
Goulart, João, 49, 53-56, 65, 85n, 123, 165-66, 349
Gradel, José (Zé), 117-18, 120n, 161, 165, 173n
Grande sertão: veredas, 145, 155n
Greco, Helena, 34
Grossi, Míriam, –243, 247n
Groupe de Libération Homosexuel – Politique & Quotidien (GLH – P&Q), 232, 235
Grupo de Apoio à Prevenção da Aids (Gapa), 301-02, 318
Grupo Gay da Bahia (GGB), 291-92, 304-05, 307n, 319
Grupo Marxista-Leninista, 122-23
Grupo Pela Vidda (GPV), 313-16, 318-20, 322, 326, 331n, 353
Grupo Somos de Afirmação Homossexual (Somos), 16, 21, 237-38, 246n, 295-96, 301, 314, 345, 352
guerrilha, 17, 22, 27, 30, 39, 74-76, 88-89, 95, 97-100, 106, 125-26, 128-33, 135-36, 139-40, 143-44, 149, 151-54, 160, 176-78, 197, 220, 258, 313, 350
Guevara, Che, 74-76, 89, 131, 325

Henfil *ver* Souza Filho, Henrique de
Herbert Daniel: aids *ver* aids, amizade com Laís Pereira, 29, 43-48, 50, 50n, 51n; apaixonado por Erwin Duarte, 69-71, 81, 84n, 118, 278, 282; assaltos a banco, 17, 95-99, 102n, 103-05, 109, 119n, 128-29, 162, 164, 350; atividade física, 39-40, 45, 139, 143, 197, 214-15, 230; codinomes assumidos, 62, 81, 109-10, 203, 350; Colégio Tiradentes da Polícia Militar de Minas Gerais, 40-41, 43, 349; crítico de cinema, 44, 52, 58, 60, 80, 268; diretor de teatro e dramaturgo, 65-66, 205, 240, 268, 281, 283-84; encontros sexuais anônimos, 233-35, 274; Escola Chopin, 40, 349; escola primária, 29, 38-41, 60, 67n, 68n; escritor, 46, 80-2, 145, 193, 215-16, 219-24, 256-60, 268-69, 274-81,

288, 296, 303-04, 311-12, 319-20, 322, 352-53; *ver também títulos específicos*, esportes, 39, 45; funeral, 33-35, 226, 337n; greve da Faculdade de Medicina, 77, 92; leucemia, 176, 351; medicina e, 17-18, 22, 27, 40, 48-50, 52, 58-61, 80, 91, 219, 222, 225, 251, 259, 273, 349-50, morte, 33-35, 320-22, 328-29; Parque Municipal de Belo Horizonte, 47, 52, 61; piadas de gay, 147, 156n, 271-72; Portugal, 211-26, 229-31, 265, 268, 279, 297, 341-42, 351-52; primeiro exílio, 48, 257; programas de rádio, 60, 80; relações familiares, 33-43, 48-50, 57, 60, 79-80, 100, 108-09, 162, 203-04, 253-54, 256, 259, 327-29, 336-37; repressão da homossexualidade, 74, 77, 111, 147, 193-94, 232-35, 242-44, 277, 328; treinamento militar, 27, 39, 88, 95, 103-04, 133, 136, 139-54, 159-60, 165, 176-77, 216, 233, 242, 251, 340, 350
Herzog, Vladimir, 210, 227n
heteronormatividade, 72, 79, 114, 195
Hocquenghem, Guy, 233-34, 246
Holanda, Chico Buarque de, 121
Homens (documentário), 206n, 321, 331n, 333-34, 337n
"Homossexual: defesa dos interesses?", 241, 243, 247n
homossexualidade, 16-18, 21-22, 26-28, 32, 45-48, 61, 63, 71-73, 79, 84n, 88, 110-11, 113-16, 122, 145, 147, 191, 193-95, 215-19, 221, 223-25, 232-35, 237-44, 246n, 251-52, 254-58, 263-64, 270-82, 284, 286n, 287n, 291-97, 301-03, 311, 314-15, 317-18, 320-21, 323, 336, 340-43, 345, 352
"Homossexualidade e política", 241
Huebra, Vera Lígia, 72, 84n, 108, 111, 119n, 137n

Iavelberg, Iara, 112-13, 127-28, 131, 135, 137n, 142-46, 149, 155n, 156n, 165-66, 173n, 174n, 177, 179-80, 186, 189n, 199
Ibrahim, José, 101n, 124, 131, 137n
Igreja Católica, 22, 36, 44, 56-57, 78, 191, 262, 296

Jacarés e lobisomens (Daniel e Míccolis), 147, 156n, 270-71, 274, 286n, 301, 353
Jacomini, Carmen Monteiro, 142-43, 146, 150, 165
Japa, Mário *ver* Ozawa, Shizuo
Joué, Maria Elisalva Oliveira, 190-94, 197-98, 201-02, 206n, 207n, 208n

Kubitschek, Juscelino, 49, 65, 85n

Lacerda, Carlos, 65, 78, 85n
Lafoz, Sônia, 133, 138n, 143, 155n, 165
Lamarca, Carlos, 27, 119n, 124-32, 134-36, 137n, 139-44, 146, 149-54, 155n, 157n, 158-59, 161,

ÍNDICE REMISSIVO

164-72, 173n, 176-77, 179-80, 184, 186, 187n, 188n, 192, 199, 251, 288, 329, 336, 350-51
Lavecchia, José, 141-42, 151-52, 164
Lei da Anistia (1979), 25, 244-45, 247n, 248-49, 252, 255, 261-62, 302, 352
Lei de Segurança Nacional, 25, 79, 97, 109, 209
Leite, Eduardo, 161, 163
Leite, Gabriela, 317-18, 330n
Lieshout, Humberto van *ver* Padre Eustáquio
Linhares, Cláudio Galeno Magalhães, 83, 95
Lisboa *ver* Portugal
Lisboa, Apolo Herlinger, 34, 58-60, 64, 67n, 74-75, 82-83, 84n, 91, 94-96, 113-16, 120, 133, 138n, 143, 186
"Loura da Metralhadora", 105-06
Lucena, Ariston de Oliveira, 142
Lula *ver* Silva, Luiz Inácio Lula da
Lungaretti, Celso, 132, 140-41, 149-50, 155n, 156n

Machado, Ângelo, 63-64, 68n
Maciel, Eliane, 260-61, 266n, 267n, 290, 296, 307n, 321-22, 331n
Magalhães, Vera Sílvia, 240
Mann, dr. Jonathan, 318, 326, 335, 337n
maoísmo, 56, 75, 117, 122, 139
Mariani, José, 125
Martins, Almir, 283-84, 287n, 347
Mascarenhas, João Antônio, 292, 299, 302, 307n, 308n

Melo, Reinaldo José de, 95
Mendes, tenente Alberto, 152
Menkes, Roberto, 141-42, 146, 150, 155n, 156n, 165
Mesquita Filho, Cláudio Alves de, 18, 26, 33-35, 187, 190-206, 209-19, 223-26, 229-30, 236, 239-41, 248, 250-54, 256-59, 263-64, 269, 277-80, 283-84, 288, 290, 292, 297, 300, 306, 307n, 310-11, 313, 320-22, 327-29, 331n, 333-37, 337n, 349, 351-53
Mesquita, Magaly, 33, 190-91, 193, 197, 201-02, 206n, 207n, 245n, 333, 337n, 347, 351
Mesquita, Mercedes, 193
Meu corpo daria um romance, 46-47, 50n, 84n, 102n, 120n, 137n, 155n, 189n, 206n, 227n, 228n, 245n, 266n, 267n, 277, 279, 281, 287n, 296, 353
México, 27, 131, 148-49, 161-62, 164, 169, 197, 222, 228n, 287n, 302
Míccolis, Leila, 147, 156n, 270, 279, 286n, 296, 298, 307n, 353
milagre econômico, 121, 160-61
Minc, Carlos, 122, 134, 215, 227n, 290, 299, 308n, 331n
Modas e Bordados (revista), 219-20, 222, 224, 228n
Monroe, Marilyn, 116, 194, 223-24, 228n, 271, 297
Montenegro, Cristina, 268, 284, 286n, 287n, 296, 307n, 345, 347
morte civil, 312

Mott, Luiz, 292, 304-05, 308n, 319, 330n, 331n
movimento contra a Guerra do Vietnã, 16, 27, 58-59, 93, 99-100
Movimento das Forças Armadas (MFA), 211-12, 224
Movimento de Resistência Popular (MRP), 192, 196
Movimento Democrático Brasileiro (MDB), 54, 167, 210, 261-62, 265, 351
Movimento Feminino pela Anistia (MFPA), 236
Movimento Revolucionário 8 de Outubro (MR-8), 131-32, 165, 167-68, 170-71, 174n, 179-80, 290
Movimento Revolucionário Tiradentes (MRT), 148, 161, 167-68, 174n
Muller, Ana Maria, 249, 253, 265n
Muniz, Carlos, 173n, 174n, 188n

Nahas, Jorge, 52, 58, 63, 67n, 68n, 69, 81, 83, 84n, 96, 107, 163, 173n
Nahas, Maria José de Carvalho, 58-59, 67n, 69, 81, 83, 84n, 87, 96, 101n, 102n, 104, 106-07, 119n, 143, 163, 194, 207n
Neves, Tancredo, 285
Niterói, 117, 186, 192, 195, 197, 201, 279-80, 297, 341, 351
Nóbrega, José Araújo, 132, 142, 152, 164
Nogueira da Costa, Fernando, 263, 267n

O. (a Organização), 77-84, 87-100, 103, 122, 159, 164, 184, 196, 216, 230, 350
Okushi, Nobuo, 148, 156n
OKzinho (boletim), 293
Olímpio *ver* Herbert Daniel, codinomes
Oliveira, Gerson Theodoro de, 163, 168-69, 171, 176-77, 180, 193
Oliveira, Tercina Dias de, 141, 149, 164
Oliveira, Zenaide Machado de, 158, 160, 170, 173n, 174n, 179-80, 182, 184-85, 188n, 189n, 286n, 345-46, 351
Organização Revolucionária Marxista – Política Operária (Polop), 22, 55-63, 66, 67n, 69, 71-76, 81-83, 85n, 88, 92, 94, 108, 122-23, 127-28, 130, 349-50
Ozawa, Shizuo (Mário Japa), 120n, 131-32, 135, 138n, 148-49, 152, 159, 174n, 175n, 199, 204-05, 212-13, 215, 226, 227n, 228n

Padre Eustáquio, 37-38
Paiva, Maurício Vieira, 83, 86n, 102n, 119n, 163-64
Palla, Maria Antónia, 219
Palmeira, Vladimir, 265, 299
Paris *ver* França
Parker, Richard, 308n, 327, 330n, 331n, 332n, 337n, 353
Partido Comunista Brasileiro (PCB), 54-56, 61-62, 74, 89, 123, 125, 133, 141, 160, 168, 210, 230
Partido Democrático Social (PDS), 285

ÍNDICE REMISSIVO

Partido Democrático Trabalhista (PDT), 265, 268, 290
Partido do Movimento Democrático Brasileiro (PMDB), 265, 268, 299
Partido dos Trabalhadores (PT), 18, 259, 262-65, 268, 274, 278, 288-91, 293, 295, 296-99, 323, 342, 352
Partido Trabalhista Brasileiro (PTB), 49, 54-55
Partido Verde (PV), 18, 290-91, 293, 298-300, 307n, 308n, 313, 323-24, 335, 342
Pasquim, O (jornal), 207n, 252, 275-76, 286n
Passagem para o próximo sonho, 7, 17, 28, 30, 50n, 51n, 68n, 84, 84n, 85n, 102n, 119n, 120n, 137n, 138n, 155n, 156n, 157n, 173n, 174n, 175n, 187n, 188n, 206n, 207n, 208n, 227n, 228n, 233-34, 236, 245n, 246n, 247n, 249, 256-57, 260, 265n, 266n, 269, 279, 281, 296, 302, 341, 352
Passeata dos Cem Mil, 82
Pedroso, José Stalin, 33, 35n
Pereira, Laís Soares, 29, 43-48, 50, 50n, 51n, 58, 63-64, 66, 67n, 68n, 71, 81, 92, 102n, 194, 207n
Pezzuti, Ângela, 87, 101n, 205, 321-22, 328, 331n, 332n, 345
Pezzuti, Carmela, 73, 87, 95-96, 107, 226, 321-22, 328
Pezzuti da Silva, Ângelo, 62-63, 69, 71-73, 75, 77, 81, 83-84, 84n, 86n, 87-88, 94-97, 99, 104, 106-07, 118, 163, 171, 173n, 198-201, 204-05, 207n, 208n, 210-11, 225-26, 276, 280, 287n, 322, 328-29, 352
Pinho, Sérgio, 288, 306n
Pinto, Onofre, 124, 131, 139, 199, 200, 276
Piquete, O (boletim), 80-83, 86n, 91, 98
Polari, Alex Vieira, 117-18, 120n, 121-22, 134, 136, 137n, 138n, 158, 177, 179-81, 188n, 266n
pontos, 112, 116-17, 149-50, 182
Portugal, 211-26, 229-31, 265, 268, 279, 297, 341-42, 351-52
Primeiro de Maio, comício do (1968), 77, 91, 93
propaganda nacionalista, 161
Public Publicity, 197, 201

"Quarenta segundos de aids", 311, 329n

Ramires, Lula, 296-99, 307n, 308n
Ramos, Sílvia, 296, 300-01, 303, 307n, 308n, 327
Ratton, Helvécio, 87, 101n, 108, 114, 119n, 120n, 130
Régis, Irlando de Souza, 161-62
Resende, José Roberto Gonçalves de, 181
Resistência Democrática (Rede), 143, 148, 318
Revollo, Mário Bejar, 142-43, 150
Revolução Cubana, 59, 71, 74-75, 94, 125, 140, 325

Revolução dos Cravos, 211-13, 218-19, 297
Revolución en la revolución? (Debray), 74
Ribeiro, Cláudio de Souza, 127, 132
Rio D'Ouro, 165-66
Rio de Janeiro, 21, 25, 28, 33, 53, 56, 76-77, 82-83, 93-95, 108-09, 111, 114, 116-18, 122, 127-29, 131, 133-35, 140-42, 149, 154, 158-62, 167-69, 171-72, 178, 181, 183, 185, 190, 197-98, 200-02, 204, 217, 220-21, 237, 244, 253-56, 259-60, 263, 265, 268, 270, 275, 278-79, 281-84, 288-89, 291-92, 294, 296-98, 300-03, 314, 318, 320-21, 327-28, 341-43, 350-53
Rocha, Maria Nazareth Cunha da, 111
Rodrigues, Darcy, 124, 128, 131-33, 137n, 138n, 139, 141-44, 147, 151-52, 155n, 156n, 159, 164
Romeu, Inês Etienne, 83, 108, 131, 161, 164, 166, 173n, 174n, 175n, 176, 179-81, 188n, 198-200, 207n, 351
Rosa dos ventos: o show encantado, 183
Rosa, João Guimarães, 145, 155n
Rousseff, Dilma, 15, 17, 25, 32n, 70-72, 75, 80-81, 83, 84n, 86n, 99, 101n, 102n, 108, 111-13, 116, 120n, 123, 128, 130, 132-33, 138n, 269, 286n, 328, 332n

Sabalis, Michael, 245n, 246n
Sachs, Eric, 56, 75
Salgueiro dos Santos, Beatriz, 322, 331n, 332n, 333, 337n
Santos, Antenor Machado dos, 142
Santos, José Anselmo dos, 165-66, 174n, 180-81, 199-200, 207n, 275-77, 286n, 287n
Santos, Lucélia, 290
Santos, Pitágoras dos, 40-41, 50
Sarney, José, 285, 305
sauna gay, 28, 230-36, 251, 255, 258, 341, 352
Schiller, Gustavo Buarque, 128-29
Sebá, 250-51
Seixas, Ivan, 173n, 345
sequestros *ver* cônsul japonês; embaixadores, sequestro dos
Show Medicina, 63-65, 68n, 74, 76, 80, 281
Silva, Aguinaldo, 26, 32n, 237, 249
Silva, Luiz Inácio Lula da, 262, 295, 323, 342
Silva, Murilo da, 80-81, 87, 99, 163
Silva, Roberto das Chagas e, 165
Silva, Roque Aparecido da, 124
Silva, Theofredo Pinto da, 87
Silveira, Mauricio Guilherme da, 180
Sindicato dos Bancários de Belo Horizonte, 83, 90, 108
"síndrome do preconceito, A", 273, 306
Sirkis, Alfredo, 117-18, 120n, 121-22, 132, 134-36, 137n, 138n, 147, 156n, 158, 163-64, 171-72, 173n, 174n, 175n, 177-79, 187n, 188n, 194, 207n, 214-15, 227n, 257, 266n, 289-90, 306n

ÍNDICE REMISSIVO

Soto, Jesus Paredes, 165
Sousa, João Belisário de, 189n, 192, 208n
Souza, Chico Mário de, 302
Souza, Diógenes Sobrosa de, 142
Souza, Herbert de (Betinho), 30, 302-03, 327, 331n
Souza, Ubiratan de, 142, 155n, 156n, 180, 188n
Souza Filho, Henrique de (Henfil), 252, 257, 302

Teixeira, Mônica, 320-21, 328, 329n, 331n, 332n, 333, 337n
Teixeira, Paulo Roberto, 301, 307n, 308n, 329n, 330n, 332n
Tejo, Maria Helena, 211-13, 215-17, 219, 226, 227n, 228n, 229, 239, 245n
Teresópolis, Congresso em, 126, 129-35, 159
terrorismo, 98, 189n, 245
Terto Jr., Veriano, 266n, 307n, 308n, 314, 327, 330n, 331n, 332n, 334, 337n, 345, 347
Toledo, Eduardo, 307n
tortura, 17, 22, 27, 78, 99-100, 107, 112, 115, 118-19, 134, 142, 148-52, 154, 162-63, 168, 173n, 174n, 181, 183-85, 188n, 199, 201-02, 210-11, 245, 252, denúncias, 78, 92, 162-63, geladeira, 185
Triângulo Rosa, 291-92, 298-99, 302, 307n
Tupamaros, 126
Turma OK, 293

"último exilado político, o", 250-52, 254
União Nacional de Estudantes (UNE), 53, 56, 58, 60, 78, 83, 91, 142
Universidade Federal de Minas Gerais (UFMG), 17, 22, 49, 52-53, 56-57, 67n, 83, 92, 95, 259, 273, 349

Vale do Ribeira, 27, 139-40, 143, 146-50, 152, 154, 156n, 157n, 158-59, 164-66, 176, 180, 192, 216, 242-43, 340, 350
Valentini, Leonardo, 186-87, 192-93, 196, 201-02
Vanguarda Armada Revolucionária – Palmares (VAR-Palmares), 22, 126-27, 129, 132-34, 139-40, 143, 161, 164, 171, 177, 186, 211, 215, 280
Vanguarda Popular Revolucionária (VPR), 22, 26, 100, 119n, 123-27, 130-35, 138n, 139-43, 146, 148-54, 157n, 158-61, 164-68, 170-72, 173n, 174n, 176-85, 188n, 189n, 192, 196, 199-201, 205, 212, 251, 271, 275-76, 290, 299, 329, 340, 349-51
Velloso, Lúcia, 179-82, 184-85, 188n, 189n, 193-96, 202, 206n, 207n, 208n, 214-15, 218-20, 224-26, 227n, 228n, 241, 244, 247n, 250, 266n, 345
Veloso, Caetano, 79, 85n, 121, 188n, 263, 298
Vida antes da morte/Life before Death, 29-30, 313, 330n, 335, 353

Viedma, Soledad Barret, 200, 207n
Vieira, Liszt, 133-34, 138n, 150, 156n, 215, 219, 227n, 229, 262, 264-65, 267n, 268, 272, 274, 285, 288, 291, 299, 306n, 352
Vieira, Válber, 33
Villard, Márcio José, 316, 321, 330n, 331n

von der Weid, Jean Marc, 171, 204, 208n, 229, 240-43, 245n, 246n, 247n
von Holleben, Ehrenfried, 161, 163

Zanirato, Carlos Roberto, 142
Zerbini, Therezinha, 236

Este livro foi composto na tipografia Minion Pro,
em corpo 11,5/15, e impresso em papel off-white
no Sistema Cameron da Divisão Gráfica da
Distribuidora Record.